ZHONGGUO LAONIAN JIAOYU
LILUN YANJIU YU GUOJI DUIJIE

中国老年教育
理论研究与国际对接

（2013—2016）

林元和　王友农◎主编

广东高等教育出版社
Guangdong Higher Education Press
·广州·

图书在版编目（CIP）数据

中国老年教育理论研究与国际对接：2013—2016/林元和，王友农主编．—广州：广东高等教育出版社，2018.3

ISBN 978-7-5361-6072-9

Ⅰ．①中⋯　Ⅱ．①林⋯②王⋯　Ⅲ．①老年教育-研究-中国　Ⅳ．①G777

中国版本图书馆CIP数据核字（2017）第291545号

出版发行	广东高等教育出版社
	地　址：广州市天河区林和西横路
	邮政编码：510500　电话：（020）87553335　38493773
	http://www.gdgjs.com.cn
印　　刷	广州市穗彩印务有限公司
开　　本	787毫米×1 092毫米　1/16
印　　张	23.75
字　　数	570千
版　　次	2018年3月第1版
印　　次	2018年3月第1次印刷
定　　价	57.00元

（版权所有，翻印必究）

前　言

　　国际老年大学协会第 100 届理事会会议对全球的老年大学来说是一个非常重要的会议。作为国际老年大学协会的主席，首先我要向中国老年大学协会及其全体成员学校致敬，感谢他们首次以出版读物的形式来纪念这具有里程碑意义的会议。本书标志着教育与科研在老年人健康事业中扮演的新角色。其次，我要感谢布拉迪斯拉发老年大学的同事们，感谢他们组织了国际老年大学协会这场重要的活动，并以图书的形式纪念此次活动。

　　今天，对于国际老年大学协会来说是一个极其重要的节点。随着老年人口数量的急剧增长，如何关爱老年人并让他们有一个幸福的晚年已成为社会普遍关注的问题。在第二次世界大战后，欧洲出现了"婴儿潮"，随着时间的推移，出生于战后"婴儿潮"的这代人已步入老年，踏入退休年龄阶段，"婴儿潮"如今已经变成了"老人潮"。

　　很显然，面对这一现象，现有的老年设施尤其是老年大学的数量不足以满足社会需求。当务之急是寻找各种方法应对退休人口的大规模增加，并适应人类寿命延长这一事实，通过寻找解决方案，让各年龄段的老年人都能按照他们身体和精神的不同需求来继续学习。

　　这些问题的答案，是我们老年大学应该寻找的，并且要说服政府的、私人的以及协会的合作伙伴在物质上和精神方面上帮助我们去落实的。为此，创新必须成为我们的方针：一是老年大学章程的创新，老年大学的章程要能与私人及协会的发展相适应，同时保留公共的结构；二是老年大学接待机构的创新，老年大学的接待机构要遵循及适应老年人的生活方式，无论是在城市居住区还是在度假区，无论是海边还是山庄，无论是城市还是乡村，甚至是在医院或养老院，都可设置老年大学的接待机构。

　　我们的挑战来自人口数量的增加以及对生活质量的保障。为了应对这些挑战，我们需要所有人共同努力，需要通过技术转型达到技术的飞跃，使得老年大学可以改变老年人被孤立的现状，与社会和谐共处。

弗朗索瓦·维拉斯

（弗朗索瓦·维拉斯教授为国际老年大学协会主席　翻译：王文斐　艾雨晴）

附：(法文原文)

FOREWORD par le Professor François VELLAS

La centième anniversaire réunion du Conseil d'Administration de l'AIUTA constitue une date très importante pour les Universités du Troisième Age dans le Monde. Je voudrais, en tant que Président de l'AIUTA saluer l'initiative du CAUA et de l'ensemble des Universités du Troisième Age de Chine de l'excellente initiative de commémorer cet anniversaire avec une publication scientifique qui marque le nouveau rôle de l'éducation et de la recherche pour le bien être des séniors. Mes remerciements vont également à nos collègues de l'Université du Troisième Age de Bratislava qui organise cet important événement pour l'AIUTA et qui ont préparé un publication de commémoration.

L'initiative de l'Association Chinoise des Universités du Troisième Age arrive à un moment extrêmement important pour les Universités du Troisième Age dans le Monde. La forte augmentation de nombre de séniors, dont on a beaucoup parlé comme un phénomène futur, est maintenant perceptible par tous avec l'arrivée à l'age de la retraite des générations très nombreuses de ce que l'on a appelé en Europe le "Baby Boom" de l'après deuxième guerre mondiale et qui est devenu aujourd'hui le "Sénior Boom".

Face à ce phénomène, force est de constater, que les infrastructures d'accueil des séniors existantes ne sont plus suffisantes, notamment dans les Universités du Troisième Age. Il est urgent de trouver des solutions et des moyens pour accueillir dans les meilleures conditions les flux croissants de jeunes retraités et en même temps de s'adapter à l'allongement de la durée de le vie en trouvant les solutions pour que les plus agés continuent d'apprendre avec des modalités d'éducation adaptées à leurs condition physique et intellectuelle.

Les réponses à ces questions, c'est nous les Universités du Troisième Age qui devront les proposer et convaincre nos partenaires publics, privés et associatifs de nous aider matériellement et financièrement à les mettre en place. Pour cela, l'innovation doit être notre fil conducteur: Innovation sur les statuts des Universités du troisième Age qui doivent pouvoir s'adapter à la sphère privé et associative tout en conservant les structure publiques, Innovation sur les organismes d'accueil des Universités du troisième Age qui devront suivre et s'adapter aux habitudes de vie des séniors c'est à dire non seulement dans leur quartier et dans leur ville mais aussi dans leur lieu de séjours de vacances à la mer, à la montagne ou à la campagne et enfin dans leur lieu de fin de vie c'est à dire dans les hôpitaux et centres d'hébergement pour les plus agés.

Tel est notre défi, avec un défi quantitatif d'ordre démographique et un défi sociétal d'ordre qualitatif. Pour relever ces défis nous avons besoin de tous. Nous avons besoin aussi de réussir le saut technologique qui consiste grace aux Universités du Troisième Age de permettre à tous les séniors de rompre l'isolement et de vivre en harmonie avec la vie contemporaine y compris dans tous les aspects de sa modernité et de sa transformation technologique.

Professeur François VELLAS, Président de l'AIUTA

序

——加强国际交流合作，大力推进中国老年教育理论研究

2016年10月，中华人民共和国国务院印发了《老年教育发展规划（2016—2020年）》（国办发〔2016〕74号），提出："加强国际交流合作，积极参与有关国际教育组织的活动，加强与国外老年教育机构的交流与合作，借鉴国外老年教育先进理念和做法，宣传推广我国发展老年教育的经验与成果，扩大我国老年教育的国际影响力。"这是促进老年教育可持续发展的重要途径。

1983年，邓小平同志写下了"教育要面向现代化，面向世界，面向未来"的题词，指明了教育发展的方向。今天，中国老年教育走过风雨兼程的辉煌历程，也正朝着"三个面向"的方向高歌行进。

岁月如梭，中国老年教育经过30多年的播种、耕耘、收获，把一件关系到千家万户的夕阳工程做成了朝阳事业，这在"未富先老"的今天，意义非常深远。中国老年教育虽然起步较晚，但后来居上，发展速度快，在国际比较中呈现出办学规模大、政府支持力度强、办学条件总体上较好；某些专业和课程处于世界领先地位、个别办学理念具有前瞻性优势的特点。但毋庸讳言，对比国外先进的理念和运作模式，我们还有很多的不足：一是从整体上来说，办学内涵特别是教育的学术层次较低；二是理论研究的整体性和系统性（特别是基础理论和办学理念方面）欠缺，甚至是严重不足；三是普及度很低，中国老年人口基数太大，所以毛入学率非常低；四是发展不平衡，东南地区老年教育蓬勃发展，而西部有的地方老年教育薄弱甚至空白。因此，加强国际交流，学习借鉴国际老年教育的优秀经验和做法，引入国外先进理念和经验，输出中国特色的老年教育理论研究的成果和实践做法，对正在转型发展期的中国老年教育意义重大。

德国哲学家黑格尔说过："我们所熟知的并不一定是真知。"回顾今天的老年教育，虽然走过了30多年的奋斗历程，积累了不少宝贵的经验和认识，但在发展迅速的今天，如果还在"熟知"的世界徜徉、孤芳自赏、抱残守缺，不推开窗子看看外面的世界，那终将被时代所抛弃。所幸我们生逢最伟大的时代，见证了中华民族的伟大复兴，我们的老年大学完全有能力、有条件、有机会立于世界老年大学之林，汲取精华并展示风采。

国际老年大学协会（AIUTA）是全球老年大学开展交流合作的机构。中国老年大学协会于 1994 年经民政部、外交部、财政部批准加入 AIUTA。按照《AIUTA 章程》，AIUTA 理事会每年举行两次主题明确的国际研讨会。如此频繁的国际研讨会为我们提供了汲取和展示多方面学术研究成果的对话式的良好平台。参与这个平台互动，可以进一步促进我国老年大学与国际对接，而理论研究对接是中国老年大学国际交流的最主要通道，学习国际上老年教育专家教授的国际视野和思维方法，吸收他们的理论成果，进一步提升我们的水平，最大限度地发挥理论先导的作用，可以使我们少走弯路，汲取养分快速成长。从小处而言，这可以促进中国老年大学的发展壮大；从大处讲，这也是我国公共外交的组成部分，与习近平主席提出的"一带一路"思想理念相一致、相吻合，在全球老龄化背景下老年大学国际合作交流就是"民心相通"的一部分，是政策相通、文化相融的内容。

2013 年 5 月，AIUTA 广州会议开启了我国老年大学国际交流的新格局。本书主编、中国老年大学协会副会长、广州老年大学校长林元和在 2014 年提出了"1+1"研究模式，主张对 AIUTA 每次召开国际研讨会的主题进行先期研究，用集体智慧形成中国学者的观点，再到国际研讨会上演讲，此举获得较大成功，对推进我国老年教育理论研究与国际对接起到了重要作用。

本书为国内外研究者提供了一个了解动态、学习借鉴、研究提高的蓝本，主要收录了自 2013—2016 年间 AIUTA 的 8 次国际理论研讨会的主题及中外专家的研讨内容，汇集了 8 次理论研讨会的主题提出背景、主题内涵、主题提出的意义、国外学者阐述研究主题的观点、中国"1+1"研究的观点、中外学者的论文等。这是目前国内该领域最新颖的、有重大价值的、较权威的论著。

2017 年 5 月 18 日，AIUTA 第 100 届理事会会议在斯洛伐克的布拉迪斯拉发召开，这是世界老年大学发展史的一个里程碑。在这次理事会会议上，林元和当选为 AIUTA 第一副主席，这是国际相关领域对中国老年大学发展成果的又一次认可和赞许。

张晓林
2017 年 6 月 1 日

目录

第一章 2013年5月中国广州会议

导论一：老年大学创新发展，融入社会和银发旅游 …………………………（1）

第一节 国际观点

旅游、老年人和大学
　　［法国］弗朗索瓦·维拉斯等 ……………………………………………（3）
滨海夏朗德省老年人社会旅游计划
　　［法国］杰拉德·珀特涅克 ………………………………………………（5）
老年人健身活动：通用性研究和其有效性的地方化说明
　　［法国］弗雷德里克·何塞 ………………………………………………（11）
国际老年教育合作项目
　　［斯洛伐克］纳德兹达·赫拉普科娃 ……………………………………（16）
图卢兹老年大学的创新发展，社会整合和老年旅游业——第三年龄和健康保健旅游产品
　　［法国］弗朗索瓦·维拉斯 ………………………………………………（23）
老年人融入社会：葡萄牙亚速尔群岛之经验
　　［葡萄牙］特蕾萨·曼得蕾丝 ……………………………………………（29）
老年人融入社会：英国的经验
　　［英国］伊恩·法内尔 ……………………………………………………（36）

第二节 国内观点

从刻苦学习到享受学习——在第92届国际老年大学协会理事会议暨老年大学创新发展开拓银发旅游业国际会议上的讲话
  广州市老年干部大学　林元和 …………………………………………（40）

充分利用网络教学平台　创新城乡老年远程教育
  重庆市老年大学 ………………………………………………………………（42）

支持老年人融入社会是老年大学应有之义——以天津市老年人大学为个案的研究
  天津市老年人大学　任宝洋 …………………………………………………（47）

"读万卷书，行万里路"——上海老年大学"旅游文化"课程的实践与探索
  上海老年大学　江晨清 ………………………………………………………（53）

创新发展老年教育事业　与时俱进实现人生梦想
  哈尔滨老年人大学　迟荣程 …………………………………………………（58）

课程创新：办好老年人满意的老年大学的核心环节
  金陵老年大学 …………………………………………………………………（63）

老年教育应在创新中求发展——以福建老年大学为例
  福建省老年大学协会课题组 …………………………………………………（70）

彰显老年大学文化特色　满足老年学员精神需求——从我校看如何在老年大学文化建设中满足学员精神文化需求
  武汉老年大学 …………………………………………………………………（75）

第二章　2013年9月瑞典乌普萨拉会议

导论二：平等机会与老年人 ………………………………………………………（81）

第一节 国际观点

变老是否一种人权？
  ［瑞典］拉尔斯·安德森 ……………………………………………………（82）

瑞典对抗年龄歧视的情况
  ［瑞典］巴布罗·韦斯特霍姆 ………………………………………………（87）

瑞典社会中的老年人平等问题——瑞典乌普萨拉第三年龄大学专题研究简介
  ［瑞典］麦伊·埃尔兹格杰斯　比约恩·奥丁　爱丽丝·海尔曼桑 ………（88）

欧洲老龄平台　营造关爱老人社会环境
  ［斯洛文尼亚］马里安·赛德梅克 …………………………………………（90）

第二节　国内观点

从孔子"有教无类"的教育思想谈老年教育的公平化
　　潮州市老干部（老年）大学　谢德勇 ……………………………………（91）
促进老年教育公平的思考
　　广州岭海老人大学　罗慧娟 ……………………………………………（98）

第三章　2014年6月法国图卢兹会议

导论三：老年大学与国际合作 ………………………………………………（101）

第一节　国际观点

国际合作框架下的老年教育研究和创新——以西班牙OAUPs为例
　　[西班牙]康查·康赛普辛 ………………………………………………（102）
哥斯达黎加大学老年人学习项目的国际合作经验
　　[哥斯达黎加]梅布尔·格拉纳多斯 ……………………………………（104）
世界老年大学运动的起源——法国老年大学的办学经验
　　[法国]弗朗索瓦·维拉斯 ………………………………………………（107）
老年大学与时代变革
　　[印度]汤姆·霍洛威 ……………………………………………………（111）
莫克托老年大学与乌克兰、白俄罗斯的老年大学的合作
　　[波兰]特里莎·雷斯勒 …………………………………………………（112）
斯洛伐克老年教育与国际合作项目
　　[斯洛伐克]纳德兹达·赫拉普科娃 ……………………………………（113）
旅游与终身学习：新加坡视角
　　[新加坡]托马斯·关 ……………………………………………………（113）
国际合作与澳洲的老年大学
　　[澳大利亚]艾尔西·玛顿 ………………………………………………（114）

第二节　国内观点

中国老年大学的国际化合作
　　广州市老年干部大学　王友农　潘宇翔 ………………………………（115）
教育深度开放与中国老年教育"面向世界"的发展战略
　　广州市老年干部大学　梁　烈 …………………………………………（120）
在全面深化改革开放中推进老年教育国际化
　　广州市老年干部大学　周美华 …………………………………………（128）

第四章　2014年11月巴西伊瓜苏会议

导论四：老年大学与代际合作 ·· （132）

第一节　国际观点

夸美纽斯大学的代际合作活动研究
　　［斯洛伐克］纳德兹达·赫拉普科娃　詹卡·赫拉德卡 ················· （134）
促进代际互助：尼日利亚式老年大学
　　［尼日利亚］查尔斯·阿弗拉比 ··· （137）
阿根廷的老年大学
　　［阿根廷］尤兰达·达黎欧 ··· （138）
老年大学在哥伦比亚的经验
　　［哥伦比亚］古斯塔沃·罗德里格斯 ······································· （139）

第二节　国内观点

学养相宜　康乐有为——在老年大学与代际合作国际研讨会上的发言摘要
　　山东老年大学　杜英杰 ·· （141）
代际沟通——绿城·颐乐学院的初步实践
　　绿城·颐乐学院　葛婷婷 ··· （142）

第五章　2015年5月西班牙阿利坎特会议

导论五：老年大学，公民和社会凝聚力 ······································· （146）

第一节　国际观点

"老年大学，公民和社会凝聚力"——AIUTA通告
　　［法国］弗朗索瓦·维拉斯 ··· （148）
国际研讨会主题说明
　　［西班牙］曼努埃尔·帕罗马尔·桑斯 ···································· （149）
社会凝聚，代际交流和国际合作——来自德国开姆尼茨科技大学第三年龄学院的经验
　　［德国］罗兰·雪纳 ··· （150）
促进健康和社会融合：第三年龄大学外语教学研究
　　［意大利］朱莉亚·格罗索 ·· （153）
老年大学增进冰岛社会凝聚力的作用：现在与未来
　　［冰岛］汉斯·格曼斯 ··· （156）

第二节　国内观点

提升我国老年教育的国际化发展水平——在国际议题研讨会上的讲话
　　广州市老年干部大学　林元和 …………………………………………（159）
对"老年大学，公民和社会凝聚力"的思考
　　广州市老年干部大学　王友农 …………………………………………（160）
在国际老年教育界催生越来越多的"知华者"
　　中国老年大学协会老年教育学术委员会　陆剑杰 ……………………（166）
论"老年大学，公民权与社会凝聚力"
　　广州市老年干部大学　梁　烈 …………………………………………（172）
老年大学促进老年人社会参与的策略分析
　　哈尔滨老年人大学　张丽华 ……………………………………………（184）
社会凝聚力：老年大学在中国的价值
　　潮州市老干部（老年）大学　陈先哲 …………………………………（188）

第六章　2015年9月波兰卢布林会议

导论六：老年大学学生——新一代学生 …………………………………（191）

第一节　国际观点

新一代学生的学习：需求、动机、障碍及要求
　　［斯洛伐克］纳德兹达·赫拉普科娃 …………………………………（193）
如何有效地吸引新一代学生参与学习——瑞典乌普萨拉老年大学的招生问题及相应措施
　　［瑞典］贡希尔德·哈马斯特罗姆 ……………………………………（196）
幽默感与老年大学学生生活质量的关联研究
　　［波兰］莫妮卡·古则维兹　琼·保罗二世 …………………………（197）
英国的老年大学：开启人生新的篇章
　　［英国］莫拉格·塔米萨利 ……………………………………………（201）

第二节　国内观点

对"老年大学学生——新一代学生"的思考
　　广州市老年干部大学　王友农　潘宇翔 ………………………………（203）
论"老年大学学生——新一代学生"——兼及"'五有'新一代学生"思维
　　广州市老年干部大学　梁　烈 …………………………………………（209）
把握老年大学学生的学习特点　引入现代教学观念与方式方法
　　天津教育科学研究院　岳　瑛 …………………………………………（218）

新一代学生的特质与享受学习
　　南方医科大学老年大学　兰承晖 …………………………………………（223）
论现代老年人的素质要求及老年教育的历史使命
　　福州大学老年教育研究所　施祖美 ……………………………………（228）

第七章　2016年5月法国兰斯会议

导论七：第三年龄大学在世界的历史与发展 ……………………………………（232）

第一节　国外观点

老年大学的英国模式
　　[英国] 珍妮·卡利 …………………………………………………………（234）
老年教育在瑞典的历史与发展——以乌普萨拉老年大学为例
　　[瑞典] 卡琳·卡尔松 ………………………………………………………（237）
哥伦比亚的老年大学
　　[哥伦比亚] 古斯塔沃·罗德里格斯 ……………………………………（239）
积极老龄化：设定新的目标——欧盟鲍尔计划（Ball Project）简介
　　[波兰] 马尔格萨塔·斯坦诺斯卡 ………………………………………（242）
第三年龄大学的活动
　　[英国] 伊恩·法内尔 ………………………………………………………（243）

第二节　国内观点

在"第三年龄大学在世界的历史与发展"专题研讨会上的讲话
　　中国老年大学协会　袁新立 ……………………………………………（244）
关于研究老年教育历史的几个问题
　　广州市老年干部大学　王友农 …………………………………………（246）
老年大学在中国的历史与发展
　　昆明老年大学　董利华 …………………………………………………（250）
大学之道：中国老年大学历史发展的文脉
　　南方医科大学老年大学　兰承辉 ………………………………………（256）
中国文化与老年教育关系散论
　　广州大学教育学院　王卫东 ……………………………………………（262）

第八章　2016年10月日本大阪会议

导论八：积极健康老龄化与代际合作 …………………………………………（269）

第一节 国外观点

日本社会老龄问题调查及日式老年大学的创新举措
　　〔日本〕冢谷晶子 ………………………………………………………（271）
毛里求斯的老年大学：实现积极健康老龄化的通道
　　〔毛里求斯〕阿穆古·帕苏拉曼 …………………………………………（275）
警惕代际合作的障碍：印度的案例和经验
　　〔印度〕辛加拉若 …………………………………………………………（278）
地区实例：亚速尔群岛的积极老龄化
　　〔葡萄牙〕亚速尔群岛大学老年学院 ……………………………………（280）
积极老龄化与健康老龄化
　　〔英国〕潘·琼斯 …………………………………………………………（281）
积极老龄化与代际合作：全新的老年人教育培训模式
　　〔西班牙〕布鲁·朗达　胡安莫·德斯托 ………………………………（282）

第二节 国内观点

老年教育自主发展与对外开放——在景德镇国际议题研讨会上的讲话
　　中国老年大学协会　张晓林 ……………………………………………（286）
对日本大阪国际会议研讨主题的几点看法——在景德镇国际议题研讨会上的讲话
　　中国老年大学协会　袁新立 ……………………………………………（288）
对积极健康老龄化和代际合作的思考——在景德镇国际议题研讨会上的学术小结
　　广州市老年干部大学　王友农 …………………………………………（289）
融合与团结："积极老龄化"框架下的中国老年大学代际合作
　　景德镇老年大学　杨启村 ………………………………………………（293）
"四化"视域中的老年大学与代际合作
　　武汉老年大学　郑焕清 …………………………………………………（302）

第九章　AIUTA 及其他

U3A 在世界
　　中国老年大学协会国际联络部 …………………………………………（306）
国际老年大学协会（AIUTA）简介
　　广州市老年干部大学　王友农 …………………………………………（330）
国际老年大学协会章程
　　国际老年大学协会 ………………………………………………………（331）
《AIUTA 章程》述论
　　广州市老年干部大学　王友农 …………………………………………（337）

老年大学宪章
  国际老年大学协会 ·· （344）
论《老年大学宪章》
  广州市老年干部大学 王友农 ································· （345）
国际老年大学协会（AIUTA）历届会议主题
  中国老年大学协会国际联络部 ···································· （349）
推进我国老年教育与国际对接
  广州市老年干部大学 王友农 ································· （352）

参考文献 ··· （360）

后记 ·· （366）

第一章 2013年5月中国广州会议

导论一：老年大学创新发展，融入社会和银发旅游①

一、主题背景

2013年5月，由国际老年大学协会（AIUTA）和中国老年大学协会（CAUA）联合主办的第92届国际老年大学协会理事会及国际研讨会在广州召开。研讨主题为"老年大学创新发展，融入社会和银发旅游"（Développement innovant des U3A, Intégration des seniors dans la société et tourisme des seniors）。这一主题提出了一个具有时代特色的话题——应对全球人口老龄化这一不可逆转的趋势，发展创新老年教育成为老龄事业的必然抉择，由此推进老年人融入社会。而将老年教育与老年旅游深度融合，是一个重要趋势。

这一国际议题，是根据AIUTA关于国际理论研讨会主题，由AIUTA主席、教育科学委员会执委会和当届国际会议主办方协商确定的规则明确的。

二、主题内涵

美国著名人本心理学家马斯诺（A. H. Maslow）从满足需求的角度把人类需要分成生理需要、安全需要、归属和爱的需要、自尊需要、自我实现需要五个层次。老年人的高层次需求，是需要继续社会化以后真正融入社会才能实现的，老年教育成为老年人重新社会化的途径，成为积极老龄化的生活方式。随着老年人对旅游的兴趣和愿望越来越强烈，创新将老年大学办学与老年人旅游进行引导和深层结合，能对老年教育的发展起到重大推动作用，还能开拓旅游市场前景。

三、主题提出的世界意义

银发旅游越来越成为老年人生活方式的重要部分，它与老年教育的关系也越来越密切。

AIUTA在2011年5月法国图卢兹国际会议上首次提出在老年教育领域研究旅游问题，其后在2012年4月于葡萄牙里斯本国际会议上再次提出老年大学与老年旅游研究问题，并明确此课题为AIUTA专注开发的项目。可见AIUTA的目光已经越来越聚焦旅游与老年大学的结合。此次广州国际研讨会如此鲜明地重点研究老年大学与银发旅游在教学和科研方面的融合，为全球发展老年教育打开了一个新思路，开拓了一片新天地。在2015年，AIUTA教育与科学委员会在葡萄牙建立了老年旅游世界观测平台。

---

① 银发旅游，指现代社会老年人的旅游。

四、主题提出的中国意义

中国老年大学发展 30 多年来，在积极应对人口老龄化问题中发挥了不可替代的重要作用。中国的发展离不开世界，全球老年教育的蓬勃发展深刻地影响着中国。学习和借鉴各国老年教育的先进经验，是我们一直非常关注的课题。老年人对旅游的兴趣和愿望越来越强烈。中国的旅游市场前景广阔，因为中国有悠久的历史文明和独特的风土人情，必然会受到世界老年朋友的喜欢。老年大学与银发旅游的结合可以促进中国老年教育的内涵式发展。因此，研究这个国际议题将开阔我们的思维和视野。

AIUTA 广州会议对老年教育国际议题的研究，开启了中国老年教育理论研究的新阶段。

第一节　国际观点

旅游、老年人和大学

[法国] 弗朗索瓦·维拉斯等

（合作者：比拉尔·阿里·艾哈迈德　亚历克斯娅·泽伍迪斯　福特尼·穆斯坦尼）

一、第三年龄[①]旅游者的概况

第三年龄旅游者根据年龄划分为现有的三种类别："大师"（50～59岁）、"自由人"（60～74岁）和"退休者"（75岁及以上）。[②]

第三年龄的旅游集中在具有教育意义和自我发展机会的旅行。50岁以上的老年人大概每年出游3次或以上，占最大比例的是自驾游，其次是与他们的伙伴共同出游，再次是跟他们的家人共同出游，比例最小是跟团一起出行。

未来的第三年龄旅游者将会比前几代的同龄人有更好的体魄、具有更多的财富和更高的积极性。

二、老年人将会给旅游业带来什么？

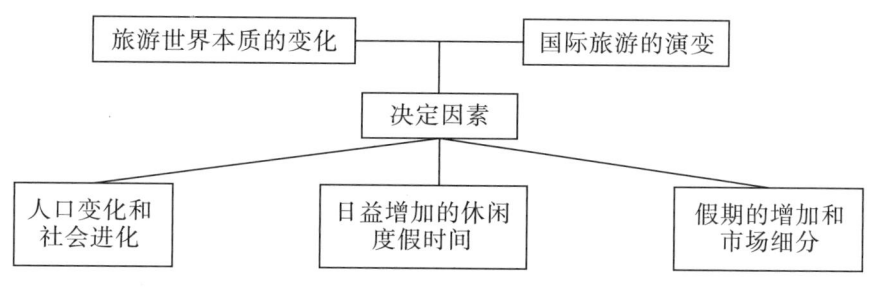

图1-1　旅游业变革的决定因素

如图1-1所示，进入21世纪，随着旅游主体特征的演变，世界旅游业正面临着一

---

① "第三年龄"，最初是来自法国，是西方国家在社会及教育政策制度方面的重要名词，指"退休期"。

② 《大师》和《自由人》均为美国电影，《退休者》为英国作家查尔斯·兰姆所写的散文，其文末说："人生劳役，斯已尽矣。我活在世上应做之事已经做完。昨日之我，是为他人做嫁；从今往后，我的余年将属于我自己了。"

场新的变革。第三年龄旅游者可以给旅游景点带来机会，发展当地经济社会：（1）有利于增加就业机会；（2）有利于旅游点管理当地旅游旺季延长问题；（3）老年人对具有文化底蕴和爱国教育意义的旅游点感兴趣，因此这是一个潜在的市场。

根据新趋向和数据的分析，我们可以得出结论：越来越多的老年人游客外出旅游，是旅游业的未来趋势。

在法国700个旅游城镇①，老年人游客都很受欢迎。而针对老年人的培训和学习是首要任务。

在美国，"中老年人的旅游市场"是最庞大和最富有的，估计在未来的9年里，年龄在60岁以上的旅游者有近7 800万人，而且每年将会呈3.5%的增长趋势。（2007年资料）

三、第三年龄旅游产品

第三年龄旅游活动主要分为传统活动和现代活动，如图1-2所示。

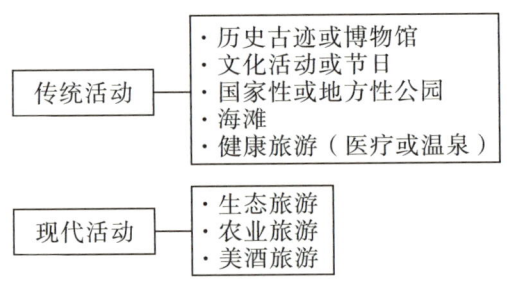

图1-2 第三年龄旅游活动分类

（1）法国。"蓝色假期"旅游组织，专业从事老年人旅游，已经成为了全国俱乐部酒店行业在这一方面的领先者。文化旅游和城市旅游。阿尔比市，有集齐皮埃尔·阿马立克作品的多媒体图书馆、古桥、圣萨尔维小镇及其教堂；蒙托邦（安格尔美术馆）有宝石和考古收藏，安托万布德尔雕塑，17、18世纪欧洲绘画；吕雄（温泉旅游），有土耳其浴、休息室、游泳池、按摩浴池、健身房、治疗室及其他服务。

主要项目有：

主题旅游：包括舞蹈、狂欢节、温泉等。

体育服务和活动：包括健身、体操、高尔夫球等。

（2）突尼斯。其因为提供免费行李的贴心服务而成为最方便老年人的旅游点之一。

特色项目：水面巡航，费用为1 200欧元，时间为8天。这个项目70%的客户是老年人（主要为法国人和德国人）。

（3）中国。这里有众多适合老年人旅游、如画般漂亮的水乡，有国家公园，有充满历史人文气息的博物馆。中国的专业旅游机构已经接待过数以千万计的老年人。这个国家的一些大城市，例如北京、上海、广州、西安、青岛、大连等都非常有特色。

---

① 法国行政区划分的一个最典型特点是最基层一级地方行政单位"commune"的数量众多，达36 682个，几乎相当于欧盟其他成员国市镇数量的总和。

（4）印度。最大的特色是医疗旅游。仅2009年就有近60万名"医疗旅游者"在这里接受了心脏手术和矫形手术。钦奈市（位于印度南部）被宣布成为印度健康之都，吸引了印度45%的"医疗旅游者"到当地旅游。

除了这些纯粹旅游的活动，也可推荐其他的活动服务，例如组织见面会、旅游心得交流等。

四、结论

（1）第三年龄大学就像一个媒介，演绎和发展着老年人旅游。这是绿色、可持续发展的旅游。

下一步，我们应该：

① 组织安排研讨会，旨在为第三年龄大学的老年人宣传绿色可持续发展的旅游。

② 创造和组织更多室外活动（郊游、体育锻炼等），鼓励志愿者活动。

③ "绿色旅游"，每年组织老年人到乡村旅游。

（2）"在慢慢衰老中，您的年龄不是最重要的，您做了什么才是最重要的。"老年大学的作用是让老年人分享社会进步信息，促进参与，如图1-3所示。

图1-3 老年大学的作用

（作者系国际老年大学协会主席　翻译者：王友农、罗嘉丽）

滨海夏朗德省老年人社会旅游计划

［法国］ 杰拉德·珀特涅克

老年人社会旅游项目由西班牙和葡萄牙首创，法国效法其措施。滨海夏朗德省部门公共财政部通过与赞助商合作，向超过60岁的无须缴税的退休者提供为期一周的社会旅游机会，费用为460欧元（包含所有费用），在财政部和赞助商的资助下，享有这一权利的退休者只需承担40欧元到100欧元的费用。

一、简介

人口老龄化导致退休人数的增长。根据法国统计及经济研究所数据分析可得出，2012年法国65岁及以上人数超过1 010万人，2020年将超过1 300万人，2030年将是1 600万人。

我们将经历 4~5 代人共同生活的时代。

寿命增长将是 2012—2020 年人口、社会和人文层面的重大挑战之一。这种增长还将持续，当医源性因素不再造成干扰，科学、医疗和生活方式的进步成为其主要增长因素时，寿命延长也成为影响消费和生活基本要素的越来越紧迫的经济因素。

如今在法国出生的女性，有 50% 的人有可能活到 100 岁。

二、评定

在过去十年中，我们对年长者的生活方式进行了深入的思考。据统计数据表明，在假期方面，年长者是缺乏度假机会最严重的社会群体。而实际上，根据法国统计及经济研究所数据分析得出，每年有超过 800 万法国人进行私人度假。

在全国退休的老年人中（超过 400 万人），经济困难是缺乏度假机会的根本原因。在滨海夏朗德省 62.3 万名常住人口中，有 16.8 万人超过 60 岁，其中 3.8 万多人的生活收入微薄，每月生活水准低于 910 欧元。他们希望能够度假，但由于缺乏资源，他们只能放弃。

在旅游旺季之外的空闲时间可以采取一些特殊方式对他们予以帮助。这种社会权利是载入宪法的。代际团结也应当能够帮助条件较差的一方，促进此目标的达成。

根据西班牙和葡萄牙已有的经验，我们可以得出一个非常积极的结论：在参加旅游的老年人中，健康产品的消费减少，这从侧面说明老年人的生活水平提高了；市镇和接待区域的经济活动时间延长，这有利于更好地使用旅游基础设施，也有利于其更新。旅游相关工作岗位得以延续，尤其是酒店旅馆业，同样，旅游度假区为维持经营也创造了就业机会。

三、国外经验

1. 以西班牙计划为例

自 1985 年开始，西班牙社会事务部就启动了一项鼓励老年人在非旅游旺季度假的计划，并给予经济帮助。

此计划的目标是：改善老年人生活质量，在旅游区维持并创造非旅游旺季的就业机会（同时延长旅游季节）。此计划旨在帮助退休人员在积极状态下完成老龄化，是一个旨在改善老年人身心状态的计划。

截至 2010 年，这个计划取得了重大的进展，参加者从 1985—1986 年的 1.6 万人增加到 2004—2005 年的 68 万人，2008—2010 年达到 71 万人（有超过 100 万的退休人员注册申请），这其中大约 1/3 是独自旅游。

IMSERSO（劳动和社会事务部的年长者和社会服务研究所）估计这个计划创造了大约 8 600 个直接就业机会和 3.75 万个间接就业机会。

此计划，人均花费约为 150 欧元，包括全部膳宿和交通费。计划的预算回报由独立工作室制作，国家拨款 1 欧元的回报是 1.8~2 欧元（规费、捐税、社会捐助等）。此外，IMSERSO 发现受益于该计划的超过 30% 的老年人的医疗费用降低了。

（1）计划的开展。这是一个为期 8 天或以上、入住三星级或四星级酒店、在当年 10

月到次年 4 月之间开展的旅游活动，包括 6 条西班牙旅游路线。

（2）计划包含全部膳宿，从度假者省会出发到目的地酒店的往返交通，配一名陪同导游。酒店提供活动设备（健身、文化、创作和娱乐活动），由具有资质的主持人组织开展活动。酒店为行动受限者和某些有特殊饮食习惯的旅行者提供合适的膳宿条件，并在酒店内提供医疗援助。

（3）计划对参与者的一般意义是：让其更好地融入社会，提高其社会关系水平，并更好地利用其空闲时间。

（4）对参与者健康的意义。48%的人认为旅游对其健康有积极影响，24%的人感觉旅游后身体更好了，18%的人在旅游期间参与了更多的健身活动。

（5）对参与者社会化的意义。60%的人参与了组织的活动，84%的人与他人产生了友好互动，94%的人希望在下一次旅行中再见到这些人。

（6）计划对就业机会的意义。提供了稳定的就业机会（部分旅游从业者的不定期合同转变成长期合同）；提供了更好的职业岗位；提高了企业投资回报率；使更多工薪家庭情况稳定；简化了社会融入问题。

（7）对接待地区的意义。在所选地区产生了一种新的消费需求；促进了当地旅游业的发展；促使了其他商店（旅游景点、餐厅、酒吧、报摊、纪念品商店等）营业时间的延长和持久营业。

2. 以葡萄牙计划为例

（1）背景。

全世界约有 6 亿名老年人，到 2050 年将达到 20 亿人。葡萄牙有 1 000 万人口，其中 60 岁以上的人口约有 100 万人。

（2）开展。

计划通过 INATEL（全国自由劳动研究所）开展。INATEL 始建于 1935 年，隶属于社会事务部，拥有行政、财务承袭和管理自主权的公共研究所，主要涉及旅游、文化和体育领域，现有 4 000 多名协会代表和近 30 万名会员。

（3）追求的目标。

鼓励老年人群开展旅游。改善 60 岁以上老年人的生活质量。开拓一个新的消费市场。提高旅游设施在淡季的使用率。

（4）计划项目。

度假游。有两种旅游类型，分别是为期 8 天的度假游（由社会事务部和旅游部资助）和为期 15 天的温泉游（由社会事务部和卫生部资助）。

时间：1 月至 4 月，9 月至 12 月。

经费：旅游经费中，平均 50% 的经费由参与者（退休人员）个人支付，剩下 50% 的经费由国家承担。根据参与者个人收入总额制定 4 种标准。以一次旅游价格为 300 欧元来计算，主要分为四个级别。

第一级：每月退休金低于 223 欧元，个人花费为 58 欧元。第二级：每月退休金 224~386 欧元，个人花费为 110 欧元。第三级：每月退休金 387~772 欧元，个人花费为 169 欧元。第四级：每月退休金高于 772 欧元，个人花费为 256 欧元。

2006 年出游人数：5.1 万人。

度假游预算：650万欧元。

健康和温泉疗计划：活动时间为15天，价格等于传统游的两倍。由社会福利部门负责医疗护理。根据个人病情和医生指示选择温泉游。健康和温泉疗预算费用为160万欧元。

（5）计划进展。

度假游计划：1995年，出游人数为4 900人次；2006年，出游人数为55 000人次。

健康和温泉疗计划：1997年，出游人数为2 400人次；2006年，出游人数为7 000人次。

2003年，有43.7万人享受了老年人计划。每5年，由一家外部公司进行一次宏观经济评估。

（6）特殊性。

葡萄牙的宪法第59条规定："与社会组织合作，有条不紊地发展休闲中心网络。"

四、老年人社会旅游计划项目

老年人社会旅游计划项目包含在国家行政管理项目中。反对社会排斥的条例提倡开展与度假相关的计划。在老年人群体中，没有一个人参与过，而在西班牙和葡萄牙，这些措施是受宪法保护的。

今天，法国相比其伊比利亚半岛的邻国们已经落后了，它们已从1995年开始执行这些计划。据这些国家的专家和负责人介绍，这些计划不仅有助于维护社会凝聚力，而且还有辅助功能。

现在，老年人参与旅游活动的需求是明显存在，并且越来越大，重要的是要采取各种方法和通过各种途径满足这种需求。

我们需要为滨海夏朗德省的老年人们提高福利，他们因为经济困难而无法度假。我们要促进本省旅游开发区的发展，争做互助创新省。

本项目是针对60岁以上且不用纳税的退休人员，他们很少或从不度假。申请人将按一定的优先标准进行筛选。

建议在旅游淡季（5月、6月、9月）开展8天7夜的旅游，膳宿全包，并提供活动设备。此外，在旅游期间，应组织远足等配套活动。旅游价格定在每人380欧元，不含交通费。

此计划将有助于改善收入微薄的退休人员的生活质量，让他们在度假中享受积极的退休生活。

其他经验表明，该方法不仅在政治上是双赢的，同时在经济社会层面也有收益，并且是得到社会广泛支持的。

五、建议

需要联系的合作伙伴：ANCV（度假券国家代理机构），其使命是促进所有人度假，尤其是老年人。

1. 滨海夏朗德省的省议会

出资赞助其城市符合资格的老年人参与旅游，帮助在农村的符合资格的老年人和农村家庭。

与老年人进行具体信息的交流,促进这些计划的开展。

退休金管理机构为其成员福利的提高做出了贡献,还有其他机构也起到了促进作用,如互济会、银行、保险公司、CARSAT(退休和职业健康保险金管理机构)等。

2. 运输机构

获得优惠价格,降低受益人的旅游成本。

为实行此计划,现已与机构在原则上达成一致,其他合作机构还在协商中。

六、受益人标准

因本计划是专门针对年长者建立的,所以有必要确定一些标准。

(1) 此计划的大前提是帮助那些主要因为经济困难,无法承担旅游费用而不能度假的老年人。因此,有必要与滨海夏朗德省议会和相关社会组织合作,制定适合这些对象的标准,以执行此项有益于老年人的社会旅游计划。

(2) 关于受益人——老年人标准的建议:

强制性标准:60岁以上已退休,无应纳所得税,且在法国居住的老年人。

优先标准:独居或体弱(疾病或新近寡居)的老年人优先;上一次旅游没有享受老年人度假券国家代理机构资助的,至少两年没有度假的老年人优先;相对年长者优先。(优先标准在申请人数超过提供名额时生效。)

七、分摊出资的重要建议

共同出资:"191欧元"剩余应付款项将由受益人所属的管理机构支付。在与不同赞助机构签订原则协议后,符合条件的老年人会获得以下资助:

IRCANTEC(国家和公共部门非正式代理的补充养老金机构):最高可资助90%,即剩余应付:13欧元。

R.S.I(独立从业人员社会保障局):资助20欧/天,即剩余应付:51欧元。

AUDIENS(视听、通信、媒体和娱乐职业从业人员专门社会保障集团):资助100欧元,即剩余应付:91欧元。

其他组织也愿意资助低收入的老年人。

滨海夏朗德省议会的财政援助金额为40 000欧元/年,可以让500名低收入老年人度假一周,费用全包。

很明显,合作资助者越多,参与者的数量也会越多。根据调查统计,我们估计滨海夏朗德省可以享受此计划的老年人有9 000人。此计划将给那些一辈子辛勤工作但从未出去度假的老年人一个实现愿望的机会。

八、必要措施

"老年人社会旅游"计划应由滨海夏朗德省负责筹办,并保证合作出资者的明确性和可靠性。该计划可以由民政总署牵头,依靠省内后勤进行实施。实施的所需资源有:计算机设备、一名负责计划实施的协调员。该计划应当整合到滨海夏朗德省旅游发展的整体政策中。

老年人社会旅游，通过互助和代际联系，应当能帮助我们中间没有足够资源享受度假的老年人，这不仅是一种道德责任，也是社会法规中一个公民应尽的义务。

其运作所需的部署是相对有组织的，因为，潜在合作者有真实的合作意愿。

社会组织对此表示赞同，如果滨海夏朗德省议会落实其意向，那么此计划就可以快速达成。此计划达成了双重目标，既打破了老人与世隔绝的状态，让他们重建社会关系，又为旅游区创造了就业机会并延长了旅游旺季。

这将是一个社会进步——公平和高尚，并且会将滨海夏朗德省的代际团结范围扩大到近9 000人。以下为落实计划的必要措施。

1. 寻找合作伙伴

已与法国各年龄段高校联盟（25万名会员）签订了一项原则协议，以让其加入到我们的计划中。老年部可以从此计划中得益。与一个或多个部门制定合作协议，以接待滨海夏朗德省的老年人。这些老年人的到来让我们的旅游机构能够在旅游淡季维持经营，且发展了本省的旅游经济，创造了就业机会。

继续与退休金管理机构、储金和保险金管理机构、其他机构和私人合作伙伴。有了这个创新计划，延长旅游旺季就不再是一个空谈，而会变成现实。

重要的是，要仔细研究酒店住宿容量以及所选酒店的主题，并向准备接待老年人游客的候选市政府发送一份有关社会调查的问卷，以明确以下几点。

（1）出游人数、住宿类型、度假产品（远足、主题游等）。

（2）一周价格：确定共同出资金额及其参与者应付的金额。

（3）预计未来3年滨海夏朗德省将接待老年人的数量。

2. 欧洲交流

2013年，欧洲委员会发起了一项促进欧洲交流的老年人计划。尽管受金融危机的影响，西班牙还是资助了参加这项计划的老年人（每人100欧元）。滨海夏朗德省可以组织度假者与葡萄牙和西班牙进行交流，并探索关于这个计划主题的合作。

建立一个协调和促进"葡萄牙、西班牙和滨海夏朗德省"合作的机构，并与公共机构以及私营合作者相结合。

这种三方合作框架会发掘出"欧洲社会度假"的潜力。

这种交流的可能性将孕育出一个具有强大吸引力的方案，并改变老年人与世隔绝的现状。

从经济的角度来看，这是一个创造就业机会的"低成本高效率"的形式。

（作者系鲁瓦扬老年大学校长　翻译者：张绍基）

老年人健身活动：通用性研究和其有效性的地方化说明

［法国］弗雷德里克·何塞

一、简介

本项目交流主要是围绕老年人的体格锻炼这个主题展开的，我们将为大家详细阐述它对人体的益处，然后将在法国图卢兹第一大学的第三年龄大学实地深入进行免学费的体育锻炼项目，即步行和柔软体操。

二、论题

我们的论题旨在研究体格锻炼与老年人之间存在的风险管理的关系。50岁或以上的老年人要投身于一项体格和体育活动的这一能力决定于很多因素。人体机能的衰老会降低所有这些活动的表现水平，尤其会增加体育活动实践中的危险性。到了这一年龄阶段，心血管疾病和创伤的风险不可忽视，但不应因此而限制体育锻炼，而应调整方向，选择合适的体育实践活动。年龄本身不应成为体育锻炼的禁忌或借口。当一名老年人进行体育锻炼时，这些风险将决定于他的生活方式、运动习惯和对体育锻炼的积极性。

毫无疑问，老年人的生理和体格情况基本上与年轻一代的成年人不同。然而，当这些不同之处确实是因为人体的衰老而存在的，或是因为有着改变老年人生活方式和活动的社会束缚而导致了这些不同之处，在这一点上我们可以忽视这些不同。如果我们能在老龄化阶段进行一项锻炼活动，我们既可以维持相对健康的人体机能，又可以有效地、无风险地进行一些运动量较大的活动。在选择体育活动和体能恢复方式的时候，不应按照个人的实际年龄随意制定标准。建议是参照以往和当前体育锻炼的经验知识，详细检查个人身体的情况，从而提供一整套全面编制的活动方案。

1. 引言

我荣幸地向您介绍一项主题为老年人健身活动的项目。我将详细介绍健身活动对老年人身体的益处。我执教于图卢兹第一大学老年大学，所以接下来主要介绍当地的实践特色，即步行和轻柔体操。为了明确我们讨论的主题，首先，我们需要澄清一些术语，尤其是在健身活动方面的术语。"健身活动"是一个复数词。1964年，乔治·马佳内给出了体育的定义，此定义至今还无人能取代："以身体锻炼为特点，以竞赛方式进行的，包含各种章程和策略体制的娱乐活动"。换句话说，体育的定义就是竞赛。如果没有竞赛，那么体育就会被理解为健身活动。例如，某人每周进行一次短跑，或者一周跑好几次，甚至每天都跑，这就是一种密集型或非密集型健身活动。因为他只是进行跑步运动，而没有报名参加越野障碍赛跑或者各种距离的赛跑（如半程马拉松、全程马拉松等）。

（1）我们说作为复数词的健身活动和作为单数词的健身活动是不一样的，在这个意义上，我们可以给出一个宽泛的定义。健身活动包括日常锻炼（如交通、家务、工作）以及比体育和娱乐活动频率低的各种锻炼。

（2）弄清了这些术语的确切含义后，我们便可以更准确地分析我们要研究的问题，即健身运动和老年人的这一特定人群之间存在何种关系。50岁或以上的人参与健身和体育活动的能力取决于多种因素。身体机能的降低影响了活动能力水平，也增加了体育运动的风险。在这个年龄阶段，心血管疾病风险和外伤风险虽然不能限制体育运动，但说明应向适当的健身活动方向发展。年龄本身并不是进行某种体育运动的不利指标。

（3）当老年人进行体育运动时，其风险取决于生活方式、运动习惯和动机。图卢兹老年大学提供的健身活动适用于以下三类人群：

长期不活动人群：建议进行健身活动。

活动人群：坚持健身活动并使其多样化。

缺乏活动人群：恢复健身活动。

2. 老龄化，健身活动和健康

毫无疑问，老年人一般在生理和体能方面和年轻人存在差别。虽然目前还不清楚这些差别达到什么程度，但它们确实是由于生物老化或社会压力造成的，后者改变了老龄化人群的生活方式和活动。如果我们在衰老时仍然继续某种活动，那么就可以相对健康地维持生物功能，并且可以安全有效地进行相对剧烈活动。健身活动除了在维持生物功能方面有积极作用外，似乎还具有抵御冠心病等疾病侵害的保护作用。虽然这种保护作用的机理目前尚不明确，但是我们知道，身体不活动是构成心脏病等风险的其中一个因素。更具体地说，缺乏活动人群的心脏病死亡风险比活动人群高出两到三倍。对于健身活动和恢复健身活动的建议不应单凭按照年龄制定的任意标准而定。运动功能的老化首先涉及骨骼，其次是关节，关节是骨骼之间的连接部分，最后是肌肉，肌肉是带动骨骼这个"被动"元素的"主动"元素。

3. 骨骼老化

骨骼老化导致骨质疏松。在脱钙的情况下，钙和磷都无法稳固。男性从20岁到80岁，其骨量平均减少15%，女性则减少40%。体育运动，尤其是耐力型运动，应当强烈推荐的。在一项针对平均年龄为53岁女性的实验中，对她们进行了一种"补钙+健身活动"（每周3次，每次1小时）的项目实验，实验结果表明，与未进行此项目的对照组相比，其骨量差异非常明显：活动组的骨量增加了2.5%，而对照组减少了3.4%。几十年的临床研究证明，与缺乏活动者相比，从事运动者的骨量明显增加。在此领域的一项研究中，我们对13 000名每天至少进行1小时相对剧烈健身活动的老年人中的女性和男性分别进行了记录，研究结果表明其髋部骨折率减少了40%~50%。

4. 关节老化

所有骨骼之间都有关节连接，它们构成了具有双重必要性的机动系统：活动必要性和稳定必要性。关节病是一种关节软组织变性突起，一开始是软骨变薄、骨质恶化、裂缝和腐化。除了软骨逐渐消失限制关节活动外，关节病的特点还包括：

（1）骨液性能减弱，液量减少，引起润滑不足，从而导致关节面滑动不畅。

(2) 周围的肌肉和韧带僵硬。

(3) 疼痛造成的肌肉萎缩。

有规律地进行和纠正不良姿态和维持肌张力的健身活动（如体操、太极、肌肉锻炼等）有利于对抗关节老化病症，而缺乏活动和反复进行剧烈运动则会导致关节病。无论如何，我们都建议在其活动范围内充分锻炼关节，使其不会发生卡滞，但要注意强度要适度，不可使其情况恶化。

5．肌肉老化

为对抗地心引力，通过紧张性收缩而保持竖直状态的所有肌肉，称为"抗重力肌"。尤其是伸肌（股四头肌），其肌张力称为"支持肌张力"。肌肉拉伸是通过收缩来加强其肌张力和增强其力量的。事实上，肌肉是在对抗它所经受的拉伸（牵张反射）。随着年龄的增长，肌肉的收缩和还原变得越来越慢，而反复用力显得更加困难。这种肌肉收缩质量的减弱，部分原因是脂肪组织取代了肌肉纤维，使其数量整体下降。从 20 岁到 60 岁，收缩总量会减少 1/3，这就说明肌肉萎缩是与年龄有关的。

6．呼吸功能的老化

在这里，我用小篇幅来介绍这一问题，因为在图卢兹老年大学提供的"步行—氧合作用"学习阶段，如果出现"步行"一词，那么就不能不提氧合作用，它是通过顺畅的呼吸完成的。因为呼吸是生命的第一特征。所有我们内心深处的感觉都会对我们的呼吸产生影响。如果我们生气或者焦虑，我们就会气喘吁吁，呼吸不畅且急促。相反，当我们安静放松时，呼吸就会平静、缓慢而有规律。同样，当我们身体或精神疲劳时，就需要控制呼吸节奏，使身体恢复到平静的良好状态。一般情况下，换气频率会自然适应健身活动强度。在进行耐力运动时，需要控制换气频率，即在短时间内吸气而在长时间内多次呼气。

在进行拉伸运动时，必须深呼气，以达到肌肉放松的效果。同样，在进行腹肌加强锻炼时，需要控制呼吸频率，保持股肉竖直状态和稳定性（在武术中，我们称之为扎马步），这种腹横肌动作当且仅当进行呼气时才是有效的。

有必要注意老化的"脊柱静力"。在地心引力作用下，椎间盘损耗引起的脊椎下陷加重了脊柱弯曲（脊柱后凸和前凸，弓形弯曲），减少了胸腔振幅并导致肺换气减弱。因此，进行适当的健身活动可以帮助校正这些不良姿态，保持胸部的柔韧性，并通过脊柱恢复运动和拉伸运动刺激背阔肌。

7．老龄化和健身活动的作用

尽管不能一概而论，但是积极运动的人明显比缺乏活动的人更加健康。前者患慢性退行性疾病（尤其是冠状动脉供血不足、糖尿病、高血压和骨质疏松症）的概率更小。一些研究还表明，健身活动可以提高免疫功能和降低患结肠癌的风险。据估计，缺乏活动者患心血管疾病的风险会增加一倍。

(1) 心脏保护作用。在一项针对哈佛大学毕业生的著名研究（凡·普瑞格，2000年）中，每周通过娱乐健身活动（体育运动、园艺、步行等）消耗掉约 150 千卡路里能量的研究对象比能量消耗低于其 1/4 的研究对象，心脏病发病风险低至四分之一到三分之一。

(2) 实施的质量阈限。一些研究表明，必须要超越健身活动的质量阈限，才能发挥心脏保护的作用。在一项针对英国公务员的研究（莫里斯，1990 年）中，进行了相对密集健身活动（每小时步行 6 公里以上）的研究对象比缺乏活动者的心脏缺血率减少约 50%。

（3）对肌肉力量的影响。如果肌肉力量过小，那么就很难承受身体重量，例如，当我们从沙发中站起来的时候。肌肉减少症（肌肉总量损失）是可以被抑制的，甚至是对老年的研究对象，特别是通过专门开发的训练（菲达罗等人，1994 年），这种训练以增强力量为目的，可以通过器械进行肌肉锻炼，也可以在体操房进行，不用负重，只通过保持姿势来运动腿部、腹部和背部的肌肉。

8. 步行：常规有益运动

平衡机制包括调整姿势，通过移动重心将垂直线投射到地面支撑面中。一种姿势不可能长期保持。人的平衡其实是一种持续重建平衡的过程。姿势和动作的调整都是基于身体架构的存在，和身体在空间中的体现，并从身体感觉、腱肌和皮肤信息出发而制定的（内感受和本体感受）。健身活动是加大姿势变动的一个因素，因为能量需求的上升增强了液体运动、呼吸和心脏肌肉收缩。此外，健身活动还通过其对质量、信息处理和运动控制的作用影响整个姿势调节系统。然而研究表明，当全身或局部肌肉训练达到一定疲劳状态时，会对姿势控制产生不良影响。当全身肌肉训练在能量上足够强烈时，会使姿势失去稳定性。在全身训练中，步行或跑步是最佳的运动方式，在姿势控制的感觉接收和效应接收方面产生高于自行车运动的力学应力，并最终使更高的感觉和运动途径发生质变。然而，所有身体活动都可以被视为一种平衡训练，在这个意义上，身体总是会适应姿势调整的各种应力。因此，从进行不同健身活动所提供的各种经验来看，健身活动有利于更有效地控制平衡并减少跌倒风险。我们可以补充一点，在跌倒的情况下，长期运动者受伤的程度会比较小，因为健身活动有助于保持肌肉良好的柔韧性，改善关节的稳定性和骨强度。

9. 最重要的是，衰老是一个教育问题

我们谈了很多关于（健身）活动作为某些老龄化问题补救措施的话题。现在，让我们来谈一下教育，因为教育被证实可以预防这些问题。事实上，人们对生命最后阶段的准备应当作为老年社会政策不可或缺的一部分，但也应当作为青年教育政策的一个组成部分。在老龄化病理学和治疗理念中，最好是将年龄增长培训概念替换掉。对年龄增长问题和老龄化对所有年龄阶段影响的认识，可以从青年时代开始，有意识地通过相关长期教育（初始教育和继续教育）获得，并在整个生命阶段不断更新。虽然 EPS 课程的目标是对未来物质生活进行管理，但它也能够以跨学科方式对学校课程中的老龄化主题产生帮助，例如，生命和土地科学及 EPS。老龄化问题世界大会国际行动计划的建议指出："老龄化主题应当作为一个发展方向和教育要素包含在学校课程中，从青年时代开始对个人进行生命教育，从而更深入地了解这个问题，并帮助纠正目前这一代人中常有的陈旧观念。"要教育孩子不能从内在疾病到年龄增长对衰老进行整体评估，正好相反，要通过对人体主要功能缓慢衰退过程的认识，在运动、生理、心理和智力方面，学习有效地管理这一生命自然演化过程，通过采取一系列保健措施，更好且尽可能长时间地保持身体和社会自主能力。

在结束"教育"这个章节时，提出几条有价值的建议：

（1）不要忘记我们追求的是趣味性和创造性，而不是竞争性。

（2）尽量有规律地进行锻炼，在强度和持续时间上要循序渐进。

（3）避免在不平滑的地面上进行耐力运动（如骑自行车或跑步）。

（4）选择最适合老年人进行的体育活动（快走比跑步更适合）。

（5）在基础课程中，不要在掌握主要技术动作前开始一项运动。事实上，有效的运动姿势可以减少对心血管系统的刺激。受伤的频率和严重程度也会降低。

（6）所推荐的体育活动都是具有趣味性和保健作用的，可以降低心血管疾病或创伤风险，如轻柔体操、太极、舞蹈、游泳、骑自行车、徒步旅行。所有课程都是以循序渐进的方式进行，避免对身体造成猛烈冲击。

（7）运动强度的标准是在运动中呼吸自如、肌肉放松。运动者必须能够在运动的同时进行对话。训练周期的强度和持续时间要逐渐增加。

（8）心率可以作为确定运动强度的基准。必须考虑到最大心率值会随着衰老下降，如果一个20岁以下的运动员在进行中等强度运动时的心率是每分钟脉搏跳动150次，那么60岁以上对象要进行接近最大限度的运动才能达到此心率。运动时最大心率的计算方法：220－年龄。

这种耐力训练还包括在训练开始时和休息时进行的柔韧性练习和肌肉强化练习。

三、结论

在退休后的空闲时间中，各种娱乐活动所占比例越来越大，而健身和体育活动的占比非常小。其实，今天我们说到的健身活动的益处早已是老生常谈，根据最新统计数据显示，尽管40%的人认为在他们退休生活的这一阶段可以做许多他们感兴趣的事情，但50岁以上有90%的人仍然维持安逸状态，他们中只有不到10%的人偶尔进行健身活动，其中约有半数的人每周至少进行一次规律运动。

然而，在保持人体健康的所有治疗方法中，健身活动是最自然、最直接和有效的，并且也是花费最少的。除了可以促进运动和智力能力的维护外，它还可以使老年人从情感心理上更好地适应周围的社会环境。最后，它可以帮助对抗身体衰退和孤独。让老年人培养或重拾对运动的兴趣，其意义主要体现在以下四点：

（1）让他们重新发现身体的作用，身体自主权是维护社会自主权最可靠的方式。

（2）鼓励他们与周边的社会环境保持新的社会关系。

（3）让他们保持警惕性和有效状态。

（4）让他们少受时间和疾病的伤害。

如果说进行健身和体育娱乐活动不能延缓年龄增长带来的不可抗衡的衰老，那么它至少还可以帮助老年人更好地抵御各种影响并使其在新的社会条件下更舒适、更安逸地生活，维护其生活的基本需要，即行动自由。

四、乐观提示

开始运动其实永远都不会迟，因为身体是为运动而生的，这就是生活。虽然很难科学地证明体育运动对老龄化有积极效果，但它至少可以用来评估缺乏运动对老年研究对象的危害。对健身活动过程中可能发生意外的恐惧不应当成为逃避运动的借口。功能事故远不及心血管疾病和骨关节病带来的危害,相对于缺乏运动引起的后果,它是微不足道的。将健身或体育活动计划整合到生活保健中,并与实践需求相兼容,这种结合无疑将是新动机产生和成功的标志,以保护并推进其履行。正如伊夫·加缪所强调的:"身体是自主权的载体,运动的仪器,但也是与外界交流的载体,因此一般运动、活动都可以促进健康,实现自身和谐。"(加缪,1997 年)。

(作者系图卢兹第一大学健身体育教育系教师、
图卢兹第二大学教育科学系"教育—培训—工作—知识"
联合研究小组教授　翻译者:罗嘉丽)

国际老年教育合作项目

[斯洛伐克] 纳德兹达·赫拉普科娃

教育之所以重要,不仅仅由于某些个体及其周边的要求,还由于社会作为一个整体的需要。一个人受教育的程度、所获得的技能和资质,决定了其一生做什么工作。我的文章将聚焦于各种形式的教育,包括非正式的教育,包括与老年教育紧密相关的方方面面。我们的教育合作项目有长者们的参与,这里发表的资料都是具体的研究成果。

1. 生活质量

在现代社会,人们越来越关注生活质量和人的生存。在人类文明的每个阶段,生活质量有不同的评估参数和许多审视层面。生活质量的社会层面主要是社会科学的课题。最近,结合社会经济体制和国家的社会政策进行研究时,人们发现生活质量还有其政治层面。

生活质量的社会经济观:主要是关注生活的物质条件。我们可以关注的指标有:收支状况、住房的质量和标准、家庭康乐设施,还有教育。这里有健康指标问题、社会服务问题、社区文化联谊生活中参与程度问题以及受教育的机会问题。

生活质量的心理精神观:关注的是某些个体对生活的满意程度。

达到康乐和满意的生活的重要因素包括:适应生活环境的能力、处理应急状态的能力及应付生活难题的能力。

生活质量是一个综合现象。尽管人老了之后,愿望和现实会有差异,但人应该接受现实并安于生活,使生活有质量感。有计划的物质和精神活动,积极活跃的生活方式,这都有助于不断提升个体的生活质量。

提高生活质量的可能性之一是终身学习。学习过程中的休闲活动可以认为是一个因素,能推迟身体机能退化并往往能提高生活质量。

当我们询问老年学员,老年大学是否能改善生活质量时,97%的人都说提高了。不光是这些调查，我们个人的经验也肯定了，参与非正式的学习确实可以改善生活的质量。

为了老年人们不被排挤出社会活动外，有必要制订多种活动计划，并告诉老年人们可以参与这些休闲活动。一些老年学员参加了欧洲教育合作项目，当我们调查他们从哪里知道这些学习的信息时，他们的回答见表1-1。

表1-1 调查统计数据

途径	布拉迪斯拉发（斯洛伐克）	布尔诺（捷克）	德累斯顿（德国）	格罗宁根（荷兰）	赫尔森（德国）	基尔（德国）	马格德堡（德国）	维也纳（奥地利）	罗兹瓦夫（波兰）	总计	百分比
朋友	85	140	23	105	7	47	41	3	71	522	57%
广告/网络	2	4	3	29	2	12	9	1	3	65	7%
报纸	18	24	12	29	5	33	36	1	13	171	19%
电视，广播	19	19	0	5	2	5	1	0	22	73	8%
其他	7	10	4	33	2	0	11	5	9*	81	9%

来源：Hrapková, N.: Project EFOSEC. In: Aufgaben und Initiativen der EFOS, 2010, s. 119

信息使人充实，使人有安全感、有方向感，使人在新环境中、在变化的情况下，更有能力去适应。有教养的老年人的世界观会不一样，他们更具适应性，能改变自己的生活方式，能顺应社会的变化。就此而言，我们深信，教育作为一项积极的精神活动，是一种重要的方式，有助于提高个体的生活质量。

很多老年人觉得有学习必要，以便自己的生活有目标有意义。他们的想法可能各不相同，但有一个最大的共同点——为了个人提升。他们在老龄阶段获得的知识会有助于解决生活中遇到的问题，发现新的价值观和生活哲学，从而提升他们的社交活动水平。

2. 社会化和机会均等

在今天的欧洲，老龄不仅意味着痛苦地失去许多东西，并且还处处受到诸多的限制。老年人们的社交圈取决于社会，社会决定了他们的社交环境。老年人的社会化就是积极参与社交活动，与某些社会人际关系保持联系。

我们要关注两种交流方式：一是直接交流（面对面）。二是间接交流（通过技术设备——电话、电脑及某些程序，如网上通话、社交网络等）。

老年人们通常更愿意直接交流，我们的研究也证实了这点。大概53%接受调查的老年人说，联谊和结识新朋友是他们参加这类学习的主要理由之一。

终身学习是社会化及应对老龄化的一种手段。终身学习可以摆脱孤独，实现自己的生活目标。为此，我们对以下问题做了调查、研究。

（1）在到老年大学前，你感到孤独吗？（见表1-2）

表1-2 调查统计数据

回答	布拉迪斯拉发（斯洛伐克）	布尔诺（捷克）	德累斯顿（德国）	格罗宁根（荷兰）	赫尔森（德国）	基尔（德国）	马格德堡（德国）	维也纳（奥地利）	罗茨瓦夫（波兰）	总计	百分比
是	7	33	2	7	2	1	4	0	8	64	8%
有点	23	40	8	17	2	16	14	2	35	157	19%
不	89	117	28	144	12	73	67	5	53	588	70%
不知道	2	3	0	3	1	0	1	1	3	14	2%
未作答	12	0	1	4	0	1	0	0	0	18	2%

来源：Hrapková, N.: Project EFOSEC. In: Aufgaben und Initiativen der EFOS, 2010, s.124

（2）你开始学习后，感到好些吗？（见表1-3）

表1-3 调查统计数据

回答	布拉迪斯拉发（斯洛伐克）	布尔诺（捷克）	德累斯顿（德国）	格罗宁根（荷兰）	赫尔森（德国）	基尔（德国）	马格德堡（德国）	维也纳（奥地利）	罗茨瓦夫（波兰）	总计	百分比
是	91	94	28	70	13	57	56	6	79	494	59%
有点	20	35	6	35	2	14	15	2	16	145	17%
不	5	58	2	38	2	11	10	0	1	127	15%
不知道	8	6	2	19	0	5	1	0	2	43	5%
未作答	9	0	1	13	0	4	4	0	1	32	4%

来源：Hrapková, N.: Project EFOSEC. In: Aufgaben und Initiativen der EFOS, 2010, s.124

教育和参与为长者设计的活动计划，令参与者不仅有融入社会、传授他们自己的经验的机会，还有将所学知识服务社会、服务家庭、服务朋友圈、服务俱乐部、服务退休伙伴，自我实现及参与社会活动的机会。

在今天的文明社会，为什么有必要提倡积极老龄化，并为老年人们寻找并提供给他们更多的教育活动计划？

老年人们退休后有更多的时间，这使他们从中得益。积极老龄化改善他们的生活质量，避免意志消沉，冥思自闭；对那些独居于公寓或老人院的人特别有帮助。一些人在未退休时习惯于只关心个人的事情，退休后也如此。他们收拾花园、照顾孙子、看看电视、收听广播，常常也学点什么，参与一些文化体育活动。一个受过良好教育的人会更易于渡过生活的难关。这也是为什么我们要开始研究教育对长者们的心理的影响，以及研究如何防止长者陷入孤独的理由。

跟整个欧洲一样，斯洛伐克也有许多为老年人设置的程度不等的教育活动计划。通常的情况是，老年人们对什么感兴趣就学什么。参与者的教育背景不一样，他们的选择也不一样。另外，各种课程对学员的年龄要求也不一样。

在欧洲，老年人可以选择什么学习方式呢？

（1）乡村俱乐部或老人院为老年人开设的讲座。这是一些比较简单易懂的讲座，所有退休者都可参加。

（2）业余大学、普通大学、第三年龄学院、开放大学及老人学院等。由市政、文化中心、图书馆、非政府组织开办老人课程。入学条件不作要求，对大众开放。学习一般为期一年；也有季度课程和半年课程。

（3）第三年龄大学——属于公立的或私营的大学，课程以高校为标准，由大学讲师授课。课程为期一年或更长一些。在斯洛伐克，一个专门的科目会长达2~3年。只有在这类学校，要求报名者具备一定的基础才能参加学习。学习完就意味着高等学校毕业。

上述三种水平的教育都考虑到老年人的个性和知识水平，提供专门为他们设置的学习课程和学习活动。

3．老年教育的理由

欧洲老年人们参加学习活动大多只凭兴趣。也许我们可以将学习和就业联系起来。让老年人取得新的资质，更容易适应劳动力市场并找到工作，因为在欧洲很多时候都可以看到就业年限的放宽。然而，老年人们更多是为了了解新信息，而不是为了就业。

斯洛伐克的第三年龄大学主要是为退休人员而设的，也接纳残疾人士（无年龄限制）和未退休人士。我们开设为老人设置的课程时，只接收退休人士。考虑到报名人和公众的兴趣，年龄会放宽到45~50岁。欧洲的其他国家通常只收退休人士。

在我们的欧洲项目EFOSEC中，斯洛伐克的老年人们可分为以下四类：

（1）离不开老年教育的人（对所有的学习科目都有兴趣）。

（2）以前因种种原因（政治、宗教、家庭等）无法进行学习，现在有学习的愿望的人（对特定的科目感兴趣）。

（3）觉得自己未能很好被社会接纳的人（选择社会感兴趣的科目）。

（4）需要充实空余时间，或者要寻找社交联系的人（对所有的科目都感兴趣）。

夸美纽斯大学内的第三年龄大学在1990年捷克斯洛伐克丝绒革命之后成立，是斯洛伐克第一家老年学校。它为学员提供三年制的学习计划，开设32门课程，每年招收约1 900人，与青年学生分开。斯洛伐克的老年人对教育的兴趣正逐年增长。所以我们每年都对开设的课程和教学计划做适度的扩充调整。

4．老年教育的课程安排

为老年人开设教学课程的重要条件是跟大学管理方、大学的院系进行合作；唤起教师对教授老年学生的兴趣也很重要，因为这本来不是他们的职责所在。

每年的教学计划规定，每两周上14次课，每次3小时。第一学年上基础课，第二学年和第三学年上专业课，即具体的专修的科目。学习结束后，举行毕业典礼并授予证书。2009年以来，终身教育及老龄学习均写进国家法律。即便如此，国家在财政上并不支持，只由所属的国立大学免费提供教学场所。

（1）夸美纽斯大学为长者提供的科目如下表所示。（见表1-4）

表 1-4 科目类别

考古	美术史	药学
天文学	戏剧史	哲学
微机及信息	布拉迪斯拉发历史遗迹	心理学
环境科学	园艺学	老年人强健法
经济学	日本文化	斯洛伐克历史
人类学	新闻学	社会工作
通史	法律	旅游及服务
医学	拉丁及古罗马史	自信培养法
老年医学	医药内科	戏剧音乐发展史
宗教史	博物馆学	瑜伽

可以根据下列的情况,选择教学形式及方法:

(1) 办学机构的条件。

(2) 长者的个人兴趣和目的。

(3) 长者的技能和体力。

(4) 对某些学科而言,学员的学识水平。

最常用的方法是课堂讲授和讨论。常常辅以专题游览,参观博物馆和历史物件,使知识得到实际验证。

(2) 在欧洲项目 EFOSEC 中,我们对老年人们进行调查:在学习过程中你用了哪些方法?(可选择三种常用的方法)(见表 1-5)

表 1-5 EFOSEC 项目常用方法

方法	布拉迪斯拉发(斯洛伐克)	布尔诺(捷克)	德累斯顿(德国)	格罗宁根(荷兰)	赫尔森(德国)	基尔(德国)	马格德堡(德国)	维也纳(奥地利)	罗茨瓦夫(波兰)	总计	百分比
授课	9	86	29	158	14	81	68	8	85	638	73%
观察	2	2	3	27	3	8	13	1	20	79	10%
解释	70	37	8	79	2	24	13	1	13	247	29%
演示	25	44	10	20	0	14	14	0	5	132	16%
讨论	81	38	22	86	13	14	27	3	51	335	40%
培训	11	1	3	16	13	3	15	1	41	104	12%
远程学习	1	0	2	9	0	3	2	0	5	22	3%

续上表

方法	布拉迪斯拉发（斯洛伐克）	布尔诺（捷克）	德累斯顿（德国）	格罗宁根（荷兰）	赫尔森（德国）	基尔（德国）	马格德堡（德国）	维也纳（奥地利）	罗茨瓦夫（波兰）	总计	百分比
同伴学习	0	0	7	16	13	14	7	2	15	74	9%
背诵	3	1	2	27	4	24	14	4	29	108	13%
未予回答	0	0	0	8	1	0	0	0	3	12	1%

来源：Hrapková, N.：Project EFOSEC, In：Aufgaben und Initiativen der EFOS, 2010, s. 128

5. 如何让老年学员更活跃

正规教育或非正规教育以及各种形式方法，都不足以激励老年人进行自发活动，不足以支持他们的健康发展。所以，我们要探索新的方法，能更好达成老年人的愿望，使他们能步入积极老龄化。经典的方法，如授课和研讨会，只能从理论方面启发老年人们。

老年学员的学习态度不同于年轻学子。老年学员在教育过程中表现得更为积极，希望表现自己，希望所学的知识不止是有益于个人，而且有益于群体。他们喜欢在教育中采用活跃的形式和方法，比如课后讨论，建立工作室展示成果，召开专题讨论会讲述自己的经历和知识。

第三年龄大学为老年人提供的学习课程只是教育活动的一半而已。跟年轻学子一样，老年人不光可以从课堂教学中，还可以从非正规聚会和活动中学到理论的东西。学习游览、研讨会、国际项目、全国项目都非常受欢迎。这些活动在分享知识、交流经验方面都是很重要的，同时还可以交朋友和增加国际接触。

6. 国际项目和合作的含义是什么？

社会的文化是一种现象，它影响着我们的日常生活，决定了我们的生活方式。每个社会都有自己特殊的文化，作为自己的标识。即使到了全球化盛行的今天，每个国家仍在努力保护自己世世代代的文化标识。文化的多样性为对话、为相互促进、为合作道路增添了丰富性和可能性。多样的文化可以让我们在各个领域找到新的工作方式，也包括在老龄事业方面。

老年人文化交流工作包括如下项目：

（1）跨文化的学习。
（2）文化创意活动及展示。
（3）跨文化交流，访问其他文化、其他文化物件、其他城市。
（4）团队或个人的跨文化接触。
（5）不同年代人的跨文化工作。

采用不同的学习方式可以使我们获得新信息，并将这些信息在不同的文化之间，在不同年代人之间进行交流和传递。许多为老年人举办的国际活动为他们提供结识朋友的机会，寻找伙伴的机会。这将为我们开展跨文化的工作，促进老年人之间的合作打下基础。

为了实现这一点，除了参与国际项目外，我们可以访问外国的大学，会见老龄学员，参加文化活动和文化节，还可以参加国际会议和工作室。

7. 搞好学习交流项目的前提条件是什么？

策划一个好的项目，条件是什么？首先需要有一个好的项目构思，并制定合理的目标。另外合作伙伴要好，项目管理要好，实施计划要好。最重要的是有足够的财政支持，设立一个基金会。只有好的构思和可靠的伙伴，才能保证好的结果。

全国项目的资金来源有：全国基金会、国家财政预算、城市财政预算、学校根据自己的收入所制定的预算。

国际项目的资金来源依靠：欧洲国际发展战略，比如多瑙河地区发展战略、跨境合作计划、欧洲委员会制定的终身学习发展战略及其葛隆维项目基金、维谢格拉德基金等。

8. 老龄教育项目的一些好的做法

在老年教育项目中，生动的形式之一是参与欧洲 LLP 项目（葛隆维）。这些面向老年人的特色项目需要学员的积极参与才能达到目的，所以对老年人很有吸引力。一方面它是 LLP 项目的一部分，这个名为协同学习的项目旨在让老年人参与项目活动，学会在小组内协同工作并展示项目成果。另一方面，在志愿者项目中，学员实际参与工作，体验生活的新层次。

当他们意识到他们是自己在做研究，自己评估研究成果，并在大会上向大家展示，这些老年学员就在国际项目 EFOSEC 中做出了出色的工作。项目着重于老年教育教与学的方法论。研究成果见诸欧洲老龄学生联合会 EFOS 的网页（www.efos-europa.eu）。关于老年人学习动机、老龄学习障碍、利用网络工具学习、欧洲各国学习机会等方面，该网站都有翔实资料。

该网站上还发表了 VECU（虚拟欧洲文化中心）项目的成果，其合作伙伴都是 EFOS（欧洲老龄学生联合会）的成员。项目的主要目标是如何将国家的文化传统介绍给其他的文化（跨文化学习），介绍给年轻一代（跨代学习）。长者在居住文化、谚语、家庭传统、欧洲各国年节传统等方面都取得有意思的成果。

EcCoNet（欧洲胜任网络）项目：在这个学习项目中，针对的是来自捷克共和国、斯洛伐克、德国和苏格兰的老年人们，这些人反馈他们自己在开发因特网的文化经历。他们交换并比较了各自的差异，检讨了各自国家采取最好办法的可能性。老年人们做研究，自己评估使用 ICT（信息交流技术）的结果，他们在养老院和城市图书馆里举办讲座。更多信息可参见网页（www.gemeinsamlernen.de/euconet）。

根据多瑙河发展战略制定的项目构思——多瑙河网络工作者。该项目开始于 2008 年，也叫作学习伙伴项目，后来发展成其他好些多瑙河项目。项目为老年人提供机会介绍自己的经验。办法是撰写一些多瑙河地区的重要人物、有趣事情的故事，河流上桥梁的故事，流域内的自然景观、建筑、动植物等的故事。所有资料都可参见网页（http://www.danube-networkers.eu）。

在老年人志愿项目 SVP 中，一些老龄志愿者会在老人活动中心和养老院中服务，或在记忆中心协助工作。除了在图书馆和语言课中的跨代工作外，语言训练、旅行、讨论和老年人个人展示等都是可行的。这个名为"维系我们的多瑙河"项目（2011—2012年）是针对老龄志愿者以及积极参与国外的社会活动。在相互访问时，志愿者能得到对

方国家、城市、学校的妥善照顾。对方老年人的积极态度使得到访人知道如何当好志愿者。项目网页（http://www.svp-project.eu/）。

许多老年人的活动都有助于他们在各方面的自我实现，这些活动一些是别人提供的，一些是自己准备的。采用不同形式及方法，不仅能使他们的生活添风采，还能使他们积极面对生活。另外，老年人会觉得自己对社会有用，对家庭也有用。活跃的老年人会更满意自己的生活，体会自己个性的重要性。

老年教育及老年人学习对年轻一代有很大的影响。所以我们应该考虑，怎样利用老年人们的知识去教育年轻一代。

［作者系国际老年大学协会秘书长（时任）　　翻译者：张绍基］

图卢兹老年大学的创新发展，社会整合和老年旅游业

——第三年龄和健康保健旅游产品

［法国］ 弗朗索瓦·维拉斯

（与亚速尔群岛旅游观测台和卡洛斯·桑托斯教授合作）

面对老年人的健康和保健旅游是一个大有可为的旅游发展领域。2008年，健康和保健旅游业的客户达到了1亿多人次，其主要的活动场所是以保健和疗养为目的的温泉浴场。这块世界旅游市场既是最具增长前景的领域之一，同时也是经济竞争力最强的领域之一。特别是许多亚洲城市（地区）都利用健康和保健旅游增加了收入，同时他们也在这方面进行了大量的投资。

面临重大发展机遇的同时，我们必须考虑到目前全球化、国际化的发展趋势，有必要对各种老年人健康和保健旅游产品的功能功效进行差异化的定义，并使之适应国际游客。要做到这一点，就应当系统地加强和开发各种老年人健康保健旅游产品的具体优势，在选择和推广方面采取积极的政策。

本研究的主要目的，是从老年人健康和保健旅游产品的经济分析出发，确定在何种条件下都可以将这种类型的旅游产品作为旅游业主线来开发。首先，对现有的不同类型的健康和保健旅游产品进行详尽的调查；其次，进行国际比较分析，以确定需求和竞争的特点，并了解专门从事健康和保健旅游产品销售的经营者，尤其是旅游运营商；最后，要提出一个适用于老年人的战略计划，并评估特殊基础设施、培训及相关服务方面的需求，以发展成基于此旅游领域的真正国际专业化组织。

不同类型的健康和保健旅游产品

随着客户的增长,健康旅游产品的数量和品种也越来越多。因此,有必要对目前市场上的所有产品和技术进行一次尽可能准确的调查,以确定最合适老年人情况的方针。

传统意义上,健康旅游包括:除了纯粹的医疗领域以外的温泉疗法、海洋疗法和沐浴疗法外,后来又添加了新的部分,即疗养和保健旅游,康复和术后治疗旅游,以及许多方面的第三年龄旅游。

健康旅游是以改善其健康状态为目的所做的迁移的总和,也就是为医生规定的治疗护理和个人意愿决定的预防护理而做的必不可少的旅行。疗养旅游是健康旅游的一个子分类,涉及保健、休闲和预防领域。也就是说,这与医生的指示无关。

温泉疗法、海洋疗法和沐浴疗法之间的差异,与所使用水的性质、气候和心理环境,以及所实施或所要求护理的性质的联系越来越紧密。因此,温泉疗法使用热矿水(大部分情况下),其治疗功效是得到公认的(化学效应、热效应和机械效应);海洋疗法使用海水,其治疗功效也是得到公认的(化学效应和机械效应),后者必须在海边实行。相反,沐浴疗法、疗养和康复治疗,以及第三年龄旅游产品,则使用自来水或者山泉水,其功效有限但可以在任何地方实行。

现在,我们可以将健康和保健旅游产品的六大类确定为:

(1) 温泉疗。
(2) 海洋疗。
(3) 沐浴疗。
(4) 疗养和保健。
(5) 康复和术后治疗旅游。
(6) 第三年龄旅游。

对于每个类别,我们有必要确定其不同产品的技术特点,以评估其益处和效用,并根据老年人的需要对这些不同产品进行开发和调整。

1. 温泉疗

从历史上看,温泉疗一词源于"Thermae",是希腊语"热"的意思,这就是温泉疗名字的起源,它包括使用水进行治疗的所有技术。推而广之,温泉疗也包括矿泉水的衍生物,尤其是温泉浮游生物、温泉泥和温泉气体。温泉疗的治疗领域主要是心脏动脉、呼吸道和风湿病病理疾病。温泉疗法是传统医学的补充,它是通过冷或热水饮料疗法、沐浴、淋浴、蒸发、漱口、吸入和按摩来对机体产生作用的。

温泉疗是以矿泉水特殊品质为基础的非药物治疗。矿泉水是一种自然纯净的地下泉水,由相对恒定的成分构成,这种成分包括矿物质、盐、气体和泥,能够对健康发挥有效作用。因此,温泉疗的原料,矿泉水的性质与景点地质历史有直接关系。

温泉疗可以看作是健康旅游最早的形式之一。今天,它仍然有很大的吸引力,但是市场目前的发展表明单一的温泉疗不足以开发一个健康旅游目的地,因为目前的趋势更侧重于疗养和保健短期游,而不是三个星期温泉疗程的传统游。同时,由于缺乏关于病理治疗方面能力的科学证明,所以温泉疗至今仍未能在主要欧洲国家以外地区得到有效发展。在这样的条件下，为了发挥温泉护理的治疗优势，大部分温泉疗旅游景点都增加了以生命保健预防原则为基础的全面疗法。

2. 海洋疗

"海洋疗"一词是由海和治疗两个词组成的，在希腊语中是"用海水治疗"的意思，它是由蒙彼利埃医学院的约瑟夫·拉·伯纳蒂海尔于1865年发明的。

自古以来，埃及人就用海水治疗创伤、烧伤和生殖性疾病。后来，海水和海洋气候的医疗作用引起了希腊人的注意。欧里庇得斯，希罗多德和希波克拉底在公元前484年就阐明了这种疗法的使用方法。在19世纪初，随着海水浴的流行，许多抑郁症患者、神经功能症患者、缺乏活力者、哮喘患者和肺结核病患者都被建议使用海水浴缸和浴盆。第一批海洋疗机构建在格兰佛、鲁瓦扬和迪耶普的海滩上，后来是拉罗谢尔和瑟堡。

在20世纪，沐浴运动疗法在路易松·博代的推动下得到发展。他是自行车比赛世界冠军，也是一场严重交通事故的受害者，在20世纪60年代，他让大家知道是沐浴运动疗法拯救了他。因此，从罗斯科夫的经验出发，路易松·博代于1964年在基伯龙开了第一家现代海洋疗研究所。从此，海洋疗被赋予了某种"现代"形象和一种不同于其传统医学起源地位的公众吸引力。

海洋疗即"使用各种海洋元素（海水、海藻、海沙）进行治疗。因此，它和温泉疗一样是一种医疗技术[①]"。海洋疗是在医生指导下，以预防和治疗为目的，对各种海洋环境优势进行结合使用的方法，其中包括：海洋气候、海水、海泥、海藻、海沙和其他从海洋中提取的物质。

海洋疗的治疗优势主要是海水的功效，因为海水富含矿物质盐和微量元素，可以渗透到机体皮层。海洋疗的成功得益于蕴含极丰富矿物元素的海水的功效。事实上，海水的特点就是有活力，因为其中有无数的微生物，它包含浮游植物和浮游动物。它们分泌出抗菌物质、菌类物质和抗病毒物质，从而在维持介质平衡方面起到了至关重要的作用，如白细胞平衡。

矿物盐含量也是海洋疗的一个重要优势。这种盐含量产生了失重效果，让身体在水中比在陆地上更轻，这样身体就可以更容易地变换动作。因此，肌肉和关节都可以得到放松并轻柔地活动。这种失重甚至还可以帮助大量四肢瘫痪患者发现或重新找回其衰退肢体的形象感觉。在海洋介质的作用下，骨折恢复只需要3个月，比常规机能训练缩短了1个多月。

海洋疗机构都建在海洋景点内，在那里他们可以使用新鲜有活力的海水。他们用泵大范围抽取海水，然后将之加热到34℃。众多的海洋疗中心都建在法国、希腊、突尼斯、西班牙的加那利群岛和巴利阿里群岛、意大利、摩洛哥、埃及，亚洲也有一些，包括日本、马来西亚和泰国。

3. 沐浴疗

沐浴疗是用水进行治疗的方法。通过浸入水中获得的失重效果是很有益处的，尤其是对于体疗和康复医疗。因此，对于沐浴疗，其洗浴技术与海洋疗、温泉疗是一样的，不同的是它使用的水既不是泉水也不是海水，而是"自来水"。这些中心通常称之为疗

---

① 温泉疗:http://www.thalasso-thermale.com/art_thermalisme_28_28.html.

养或水疗中心。它们可以建在海边、农村、山区或城市，并在沐浴水中加入植物萃取物、精油和海洋产品，后者主要是海盐和海泥，起美容护理的作用。

沐浴疗更接近于疗养和保健，而不是医疗。因此，大多数中心都致力于疗养。它们配备了泳池、浴缸、浴盆，提供沸腾浴、水中放松疗程，通常与海洋疗类似。因为不一定使用海水和矿泉水，所以这些机构的特点是可以建在任何地方，因为没有任何气候、矿泉水或海水资源的限制。它们不提供治疗，但其疗养、美容、减肥课程往往都十分有效。

发展水疗旅游产品的方式有两种：一种是在海水浴场、山区或城市度假区的旅游。在这种情况下，旅游就要包括在有水疗中心的酒店住宿。这样就产生了一个酒店和旅游的附加值。另一种是在各大酒店中的"日间水疗"或水疗区进行"点单"消费。我们发现不提供住宿的保健机构也得到了发展，他们只提供一天或半天的疗养和美容。像"住宿"的说法一样，护理主要依靠化妆、水疗和美容护理。

4. 疗养和保健

疗养和保健旅游的定义是让每个人都可以放松，而无须寻求治疗价值。现在，这种全面疗养几乎可以提供温泉和海洋疗养地的所有旅游项目。它可以满足疾病预防的需要，而有这种需求的人群越来越年轻化，而不是传统温泉疗养者。它提供的是一个以"疗养"方式为基础并围绕一个特定主题而设计的旅游，比如瘦身、治疗双腿沉重、背痛和产后恢复等。

疗养产品包括健身活动、饮食计划以及营养和心理监测。这些方法不是要消除健康问题，而是让病人更好地了解其疼痛或困扰的成因，进行中短期的缓解，并学会在日常生活中处理其问题，以进行最大限度地预防，同时学会采用平衡饮食方式和更好的生活卫生习惯，恢复规律的健身活动。

疗养是一种比温泉疗、海洋疗和沐浴疗更灵活、更自由的方式。

5. 康复和术后治疗旅游

康复和术后治疗旅游主要包括机能训练、护理、治疗和放松疗法。

机能训练一般在泳池和将海水加热到32~36℃之间的海洋疗浴盆中进行。通过机能训练浴盆（专门设计用来在体疗师的指导下进行集体或个人医疗体操运动的器械）。浴盆四周都配备了扶手，扶手稍低于水面，可以用来支撑手或脚。因为随着浸入的加深，压力也会增大，所以其目的是根据对身体上部或下部的训练进行不同程度的浸入。训练的力度也要逐渐加强，特别是步行的力度。

（1）体疗师和水下喷射，包括来自垂直墙壁、可调力度和方向的各种喷射，使关节变得灵活。

（2）体疗师和机能训练浴盆，后者是专门用来在体疗师的指导下进行集体或个人医疗体操运动的。

（3）淋巴引流一定要由体疗师执行。这种引流是用手轻柔规律地按压，以刺激淋巴液和血浆组织间液的循环，后者占体重的15%。通过淋巴结调节器加强与血液循环平行的淋巴管路径，对水肿进行"抽水"。

（4）压力治疗是一种通过压力进行的按摩形式，在为此目的而设计的箱子中，启动淋巴系统并促进其消除过程，同时吸收某些类型的水肿。它可以通过出汗排除毒素，并可以选择随后进行冷海泥湿包。

（5）冷冻治疗是一种对下肢进行的冷湿包法，通过涂抹具有促进血液循环功效的藻类和植物，造成强烈的冷感，让血管收缩并更好地抽送血液，对双腿沉重、蜂窝组织炎和创伤后水肿都有一定的疗效。

（6）电疗是通过发送电波对疼痛区域发挥作用，尤其是关节炎。

（7）骨关节疗是通过各种手法恢复关节活动性的一种医学。

（8）足底反射疗是通过对足底反射点的按摩，刺激所对应的不同身体器官。

（9）涅涕是一种用盐水清洗鼻腔的技术。在去除黏液的同时，它还可以释放堵塞的鼻窦，同时清洁眼睛通道，使一切顺畅。洁涕涅涕壶与小茶壶相似，但它的壶嘴更长。水必须规律地从左侧流进鼻孔，再流出来，要总是用嘴呼吸，以防止水通过鼻腔。

6．第三年龄旅游

第三年龄旅游是一个非常重要的旅游市场，是以治疗和保健治疗为目的的健康旅游市场，是第三年龄事业和旅游业的有机结合。

（1）第三年龄旅游的特点。

① 自20世纪中期以来，老年人的出游率明显增加。在这种情况下，法国1964年有43%的老年人每年至少出游一次，最少在外住宿4晚；1974年为51%，2004年为65%。出游率的增长主要原因是两代人行为的差异，新一代人比他们的长辈在同样年龄时的出游更有计划。因此，在1940—1944年之间出生的这一代人是第一批在其一生中平均出行率超过60%的人。所有后来几代人在其一生中的平均出行率都在60%~65%之间。

② 退休人员出游时间变长：由于旅游行为的改变，节假日的增多和更均衡地分布等原因，2004年的一项统计表明：在所有度假的人中，每年出游天数平均为26天，其中65岁及以上的人出游时间最长，平均37天。今天，我们只是开始发现70岁以上老人的出行率有所下降。

③ 出游频率增加。1968年，度假者每年旅行1.5次；而2004年，他们的平均出行率达到每年2.2次。同样，在1940—1944年间出生的那一代人给我们指明了道路：他们是第一批每年平均度假两次或以上的人。在后来的几代人中，每个出游者每年的旅行次数是2~2.5次。而近年的数据表明，这些旅游实践中的差异已经消退。因此，无论是哪代人，出游率和度假次数都越来越多，1979年及2004年法国各年龄段出游数据见表1-6。

表1-6 1979年及2004年法国各年龄段出游数据

年龄	50~64岁		65岁及以上		所有年龄段	
	1979年	2004年	1979年	2004年	1979年	2004年
出游率/%	49.9	65.8	40.7	48.1	45.3	56.9
在本土人口中年龄段的分布/%	15.1	18.2	16.3	17	31.4	35.2
在所有住宿中年龄段的分布/%	12.8	20.8	9.5	17.6	22.3	38.4
海外旅行的份额/份	15.8	21.5	12.0	15.7	13.9	18.6

续上表

年龄	50~64岁		65岁及以上		所有年龄段	
	1979年	2004年	1979年	2004年	1979年	2004年
出游者每年度假的次数/次	28.4	29.6	24.0	36.6	26.2	33.1
旅行平均期限/天	17.2	11.5	22.7	15.3	19.95	13.4
每个出游者的旅行次数/次	1.7	2.6	1.1	2.4	1.4	2.5

数据来源：根据全国统计及经济研究所1979年的家庭经济条件调查和2004年的生活条件持续调查。

范围：居住在法国本土的人口。

④ 人数增长非常快。自2005年以来，大量退休人员开始出行，他们是战后出生（即婴儿潮）的一代人，他们明显提高了老年人度假休闲的比例。2004年，法国60岁以上的人口占总人口的21%。根据全国统计及经济研究所编制的最新人口预测显示，2050年这个比例将是32%。由于数量的影响，老年客户在整个消费市场包括旅游市场的份额会大幅增长。此外，战后的几代人是第一批有外出度假习惯的人。因此，新退休人员应该会进一步加大出游率。1979年，60~69岁的老年人占人口的7%和度假住宿消费总额的7%。2004年，这些比例分别为13%和9%。

⑤ 第三年龄旅游在度假需求中的重要性。如果根据2004年所观察到的出游率计算，从2010年到2030年，他们会占总人口的10%至12%，占度假住宿的14%至15%。老年人更倾向在全年中错开他们的假期。他们在7月和8月的度假住宿消费总额中占比是40%，而适龄工作者是60%。他们所代表的度假出游潜力可以更好地分配到全年的旅游活动中。

（2）跨年龄教育和保健温泉大学。

① 跨年龄教育和保健温泉大学的目的是促进健康知识的补充和实施保健旅游的新活动。要做到这一点，以及考虑到继续教育和必要知识普及的问题，建议组织各种主题活动：日常生活新知识、救生、棋盘游戏、文化研讨会、度假等；也可以有许多医疗和治疗教育研讨会，内容涉及疾病、健康、卫生、饮食等。这种机构的目标是为客户提供温泉配套服务，使他们能够在学习的乐趣中得到满足，并保持独立和健康。

② 以巴尔波当第三年龄大学为例，其由热尔温泉疗养地转而成为第一所跨年龄教育和保健温泉大学。正如许多第三年龄大学的存在一样，巴尔波当可以成为所有法国温泉疗养地的一种模式。游客可以以每位20欧元这样一个非常低的基础价格，经常光顾温泉和疗养机构。其年度计划还提供了范围广泛的活动。在从基本捐助获得的20欧元经费之外，还有一个每期1~8欧的附加费用，用于参加下列各种系列活动：

改善生活研讨会（使用笔记本电脑或互联网……）；公共保护研讨会（与消防员和警察讨论）；"预防保健/健康教育"研讨会（营养学）；逻辑游戏研讨会（桥牌、拼字游戏……）；文化与科学研讨会（演讲和讨论）；探索研讨会（植物学、网站访问等）；治疗教育医疗研讨会（疾病预防、饮食建议……）。

7. 结论和建议

今天，健康和保健旅游市场蕴含着两个非常有前途的发展趋势，即对自然的探索和对疗养的需求。然而，这个市场也是最具竞争力的国际旅游市场之一，尤其是因为它想通过既有旅游目的地更新产品投放市场，同时也通过新兴的旅游目的地，在健康和保健旅游业看到了创造对其希望开发的整个旅游区起到推动作用的方法。

由于这些原因，在旅游发展的优先次序中，要对包括健康和保健旅游在内的项目做出选择，并不是一个容易做出的决定。但是这个选择确实是合理的，因为拥有群岛这个特殊的自然优势，可以弥补不足，这些不足主要是由于能力和国际运输价格的问题，以及在老年人市场的这个领域缺乏专业和合格劳动力的问题而引起的。

（作者系国际老年大学协会主席　翻译者：张绍基）

老年人融入社会：葡萄牙亚速尔群岛之经验

［葡萄牙］特蕾萨·曼得蕾丝

近十年来老龄人口的急剧增加引起了全球对人口老龄化问题的反思，由于政治、经济、社会和健康各方面的巨大影响，无论是在发达国家还是发展中国家都有必要积极地解决这个问题。老龄化现象的形成就像是一个复杂的科学难题，需要多学科的方法，通过探索解决方法，使老年人的平等、包容、安全和心理健康等问题能有效解决（无论是个人方面还是气质方面）。

在这份报告中，我们提供了葡萄牙高龄人口和社会一体化指标的数据。2003年，亚速尔大学专门为年龄在50~91岁的高龄学生提供了一个终身学习方案，使他们更好地融入社会且积极面对老化。这是一个科学的和文化相结合的计划，旨在促进老龄人的生活质量，而且我们已经在亚速尔的几个岛上付诸实践了。

一、序言

处于当今这种全球化社会，意味着我们要面对很多挑战，比如和平问题、国家之间的冲突、经济危机解决方式不平等、环境保护的问题、自然资源和水资源的问题、创造就业机会、减少饥饿和贫困、精神物质消费的减少、人口老龄化、保持社会经济的水平等问题，尽管活跃的专业人士减少了，预期寿命增加了，这些挑战在不同的国家和社区都有很大的影响，它们需要在政治、经济和社会各方面协调一致的系统干预，来创造一个更公平、包容、健康、积极的社会。

在此背景下，全球人口老龄化现象对我们而言是一个复杂的科学难题，通过探索解决方法，使老年人的平等、包容、安全和心理健康等问题能成功解决（不论是个人方面还是气质方面）。

老龄化是一项成就，同时也是 21 世纪的重大挑战。预期寿命的增加，尤其是在 20 世纪，由于经济发展、生活条件改善、健康科学的发展尤其是医学（预防保健和医疗卫生）的进步和科学技术研究的发展等原因共同促使了老年人口的逐步增加。

世界卫生组织（WHO）预计全球老年人口指数将会继续增长，照这个速度 2050 年全球超过 60 岁的人将达到 12 亿人，是现在的 4 倍，且发达国家将是增长最快的地区。在这种背景下，欧洲将领先全球老龄化的进程，到 2050 年，欧洲的老年人可能达到 33%（伯纳德，2008）。在欧盟总人口为 3.45 亿人，预计在 2020 年，其中近 1/3 的人口超过 65 岁，即 1 亿人；1 700～2 200 万人达到或超过 80 岁。这将会对卫生、社会和经济等各方面产生影响。

葡萄牙同其他发达国家有相同趋势（古韦亚，2011）。据国家统计局最新数据（2011 年人口普查）：常住人口超过 1 500 万人，其中大于 65 岁的老人占 19.2%。且在最近的 10 年（2001—2011 年间的人口普查）葡萄牙的老年人口增加了 3.1%，且同其他大多数国家一样，女性老龄化尤为明显。然而，需要说明的是，超过 120 万老人独居，相比 2001 年的数据增长了 28%，这一增长引起我们对老人晚年生活的安全和质量的一系列担忧。

目前在亚速尔群岛老年人口已达到总人口的 13.3%，虽然也有所增加，但与全国相比，该地区老龄化并不严重。（见图 1-4）

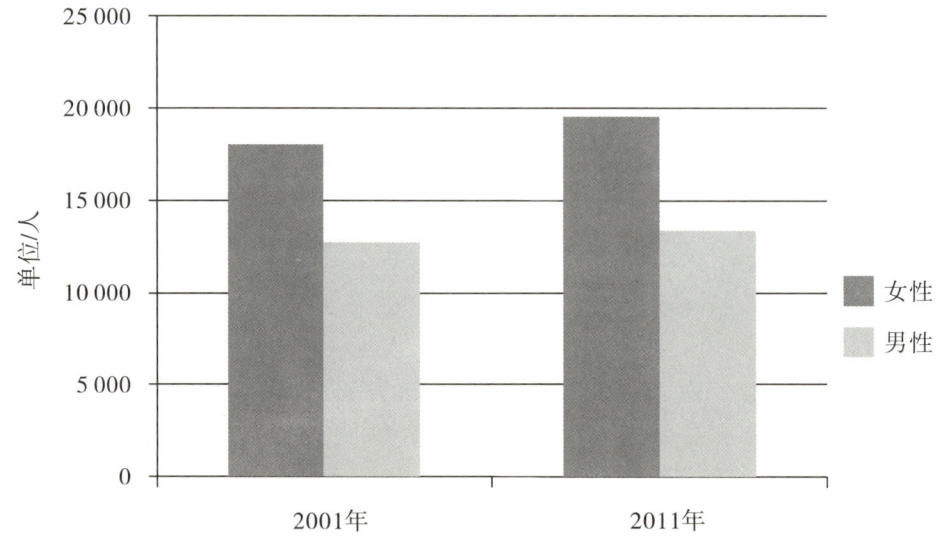

图 1-4　亚速尔的老年人口（2001—2011 年间的人口普查）

然而，也有非常小的岛屿（如科佛、弗洛雷斯）荒漠化相当严重，老年人口已经是年轻人口的两倍多。例如在科佛，2008 年时每 100 名青年对应的就有 170 名 65 岁以上的男性和 253 名 65 岁以上的女性。

综上所述，在一般情况下，老龄化指数（65 岁及以上和年轻人长达 14 年的人口比例）上升是全球趋势，女性化和独居比例的增加使人们更加孤独且缺少亲人的帮助。

人口老龄化对经济、社会、健康各方面都有影响（佩雷拉，2012 年），因此，迫切需要重新思考老龄人口应扮演的积极公民的角色，加强对老龄人生活质量的科学研究。

社会上总是存在一些对老年人的贬低和消极观念，比如没有劳动能力、依赖、衰老、疾病、严厉、麻烦等。而恰恰相反的是，通过对来自葡萄牙13个不同地区的75岁或以上的1 354名老年人生活的调查，得出结论：老年人的生活质量和健康状况相当好。这提示我们，应该让老年人感受到他们有能力，不孤单，很充实，他们是有人生价值的。值得一提的是，我们还要促进多维发展和终身学习项目，使他们受到激励，感受到生命的意义，积极参与社会活动，充分地行使自己的公民权利，不论是个人日常生活还是在社会公共活动中，他们都能依照自己的意志自由选择。

二、积极应对老龄化和融入社会

在20世纪，一方面前仆后继要改善老年人的生活质量和健康状况以及他们的权利，另一方面，却并不重视老年人，在政治决策和劳动市场中将他们排除在外，在他们退休后，便使之远离主流社会。在充斥着征服和挑战的21世纪，我们急需一套健康的社会体系来解决当下社会上对老年人的排挤问题。

在葡萄牙，人们也没有意识到老年人其实是一笔巨大的财富，只觉得老人们是可有可无的，因为他们不像青壮年一样有充足的劳动能力。

老龄化不是简单地说一个发达国家平均年龄达到了65岁或者一个发展中国家平均年龄达到60岁，而是一个量变到质变的过程。是一个有得有失的多维过程，不仅有遗传因素、个性因素和个人主观因素，同时还受到教育、文化和社会等各方面影响。在老龄化过程中，年龄只是一个指标，而不是标准，是常见的社会规范——一个标准的参照。老龄化不是一个平均的概念，现在我要在保障个人特点的前提下从不同的方面分析一下老龄化问题。

通常老龄化分三种情况：（1）成功（最佳状态），有保持自己健康的目标，个人状况和社会大环境都很稳定。（2）一般，轻度或中度的心理或生理疾病，对日常生活和活动有一定影响。（3）病理，有慢性疾病的病理变性，如老年痴呆症。

世界卫生组织从优化过程视角给积极老龄化的概念下了定义（参见世界卫生组织，2005年），有三个重要的方面：（1）健康。（2）参与度（社会、文化、城市和精神各方面），基于老年人自身的需求、能力和意愿。（3）安全。根据他们自身情况提高他们的生活质量（即当他们身患疾病或年老体弱时，提供个性化的护理和保护）。积极老龄化有很多决定性因素：经济、社会、个人、行为、社会服务和医疗保健等各方面。所有这些因素是相互关联的。

积极老龄化并不局限于生理方面或简单的日常生活的浅尝辄止，虽然这些方面都很重要，但更重要的应该是健康福利和安全保障等社会条件，例如老年人积极融入和参与社会活动。积极老龄化这个概念是基于人权和联合国的"尊严、参与、独立，援助和实现自我价值"等原则提出来的。

心理学一直致力于积极老龄化还证实了共同权利在老年人健康生活中扮演了重要角色（社会心理学）。在他们的老化过程中，要重视他们自己的主观感受，如教育、文化、个性变化、心理幸福感，等等（积极心理学）。这个21世纪的心理学思想把焦点集中在个体和社会层面的人类潜能。

科学研究显示，老年人不郁闷，不会不高兴，不会不安逸，能够学习（正式和非正式学习），重视性和感情，虽然他们有些功能下降了，但同时有些却上升了，水平的下降不具有普遍性；每个人都有人生价值，都有能力让自己和周围的人感到自己的重要性。

积极参与和融入社会是积极老龄化中的关键部分，这不是一个个人的进程而是一整个集体的形成。

本杰明（1993）和贡萨尔维斯（2007）提出日常生活中，在注册、汇编和交流时，口头交流经验的传统地位正在逐步下降，因为现在都以信息的方式呈现。口头交流已经下降到第二位，在西方社会，生活中的智慧和文化都靠口述传播给老年人。事实上，这是通过正确的形式使个人经验变成了不合格的事。因此急需使老年人加入社会的建设。他们本身就是拥有文化遗产地活着的历史文物，因为他们有社会文化经验、建设经验、社会集体生活经验。

正如桑帕约（2008）所说，在我们形成自己特点的过程中，我们应该是独一无二的，不同于我们的爸爸妈妈、爷爷奶奶、曾祖父母，但同时，我们的开始却要和他们一样，因为我们是一家人，家庭的未来一代一代的延续，爷爷奶奶们就是见证人，现在更重要的是父母的婚姻生活危机，爷爷奶奶允许了家庭的延续，同时他们也是家庭价值观的保护人。在这份老人的遗产里，不论是历史文化的传承还是对现实生活的经营都充满了生活的经验和智慧，而对于未来，首先就要融入社会。

三、亚速尔群岛大学高龄学生终身学习计划

高龄学生终身学习的计划是亚速尔群岛大学于2003年才创建的，并通过前院长的许可而组建。这是一个积极老龄化的促进计划，可谓是葡萄牙大学中的首创，每年已收到平均报名人数300余名，年龄在50~91岁之间。

该计划源于一系列因素，从上下联系和宏观系统性到更加局限性和固有的亚速尔群岛大学的体制政策。第一个因素，涉及科学的后现代背景、欧洲的人口现实（成年人人口的增加）及对高等教育的人口的需要的逐步转变，伴随博洛尼亚进程产生。第二个因素，涉及非传统开放的体制选择，作为高龄学生，从亚速尔人口退休年龄段偏于年轻化（在55~60岁之间）的角度来看，一种更加灵活及更加适应高龄学生特点并符合当代社会挑战的高等教育学习模式是迫切需要健全的。

因此，这个计划是针对成年到老年过度人群并引导亚速尔群岛大学培训模式的转变，从传统的培训（基于现代科学模式），只针对年轻人（18~22岁），在初始培训中，是一个封闭的课程设计，转变为后现代培训模式，基于寻找每个学员自身的不同含义，着重于自我认知及终身的学习和发展。在这种情况下，大学成为各个年龄段学生的知识来源。

该计划基于对神经病学和老年医学的研究，所提供的培训包括三个主要部分：（1）在不同领域的知识的理论和实践课程（健康和保健、心理学、历史、艺术、哲学、地质、环境、生物多样性、政治等）。（2）评议会和研讨会。（3）自我展示社团（例如合唱团、话剧团、瑜伽训练课程、美术班等）培训课程由大学讲师教授。

终身学习计划要求：（1）优化发展老年人群的不同方面，如认知、情感、社会和道德。（2）促进年老人群的健康、生活质量和整体福利。（3）调查研究中年向老年过渡的发展时期并促进国际上老年病学的研究。（4）传播积极老龄化和积极的公民意识的良好行为。（5）促进高等教育中的代际交流。（6）有助于在21世纪和谐社会的建设中老年精神文明财产的增强。

从微课程角度到组织水平，都为高龄学生提供了最方便的时间，每门课程每周2次，每节课程不超过2.5小时，包括休息时间。

从教学的角度来看包括：（1）有意义的学习。（2）授课速度慢并有选择性地重点突破难点。（3）详细教授重点（必须很清晰，因为在超控信息中面对两个任务同时发生错误）。（4）重新浏览记忆中有用知识（在关键点的开始系统化，并在整个课程期间做的主要思想总结）。

高龄学生的特点为：70%为女性，30%为男性，年龄在50～91岁，分布情况如下：50～59岁占26.8%，60～69岁占34%，70～79岁占34.3%，80～91岁占4.9%。学生有不同的学历，初级学习（1周期）的5%，到获得学士学位的17%。占有最高比例（27%）的是中级课程的学习者（见图1-5）。

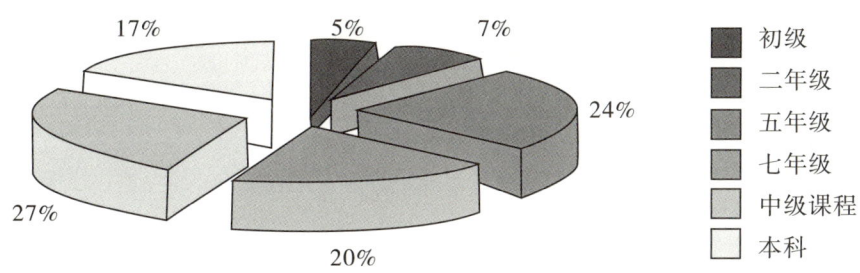

图1-5 亚速尔群岛大学学生学历资格比例图

所有的学生都积极参与社区活动，尤其是志愿者服务（家庭、邻里和社会），有阅读习惯（见图1-6），参加社会文化活动例如出席新书发布会，节目表演和音乐会。一些学生还为地方政府献计献策。

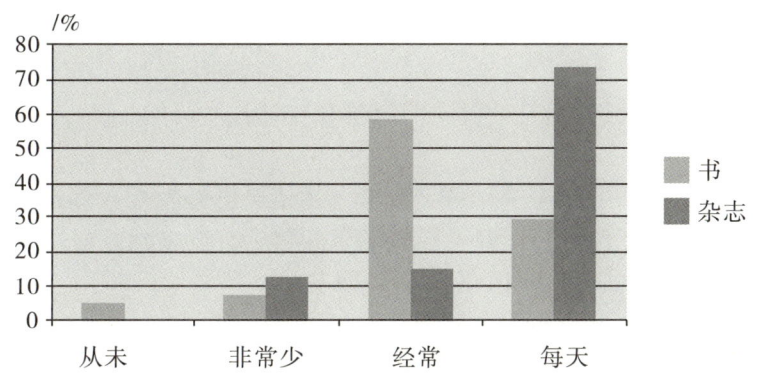

图1-6 亚速尔群岛大学学生阅读习惯统计图

我们在终身学习计划组委会中采用一种5人代表集中小组的试验教学方式（N=5），目的在于解决高龄学生在亚速尔群岛大学学习为其更好地融入社会这一计划的重要问题。参与者都是年龄在62～69岁之间的，其中E1—64岁，E2—62岁，E3—69岁，E4—67岁和E5—68岁。参与者E2和E4是男性。

通过影像和手写的方式做记录并进行检定。随后，我们确定范围为其继续进行内容分析（巴丁1995；郝沙和德伍史达拉2005）。

我们通过引用一些社会参与范围的已有结果，表达他们的感受。在这种范围内，我们确定了分析的四个类别：个人和社会评估，关系网，社会文化经验和行使公民权。

1. 个人和社会评估

E1——"发觉自我未知的特点。"

E1——"进行健康计划是非常积极的，因为有一个目标，迫使我们离开家，我们熟悉整理并做好准备，这对我们的心理健康是非常重要的。"

E3——"比什么都重要的是，给了我们老年人的尊严，因为这种尊严可以再进修，无论是个人，还是社会化水平。使我们能够向人们展示我们是和年轻人一样有能力的，并且我们是很重要的。"

E3——"另一件事，我觉得特别重要的，我想说因为我所有的同学，我们的自尊在这种情况下被重新建立。"

E3——"这个计划使我有了新的梦想，我想这也是很多人共同的梦想：就读于大学，在不可能的生活年龄了解更多知识。"

E4——"对我来说是至关重要的时间，正在做的事情是在我职业生涯中从来没有机会做的。"

E5——"来到亚速尔群岛大学参加终身学习计划对我来说是很有益的，因为我是一个有自我封闭倾向的人，这迫使我与之前不认识的人交流。"

E5——"在这个年龄段，来到大学，我认为是非常重要的，因为它使我们发现甚至我们自己不知道的优点。以我自己为例，我发现我喜欢诗歌。不仅仅是阅读，我还发现我有朗诵的才能，这确实是非常令人高兴的。"

2. 关系网

E1——"终身学习计划重要的是使我保持头脑的灵活运转，并且更加有价值的是拓宽了我的关系网，在这个阶段，在亚速尔群岛大学我们有机会与许多不同的人，从事不同的专业的人建立一个网络关系，这将打开我们的视野。这种新的关系网络使我们积极地参与到社会中去。"

E2——"我在大里贝拉的亚速尔群岛大学（由伍勒巴努教授）参加了一个初始阶段的葡语课程，并在那里工作，我学到了很多知识。然后，我来到蓬加达的亚速尔群岛大学，参加了终身学习计划。我认识了很多新的朋友。"

E3——"另一件事，我觉得很重要的，我想我说通过所有的同学，我们的自尊在这种情况下被重新建立，并通过它，开始信任他人。"

E3——"我们没有失去老朋友，但我也必须指出的是，这些新的友谊的建立是更强大，并且更加密切的。"

E4——"对于我来说，最重要的是这个项目的互动。当然课程是非常贴切的，我们学到了很多，我很高兴听到老师所说的这一切。"

E4——"除此之外，主要的是要去了解其他人，和他们一起生活，交往新的朋友，获得新的知识。"

E5——"随着活跃生活的结束，与一些人会自然而然地失去联系，人们各自去追随自己的生活。我觉得最需要的，除了有孙子和其他的东西，也要有一个活动，使我离开家，去某些地方，交往新朋友。"

E5——"强迫自己与之前不认识的人交朋友。"

3. 社会文化的经验

E1——"例如，我们的戏剧课程允许我们做表演或参与文化活动。"

E1——"我们在参与不同课程的同时也带给我们了巨大的文化敏感性，甚至在不知不觉中，使我们更加注重我们的社会参与。"

E2——"我爱历史课程，因为我总是喜欢写一些关于我祖国的历史，这一切，使我对现代历史有了新的见解。我也学习关于服装的历史，讨论衣服和服装的主题。"

E3——"这个计划使我预见了自己，我想这也是很多人共同的梦想：就读于大学，在不可能的生活年龄了解更多知识。我认为代际融合的环境也是非常重要，互动和知识有没有年龄限制。"

E4——"当然课程是非常贴切的，我们学到了很多，我很高兴听到老师所说的这一切。"

E4——"自从我参加这个计划，并进入音乐组，到现在为止已经被请求用'你'来称呼了。"

E5——"各种课程，主要是历史和戏剧课程，激起了我前所未有的兴趣。"

4. 行使公民权

E1——"例如，我们的戏剧课程允许我们做表演或参与文化活动，这是一种参与社会的方式，这使我们能够自觉地参与社会和积极地行使公民权。

火山学课程也使我们获得了很多知识，提高了对我们的岛屿重要方面的认知。这也让我对群岛地质的要素产生兴趣。而现在，当我为来岛游客做路线讲解时，更能叙述其特点，这也是一种积极参与文化活动的形式。"

E2——"我来学习是为将其所学运用到舞台设计的实践，我觉得对于我的团体非常有用。"

E3——"我们的社会参与水平，我认为我们仍然可以在我们的社会中发挥重要作用。"

E4——"更加注重社会参与。"

E5——"更加积极地生活。我在这里，有用武之地。"

E5——"参加活动，邀请唱歌、背诵等表演，这使我们能够参与和为社会做贡献。"

以上陈述的内容是对积极老龄化及高龄学生参与社会的很好说明。充分地证明了大学的课程学习对于集中小组的高龄学生能够提高自我评估，增强自尊、自我效能及情绪管理能力，揭示了个人退休后的生活和开放式体验的意义。同样地，证明了社交网的扩宽能够优化人际交往和社会情感的发展。清楚地显示了知识，增加了社会文化的经验，并允许另一种环境和世界的阅读形式出现。

最后，终身学习计划促进了这一小组的高龄学生在文化项目和社会参与中积极地行使公民权，这表明 21 世纪的社会已将老年人纳入社区赋权成员，人们自身达到一个积极老龄化的增长平台，因此，经济和所有的生活质量也随之提高。老年人（普通人或学生）的个人素质的主观占有转变为新的主观形式（但是共同的）在后现代中通过成人的角色的提升。在这个过程中，大学在人们内心和社会的转变方面起到了至关重要的作用。

（作者单位：葡萄牙亚速尔大学　翻译者：张绍基）

老年人融入社会：英国的经验

[英国] 伊恩·法内尔

一、介绍

老年人在不同的社会中的角色随着文明的发展确立了几千年，这些角色包括：值得期待的英明领导，技能的传承，重大事件回忆的延续以及祖辈对家庭育儿的支援。自工业革命以来，营养和卫生条件的改善使平均寿命得到了相当的提高，人口不断增加，老年人的比例越来越大，已成为全世界一个主要的公认事实和关注重心。

谈及老年问题，让人高兴的是科学家们的研究成果给我们提供了洞察社会和文明的发展的机会。加州大学洛杉矶分校的生理学和地理学教授贾雷德·戴蒙德就是这样的一个科学家，他的关于人类文明的发展的书，讨论了社会如何衰退和延续以及我们如何能够从传统社会中学习，这本书有重要的指导意义。

在 U3A（译者按：University of 3rd Age，第三年龄大学）运动在英国开始的时候，这个运动的创始人之一，彼得·拉斯莱特，写了一本书提到许多有关老年人面临的挑战，包括人口学意义上的和隔代沟通方面的，我们今天仍然面临着这些挑战，程度甚至更加严重。U3A 运动的推广是我们更长寿的成果之一，本文介绍了一些其在英国发展的主要亮点。本文仅是个人看法，为了准备本文，笔者从各种渠道收集信息，这个过程充满了乐趣。

二、人口挑战

为了应对未来的挑战，世界卫生组织帮助设置了一套准则。他们使用联合国标准 60 岁来形容"老年人"，我们其中一些人可能不同意这个标准。他们定义了"积极老龄化"和"生活质量"，希望为政策制定者和决策者提供指导以造福本国公民。2002 年至 2025 年，60 岁以上人口比例排名最高的这些国家将从这个预测期开始时意大利的 24.5% 上升到预测期结束时日本的 35.1%。长远来看，至 2035 年，达到领取养老金年龄的英国人口的比例预计将上升到23%。请注意,到那时中国开始领取养老金的年龄将是68岁。

另一个重要的教育工作者,斯德哥尔摩卡罗琳斯卡医学院的汉斯·罗斯林,开发了Gapminder,一个可以随意使用的图形统计工具,它可以用于显示IAUTA理事会15个国家的人口从1800年至今的平均寿命。这个幻灯片的主要特点是所有国家的预期寿命每十年普遍上涨两岁左右,显然我们缺少19世纪的数据,而且各国这种进程开始的时间也不一样,但整体效果是寿命从19世纪的30~40岁,提高到现在的70~80岁。这样的进程预计在可预见的将来会继续下去。

在接下来的幻灯片中,英国的一些更详细的信息表明,随着年龄的增长,男性和女性的死亡率成倍增加,大约每7年翻一番。该法则由威廉·贡佩尔茨于1825年提出,到今天它仍然是正确的,同时死亡率随着时间的推移而改善。接下来的幻灯片显示在经过过去20年的努力,60~70岁的男性的死亡率下降了40%左右。这就是每经过十年发展增加预期寿命两年寿命的背景。

三、一些重要的老龄问题的报告

增加退休金的法例对长寿的影响是非常明显的,1908年70岁以上非缴费型养老金被引入以来,在英国通过了25种不同的议会法令。在此期间,国家养老金的年龄曾降低到男性65岁和女性60岁。现在男女的养老金年龄都被提高到68岁,现在更多的担心是这种最新的变化推出可能已经为时已晚,并将导致人们的混乱和各种不良反应。

2005年,英国上议院委员会报告了一项从科学角度的老龄化调查。这份报告有许多建议对政策制定者们近年来各种政策有着指导意义,其中的一些建议已包含在幻灯片中。该委员会强调老龄化和长寿基础研究的必要性。同时他们还强调实用性,比如快速治疗中风,更多地对疾病影响家中老人的研究和支持。虽然人们认为来自各方面的运动与营养建议很有用,但这些建议并不总是能引起大家的注意。

最新的2013年英国上议院委员会的报告中提出,我们的整个社会在何种程度上做好了人口老龄化的准备。其中的一些建议也包括在幻灯片中。报告中主要关注对退休人士的财政支持。现在领取国家养老金的年龄低于它被首次引入时的年龄,随着预期寿命和预期的退休生活年限的持续提高,该委员会敦促政策制定者们考虑人口不断增加的老年公民的需要,尽管当前大众对整个政府的财政支出计划也有顾虑。

英国老年协会的慈善基金支持有关个人、社区、宣传或信息交流的活动,同时也资助具体的研究项目。英国老年协会在许多主要街道上拥有自己的慈善商店。2010—2011年,英国老年协会用于慈善活动的费用为7 250万英镑,如幻灯片中所示,其中38%用于信息交流、推广活动、海外活动的研究,其余的用于支持个人和社区。他们这份退休以后的生活报告涵盖了比其他报告更加具体的关于健康和幸福,家庭和看护,家庭财政问题,旅游和生活以及工作和学习的描述。这是一个信息来源广泛而且非常有用的资料汇编。

四、欧盟的积极和健康的老龄化方案

老年人积极和健康生活计划由联合国推广并由英国政府主导,其中包括欧盟层面的帮助，这个计划的实施应该使每个人能够更好地生活。幻灯片给出了影响健康积极的老龄化的因素，包括文化、社会、个人和行为方面，以及在这个过程中的许多其他关键因素。欧盟已经制定的计划包括三大支柱：预防、筛查和早期诊断；护理和治疗；积极的老龄化和独立生活。幻灯片说明了具体行动的一些需要共同努力的方向，这应该能给未来带来真正的好处，这些方向包括改善健康管理和监控，支持老年人独立生活和预防跌倒。三大支柱是由一系列跨领域的优先事项作为补充的，如体制、凭据和财政支持，这些将包括到运用创新建立一个对老年人友好的环境的具体行动中。

每年欧盟都进行生活质量调查，最近的2012年的调查包括了自2008年以来的金融危机的影响。危机显然影响了人们对公共机构的信心。结果发现，在所有国家中，家庭的支持继续发挥重要的作用。对未来的乐观情绪的表达水平从希腊、葡萄牙和斯洛伐克的不到30%到丹麦和瑞典80%以上。中欧和东欧的最脆弱的群体，包括收入最低的1/4人口、长期失业者和老年人在主观幸福感调查中显示出最大的跌幅。一般来说，最幸福的群体是那些18~24岁及65岁或以上的人。生活满意度和幸福感根据国家不同的有很大差别，保加利亚最低，丹麦最高。正如预期的那样，收入低，健康状况差和失业是生活满意度调查中的最重要的负面因素，而性别与是否是一个家庭决策者和生活满意度则没有联系。幻灯片显示，65岁以上年龄组的幸福水平相对于整个国家人口最高的是爱尔兰、瑞典和英国，最低是保加利亚。

五、U3A 在英国的发展

对老年人的社会支持政策，在不同的国家已经演变成不同的方式。在英国，对合资格人士提供国家资助的退休金已经有超过百年的历史，但我们将持续关注这个政策，因为这样的退休金水平并不能支持良好的生活质量，而且其他作为补充的国家福利也没有出台。与此同时，一直鼓励雇主提供的供款退休金计划，与1997年的55%相比，现在只能满足约46%的员工。此外，英国有很多慈善机构，现在有162 915个组织，他们的总年收入净额为584.8亿英镑，约占英国国民生产总值的2.2%左右。这些组织不是以营利为目的，而必须向公众提供各种福利，它们往往以帮助英国老年人为目的，正如上面提到的英国老年协会，或者为老年人提供教育，就像U3A做的那样。

如何为老年人提供必要的支持，以及如何平衡不同时代需求的讨论将继续。关注的主要问题之一，是非常受重视的寿命的增加与预期健康寿命增加是否匹配。在老龄问题研究报告显示健康状况的差距正在加大。在最新公布的报告中，基于整个欧盟的自我健康报告已经被标准化，健康状况的差距似乎在进一步加大。这种变化是由于欧盟的健康自评量化表从三点变成五点导致的，从"好、还算好、其他"，变成"非常好、好、一般、不好、非常不好"。有一种说法是，我们应该改用无残疾寿命的问题来衡量我们的退休后生活的整体健康。这些定义将随着医学进步，影响着个人的见解和预期。通过对个人生活方式的建议和国家计划的积极老龄化的结果，缩短我们所有人的不健康生活的平均期，这就是我们的希望。

U3A运动在英国蓬勃发展，我们可以自豪地回顾一下过去的30年。这张幻灯片显示我们健在的共同创始人，埃里克·米德温特，主持最新的创办人讲座。下一张幻灯片显示了自1995年以来U3A学校数量每年7%的增长和成员数量每年11%的增长；我们现在有887所U3A学校以及298 468名U3A学员。我们大约40所U3A学校只有不到50名学员，也有大约40所U3A学校拥有超过1 000名学员，而绝大多数学校学员数介乎于50～1 000人之间。

在英国议会上议院最近举办了一个代际的辩论——关怀大辩论。U3A的成员和来自全国各地的中小学生讨论应由哪个社会部门负责照顾弱势群体，国家、家庭还是志愿者机构？他们收集到来自四面八方的许多很好的论点，但是毫无争议地得到所有人的认同的是，国家应该作为弱势群体的最终保障，并提供安全支持。然而，也有人认为，家庭和志愿机构往往可以提供更好、更个性化的关怀。幻灯片显示的是上议院辩论的地方，更多细节可以在议会网站上找到，辩论可以在网络搜索观看。

六、结论

老年公民数量上升的人口压力要求我们改变相互支持的方式。希望政府支持的研究和规划将缓解这种压力，让越来越多的人有一个充实的老年人生。要创造这样的幸福未来，个人和家庭的作用仍然至关重要。U3A运动在给老年人提供社会角色，让越来越多的退休人士实现终身学习方面非常有价值。在英国U3A的会员已达到年过六旬人口的2.1%，60岁是联合国的定义的"老年人"，或者说超过65岁的U3A会员占人口总数的2.9%。这是一个很好的成功标志，但还有许多老年人可以吸引成为会员。埃里克·米德温特说，虽然U3A很好，但没有设定一个扩张目标。我们明白，成为U3A成员就会自然了解U3A的好处，所以会员人数有充足的扩展余地。

终身学习的价值越来越被认可，因为其涵盖了一个人的工作时期和退休生活。U3A运动为老年人提供了很多机会，也满足了他们的需求。国际层面的老龄化和学习，自1975年以来由国际老年大学协会（AIUTA）推动，已在超过30个国家和地区建立U3A。我们需要努力增加U3A的数量，增加所有国家老年人士的U3A参与率对他们的个人有益，从大方面说对社会也有利。

（作者系国际老年大学协会司库　翻译者：张绍基）

第二节 国内观点

从刻苦学习到享受学习

——在第92届国际老年大学协会理事会议暨老年大学
创新发展开拓银发旅游业国际会议上的讲话

广州市老年干部大学 林元和

两千五百多年前,中国伟大的教育家孔子说道:"学而时习之,不亦乐乎。"提倡把学习作为人生快乐的事情。

然而千百年来,面对生存的现实压力,更多的父母还是不得不选择用悬梁刺股、凿壁借光的故事教育孩子、激励年轻人刻苦学习,立志成才。直至今天,中国开始全面建设小康社会,提倡终身学习,老年教育事业蓬勃发展,更多的老年人再次走进学堂,让学习由刻苦变为享受成为可能。在这样伟大的时代,老年大学教育理应为老年人开创享受学习的新境界。

一、"享受学习"是老年学习的特征

学习贯穿人生的始终,不同阶段,学习的目的和方式不尽相同。刻苦学习与成长相伴。从幼儿园、小学、中学、大学,为了增知识、获取文凭、就业、成才,到工作后,为了生活、为了工作,仍需要不断继续教育,与时俱进。学习无动力、不努力、不刻苦,实现不了追求的理想。人到老年,退休了,学习的根本目的也改变了,不再为生活工作所累,而是为了丰富精神世界,过更好的生活,是一种自觉自愿的享受型生活模式。

老年大学教育要积极主动地适应老年人,从刻苦学习到享受学习的思想意识上的转变、心理生理上的换位、言谈举止上的转折,为老年人提供在学习中享受,在享受中学习的氛围和条件,让老年人积极应对老龄生活,创造快乐人生!

二、国家发展老年教育为"享受学习"提供制度保障

中国正在为伟大的中国梦凝聚力量,加大发展老年教育事业的力度。在全面建设小康社会的现阶段,国家要满足近2亿老年人的物质生活需求和精神文化需求,提供相应的基本公共服务,办老年大学以满足老年人"享受学习"的需求,这是一种社会管理创新。2001年6月22日,国家五部委发出《关于加强老年教育工作的通知》,要求"培育和树立一批条件较好、质量较高、制度较全、颇具规模的规范化老年大学示范校。""在21世纪前十年,建立健全具有中国特色的老年教育事业体系。"至今,中国的各级各类老年大学已有4万多所,在校学员约500万人。正像马德里《2002年老龄问题国际行动

计划》中所期望的一样,老年教育在中国成为"国家行动",为广大老年人"享受学习"提供了舒适平台和物质支撑,"享受学习"的宏观环境基本形成。2012年12月28日,中华人民共和国主席胡锦涛发布主席令,公布了修订后的《中华人民共和国老年人权益保障法》。法令指出:"老年人有继续受教育的权利。国家发展老年教育事业,把老年教育纳入终身教育体系,鼓励社会办好各类老年学校。"这是从立法层面为老年人"享受学习"奠定了基础,提供了制度保障。发展老年教育事业,体现了社会的文明与进步,提高了人民生活的幸福指数。

三、老年人"享受学习"才能更好地融入社会

我们正处在知识经济和信息时代,以互联网为代表的当代信息技术,正以惊人的速度改变着人们的思维方式、工作方式、学习方式、生活方式。网络文化也全面渗透、影响着世界的每个角落。

社会的深刻变化不容抗拒地强烈呼唤和改变着老年人的学习自觉性。虽然国家在制度上保障了老年人的权利,但是老年人必须通过自身积极的继续学习,过更好的生活,才能更好地分享社会进步的成果和融入社会。英国哲学家、历史学家罗素说过:"一个老年人如果能有广泛的兴趣,学会关心他人,使自己的生活汇入到整个世界的生活中去,他就会像一滴水归入大海。"

当代老年人如果不能学习掌握使用计算机和网络工具技能,就意味着不能适应新的生活方式,就会逐渐游离于社会之外,必将被社会边缘化。相反,掌握网络信息技术将可以极大地丰富老年人的生活,唤起老年人学习分享社会进步的本能。老年人可以通过网络获得便利的社会服务,及时分享社会资讯,拓展广阔的社会交往圈。老年人的生活质量得以提高,他们自然、流畅地融入了社会,尊严、健康和幸福将重回身边。

老年人把学习视为享受,有了更高的精神追求就会越活越年轻。老年大学没有升学率压力,学员更无就业、升职的后顾之忧。千百万名老年人在校园里自由地学习自己想要学的东西,畅快地交流着各自的人生经历和感悟,民主和谐的校园文化荡涤着灵魂,温馨恬静的学习氛围陶冶着情操,团结友爱的同学情谊温暖着心灵。老年人重新回到"恰同学少年"的年代,有了新的社交平台和网络,结交新的同学和朋友,这是一个享受的过程。

四、"享受学习"应成为老年大学办学的最终追求

我们为什么要办老年大学?简单地说就是让老年人享受学习,创造快乐人生。这对我们办学理念、办学实践都有指导意义。

为此,首先我们应营造轻松的学习环境,同时适度调整可能因为荣誉感、成就感而产生的无形压力,舒缓老年人从青壮年时期带来的竞争压力惯性,让老年人轻松地享受学习过程。

其次,我们应不断创新课程设置,用现代化的课程来开发、拓展享受学习的土壤。要根据老年人对享受学习的需求,加以兴趣引导,对已有专业课程结构不断调整优化;对受欢迎的传统课程不断充实,融入当代思想和科学内容;加大力度开发现代科技知识

含量高的课程。计算机和网络技术应成为老年大学的必修课，因为影响我们、改变我们生活方式的是以计算机网络技术为代表的信息时代。

老年大学的本质是教育，而不是单纯的老年人活动中心，要"以学为主，乐在学中"。"享受学习"是高层次的精神享受，需要高质量的教学才能真正实现，所以老年大学管理的重心还是教学质量，抓好教师队伍管理，提高教师的责任感和教学热情，提升教师的教学技能，显得尤为重要。

我们应注重校园文化建设。"享受学习"需要老年大学民主、和谐、互助的校园文化和氛围，"享受学习"也需要提供平台展示、交流学员学习成果才能更加完美。老年大学要支持学员委员会成为校园文化建设的主体，学员社团活跃，校内外经常性的联欢、文艺演出、诗书朗诵、书画展览、友谊比赛等活动有序开展；高尚雅致的人文环境要深得学员喜爱；花草清新怡人，课室、走廊、活动场所干净整齐，必要的保障设施布置整洁方便，绿色校园成为老年人享受学习的温馨家园。

综上所述，老年大学应助力老年人"在学习中享受，在享受中学习"，让老年人始终有新的追求，创造完美快乐人生。

（作者系国际老年大学协会第一副主席、中国老年大学协会副会长、广州市老年干部大学校长）

充分利用网络教学平台
创新城乡老年远程教育

重庆市老年大学

一、前言

从 1993 年我国天津、北京等地陆续开播老年广播教育，到 1998 年上海创办"网上老年大学"以来，现代信息技术与大众传媒地结合在老年教育发展中焕发出勃勃生机。特别是人类跨入 21 世纪，进入了互联网时代。互联网进入到人们生活的方方面面，也进入到老年教育当中，为发展老年远程教育提供了更加广阔的空间。我国老年教育，特别是远程老年教育正蓬勃发展，正在走一条老年教育现代化创新发展的顺势之路和走一条不断满足广大老年人日益增长的精神文化需求的探索之路；同时也在走一条促进城乡统筹、公平教育的普惠之路。

我们从 1989 年开始探索农村老年教育，在中国老年大学协会的指导下，认真学习借鉴兄弟省市的经验，到 2008 年创办"重庆市老年现代远程教育"，与时俱进，筚路蓝缕，走一条开拓创新之路。

二、实践与探索

1. 抢抓三大机遇，乘势发展老年教育，推进老年远程教育

（1）抓住国家发展老年教育的机遇。1996 年，我国第一部《老年人权益保障法》规定"国家发展老年教育"。这就使我国的老年教育开始走上了"依法治教"的轨道。2012 年年底，新修订的我国《老年人权益保障法》再次规定"国家发展老年教育"，并增加了"把老年教育纳入终身教育体系"的规定；同时在要求"各级人民政府对老年教育应当加强领导，统一规划"的基础上，增加了"加大投入"的规定，新增的这四个字，可谓字字千金。2010 年，《国家中长期教育改革和发展规划纲要（2010—2020 年)》，明确提出"重视老年教育""大力发展现代远程教育"。中央和国家的这些规定和要求促进了老年教育发展，特别是给现代老年远程教育提供了极好的机遇。

（2）抓住国家推进新农村建设的机遇。2005 年党中央、国务院颁布了《关于推进社会主义新农村建设的若干意见》，明确了要使全体老年人过上文明、自由、富裕、享有尊严的幸福生活。广大农村老年人要共享人类文明，享受老年教育，就必须发展农村老年教育。其时，以我校周成锡副校长为组长的课题组牵头承担了中国老年大学协会"发展农村老年教育与建设社会主义新农村研究"工作。在全国各地提供的 61 份实证材料中，几乎众口一词，提出共同的对策建议：要广泛深入开展农村的社区老年教育，必须拓宽办学途径，在抓老年学校教育、老年社会教育的同时，积极兴办老年远程教育。重庆市有 3 269 万人口，其中 60 岁以上的老年人口有 578 万人，占全市总人口的 17.7%，而农村老年人又占了全市老年人口的大部分，面对这样一个庞大的老年群体，开展农村老年远程教育势在必行。这是我们以农村为突破口，开展老年远程教育的大好机遇。

（3）抓住国家把重庆定为"统筹城乡改革和发展试验区"的机遇。2007 年胡锦涛同志为重庆工作定向导航，提出要建设"城乡统筹发展的直辖市"。2009 年国务院下发《推进重庆市统筹城乡改革和发展的若干意见》，从国家战略的高度，为重庆统筹城乡改革和发展做了全面的战略布局，为重庆发展提供了极好的机遇，也为我们发展城乡老年教育提供了极好的机遇。

在机遇面前，我们重庆市老年大学在时任校长罗淑芳的带领下，认真分析，并和市委老干部局分管局领导一起率队到上海、浙江等地学习考察。大家统一了认识，一致认为，应充分发挥我校作为"市老年教育中心"的辐射带动作用，发挥重庆市老年大学协会促进全市老年教育健康发展的作用。我们自加压力，创办重庆市老年远程教育，并首先从全市农村开始启动，再向城市各社区推动。

2. 赢得八方支持，保障老年远程教育网络平台建设

（1）赢得了领导的重视与支持。2008 年年初，我们向市领导呈报了《开办老年远程教育的请示》，得到了市政府领导的高度重视，做出重要批示并予以大力支持。我们按照市政府领导关于"避免重复建设，要有合理方案"的指示，对采取学校自办，或与电视台、电大、农村党员干部联合兴办远程教育网的方案进行比较论证。最后，我们优选了"有依托、覆盖广、有效率受老年人欢迎"的农村党员干部远程教育网——红岩网，作为我市农村老年远程教育的教学平台。这一选择得到市领导的肯定与各方支持，无偿地

为我们开展老年远程教育提供传输载体和收视终端。活动当天市领导和有关部门领导百忙之中莅临开播仪式，亲自启动了我市农村老年远程教育的开播电钮。

（2）赢得各有关部门的指导与帮助。市级各部门对我们创办面向重庆农村的老年现代远程教育十分重视，加强了工作的指导和组织。市委组织部、老干部局、教委、老龄办、老教办五部门联合制发了《关于在全市开展现代老年远程教育工作的通知》，明确了我市老年远程教育的管理体制，对各有关部门的职责做了明确分工。我们学校负责老年远程教育教学计划的拟定、课件制作、教学效果评估等。各有关政府部门的通力合作与支持，为创办我市老年远程教育提供了保障。

（3）赢得了各方面的配合与扶持。我们整合各方面力量，夯实平台建设基础。市电教中心在红岩网专辟"老年远教"专题窗口，无偿挂发教学课件，提供传输和接收的技术支持；村支部、村委会和老年协会齐抓共建，负责最基层的村级收视点的群众学习组织工作；市农科院派出西南地区首席专家吕中华研究员等举办适合我市特点的农牧业生产技术讲座；聘请重庆医科大学曾繁荣教授等专家做老年病防治的讲座；市电视台派出技术精湛的专家制作视频课件等。并且讲课费、录制费等收费都很合理，我们用较少的经费，录制了较多的课件。各区县老教办、老年大学、乡镇村老年学校也大力支持。形成了有市领导支持、部门指导、村社组织依托、专家帮助，有成熟网络平台的覆盖全市所有乡镇和近万个行政村，可为数百万农村老年人服务的老年远程网络教学平台。

3. 获得初步成果，推进老年远程教育向城乡社区发展

我们在开办老年远程教育的过程中，十分注重实际效果。我们已自主制作并在网络平台上挂出51个课程，67个视频课件。通过村级收视点集中组织收视和农民朋友自主收视，学习的情况较好，很受欢迎。据初步统计，参加学习的老年人已达40多万人，为促进城乡统筹发展做出了贡献。我们感受到的实效主要有以下五点：

（1）为建设社会主义新农村出了力。根据我市新农村建设的需要，从农村发展的实际出发，我们录制了"林下生态养殖技术""重庆地区发酵床零排放养猪技术"等系列乡土课件。播出后，产生了积极的效果，如北碚区东阳村，人均耕地不足0.5亩，留守老人大都从事养殖业，有位老农感慨地讲："村里成立养猪协会，组织我们学习科学养猪。我家养了700多头猪，年收益达10多万元。村里有个过去不务正业的年轻人，学会了养兔技术，年收入10多万元，还娶了媳妇安了家"。

（2）为建设和谐农村社区架了桥。我们制作了"农村老年人维权常识""正确处理婆媳关系"等课件，播出后很受欢迎。九龙坡区宝洪村老农们讲："通过老年远程教育，提高了老年人素质，建一个收视点，强一块阵地，保一方平安。"老年远程教育宣传了法律知识，架起了村民间的连心桥，为促进和谐社区建设，维护治安，降低犯罪率，老年远程教育贡献了一分力量。

（3）为农村基层文化建设搭了台。老年远程教育到了村，老年人足不出村也能享受现代文明的精神财富，文化生活更加丰富。我们播出了"中老年健身舞""中老年健身操"等课件，带动了农村群众文化体育活动。如我市大足区高坡村，将"教育、娱乐与健身"相结合，大家参加健身活动，邻里纠纷明显减少，且无一人参与邪教活动。

（4）为提高农村老年人生活质量尽了心。经调研，老年人参加老年教育的学习目的排在第一位的是"健康、快乐"，占57.23%。我们录制的"老年心血管疾病的防治"

"老年心理及老年期精神障碍""中老年休闲养生"等课件,播出后,深受欢迎,使老年远程教育内容更加丰富,为促进农村老年朋友健康长寿做出贡献。

(5) 为推进城镇社区老年教育创造了条件。农村老年远程教育的成功播出,收到了初步效果,也为在城镇社区广泛开展老年远程教育创造了条件。我们在广泛开展农村老年教育的同时,按中国老年大学协会的要求,努力向城市社区延伸。2011年,中国老年大学协会远程教育工作委员会第四次年会在重庆召开,大大地促进了我市远程教育的广泛开展。2012年年初,我们召开了"重庆市发展社区老年教育与建设学习型城市座谈会",市级有关部门领导出席会议并作重要讲话。我们宣传并交流了典型经验,利用远程教学平台推动全市城市社区老年远程教育。2011年,我校还参加了中国成人教育协会"中国社区老年教育研究"课题研究,完成了"重庆市社区老年远程教育研究"子课题,从理论与实践上较系统地进行了研究,为推进社区老年远程教育发挥着积极的作用。

4. 积累了一些经验,促进老年远程教育的科学发展

我市利用网络教学平台创办老年远程教育5年来,我们不断总结经验,克服困难,探索前进,不断推动,促进发展。我市老教办每年都要召开全市性老年远程教育推进会,主管部门领导市老干部局长石国文等领导出席会议,做出工作部署。学校也加强了领导,由中国老年大学协会远程教育工作委员会副主任、专职副校长文传竹具体分管,充实了校远程教学部的力量;认真拟定了分年度教学计划;精心录制了乡土课件;配合市老龄办抓区县乡村收视点和城市社区收视的组织指导工作;还与市老教办、市老龄办深入村社、街道,搜集情况、总结经验、增进效果,确保我市城乡老年远程教育的可持续发展。5年来,我们的主要体会有以下三点:

(1) 领导重视是关键。我们抓住了重庆统筹城乡发展改革试验区的大好机遇。赢得了市委、市政府领导的高度重视与大力支持。市领导高瞻远瞩,在组织上、财力物力上大力支持,也有罗淑芳等校领导的执着追求与无私奉献,这些因素是我市老年远程教育能从农村到城镇不断发展的关键。

(2) 各方支持是基石。市老干局、老龄办等五部门联合发文,明确领导和管理职责,市电教中心、电视台、农科院、医科大学等单位和村支部、村委会、村老协共建平台,为老年远程教育打下了坚实的基础。

(3) 群众欢迎是根本。从调研的情况看,尽管我市老年远程教育开播时间不长,学员对学习活动大都感到较满意。我们努力从农村、城市老年人的需求出发,在讲实际、求实效、重实用上下功夫,大力开发城乡老年人喜欢的课件,让老年人愿意学、留得住、学得进、用得上、见实效。

三、前景与展望

我市老年远程教育从创办到发展,主要有三个特点:一是优选利用了能覆盖到全市每个行政村的党员干部远程教育网;二是先从专门面向农村,再向城市社区延伸;三是紧紧依托农村村级和街道社区基层组织。5年来,我市老年远程教育有了初步成效,可是与先进地区相比,还有很大差距,从互联网在全球的发展运用上看,仍存在差距。但我们对远程教育这项"朝阳事业"的美好前景,充满了信心和期望。

（1）老年远程教育正为老年教育的普及与提高发挥不可替代的作用。根据中国老年大学协会"推动老年远程教育的发展，扩大老年教育覆盖面"的要求，老年人就地、就近、就便享受精神文明建设的成果，要实现"人人皆学、时时能学、处处可学"的愿景，仅仅靠老年学校的课堂教育，要把老年教育普惠到广大老年朋友是办不到、完不成的。唯有将老年学校课堂教育、老年社会教育与老年远程教育、自我教育有机地结合起来，才能实现让更多的老年朋友都能心想事成，梦想成真，共享文明成果的"老年教育普惠梦"。

2012年6月，我国国务院《国家人权行动计划（2012—2015年）》响亮提出"加大对老年大学建设的财政投入，扩大老年大学的办学规模"。国家人权行动计划振奋人心，我市在市领导高度重视下，正加大财政投入，扩大办学规模，努力建设功能配套的新校舍。我们正学习借鉴兄弟省市的经验，将城乡老年远程教育的配套功能在建设中进一步完善。通过有限的校舍，无限的网络，尽可能扩大办学规模，让更多的城乡老年朋友享受到我国《国家人权行动计划》带来的实惠，更有尊严地幸福生活。

（2）老年远程教育正在为老年教育面向现代化发挥重要的作用。传统传媒和现代传媒的结合，互联网引领着信息时代的新潮流。通过多种传媒，特别是互联网的学习平台，在教学方式、教学手段、教学载体的现代化方面，老年远程教育应当是大有可为的，致力于老年教育的同仁，都应更加重视发挥网络教学平台的作用，用现代化的手段，实现老年教育的现代化，做到大有作为。我国老年远程教育方兴未艾，我们通过网络平台开办老年远程教育，实践证明是"有依托、覆盖广、费省效宏、受老年人欢迎"的优质平台。从目前的收视情况看，总体不错、差距不小，还需要加强对老年人群体文化自觉的引导。首先要让他们掌握运用网络平台收视技术进行学习，同时要把网络平台的课件安排得更加丰富、更为老年人喜闻乐见，当前，特别是需要基层村和抓市社区组织的齐抓共管，让广大城乡老年人喜欢收看、主动点击，当"网民"、做"网友"。在这些方面我们还需向国内外先进的地区学习，让现代老年远程教育实现真正现代化。

（3）老年远程教育为老年教育立足本地、面向全国、走向世界创造了更加广阔的前景。我国不少省市有开办老年远程教育，配有十分丰富的师资、课件等教学资源。在知识产权许可的框架内，要加强信息交流，建设远程教学"资源库"，努力实现资源互享、信息互通。在自主自编具有重庆特色的城乡老年人喜欢的乡土教材的同时，也要有选择地吸收更多的老年人喜闻乐见的优秀课件，办更加开放的网络教学平台，让广大城乡老年人得到老年教育更多的实惠。人类文明发展到今天互联网的时代，近70亿人共同生活在一个小小的"地球村"，我们要把目光面向世界。老年远程教育为我们老年教育界广泛开展国际交流活动也搭建了一个宽阔的平台。我们要努力实现和世界共发展，与世界同分享。和平与发展是当今世界的主题，我们要致力于同世界各国老年教育同仁们开展友好合作，相互学习、相互借鉴，推进老年教育的共同发展，推进人类的和平与发展。2013年举行的国际老年大学协会第93次理事会暨老年大学旅游创新发展，融入社会和银发旅游国际研讨会，为我们提供了向先进国家和地区学习的机会。我们要抓住机会，虚心学习世界各国老年教育的先进经验，进一步丰富、完善、提高我市老年远程教育的质量和水平，为老年教育事业的发展做出我们应有的贡献。

远程教育来了，世界近了。城乡统筹加快了，老年教育就更广泛了。

（重庆市老年大学集体写作）

支持老年人融入社会是老年大学应有之义

——以天津市老年人大学为个案的研究

天津市老年人大学 任宝洋

人口老龄化是 21 世纪一个重大的社会问题。应对人口老龄化需要直面老年人继续社会化问题，解决老年人由"社会人"变为"家庭人"以后，如何再由"家庭人"变为"社会人"问题。我国是十分重视老年人继续社会化问题的，早在 1999 年我国进入老龄化国家行列时起，就提出了老年人要融入社会，参与社会发展，我国的《老龄事业发展纲要》指出"鼓励老年人继续参与社会发展"，《老年人权益保障法》规定"国家为老年人参与社会发展创造条件。"老年人如何继续社会化，无论从文化人类学、社会心理学还是社会学视角都应该研究。但更重要的是对老年人继续社会化特别是如何融入社会、如何更好地参与社会发展在实践中进行深入探讨。

中国特色的老年大学发展 30 年来，在我国积极应对人口老龄化战略中发挥了不可替代的重要作用，而且在"老有所为、老有所学、老有所乐"中的地位越来越重要，不可或缺。它在老年人继续社会化，特别是支持老年人融入社会、融入社区以及共享经济社会发展成果，参与社会发展方面，发挥着独特的作用。天津市老年人大学创办 28 年来的办学实践，就是一个很有说服力的个案。其一贯坚持的办学理念、长年积累的丰富案例，说明为老年人融入社会提供支持，是老年大学自身中的应有之义，是其本质特征之一，也是其能够坚持创新发展的根本原因之一。本文以天津市老年人大学为个案，阐述"支持老年人融入社会是老年大学应有之义"这一观点。

一、老年大学本身就是新兴的老年群体社会组织

1. 中国特色的老年大学本身就是老年人继续社会化的产物

1982 年，中国开始实行干部制度改革，废除领导干部职务"终身制"，全面实行按年龄强制离退休制度。此规定实施后，一批接一批的老干部、老知识分子和老职工从工作岗位上退下来，离休或退休。在没有充分思想准备的情况下，很多人对倏然没有了"公家人"身份的角色转换深感不适应，失落感乃至空虚感、孤独感接踵而来。此时、此情、此事，使一批仁人志士受到启发，他们站了出来，把离休、退休的老年人再组织起来参加学习。1983 年 9 月 17 日，山东省红十字会老年人大学举行开学典礼，宣告我国第一所老年大学诞生。之后在短短两三年的时间里，黑龙江、广东、辽宁、北京、湖北、上海、天津、宁夏、贵州、江西、河北、云南等省市一批老年大学相继应运而生，一批批回到家庭的老年人借助这个平台，又从"家庭"再次走向"社会"。

2. 中国特色的老年大学作为一个以老年人为主体对象、以文化为主要教学内容的办学机构，其自身就是一个新型的老年人群体社会组织

从人数说，它在老年人总数中占有一定的比例。天津市老年人大学1985年创办第一年，即有500多人报名到这里来学习。许多老年人感到"自己的生命又重新从这里开始了"，生活在这个新的群体之中感到其乐无穷，希望当一名"终身学员"。之后老年学员急速增加，到1990年就翻了一番，达到1 234人。到建校10周年的1995年又翻了一番，达到2 100多人。到2000年又翻了一番，达到4 200多人。之后十几年，每年以1 000~3 000人的速度递增，2007年达到10 000人，成为全国第一所校舍建筑面积、常年在校学员总数"双过万"的老年大学。2013年成为全国第一所突破20 000人的老年大学，达到22 677人，常年在校老年人始终保持在全市老年人总数的1.2%左右的老年大学。而且按照学校"十二五"发展规划，将采取扩大校舍面积，增加招生人数；坚持专业课与公共课并重、常年班与短期班并举；发展各类学员社团；积极探索"章鱼式发展"模式；发展远程教育网络等多种形式和途径，扩大办学规模，提高辐射服务功能——从全市来说，人数就更加可观。据2010年统计，天津市60岁以上老年人有176.40万人，占全市户籍人口的17.91%；全市办有老年大学、老年学校1 414所，在校老年学员20.5万人，占到了全市老年人口的11.62%。此外，全市开展老年教育活动的政治、文化、体育、技术等群众性组织有6 302个，参加人数36.8万人。以上两项合计，占到了当年60岁以上老年人的32.5%，形成了一道引人注目的社会景观。从成分说，上老年大学的老年人，覆盖了各个领域和层面的老年人，组成了一个老年人新社会群体①。天津市老年人大学2011年统计，当年在校学员16 684人，其中离休人员占0.9%，退休人员占92.3%，其他占6.9%，是一个以退休人员为主体的群体；从年龄上划分，60~79岁的占52.4%，50~59岁的占44.2%，80岁以上的也有1.2%；从学历上划分，大专以上学历者占到了60.5%，高中、中专学历者占31.0%，初中以下学历者占8.5%；从原职别看，干部占32.7%，专业人员占42.2%，工人占18.1%，其他占6.9%。②

可以说，老年人投身老年教育，进入各级各类老年大学、老年学校中学习，是老年人群体提高生活生命质量、享受经济社会发展成果和现代高科技成果、实现精神文化养老的重要选择和有效途径，是践行老有所为、老有所学、老有所乐的极好自治形式和圣洁文明阵地。事实证明，这里是老年人追求幸福生活的精神家园，是造就时尚风范的学习殿堂，是重觅人间真情的交友圣地，这里没有老年人的失落感、孤独感、寂寞感，没有老态龙钟、老气横秋，有的是欢歌笑语、乐观向上，难怪这里的老年人都会说，一走进老年大学就高兴，就年轻，觉得"人活百岁不是梦，六十华龄正当时。"它传达给社会的是积极老龄化的正能量。

二、老年大学具有为老年人融入社会提供支持的功能体系

继续社会化，重新融入社会是老年人的需求。美国著名人本心理学家马斯诺（A. H.

---

① 王鸿江. 愿更多银发者上老年大学［N］. 中老年时报，2011：12.
② 天津市老年大学学报. 2011.

Maslow)从满足需求的角度把人类需要分成生理需要、安全需要、归属和爱的需要、自尊需要、自我实现需要等五个层次。① 而老年人的一些层次的需求,是需要继续社会化以后,真正融入社会才能实现的。而融入社会,是需要条件、渠道和平台的,包括自我认识、生活技能、角色学习、与现实环境保持联系等。实践证明,老年大学对于老年人融入社会、特别是以老年群体元素融入社会中的积极因素可以起到调动作用,而对某些消极因素则可以起到转化作用,还可以为他们创造条件,开辟渠道和搭建平台,使这些老年人从融入社会、参与社会、服务社会中得到快乐和幸福感②。

总之,老年大学为老年人融入社会从办学理念到教学内容到服务措施到推动机制,基本上形成了体系。

1. 老年大学是老年人重新融入社会前的知识技能储备和更新的加油站

离退休后的老年人,能不能重新融入社会,很重要的一个条件就是知识技能的储备和更新与否。因为当今社会发展很快,科技信息一日千里,几天不学习,别说是老年人,即使是青年人也会跟不上时代的发展;别说是服务社会、参与经济社会建设,就是适应社会也都会成为问题,老年人也意识到了这一点的。所以,进行知识和技能的储备和更新,是相当多的老年人来老年大学学习的目的。据全国6所老年大学关于"老年学员学习诉求和目的"调研问卷综合统计,在"想学到什么"项目中选择"增长知识"的占到了71.1%,在"人生追求什么"项目中选择做"知识老人"和"时尚老人"的分别占到了61.5%和30.5%③。

老年大学的专业课程,正是按照老年人的需求开设的,也是按照老年人的这一需求的类别、层次乃至发展变化来不断调整的。天津市老年人大学建校之初仅开设6个专业课程(包括文学、历史、书法、国画、健身、花卉),而且这6个专业课程基本上是满足其自娱自乐、自身修养方面的。现在,根据老年人多方面的需求,特别是适应社会和服务社会的需求,专业课程已经增加到了150余门。比如,适应老年人融入信息化社会的需求,自1997年首开计算机课程到1999年开始增加网络课程,2003年首开数码摄影和图像处理课程到2013年除开设计算机基础应用课程外,图像处理专业广泛涉及图像处理基础、提高和照片修饰、数码照片后期处理、数字丹青、平面设计等课程,还开设了摄像视频包括摄像、摄像编辑、视频剪辑、影视制作、视频特技,以及计算机软硬件维护、网上购物、书籍装潢设计、苹果ipad使用等课程,学员也从2003年的551人增加到2013年的1 850人,而且始终报名火爆,一座难求。原因之一就是老年人学习计算机以后有利于其适应社会、融入社会、服务社会,比如一位学员自学了计算机以后改善了代际关系,因为自己从儿孙眼中的"什么也不懂"变成了他们啧啧称赞的"真不简单"④。

2. 老年大学帮助老年个体组成了老年群体,为他们以群体元素融入社会创造了条件

老年人离退休回到家庭以后,当然会有多条途径推动老年人重新融入社会。但是也

---

① 张文范. 走向积极老龄化社会.
② 董之鹰. 老年社会角色转换价值的理论研究——构建21世纪老年人口价值观的思考.
③ 任宝洋. 老年学员的学习诉求与老年教育的可持续发展——上海等六城市老年大学学员学习诉求调研报告[J]. 学习通讯, 2010 (4).
④ 徐凯泉. 让老年朋友跟上时代的步伐[J]. 教学经验荟萃, 2005.

不可否认目前它仍然是碎片化的，整合起来也是有一定难度。特别是有一些阻力，包括客观原因如经济生活环境阻力、交际范围阻力的化解；主观原因方面的主体自身障碍如动机丧失、自卑情结、心理定式的疏导，老年大学有着不可替代的优势。比如，各所老年大学在教育教学组织管理中普遍采取了中国老年大学协会第三次会员代表大会提出的"搞活第一课堂（课堂教学、学校教育）；丰富第二课堂（开展社团活动、课外活动）；拓展第三课堂（社区活动、社会公益活动）"的形式。比如，老年大学普遍建有比较多的、相对稳定的学员社团组织。这无疑通过群体元素的整合使老年人融入社会便利了许多。天津市老年人大学学员社团组织分为三大类：第一类，文艺体育团体组织，包括合唱团、歌舞团、民乐团、管乐队以及京剧表演、服饰表演、拳剑表演队等近20个；第二类，专业研究会，包括书法、绘画、摄影、手工艺、烹饪、健身研究会以及老年文学社、电脑俱乐部等十几个社团组织；第三类，天津老年书画院，为挂靠在本校的具有独立法人资格的市级社团组织。以上三类社团组织，大的有四五百人，小的也有几十人，这些人除了在校内开展活动外，还在校外、社区参加各种表演、竞赛、展示、慰问等各类公益活动，为本校优质教育资源辐射服务到社区起到了重要作用，也使这一老年群体得以有组织地融入社会。

总之，通过这些组织形式和有组织的活动，可以说在中国特色的老年大学中已经形成了一个老年亚文化群。这一老年亚文化群展现出的老年大学所特有的、具有新时代老年群体特殊的知识和技能、风貌和气质，已经或正在对社会产生越来越大的影响，不但老年大学的学员能为自己成为这一亚文化群的成员并在弘扬这一文化中的作用而自豪，而且社会、社区也为老年大学形成的这一亚文化群而称道，并且越来越看重其作用，在社区建设中予以倚重。

3. 老年大学可以为老年人融入社会开辟渠道、搭建平台

老年人由个体到群体、由家庭到社会、社区，渠道和平台也是很重要的。因为老年人融入社会各层面、去担当不同的角色，即使他们有愿望恢复"社会角色"，但个体的力量也是有限的，即使去做志愿者也需要有牵头倡导的机构，需要有扶持地建立老年志愿者活动团体，这些老年大学可以办到。还有，一些老年大学的探索也说明，老年大学办学可以与老年人活动资源共享；老年大学与养老机构结合；老年大学可以参与"老人社区"的创建；老年大学可以联系社区参与各种创建活动；老年大学可以同有关方面构建老少同乐场面，等等。

天津市老年人大学作为天津市唯一一所由市财政支持的市级老年大学，不仅承担了全市老年人上老年大学需求的31.7%，而且全市基本形成了排头兵老年大学——天津市老年人大学当好各区县老年大学的排头兵，区县老年大学通过各种形式向社区延伸的科学发展老年教育的思路，形成了四级老年教育网络，天津市老年人大学正是处于这一网络的顶端。正是这一网络，也成为为老年人融入社会开辟崭新渠道、搭建有利平台的、颇受老年人青睐的组织机构，直通社会公益活动，包括参与社区服务、科普宣传咨询、社区教育、开展社会文体活动、指导青少年成长、宣传党和国家方针政策、慰问等。

三、"章鱼式发展"理念和模式的提出是支持老年人融入社会的新探索

天津市老年人大学 2010 年建校 25 周年之后进入了一个科学发展的新阶段。正是基于我市老龄化及老年教育发展的新形势,基于政府对老年教育和我校发展的要求,本校在"十二五"发展规划的重点工作中明确"坚持规模发展和内涵发展相辅相成,规范办学和开放办学相得益彰"的办学基本思路,把积极探索开放的办学模式,走出一条教学、研究、交流、服务相结合办学道路,加强与社会的联系与合作,探索并开辟融入社会、服务社区的渠道等列入重点工作。

就是在这种形势下,学校提出把"章鱼式发展"纳入学校教学管理。这不仅开创了提升辐射服务功能的新境界,而且成为支持老年人融入社会的创新探索。

1. "章鱼式发展"理念的提出

2011 年 6 月 23 日,为落实改扩建校舍的意见,市委副书记、市长黄兴国亲临市老年人大学调研,做出市老年人大学要进一步"提升办学理念,拓展办学内涵,推进教学改革,彰显自身特色,扩大办学成果,打造成天津市一张亮丽的名片"的指示。为落实这一指示精神,同年年底王鸿江校长提出"把城市老年大学名校的构建及其辐射服务功能"作为课题进行研究,并指出"辐射是个新思路。要通过辐射使我校优质教育资源辐射到全市各地方去,其中要特别重视学有所成学员的孵化",把"章鱼式发展"正式列入本校 2012 年工作计划,并进一步明确"章鱼式发展"模式作为提升办学理念,拓展办学内涵,融入社会的重要办学举措,落实到各个教学系,一年内抓出成效。

2. "章鱼式发展"首先是一种全新的办学理念

"章鱼式发展"的提出是创新思维的结果。其新意之一,它是"以人为本"思想的新体现。我国的老年教育是"以人为本"的教育,包括四项要求:以人为中心,突出人的自我价值和社会价值;把老年教育与人的个性自由、尊严、健康和终极价值紧密结合;体现社会、家庭、群体的人文关怀和人文融合;倡导健康、文明的生活方式和道德情感①。而"章鱼式发展"这一办学理念的推行,立足于以老年学员在社区开展老年教育活动为主体,不仅体现了老年大学教学以老年学员为主体,而且体现了对老年学员自身和学习的尊重,并为挖掘老年学员老有所学的潜力、能力、成果等提供了渠道,而且为实现老年学员的自我价值和社会价值搭建了平台。它打破了老年大学"关门办学"和"囿于课堂"的思维定式,打开了排头兵老年大学必须开门办学、必须融入社会的视野,为它的发展开辟了更为广阔的前景。

3. "章鱼式发展"这一全新理念的付诸实践,开辟了排头兵老年大学一种全新的办学模式

我们经过实践,给"章鱼式发展"下了这样一个定义:排头兵老年大学通过对老年学员的培养(即造血),有组织地发动学有所成的学员个人或集体组成社团,在学校给予的扶持和社区的支持下在社区开展老年教育教学、辅导等活动(即形成有机联系),从而使排头兵老年大学办学延伸到社区,呈章鱼触角四面八方状态,形成星罗棋布布局

---

① 张文范. 张文范论老年教育 [M]. 天津:天津市老年人大学研究室,2009:8.

（办学态势）。它有别于其他辐射服务形式，且有其自身特点：（1）拓展办学规模和内涵的方式不是老年大学直接办学，而是通过学员"办学"。（2）它虽然是在社区开展老年教育等活动，与校本部办学有所不同，但与老年大学又是有联系的，是老年大学办学的一部分，与排头兵老年大学的其他辐射服务功能相辅相成，相得益彰。（3）不同于学员在社区的、课外自发组织的活动，而是纳入学校教学管理的一种办学形式，也是一种得到学校有力支持的老年人融入社区的形式。

目前天津市老年人大学的章鱼式办学新模式，正从点到面地展开推动工作，最近一两年主要有以下几方面举措：（1）与区街配合在社区建立以本校学员为组织者的社区教学实践基地。（2）与市体育局配合在社区文体活动场所建立以本校学员为主体的全民健身走基层服务小分队。（3）市体育局在本校举办国家社会体育指导员培训班，建立天津市健身气功活动站点。（4）经市文联批准在本校建立市书法考级中心办公室，等等。据对73名学员了解，他们承担的61个社会教学基地遍布61个社区，参加人数达3 700多人。书法系学员在社区组织的社区书法小组、书法社团等组织达45个，2 300余人，与本系在校学员（2 234人）相当。由本校健身系2名学员为组织者的水上公园晨练队达到了100余人，80%是社会上的中老年人。对在校学员关于"构建终身教育体系与老年人精神文化需求"和"老有所为、服务社会"两项调查统计，本校学员参与社区老年人活动，并成为社区群众性社团组织活动骨干和带头人的，占常年在校学员的18.41%；参加服务社区工作的，包括做社区管理人员、社区教育教师、辅导员、教练、顾问、义工、宣传员、社团负责人等，达10.77%；另有5.39%的学员应聘了社会工作，以上三项之和高达34.57%[①]。还涌现出一批发挥了先进模范作用的人物，如学员魏乃生，离休干部，在市老年人大学学习16年，学习了13个专业，学有所成，并以所学服务社区，长期坚持不懈参加社区教育志愿者活动，先后荣获全国社区教育先进工作者和天津市"感动社区教育人物"等荣誉称号；健身舞班学员王永霞，于2004年入校学习至今已9年，她用所学在社区组织舞蹈团，社区中老年团员达到了122人，经常参加训练的有70~80人，水平较高、能参加比赛或演出的有20多人。

总之，章鱼式办学新模式的提出、推动和发展，证明了其重要性和可行性，老年学员对这种融入社会的形式也给予充分肯定，积极性颇为高涨，成果十分丰富，前景极为广阔。

（作者系天津市老年人大学副校长）

---

① 天津市老年大学课题组. 天津市中心区发展社区老年教育情况调查报告[J]. 天津老年教育论坛, 2010（2）.

"读万卷书,行万里路"

——上海老年大学"旅游文化"课程的实践与探索

上海老年大学 江晨清

中国已进入老龄化阶段,上海不仅大大提前,而且进入和将要进入这个行列的人数,也会越来越多。截至 2013 年 3 月,60 岁以上的老年人已有 367 万人,占全市人口的 25%。预计到 2030 年,老年人口将会达到 600 多万人,在全市每 3 个人中就会有 1 个是老年人。

与此相映照的是,一股由老年人集结而成的银发旅游热潮,也在一浪又一浪地高涨起来。以 2010 年为例,在中国超过 21 亿人次的旅游中,老年人已经成为一个出游重要群体。这是国家日益繁荣富强的见证,也是人民生活水平不断提高的标志。

一、旅游已成为老年人谋求幸福生活的一种方式

银发旅游热潮的掀起,是现今老年人步入人生第二个春天的一种趋势,也是再现青春梦想的一个愿望。许多老年人,都曾经青春焕发过,也都曾风雨经历过。在过去的岁月里,他们在工作岗位上兢兢业业,艰苦奋斗,没有充裕的时间与闲情去旅游;他们在家庭里赡养老人培育子女,没有足够的条件和精力去旅游;他们是勤劳了一生,奉献了一切的一群人。现在,一切都改变了。随着生活质量的提高,具备了经济能力。因此,尽管他们离开工作岗位回归家庭,告别单位回归社区,但都希望丰富生活,促进健康;希望继续学习,增长知识;希望广交朋友,愉悦身心;更希望到大自然中去开阔视野;改革开放后,还希望到国外去见识世界;这种种希望都汇集到旅游中来。旅游成为老年人提高生活质量的一个切入点,也是老年人谋求幸福的一种生活方式,一种喜爱的活动形式,因而强烈地吸引着他们参加到旅游行列中,使其成为一道靓丽的风景。

旅游能吸引老年人来自旅游的内涵,以及由此产生的巨大魅力。人们赞叹"旅游是让人重归自然的挪亚方舟,是开启人们心扉的钥匙"。我们的国家是拥有 5000 多年历史的文明古国,国土辽阔,旅游资源得天独厚,既有随季节而变化的自然美景,也有众多人文景观能带给我们知识和启迪,被列为世界文化和自然遗产的就有 40 多处。其中,既有博大精深的书画、中医、戏曲等传统文化,又有雄伟壮丽的三山五岳、气势磅礴的万里长城、独一无二的兵马俑和享誉世界的少林寺……,这种种异彩纷呈的旅游胜地,成为老年人的一种美好期待。他们期待着到大自然去呼吸新鲜的空气,享受充足的阳光,能够饱览多姿多彩的风光,欣赏源远流长的灿烂文化,目睹迥异的民族风貌,赞叹万般名胜的奇妙;登高一望,万物无遗。这样的旅游,能让老年人深感祖国江山的如此多娇,一股爱我中华之情将油然而生,一个实现民族复兴之梦能在心中震撼。一些孤独的困惑,

一丝不顺的烦恼，也会荡涤而去，心旷神怡。因此，老年人的旅游，从本质上说，是自我丰富、自我发展和自我肯定的一种形式，也是一种重要的养老模式，更是有效实现积极老龄化的方式。我们感到，应该从这样的视角来引导老年人的旅游热潮。

二、把"旅游文化"培育成老年大学的精品课程

面对着老龄人口的不断增长，催生着老年大学的兴办；面对着银发旅游热潮的日益高涨，也呼唤着"旅游文化"课程的设置。把"旅游文化"课程培育成学校的精品课程，不仅适应了老年学员的需求，也是把老年大学办成老年人求知的乐园和温馨的家园的一个重要组成部分。

老年人来老年大学学习旅游知识有一个认识提高的阶段，老年大学开设旅游课程也有一个探索发展的过程。

一般来说，老年人从喜爱旅游来学习旅游，主要有两个目的：一个是能知道哪些地方可以玩，哪些景点可以看；一个是能在学习中结识与自己年龄相仿、志趣相投，语言相通的人，有机会结伴去旅游。因此，对于学习旅游的老年人来说，有一个从认识上往文化上引导的问题。

上海老年大学开设旅游课程，刚开始也只是当作丰富老年人生活的一种方式，内容上也只是介绍一些旅游线路，介绍一些风光景点，聘请的教师，也就是旅行社的导游；开设班级也只有一个，学员30人。因此，开设"旅游文化"课程也要提高内涵，进而培育成精品课程。我们做了以下几个方面的努力与探索。

1. 课程的设置——由"导游式"的介绍到"旅游文化"课程的开设

学习认识上的引导和课程内容上的提高，均涉及课程内涵上的教育要求。教育的核心是要不断提升人的自身素质的水准。老年教育在本质上也应该要具有这种素质教育的功能。这种功能在于不仅要向老年学员传授知识和技能，还要帮助他们健康心理、完美人格、丰富人生。所以，在课程设置上，我们既要满足老年学员的现实需求，还应该引导老年学员的本质性需求。因此，旅游作为一门课程，我们在设置上重新思考了它的定位，确定了它的方向，从"文化"的角度进行"策划"，以历史的含意进行"包装"，使我们开设的旅游课程，能使老年学员不仅知道玩什么，看什么，而且要使他们明白怎么玩，怎么看；从对名胜景点的"不知"到"知"，又从对古迹名胜的知到知其所以然，帮助他们在旅游中从单纯的游山玩水，走马看花，内化为体味人生，感悟人生，从而享受人生。

我们先后开设了"旅游文化""旅游摄影""旅游游记""旅游创意"等课程，最近我们又设想把旅游这门课程扩大和综合为"旅游新概念"，使它更含有丰富的文化内涵，更具有深远的历史含意，课程的内容也更拓展为涉及绘画文化、宗教文化、建筑科技文化、摄影艺术、文学写作……还有上海特色的海派文化以及涉及海外具有文化内涵的景点等，将老年大学的旅游课程逐步培育为老年学员喜爱的精品课程。

2. 名师的任教——聘请教授专家编写教材，讲授引导

名师能够铸成名校，也往往是因为名师主导了课程。旅游课程所要求的许多历史和文化的元素，不是一般导游所能够胜任的，我们专门聘请有关高校相关学科的教授以及

旅游部门的资深行家担任教师。这些应聘的名师都把投入老年教育当作是自己的一种奉献，也把帮助老年人谋求幸福快乐看作是自己的一种价值再现。因此，他们不是想到哪里讲到哪里，而是精心备课，所讲述的内容有时哪怕是一副对联、一块石碑、一座古塔、一幢名人故居，经他们讲解，往往令学员惊叹不已。他们根据老年人的需求和教育要求制订教学大纲，编写教材，例如上海师范大学的黄祥康教授，几年来就编写出版了近50万字的《旅游文化赏析》上、下册，还另外编写了近20万字的《旅游宝典》，成为上海老年教育十大特色课程的专门教材，并被推荐到上海教育电视台，在上海远程老年教育的节目中，向全市30多万老年学员讲解《旅游文化赏析》。

名师在课堂上运用教材，引经据典、由此及彼、由表及里的教授引导，引发了众多学员的震撼，深感旅游之中大有学问，原来认为旅游与文化不搭界，现在知道旅游与文化是相辅相成。有位90岁高龄的学员，坚持从数十里外的七宝来到上海老年大学听课。

3. 教学的互动——实践"教师启动—师生互动—学生自动"的教学模式

师生互动，教学相长，历来就是一种好的教学方法，在老年教育更显得重要。我们的老年学员，都有着丰富的人生阅历和一定的文化底蕴，不少人还有着曾经旅游过的经历，他们希望在课堂上学到旅游方面的知识，丰富旅游的想象力，以便有机会亲临其境去实践自己的梦想，因此有许多事情要问清楚，有不少问题要搞明白。我们的课堂讲授也坚持采用"教师启动—师生互动—学生自动"的方式，把"讲、看、议"结合起来，使"教"与"学"动起来、活起来。

有一次，在上课讲到河北遵化清代东陵的旅游课程时，老师讲课刚告一段落，一位学员就根据自己曾到东陵旅游的见闻，对老师的讲述做了补充；另一位学员也就陵园的一块石头、一个石雕以及孙殿英偷盗东陵的细节做了叙说……课堂一下活跃起来，老师也受到很大启发。师生互动更完善了相关的旅游知识。

有位名叫杨惠珍的学员，曾经去过国内外许多地方。一次她去巴西、阿根廷看到了大冰川，听到了冰川倒下的巨响，不仅惊叹冰川的雄伟，也感到大自然的奇妙，但也只是照相留念，不知所以然。她说，当她提出问题经过老师讲解启迪后，现在知道冰川的形成和移动的原因了。有的学员曾经简单地认为，参观佛教圣地、顶礼膜拜是迷信，经过旅游文化知识的学习以及讨论，明白了有关人文故事与有关佛学的哲学思想。

4. "读""行"的结合——引进品牌旅行社，把"读万卷书"与"行万里路"结合

旅游需要有文化知识去指引，文化知识也需要从旅游中去感悟。中华民族自古就有把旅游和读书结合在一起的优良传统，崇尚"读万卷书，行万里路"，并且成为不少人生活的追求。因此，我们的"旅游文化"课程也要从课堂中走出来，搭建平台，开门办学，组织实践，使教师所讲的和学生阅读的"万卷书"中的"知"，到"万里"的旅游之"行"中去细化、深化、内化成为老年学员自身的智慧与能力。

我们上海老年大学也引进例如中国国际旅行社上海分社、皇家加勒比海游轮公司等有知名度和有影响的旅行社，每周三上午到学校来为学员提供咨询服务，从而由专业可靠的旅行社，根据学员的需求，进行安全的、适合老年人特点的旅游教学实践活动。

三、老年旅游要选定目标和提高品位

由老年旅游文化课程拓展和演变而来的旅游实践活动，是一种花钱买经历、花精力换智慧的活动。之所以值得老年学员去参加，在于旅游地能否有其不同的特色，而不同的特色又应该具有因自然和文化差异而造就的不同地域性。世界是不一样的，风光也各显风骚。有位旅游方面的专家曾经说过："如果世界都一样，就不会发生旅游了"。因此，在老年旅游实践活动中，我们十分重视目标的选定和品位的提高。我们引导学员要有两个选定和一个结合：

1. 选定自然景观的目标

按照我国四大季节所呈现的不同自然景色，我们引导老年学员能选择与四季更替合拍的景点，达到使人回归自然，放松心情，营造天人合一的境地。按四季规律而有所侧重的自然景色旅游可总结为：春赏花、夏避暑、秋重色、冬避寒。

春季，我们选定的目标为"花为媒"，寻求赏花之地。春天，万物复苏，人们刚从寒冬中走出，来到这处处鲜花盛开的地方，春风扑面，阳光沐浴，花香袭人，老年人与其说在旅游，不如说是在养生。我国地大物博，有花之处众多，当然，随着国门的打开，国外有名花之处也很多，均可充分让我们根据自己身体状况和喜好予以选择。我们能"三月扬州看琼花""洛阳之城看牡丹""龙华三月看桃花""大明山上赏杜鹃""磐安、云南看茶花"……这处处春光，朵朵花卉，真是会令人陶醉。

夏季，我们选定的目标为"凉为快"，寻求凉爽避暑之地。一是"上山"（因海拔每上升100米，气温可降0.6℃），到有名胜古迹的山上，如山东的泰山、安徽的黄山、江西的庐山、浙江的莫干山……，边消暑、边欣赏千奇百怪的风光。二是"下海"，大连、青岛、北戴河、威海、厦门、北海、三亚均是避暑的好去处。三是"登岛"，四是去西部内地、去关外，那里的气候，那里的瓜果，均吸引了不少老年朋友去享受。

秋季，我们选定的目标为"色为重"。人们常说"春华秋实"，又说"春花秋色"。秋色是艳丽的，秋天的色彩以红和黄为主色，当"叶变色、果成熟"时，大自然勾画出的一幅幅美丽的山野风情画，都在等待我们去观赏。北京香山和南京栖霞的红叶、苏北宝应的银杏、新疆的胡桃林等也是秋游的游览美景，可以让我们在秋天这美好的季节，去享受精彩的晚年生活。

冬季，我们选定的目标为"避寒游"。冬天温度较低，根据老年人易患心血管病、风湿病、气管炎等疾病的特点，可以在条件许可下做候鸟式的南迁游。当然也不排斥身体状况较好的中老年人，可以体验东北的寒冬，长白山天池、冰城哈尔滨、漠河的北极村、吉林雾凇均是不错的选择。

2. 选定人文景观的目标

老年学员有人生阅历丰富的优势，也有探究文化特色的能力，在老年大学旅游文化课程的教学实践中，除了上述春夏秋冬的四季景观，可以寄情山水之外，我们还以中华文化作为突出重点，组织和引导老年学员重视人文景观目标的选定。

"寻梦博物馆"。不必翻阅厚重的书籍，博物馆有如一部形象立体的"百科全书"，以其独特的方式对参访者进行生动的文化熏陶，引导老年学员寻梦博物馆，了解中国历

史和文化的沉淀。

"民俗文化游"。中国广阔的土地住着56个民族，从海南之滨到漠河小镇，从泊米尔高原到日月潭，无论在布衣山寨、海南黎家，还是在傣家竹楼、草原那达慕，其鲜明的民族特色和迥异的文化习俗吸引人们的视线，让人们沉醉在迷人的民俗风情中。

"诗意园林"。如果把建筑比喻成固体音乐，那么中国最美的固体音乐应该是园林艺术。园林也在亭台楼阁与小桥流水之间，为世人营造无比秀美婉约的诗意。

"走进寺庙"。庄严雄伟的庙宇、香火缭绕的大殿、顶礼膜拜的信徒，这是笼罩着神轮气息的寺庙。中国的寺庙分布广、数量多，有古代书香的曲府孔庙、禅宗祖庭少林寺、高原圣殿布达拉宫、空中佛阁悬空寺等，都吸引我们走进寺庙，去感受那超凡脱俗的氛围，领略博大精深的寺庙文化。

"石窟漫游"。石窟既是宗教信徒礼佛的殿堂，也是艺术信徒朝拜的圣地，当我们走进场景壮观的龙门石窟、敦煌莫高窟、云冈石窟、大足石窟等，必将被其惊心的艺术魅力所震撼。

另外，我们还注意引导老年学员在"行万里路"的旅游实践中，重视对如"名人故居""十大名楼"以及众多非物质遗产的寻访，并以清明、端午、中秋、春节四大法定节日为切入点，组织老年学员旅游赏析。

3. 选定景点应与旅游需求的心理目标结合

不论是自然景观的选定，还是人文景观的选定，我们均应与老年学员旅游需求的心理目标结合。

老年学员喜爱旅游，希望从文化内涵上进行欣赏，但是人们的不同追求和不同文化积淀，也会带来不同层次的需求。根据美国心理学家马斯洛的揭示，人们的心理需求是多层次的，并且依次从低到高地逐级进行。因此，在旅游文化课程的教学实践中，在文化层面的赏析中，选定旅游客观吸引目标时，也应不断提升旅游文化的需求层次。

首先应选择有品位的旅游新鲜地。不论是在课堂上听教师讲述，还是到旅游地去感悟，新鲜是第一位的。只有使人们感到新鲜，才能产生兴趣，迸发渴求和欲望，进而形成实践的动机，做出去旅游的决定，并在满足后再产生新的需求冲动。爱因斯坦有句名言："兴趣是最好的老师。"

其次，要发掘藏在旅游背后的文化内涵。大千世界有许多事物，但只有"景"最具吸引力，选定"景"中的历史意义与文化内涵，就能产生影响人们心情的能力，进而具有更大的生命力。心理学的规律揭示，"藏在背后的答案"更能引起人们的兴趣。满足了这种兴趣，会令人终生难忘，从而得到更高的文化上的享受，达到"外行看热闹，内行看门道"的效果，再也不仅仅是"上车闲聊，下车拍照，过后什么都不记得了。"

再次，选定能体现自我完善的旅程。在老年大学学员中，有一部分人，年龄还不是很老，身体健康，精力也充沛，年轻时还曾有一定抱负。他们也希望再次展现青春，再次显示能力，也再次实现自我，到一些具有一定挑战的景地，观看一些人生难得见到的大自然景象；还有一些学员，则有一种更高层次的追求，希望结合旅游实践，奉献大爱心，到一些地方去扶贫助学，将旅游与回归社会结合起来，将回报社会与尽社会责任结合起来。尽管这个群体的人不多，但却是一种层次的提升，一种品位的提高。因此，我们感到在安全有保障、事前有约定的条件下，满足他们的心理需求。老年学员的旅游文化实践活动,不能单纯地追求新鲜、快乐,要不断提升文化层次,提高旅游实践的品位。

上海老年大学开设的旅游文化课程,已有10个年头,由一个班30多名学员发展至今有8个班400多名学员。在这10年里,我们在探索中求发展,也在实践中再探索,努力把旅游文化的课程培育成老年大学的精品课程,能够吸引一批又一批的老年人来学习。现在,许多老年学员来到老年大学,他们专心在课堂上听老师讲解,又倾心到大自然中去求真知。这种"读"与"行"的结合,"行"与"读"的汇集,使他们感到活得快乐、活得潇洒,把老年大学当作自己的又一个归宿。学员们用"游记"的形式来叙述自己人生的满足,用"摄影"的图像来留下自己幸福的瞬间,还用景点的"描绘"来留下自己梦想的憧憬。大家都说:文化老年游,"夕阳"显青春。上海老年大学由于其丰富多彩的校园生活,也被上海市旅游局指定为"中国上海银发国际旅游示范基地",我们也先后接待了近30多个国家、几千人次的国际友人和港澳台同胞的来访,被友人及同胞誉为"一所神奇的大学"。

(作者系上海老年大学副校长)

创新发展老年教育事业
与时俱进实现人生梦想

哈尔滨老年人大学 迟荣程

哈尔滨作为黑龙江省的省会,是中国省辖市中面积最大、人口居第二位的国际化大都市。截至2012年年底,在这座上千万人口的城市中,老年人口已达到152万人,占全市总人口的15.28%,预计到2020年老年人口将达到200万人,占全市人口的25%。

我国政府为实现"健康老龄化和积极老龄化"的总目标,大力发展和兴办各级各类老年大学或老年学校,不断创新发展老年教育事业,提高老年人综合素质,提高老年人社会适应力和参与度,以此实现老年人自己的人生梦想,实现其自身的社会价值,再现其生命晚景的华光。老年教育事业的蓬勃发展,能够推动和完善中国教育事业的整体发展,能够起到促进社会和谐稳定的重要作用。要想办好一所具有时代意义的新型老学府,唯有在不断创新中寻求发展,以此才能顺应时代发展要求,走出具有中国特色的老年教育之路。

一、哈尔滨老年大学的创新发展之路

哈尔滨老年人大学创建于1984年4月1日,是继山东老年大学之后,全国第二个成立的老年大学。学校隶属哈尔滨市人民政府主管,是纯公益类正局级事业单位,是哈尔滨市委直属党委。下设党委办公室、行政办公室、教务处、教研处和招生管理处5个处室，在编人员42名。哈尔滨老年人大学现已发展成为拥有15 000余名在校学员的多形式、多学科、多层次、多学制的综合型老年学府。近四年来，哈尔滨老年人大学在市委、市政府的大力支持和社会各界的热心帮助下，紧密结合哈尔滨实际情况，校党委一班人坚持用创新的思想指导办学，用创新的方法解决难题，用创新的精神推动学校发展，其成果主要体现在以下六个方面。

1. 创新办学理念

办学理念是老年大学发展的灵魂，老年大学要想办出水平、办出质量，就要有自己独特的、先进的、现代的办学理念。哈尔滨老年人大学创建之初，办学无场地，校舍租用难。人员七八个，教室三两间。当时哈尔滨市老年人口比例尚未对社会发展形成压力，办学主要以丰富离退休老干部、老同志的生活，寓教于乐、幸福健康为宗旨。随着时代的进步和社会的发展，固有观念已无法满足新时代老年学员的精神所需。我们在总结学校20余年发展历程的基础上，提升办学理念，以"人文关怀、人本教育、人性服务"为主基调，全面创新办学理念，把"提高老年人综合素质，培养健康、求知、积极参与社会发展的现代老年人"作为办学宗旨，重新树立以"常怀尊老之情，恪守敬老之责，善谋为老之策，多办利老之事"的校训、"和谐、进取、求实、创新"的校风、"敬业、爱生、博学、严谨"的教风、"乐学、求知、善思、实践"的学风为核心，以校徽、校歌和各系主题词为依托，打造哈尔滨老年人大学校园核心文化体系，进一步彰显了校园文化的创新力和凝聚力。

2. 创新管理制度

提升学校管理能力，增强干部队伍执政能力，强化制度建设，是推动和保障老年大学创新发展的关键。为加大创新管理力度，哈尔滨老年人大学一改前规。

一是实行校党委领导下的校长分工负责制。这种管理体制，明确了校长在学校事务管理中的责任与权利，能够充分调动和发挥校长的主观能动性和才能智慧，为将学校办成人民满意的老年大学提供了有力保障。除此之外，为了进一步激活各处室的行政职能、提高办公效率，激发干部的内在潜力，去年5月，调整了16名同志的职级和工作岗位。通过优化整合，强化了各个工作岗位的责任意识，增强原动力，使得各部门在开展新的工作时，都能打破固有思维模式，换位思考，协调沟通，促进了学校各个工作环节的协调发展。

二是根据管理形式和事业发展的要求，完善了学校5个处室的工作职能、23个岗位工作职责和25项规章制度，建立了完备的教学体系和教学评估办法，用制度保障教学质量。

三是在对老年学员服务与管理上，我们采取班主任带班制度，充分发挥班主任的能动作用，建立班委会、学生会，采取学员自主管理与制度管理相结合的方法，有效地发挥和调动老年学员主人翁责任感和自我监督、自我服务与自我管理的积极作用，使校园营造出"家"温馨式的良好学习气氛。

3. 创新师资建设

老年大学的师资队伍建设，是建校多年来困扰学校发展的主要问题。近四年来，我们打破了原有按照教学计划聘用教师的用人体制，精心打造了三支教师队伍。

一是打造了一支充满活力、专业过硬、精力充沛的年轻专职教师队伍。他们想象力丰富，创新意识超前，平均年龄只有 31.7 岁；他们视学员如父母，更具有时代思潮的敏感度，是老年教育阵地的生力军。这支队伍的创新建设，实现了学校教学和管理的新跨越。

二是打造了一支以专家、教授为学科带头人的 120 余位专职、兼职教师队伍，引领学校学科建设，为老年大学的可持续发展提供了有力的人才保障。

三是打造了一支以专家学者为核心的专职、兼职研究员队伍。他们先后受中国老年大学协会学术委员会、黑龙江省老年大学协会委托，参与编写了《中国特色老年大学规范化建设研究》《中国特色老年大学教育现代化研究》《中国老年教育学若干问题研究》和《老年大学教育研究》等专著。他们已成为"全国老年教育理论研究基地"的主力军。除了这三支教师队伍之外，我们还建立了"人才储备库"，为进一步优化教师队伍打下基础。

4. 创新办学模式

办学模式应根据不同地域的人文特点，结合时代老年人的精神所需、心理所向，探索性地扩大办学外延，在实践中创新。

一是我校在办学模式上紧扣"创新谋划，跨越发展"的主题，打破地域、时间和空间的限制，"以聚居人群确定求学人群，以求学人群确定办学地点，以学习需求确定学习科目"的分校办学方针，为满足冬季到海南三亚越冬"候鸟"老人的学习渴求，开办了哈尔滨老年人大学三亚分校。自 2010 年以来，连续三年已有 500 余名老年学员在享受海南热带风光的同时完成了学业。这已成为我国老年教育史上一次全新的尝试和重要创举。

二是专业教学与旅游相结合，使老年学员在欣赏祖国美好风光中进行实地采风和写生。首先，组织采风活动。为了丰富老年学员的学习生活，近四年来，我们把专业教学与积极开展旅游文化活动相结合。生活艺术系先后与黑龙江省极地馆、恒大地产集团建立哈尔滨老年人大学采风基地，将每月安排摄影专业学员实地采风列入教学计划，与旅游部门联手组织老年学员走进大自然、走进社会、走进建成小康社会的大潮，实现教学、采风和旅游三方面融合。美术系与旅游部门联合组织学员到山东菏泽曹州牡丹、广西桂林、黑龙江森林景区等地进行写生。其次，根据不同季节，组织学员搭乘"夕阳红"专列分长、中、短、周边四条线路开展旅游活动。长线赴欧洲、亚洲旅游；中线赴中国香港、澳门、台湾及国内景点；短线赴东北三省景点；周边以黑龙江省内景点为主。自 2009 年以来，共开赴专列 50 余列，参加旅游的学员已达两万余人次。旅游采风不仅丰富了老年学员的精神生活，而且带来了丰硕的社会效益。在市委提出建设国际大都市的战略目标的前提下，我校摄影专业学员在采风中拍摄的许多精美作品，被市政府主编、市旅游局、市摄影家协会联合出版的《大美湿地·壮观冰雪》旅游画册收录，美术、书法作品被各级展览收藏，这一成果受到政府和社会各界的好评。

三是学校利用现有教育资源优势，全方位满足社会各层面老年人学习的需求，分别与社会养老机构、社区街道办事处、大中型企事业单位联合开办 14 所分校，在校学员人数达到 4 500 余人次，累计毕业学员 23 464 人，有效扩大老年教育受益面。

四是我校分别与哈尔滨市广播电视大学、黑龙江省电视台教育频道以及市委组织部党员干部电教中心合作，充分发挥传媒网络的作用，突破传统教育时空界限，启用校内专业教师制作教学课件，通过三条渠道同时开办老年大学远程教育，使老年教育普及乡镇、村屯，为打造一所"没有围墙"的老年大学开辟新的途径。

5. 创新课程设置

老年大学的课程设置首先应当具备广泛性的特征。建校之初，我们只开设了舞蹈、保健、声乐3个专业的课程。办学30年来，特别是在近几年，我校根据老年群体的学习兴趣和精神追求的不断提升，在强化和突出课程设置的时代性、艺术性、丰富性上下功夫，把课程设置与老年人的时代追求紧密结合起来，成为现代教学发展的必然趋向。

在巩固如书法、国画、国学等传统课程之外，开设老年学员喜闻乐见、时尚简约、文化娱乐相结合的专业课程，引起时代老人的浓厚兴趣，也会使他们在学习的过程中，深感与时代为邻，紧跟时尚节奏。比如我们所开设的瑜伽、街舞、时装的课程就是以时代的节奏和韵律为主导；计算机专业的视频制作、博客建立等课程设置，加快了时尚老人迈进计算机应用时代门槛的速度；婴幼儿护理和家庭医疗护理课程的开设，不仅实现了老年人对自身健康的保护，还为老年人照顾家庭成员提供了科学护理知识；同时，我们结合哈尔滨的地理位置特点，开设了俄语、素描、油画、烹饪西餐等特色课程；结合时代老人的新需求，我们与驾校联合，开设了老年人机动车驾驶课程，方便老年人考驾照等创新课程，深受老年学员喜欢。

截至2013年3月，我校共设置9个系、25个学科、158个专业课程。这种创新所具有的时代性课程魅力，吸引并满足了15 000多名学员的学习需求。

6. 创新硬件建设

加强硬件建设，加大资金投入比例，是办好老年大学的必要条件。近四年来，经过学校的不懈努力，我们争取到专项经费近1 000万元，全面更新了哈尔滨老年人大学12层教学大楼7 240平方米内的34间多媒体教室设备，其中更新多媒体计算机教室16间，配备最先进的教学用计算机133台；更新电钢琴教室2间，配备电钢琴50架；更新电子琴教室1间，配备教学电子琴36台；新建综合器乐教室1间，配备古筝21台、吉他21把、手风琴33台；更新校园局域网及配套服务器4台；更新硬件防火墙，新增设10 M光纤外网接入等。硬件设施的更新换代，是实现现代化教学的可靠保障。通过创新建设，进一步优化了学校教学环境，为提升学校办学质量创造了条件，为哈尔滨老年人大学实现现代化办学目标奠定了坚实基础。

在今年开学礼上，一位老年学员代表全校万余名学子，发表感言：我们要做老年大学"永不毕业的终身学员"。因为这里有团结奋进的领导集体，带领一群充满活力的青年，坚持"以人为本、为民服务、勇于创新、改善民生"的思想，为广大老年学员创造了一个和谐向上、健康快乐的学习环境；因为这里有丰富多彩的专业课程，有多姿多彩的文化生活，有一批爱岗敬业、尊老敬老的优秀教师，在这里，我们感受到了被爱的幸福，走进这里，我们就更年轻！

创新是一种意识，是一种精神，也是一种态度；它不只在纲领里，不只在口号上，更要躬身践行。实践证明，在近四年的创新发展道路上，哈尔滨老年人大学党委，不负社会期许，终将老年教育事业推向了与时代齐步的全新高度，得到了老年学子及社会各界的一致认可和高度赞许。

二、哈尔滨老年人大学实现老年人梦想的探索实践之路

新的历史时期，社会赋予我们新的使命。新型的社会结构，在时代快节奏步伐的驱使下，促使我们不能继续在已知的领域徘徊，要向未知的境地迈进，以此来寻找突破。哈尔滨老年人大学通过创新发展不断加强老年人才培养力度，创新人才实训基地建设，疏通老年人才发挥作用的渠道，提高了办学的社会效益，以此满足老年学员老有所为和服务社会的愿望，为老年教育向更广度延伸开启了新的篇章。

一是学校成立了书法、美术、文学、摄影、保健、计算机等6个专业的研究会，聘请专家、教授为老年学员上课，为他们学习深造搭建平台。学校调动各研究会与社会各界建立互动协作关系，通过举办各种优秀作品展览、比赛和文艺演出等活动，引起社会对老年人才的关注和重视，为进一步实现老年人才服务社会、实现人生价值提供有效保证。书法研究会更组织具有一定理论水平和书法水平的研究员走进中小学，为中小学生开了"写好中国字，做好中国人"的第一课。校方表示，今后将以不同形式邀请老年书法家到校指导学生书法实践。

二是为老年学员实现从"以学为乐"到"以学促为"的转变，我们为老年学员搭建相关考核鉴定的平台，老年人才通过考核鉴定，很大一部分会成为相应专业技能等级证书的持有者。近4年来，共有3 000余名学员分别获得了国家认证的初级、中级、高级中医按摩师、装裱师、摄影师等专业技术等级证书。为老年人才投入社会实践创造了机会、开拓了空间。其中，在本省、市老年人开设的按摩诊所、装裱室、摄影中心、图片社多达百家。

三是成立了哈尔滨老年人大学老年科技工作者协会。在省老科学技术工作协会的领导下，开展专业技术职称评定工作。自2002年以来先后为书法、国画、文学、声乐、舞蹈等专业的142名外聘教师和老年学员申报专业技术职称。其中，正高职22人、副高职89人、中级职称31人。为老年人实现二次创业的梦想打下了坚实基础。

三、中国老年教育事业未来的创新发展之路

哈尔滨老年人大学面对中国老年教育所面临的新形势、新任务和新要求，在不断加强老年大学自身建设的同时，还应加大老年教育理论研究的深度和广度，拓宽老年大学对外交流的视角，用创新发展的勇气和精神向老年教育事业的未来奋进，为共同构建一个具有中国特色的老年教育事业而不懈努力。

在中国老年教育事业向未来发展的进程中，对中国老年教育事业未来创新发展有以下三个方面的构想和大家探讨交流。

一是谋求在国家层面将老年教育纳入中国终身教育体系，制定并实施《老年教育法》，从法律的高度制定老年教育领导体制和资金调配问题，以保障老年人受教育的权利。

二是倡议在国家和省、市各级政府建立"老年教育基金"，接受全社会的捐助和捐赠，帮助和扶植贫困和偏远地区发展老年教育，实现老年教育的全覆盖，让所有老年人都能享受到老年教育所带给他们的幸福和快乐。

三是倡导全国有条件的大专院校，利用自身教育资源优势延伸开办老年课堂，用专业技能教育满足部分二次从业及创业老年人的学习需求。建议全国有条件的老年大学，可以尝试构建集老年人养老、教育、医疗、旅游等全覆盖的老年社会生活产业链，满足老年人的时代化、个性化和多样化的需求。

中国的老年教育事业方兴未艾，在党的十八大精神的指引下，老年教育工作者们要跟进时代，不懈探索，勇于创新，大胆谋划，为中国老年教育事业美好的明天续写华章。

[作者系哈尔滨老年人大学校长（时任）]

课程创新：办好老年人满意的老年大学的核心环节

金陵老年大学

中国特色的老年大学，坚持"以人为本"的办学原则。老年学员是办学的主体，又是办学的目的。

一、老年大学为此向老年学员提供三项资源

（1）安全、舒适、明丽的校舍和校园环境，现代化的教学设施，让老年人一进学校就感受到快乐。

（2）适应不同水平、不同追求的老年人学习需求的课程体系，满足老年人对实用课程及趣味课程的需求。

（3）高素质、善教学的教师队伍，以及他们选择或编写的优质教材，听他们讲课、读他们的教材，就是生命的活跃和精神的享受。

在以上三项中，第一项是前提；第二项是核心；第三项是关键。面对老年人群的需求，金陵老年大学把学校理解为一个"教育超市"，课程就像超市里供人挑选的商品。学校能否兴旺发展，首先取决于符合老年人需求的课程是否品种丰富、数量充沛、质量上乘。

二、老年大学的课程创新是相对性概念

（1）相对于普通教育的大中小学、职业教育的专业院校的课程而实施的课程创新。这些学校的课程不能直接应用于老年大学。要想在老年大学生根成活，就必须进行课程创新，包括课程目标、课程类型、课程设计、课程实施、课程评价等各个环节，都要按照老年教学的目的、特点与规律予以创新，使课程符合老年人的需求和身心特点以及学习、思维、活动的习惯。

（2）相对于社会发展进步而实施的课程创新。科技革命带来的信息技术，使这一课程不断扩展；中西文化交流带来的比较研究，使这类课程不断提出创新的要求；文学艺术形式的不断更新，使一系列课程应运而兴。

（3）相对于老年学员学习需要的深化、拓展而进行的课程创新。老年学员文化程度越高，他们对学习的要求也越高。在文史系开设哲学课程，在美术系开设油画课程，在声乐系开设美声唱法课程，都由此而来。

三、我校课程创新的推进过程

金陵老年大学成立于 1984 年 9 月 7 日，开办时设有卫生保健、书法、国画、文学、历史等多门专业课程，在校学员约 600 人。办学 29 年来，学校秉持"增长知识、丰富生活、陶冶情操、促进健康、服务社会"的办学宗旨，认真推进课程创新，使学校得到了很大发展。随着创新经验的积累，学校构建起结构合理、专业相对完备的校本课程体系。截至 2013 年，学校拥有 172 门专业课程、261 个教学班、10 000 名学员。（2012—2013 学年金陵老年大学课程概况表见表 1-7）

表 1-7　2012—2013 学年金陵老年大学课程概况表

系　别	专业课程数/门	班级数/班	学员人数/人
文史语言	24	28	1 090
书法	15	23	919
美术	33	34	1 062
电脑	10	24	1 098
生活艺术	9	20	970
卫生保健	10	12	722
声乐	14	39	1 517
器乐	26	33	1 049
舞蹈	27	33	1 496
艺术团	2	2（队）	64
书画研究院	—	9（室）	402
文史研究院	—	4（室）	144
学员必修	2	—	—
合　计	172	261	10 533

1. 随着老年人学习需求的变化，实现课程设置的扩张和深化

满足老年人群的学习需求是我们课程创新的原动力。从办学之初到现在，围绕办学宗旨的五个方面，只要老年朋友需要学习什么学科的知识技能，我们就想方设法地努力

开设相应的课程。

（1）办学初期，我校开设过保健体疗、世界现代史、战后国际关系、服装（设计、裁剪、制作）等课程。

（2）办学中期，开设过诗词格律、美容美发、家电维护、形象设计、电脑初级、舒同体书法、法律、室内环境艺术设计、文物鉴赏等课程。

（3）近十年来，开设了哲学、史学、文学、美术、艺术等各个学科的大量新课，包括珠宝玉石文化、收藏文化、青绿山水画、鸟虫草画、六朝史等课程，它们都是与时俱进，都为广大老年学员所喜爱的。

我们通过听取学员反馈、采纳教师推荐、开展专题问卷调查以及制度性的期中教学检查全面了解老年学员的学习需求，持续地、有针对性地开展课程创新。当老年人群的学习需求旺盛时，同一门创新课程可同时开数个班并持续开设数年，有的课程则长盛不衰。像国画、书法、卫生保健等课程，随着老年人群学习需求的扩大和深入，从各自一、二门课程发展到十几、二十几、三十几门课程，扩张成了三个系。我校九个系的课程全都经历了同样的发展过程。

在目前的课程体系中，具有本校特色、本地特点的课程有：

① 国学课程。包括：易经、六祖坛经、国学治要等。
② 哲学课程。包括：中国哲学史、西方哲学史、中西哲学短篇赏析、人生哲学等。
③ 史学课程。包括：六朝史、明清史、民国人物传、中共党史和南京党史等。
④ 音乐课程。包括：经典音乐欣赏、钢琴即兴伴奏、民乐合奏练习等。
⑤ 美术课程。包括：油画、水彩画、青绿山水画、舒体书法、书法美学、书道等。
⑥ 摄影艺术课程。包括：室内高端摄影等。
⑦ 戏曲艺术课程。包括：京剧、越剧、黄梅戏各个剧种的表演艺术。
⑧ 信息技术课程。包括：动漫制作、微电影制作等。

2. 随着创新经验的积累，把握课程设置中的规律性现象

课程设置是教学实践活动的核心环节。从理论上说：老年教育课程设置是有规律的，但要真正掌握规律，需要实践经验的积累和总结。我们从重复出现的现象中寻找规律，发现的规律性现象有：

（1）潮汐现象。老年人群的学习需求不仅呈现多样性分布而且存在明显的潮汐现象，随着某些需求的减退，为此而创新的课程也会出现班级数减少甚至消失的现象。我校办学初、中期的许多创新课程红火一段时期以后至今已踪影全无，一些当时的创新课程都已停开，其中服装（设计、裁剪、制作）课程的兴衰就是一个典型事例。有的创新课程则是间歇性开设，比如文物鉴赏、收藏文化课程等。创新课程的潮起潮落是正常现象，但作为一所长期办学的老年大学，要想受到老年人群的长期欢迎，则必须拥有相当数量的、稳定的优质创新课程作为学校传统课程的骨干。

（2）追新现象。在中国是个开放的国家，"摩登"是广大的人民群众包括老年人所追求的。课程设置的创新和追求"摩登"应当一致。国学复兴，是当代中国意义重大的文化思潮，引起老年人的兴趣，我们就加以跟进；玉石鉴赏是社会热点话题，我们应时而跟进，开设这一课程；瑜伽，既锻炼身体又塑造形体，开设这门课为低龄学员所欢迎。

（3）攀缘现象。在一门课程的学习上，老年人都想向着更深的知识、更高的技能的方向去提高；在各门课程的关系上，老年人也有从康乐型课程向能力型课程攀登的趋向。近年来退休的老年人，在进校之初，都愿意学习健身娱乐类课程，他们要借此摆脱辛劳，放松身心。但是，随着学习进程的深入，他们又逐步要求学习知识类、技能类、创作类的课程，将自我发现的潜力，转化为现实的才能。

（4）链式现象。实际的过程是：在一个学科中，首先开设的只是一门课程。这门课程的教学成功，受到特定群体的老年人的欢迎，他们就会要求该学科其他课程的开设，形成"链式效应"。这种效应，在我们后面要说到的"引导性课程设置"中，有更显著的表现。

3. 随着课程结构的完善，实施课程创新的整体设计

六年前，我校在设计"学分制"时，借机对全校课程进行了梳理，把握课程体系结构。梳理中厘清了一些课程的专业联系，区分出专业层次，从中发现了一些不足，在以后新学年的课程创新中就有意识地加以弥补，如创新开设了摄影创作、简谱乐理、书画款识款书、中共党史等课程。随着课程结构的逐步完善，两年前学校又及时提出课程创新要着眼于整体设计，一方面要贴近时代、贴近生活、面向老年人的需求，从老年教育讲兴趣、讲素质、讲培养现代老人、培养现代老人的素质和素养的高度去开发创新课程；另一方面要努力构建课程专业和课程模块，向相对完整、系统的专业教育方向发展。在整体设计的要求下全校各系的课程创新进入到新的阶段，专业课程模块逐渐明晰。比如：书法专业的整体设计，有楷书、行草、篆隶、篆刻四个模块，共有17门课程和硬笔书法、书画题款、书道赏析这3门特色课程；国画专业的整体设计，有四个层次两大技法模块：四个层次分别为基础、提高、创作、研修，写意技法模块包含山水画、花鸟画、人物画，工笔技法模块包含花鸟画、人物画。

四、我校课程创新的运作机制

在课程的各个环节中，关键环节是"课程设计（亦称课程设置）"。课程设置，是指设置具体的学科。课程目标是课程设置的前提，课程类型是课程设置的条件，而课程实施是对课程设置的组织实施，课程评价是对课程设置及其实施效应的评价。就老年大学而言，课程创新，关键就是课程设置的创新。每设置一门创新学科，就会出现课程后续环节的系列创新，发生"链式反应""溢出效应"，从而形成该门课程的整体创新。所以，课程设置创新是课程创新的龙头。

在课程设置创新上需要重视各门学科新课程的开发。我校着重从老年学员的呼声中寻找新课程，从各个学科任课教师的推荐中发掘新课程，在学习兄弟学校课程创新的先进经验中研究新课程。我们已经体会到：新课程就是生源，新课程就是活力，新课程就是提升质量的关键。

1. 课程创新的三种方式

我校的课程创新，有三种方式：

（1）课程内涵更新。通过教学大纲修改、教学内容调整与适用教材改编、教学方式方法更新来实现。像网络漫游、国际旅游文化、老年保健、英语口语等课程内容经过更

新后都已焕然一新；手工工艺课程不断开拓手工艺技能教学的新品种，如丝网工艺、毛线编织抱枕、沙发靠枕、披肩等；运动康复课程不仅调整内容，还增加技能训练和教学互动；影视赏析课程采用了观看、讲评、交流相结合的教学方式；楷书课程开展了颜体和欧体提前介入对比教学试点；草书课程将"使转、翻折"的基本功训练改为教学重点……。正如我校文史系所体会的，通过这种更新，做到旧课程保值、新课程保鲜，调动了学员学习积极性。

（2）新课程设置即外延拓展的方式。如2010—2011学年，全校共新开课程25门，其中自然疗法、国学易经、中外哲学短篇赏析、英语强化、瑜伽、简谱乐理、女子风情拉丁舞、踢踏舞、动画制作、色彩基础等，都是外延拓展的课程，受到了老年学员的欢迎。

（3）课程整体设计创新的方式。近年来，全校课程创新着眼于整体设计，在努力贴近时代、贴近生活、培养现代老年人的素质与素养和构建专业系列、专业课程模块上有了明显进展。

2. 课程创新的三个维度

我校的课程创新是全方位、立体化的。以2011—2012学年为例，全校新开的26门课程有三个维度：

（1）横向拓展。如文史系开设英语经典名曲学与唱课程，舞蹈系开设阿拉伯舞课程，美术系开设水彩画课程等。

（2）纵向深化。如诗词课程从较浅的诗词赏析到诗词创作，再到诗词研究；绘画书法课程由技法学习深化到美学、书道的学习等。

（3）现代化更新。如开设卡片机摄影等课程。这些课程，紧贴老年人对新科技成就的追赶步伐，对"摩登"生活方式的喜爱，以及他们做现代老年人的期望。

3. 课程创新的三种整体化形式

近几年来，我校重视课程系列、课程模块、课程体系的多层次建构。对校本课程进行结构分析，把现有课程梳理成行、构建成块、编排成系统，可以帮助我们找到需要开设的新课程，实现专业系列化、层次化、模块化，实现课程规范化。

（1）系列化。卫生保健系、文史语言系、生活艺术系、舞蹈系的许多课程是横向并列的，通过梳理实现专业系列化。以文史语言系的课程整体设计为例，从《易经》延伸到《六祖坛经》，还将陆续开设《国学治要》《群书治要》等，形成国学专业系列；从文学欣赏到文学名著选读，再到文学创作等，形成文学专业系列；从古代史到明清史，再到中共党史等，形成史学系列；从中外哲学史，到中外哲学短篇赏析，再到人生哲学和艺术哲学等，形成哲学系列；此外，还有"英语口语"专业系列。

（2）层次化。书法系、美术系、电脑系、声乐系、器乐系的许多课程有着前后衔接的纵向联系，通过梳理实现专业层次化。全校课程总体上分有基础、提高、研修三大层次，具体到各个专业则各有不同。如国画专业分有基础、提高、创作、研修四个层次；摄影课程分有卡片机使用、摄影入门、摄影提高、具有专业水准的室内摄影四个层次。层次梳理使得专业脉络清楚，课程目标明确，提高了课程创新的质量。

（3）模块化。梳理全校专业课程时发现许多课程不仅有广度上的横向并列，更有厚度上的纵向衔接，形成一种立体的课程模块。国画专业、书法专业如前所述形成了模块，摄影课程也是如此。摄影课程模块不仅有上述的四个层次，在具有专业水准的层次上还有横向并列的风光摄影、静物摄影、人物摄影、夜景拍摄、新闻摄影、建筑摄影、摄影构图与用光、摄影作品赏析、摄影作品创作等系列课程。在整体设计中，我们认为摄影课程模块应当涵盖摄影技法、摄影艺术、摄影作品后期处理以及它们派生出来的其他内容。对摄影课程模块进行梳理分析使我们把握了摄影课程创新的方向和对课程目标的确定。

电脑系专业课程的整体设计是系统性的，模块分成四个层次：初级——人机对话，掌握基本的电脑操作技术；二级——网络与生活，掌握网络漫游的技术；三级——多媒体享受，掌握图形图像处理、动画制作、视频编辑等技术；四级——DIY，自己动手组装电脑、安装操作系统、拍摄微电影。（电脑基础与应用专业课程模块见表1-8）

表1-8 电脑基础与应用专业课程模块

模块一	教你拍摄微电影
	电脑系统安装与维护
模块二	数码摄像与光盘制作　　绘声绘影　　视频编辑（Premiere）
	动画制作（Flash）
	图像处理　数码照片后期处理（CS-3）　数字暗房（CS-5）
模块三	网络漫游
模块四	步入电脑　　　　（相关课程：汉语拼音）

通过专业系列化、层次化、模块化的梳理，我校的课程创新从感性自觉阶段开始进入到理性阶段，以更高的水平上来努力满足老年学员多学、学深、学好的要求。

五、课程创新问题的理论分析

在老年大学的教学改革和发展中，课程创新居于核心地位。课程创新必然会推动老年教育紧密结合自然科学、社会科学、人文科学的发展，将其最新成果引进教学。课程创新不仅是老年教育适应和满足老年人不断更新的学习需求的根本途径，而且激发着广大老年学员的学习兴趣，不断发掘广大老年学员的潜力和才能，使他们体会到生活的新境界和生命的新意义；不断引导着广大老年学员学习需求的结构性变化，使老年学员的学习需求从盲目性转变为自觉性、更具时代性。课程创新成为吸引广大老年朋友接受老年教育的"引力场"。老年大学只有着力于课程创新，才能不断扩大广大老年人的文化投资需求和精神消费需求，进而实现老年教育的最终目的。在课程创新的实践中，我们充分认识到课程创新是我校教学改革的重点。

在课程创新中要注意四个结合，这也是课程创新应当遵循的四个原则：

1. 满足老年人个体需要和引导他们适应社会需要相结合

老年教育是以人为本的教育，这个"人"，首先是每一个老年人个体。其次，也是每个个人的集合体——人民。这就要求我们了解老年人的个体心理需求，让他们在老年大学的"教育超市"中选择自己的所需。同时,老年教育也是人民的事业。党和国家,要求老年人关注国家大事,成为中国特色社会主义的积极力量,这就要进行时事政治的教育;要求老年人积极地融入社会,用适当的、力所能及的方式,参加各种有益活动,这就要在办好第一课堂的同时,办好第二课堂和第三课堂。就价值观而言,这里有两个本位:个人本位和社会本位,二者是能够结合的,因为老年人参与社会活动是老年人的个人自主选择,他们在融入社会的同时,也愉悦了自己的身心。

2. 教育超市式的广泛拓展和进取阶梯式的多层次满足相结合

老年大学的课程设置首先要注意广度。原因在老年人个性的多样性和选择的自由性。失去广度,就意味着把一部分老年人关在老年大学的校门之外。例如,我校一段时间停办戏曲课,原因是协作单位对开办条件要求较高。后来发现,学习戏曲的是一个很大的老年群体。我们不能因为谈不笼条件而把这群老年人关在老年大学的大门以外。其次,老年大学的课程设置要在注意广度的基础上重视深度的开掘。学习深度同老年人原有的文化程度相关。许多文化程度在大学专科以上的老年学员往往要求学得较为深入。另外,部分学习能力强的老年学员,即使原有文化程度不高也想学得深入些。为了满足老年学员钻研学术、掌握学理、进行创作、实现人生价值的愿望,金陵老年大学创办了三大校级社团——有400多名创作研究员的书画研究院、有140多名创作研究员(其中有包括知名作家在内的20名各级作家协会的会员)的文史研究院和有60多名老年演员加盟的艺术团,他们均实行"学习、研究、创作"三结合的活动原则。三大社团的高质量活动,不仅满足了一部分老年学员的进取要求,也带动了各个专业的教学。学广学深,二者应相互结合、不可偏废。在某种意义上,这两方面的关系也是普及和提高的关系。我们的老年大学也要搞"普及基础上的提高,提高指导下的普及"。

3. 对老年人感受性需要的积极适应和对老年人本质性需要的主动引导相结合

这个问题是欧美学者提出来的。他们认为:老年人的学习需要分成两种:一种称"教育需要",另一种称"教育需求"。中国学者岳瑛对此做了分析:"教育需要是老年人所表现的一种追求或偏好,通常由实际调查可以得知。""教育需求则是由专家学者根据相关理论和专业知识所界定的。"① 中国老年教育界按照实际情况,将这两个概念改为"感受性需要"(相当于外国人讲的"教育需要")、"本质性需要"(相当于外国人讲的"教育需求")②。老年学员,大多数是按感受性需要来上学的;但是,老年大学要重视对本质性需要的研究。按照满足感受性需要来设置课程,这叫适应性设置;按照满足本质性需要来设置课程,这叫引导性设置。这就要求我们既要设计好适应性课程,又要宣传好引导性课程,把为老年人服务和帮助老年人进取结合起来。我校开设的、六祖坛经、人生哲学、书道、微电影制作、经济政治热点讲座等课程都是典型的引导性设置的课程。

4. 课程创新和巩固完善相结合

受到学员欢迎的创新课程会保留下来,随着时间的推移演变为学校的传统课程。经过近30年的创新发展和积累,我校已经形成了以传统课程为核心的课程体系。我们在与

---

① 岳瑛. 教育学视域中的老年教育 [M]. 武汉:湖北科学技术出版社,2012:115.
② 中国老年大学协会课题组. 中国老年教育学若干问题研究 [M]. 银川:阳光出版社,2012:147-149.

时俱进地开设创新课程的同时还注重对已开新课程积极地加以改进和完善，使之成为新的传统课程；在对传统课程不断充实完善时，还注意与注入创新活力结合起来，使传统课程具有创新的内容与形式，具有创新课程的特质。

金陵老年大学在教学实践中积极探索课程创新，其本质在于使我校的教育改革取向开始超越单纯的教育体制改革，着重关注课程层面的革新，致力于把教育改革和创新的理念落实到课程的微观层面，使老年学员在老年大学教育的日常生活中体验超越、寻求发展。我们要通过改革和创新课程，推动我校的老年教育现代化进程。

（金陵老年大学集体成果，执笔人：杨定久）

老年教育应在创新中求发展

——以福建老年大学为例

福建省老年大学协会课题组

福建老年大学创办于1985年4月。她是改革开放新时代的产物，又在改革开放的浪潮中成长壮大。近30年来，福建老年大学以邓小平理论、"三个代表"重要思想为指导思想，以科学发展观统领老年教育工作，坚持正确的办学方向，秉承办学宗旨，在栉风沐雨中与时俱进，改革创新，不断进取，在不断的探索和创新中，形成了一套具有福建老年教育鲜明特色的办学模式。从开办初期的19个班，16门课程，839名学员，至2012年，发展到8大类（系），16个专业，60门课程，200多个班，6 000多名学员，加上10所高校、企事业创办的分校以及19个专业学会、艺术团、金秋画院学员，在校人数近万人。福建老年大学，从创办到快速发展，到规范化建设，形成了具有较大规模的、多层次、多学科的省级老年大学。它已成为老龄工作的重要平台，成为终身教育体系的重要组成部分，成为党和政府联系老年群众的重要桥梁，成为构建和谐社会、加强精神文明建设的重要抓手，成为引领和带动全省老年教育的科研中心、培训中心、信息中心以及对外交流中心。为促进全省老年教育事业的发展，为老龄社会服务做出积极的贡献。

一、坚持以人为本的办学理念，重视校园文化建设

科学发展观的核心是"以人为本"。以科学发展观统领老年教育工作，就是要以老年学员为核心，遵循"增长知识，丰富生活，陶冶情操，促进健康，服务社会"的办学宗旨，通过适应老年群体的教学内容、教学途径和教学方法，激发老年群体自立、自信、自主、自动的学习活力和激情，达到全面提高老年人的整体素质，提升老年人的生存、生活、生命质量，调动其参与意识，在社会建设中，在构建和谐社会中充分发挥老年人的优势作用。因此，老年教育坚持以人为本的教育思想，是老年教育属性的本质要求，

也是老年教育的最终目的。福建老年大学，坚持正确的办学方向，无论在教学方法方式上，还是在专业课程的设置上无不以适应老年学员的需求为己任，以及办学环境和办学条件的改善都要从老年人的实际需要出发。比如，当办校场所已不能适应社会老年人对求学需求时，学校就千方百计争取省委省政府支持建设新校舍，扩大招生；为了老年人就近上学，从 1990 年起，先后办起了福建老年大学福建师范大学分校、福州大学分校、农林大学分校以及省军区、省地矿局分校等 10 所福建老年大学分校，在校人数 2 000 多人；为了改变个别专业、课程一座难求的现象，学校扩大了钢琴、电脑、音乐、舞蹈等班级的招生人数并添置了新的教学设备；在校舍的建筑设计上，如电梯、走廊、上下楼台阶及卫生间等都要考虑到老年学员的方便和安全；美化校园环境，适应老年学员的情趣。

老年群体的特殊性，决定了老年教育的特殊性。它不同于为升学的应试教育，也不同于为提高技术技能而取得学历认可的成人教育。它的教学形式，教学方法应不同于其他类型的学校，对老年学员应提倡双向的、能动的、自觉的、无压力的、愉悦的、开放的讲课模式。以互动和讨论方式为主。师生之间，学员之间建立起平等的、宽容的、宽厚的和谐关系，同时要尊重学员的首创精神。福建老年大学最早成立的摄影学会最初是学员们自发成立的。学校领导敏锐地抓住教学实践中的新生事物，为了满足老年学员的要求，开办了提高班，并陆续开办各专业学会，成立了艺术团队，逐步形成了福建老年大学有特色的"两个轮子一齐转"的办学模式。各专业学会的成立并健康发展，不仅为学员提供展示其学习成果的平台，同时也成为学校展示教学成果的窗口，成为宣传老年教育的一个品牌。

福建老年大学在不断改善和优化办学条件的同时，十分重视校园文化建设，营造良好的文化氛围，处处体现以人为本、充满人文关怀的福建老年大学精神，把培养和提高老年学员的政治思想素质放在首位，从而引导、帮助他们提升精神境界和文化自觉，使老年学员跟上时代步伐。首先引导老年学员树立社会主义核心价值观，这是构建校园和谐文化的根本所在。为此，游德馨校长这些年来，不辞辛劳地利用其直接参加中央和省委有关会议之便，及时地向全校师生员工做报告，讲解会议精神。2006 年 3 月 14 日，游校长以福建老年大学的名义亲自起草《关于学习贯彻胡锦涛总书记在全国"两会"上倡导的社会主义荣辱观给全体学员的一封信》，在全省老年大学的学员中引起巨大反响。时任福建省委副书记的王三运同志赞扬福建老年大学为了弘扬中华民族传统美德和时代精神而做出的贡献。其次，积极为老年学员提供充分展示学习成果和实现个人价值的机会和平台。如组织各种才艺比赛，举办诗书画影展和重大节庆日的文艺会演等，利用老年大学的文化节重新点燃老年学员参与社会的激情。福州城区的几个文化广场，成为老年学员演艺的重要舞台。最后是注意培养老年学员的批判精神和创新精神，这是为当今中国老年人弥补历史上的缺失。老年人体力和精力上的衰退是自然规律，但老年人的精神并不随着年老而衰退。在传统文化和时代精神产生碰撞中培养老年学员的自我批判精神，在培养创新精神中寻找传统文化和时代精神的对接点，从而构建和谐社会的文化支撑力量，这是老年大学的神圣使命。

二、认真贯彻以质的提高带动量的发展办学方针，努力提高老年教育办学水平

老年教育中的"教育"属性和受教育者的特殊群体，对教育质量提出必然要求。为了满足广大学员多元化的学习需求，长期以来，福建老年大学坚持以质的提高带动量的发展，努力提升福建老年大学的教学质量，吸引了越来越多的学员慕名而来，出现了一座难求的现象，同时有力地带动了全省县级以上老年大学的办学水平的提高。一是从2005年由福建省委老干局、福建老年大学和福建省老龄办三家机构共同下文，在县级以上老年大学普遍开展创建省级示范校活动，从办学的基本条件、领导班子建设、人员编制、师资队伍、办学设备、办学经费、办学规模、学校管理、办学成效等方面提出具体要求和量化指标，使各地在提升办学水平上有了明确的目标并最大限度地争取到当地党政领导对学校争先创优的支持。全省先后3批已有46所老年大学被评为省级示范校，这对于老年大学的规范化建设和教学水平整体的提高起到了非常好的作用。创建示范校工作继续开展，但又不停留在同一个水平上。从2012年起，又在全省省级示范校中开展省一级示范校创建工作，提出了更高的评审标准。文件下发后各地都在努力争取党政领导支持，使学校的办学条件和办学水平再上一个新台阶。二是三年来在全省县级以上老年大学中开展创建精品专业课程活动，福建老年大学和省老年大学协会组织了三次有专家参加的全省老年大学精品（课程）建设研讨会，又在深入调研和广泛征求意见的基础形成了文件。2012年各地按照文件要求，展开评审工作，先评市级的精品课程，再上报省评审。首次有21门课被评为省级精品课程。这样就形成了省、市、县（区）老年大学都有自己的精品课程的格局。这对促进老年大学的名师建设、教材建设、教学的改革创新以及培养学员中的尖子人才，提高教学质量是一个重要的措施。三是各级老年大学对发展老年教育的示范和带动作用。这些年，县级以上老年大学建设取得长足发展，办学条件得到很大改善，扩大了学校领导和师资队伍建设。但是乡镇、村（居）的老年教育滞后，特别是乡、村两级老年教育还有很多空白，即使办起来也亟待巩固提高。随着我国城市（镇）化快速发展，农村结构发生巨大变化，老人、妇女、儿童成为留守群体，这是新产生的二元社会现象。老年教育要真正做到大众性、普惠性、公平性，让不同人群老年人都能享受教育权利就要大力解决农村老年人的学习问题。福建老年大学和各级老年大学以极高政治热情和使命感，大力推动农村基层教育工作。一是省校领导经常下乡调研，推动当地党政领导重视农村老年教育普及工作；二是县级老年大学主动派讲师团送教下乡、文艺下乡、技术下乡帮助乡村办好老年学校；三是整合电化教育资源，大力推动远程老年教育，把其作为老年大学、老年学校教学和工作延伸和发展，这是解决农村老年教育诸多问题的有效措施，为普及农村老年教育开辟新的途径。游德馨校长非常重视推广老年远程教育，在他亲自指导和参与下，采取一系列的措施取得了实质性进展和成效。据不完全统计，截至2016年6月"福建老年学习网"已有课件1 700多个，全省已开通94个收视点，学习人数3.3万人，总学习时间35万分钟。"十二五"规划末期，全省将建设5 000个收视点。

三、充分发挥区位优势，积极开展对台对外交流

福建省与台湾地区隔海相望，"五缘"情深，血脉相连。族同史，姓同宗，语同音，习同俗。福建又是侨乡，海外乡亲遍布东南亚。改革开放以来，新一代福建人以爱拼会赢的精神走向世界。福建老年大学积极开展对台、对外交流联谊活动。早在20世纪先后接待过美国南俄勒冈州立大学、日本长崎县妇女代表团、日本长崎县老年气功太极拳海外调研团、日本长崎县健康长寿大学访问团，并与其结成友好学校。1992年，招收日籍专家亲属参加国画班学习。多次接待中国香港、中国澳门、马来西亚等老年团体到校参访。先后6次邀请台湾地区老人社会大学到我省参观考察，我校也应邀3次派学校领导和有关人员到台湾地区访问，参加老年教育研讨会。福建老年大学与台湾地区老人社会大学结成友好关系。2011年10月，福建老年大学与台湾地区老人社会大学、福建省社科联、泉州市人民政府联合举办"首届海峡老年教育论坛"，以"积极老龄化与老年教育"为主题，凸显老年教育在实施积极老龄化战略中的地位和作用。"海峡老年教育论坛"为海峡两岸提供开展老年教育交流的重要平台，取得积极成果。100多名（其中台湾地区代表22名，港澳地区代表5名）老年教育专家、学者和实际工作者参加论坛会议。中国老年大学协会会长张文范，福建老年大学校长游德馨和台湾地区老年人社会大学校长潘维刚等10多人在大会上做学术报告。会后共收到论文107篇，选取其中63篇编成了《海峡老年教育文集》，涵盖国内许多著名的老年大学。"论坛"宣传了福建，宣传了福建老年教育和福建老年大学，交流了海峡两岸暨香港、澳门地区老年大学的办学理念和办学经验，增进了两岸老年教育工作者的感情，也为加强和发展两岸民间交流提供了一个新的平台，为福建老年大学创建海峡老年教育名校创造了必要条件。第二届"海峡老年教育论坛"将于2014年在台湾地区举行，海峡两岸的交流活动将更加频繁。

四、加强理论研究工作，不断探索老年教育的新课题

理论创新根植于实践，同时要不断突破对实践发展的局限。随着老年教育的迅速发展，老年大学规模不断扩大，老年教育实践中遇到的问题亟待从理论层面上给予科学的解答，得出比较一致的结论，需要有正确的理论支撑和指导。由于老年教育是个新生事物，发展历程比较短，老年教育理论研究滞后于老年教育实践发展，因此理论研究是老年教育工作中的薄弱环节。福建老年大学重视老年教育理论建设，较早地办起了凝结全省老年教育工作者理论耕耘园地——《福建老年教育实践与思考》，但其刊载的文章缺乏理论性。为了改变这种状态，两年来，福建老年大学进一步加强了理论研究工作，取得了突破性的进展：一是成立了省一级的福建省老年教育理论研究会，组建了由老年教育实际工作者和高校专家学者组成的研究队伍，为全省深入开展理论研究工作提供组织保证和重要平台；二是获准建立"中国老年大学协会老年教育研究基地"，对于推动福建老年大学自身建设和与全国兄弟学校协作开展老年教育理论研究有重要意义，对提高我省老年教育理论研究水平起巨大的推动作用。三是理论研究出成果，理论研究有一定的广度和深度，理论研究的队伍结构从实际工作者队伍到实际工作者与专家学者相结合，从单纯工作经验总结为主到理论与实际相结合。这对于提高全省老年教育理论研究水平

和培养壮大理论队伍起有力的推动作用。在这种组织框架下，2011年完成了福建省社科联下达的重大课题"科学发展观与福建老年教育发展战略研究"，论文集由社会科学文献出版社出版发行。中国老年大学协会张文范会长在"序"中指出，"这是近年来我国老年教育研究中有学术价值的创新成果"。首届"海峡老年教育论坛"以"积极老龄化与老年教育"为主题开展研究。2012年又完成了省社科联和省教育厅的"老龄事业与创新社会管理"和"创新社会管理与老年教育"两个重大课题的研究任务。2013年年初，福建老年大学与福州大学共同创办福州大学老年教育研究所。据了解，这在全国属首创，具有重要意义。说明我省老年教育理论研究的视野已从老年教育领域的研究，向与老年教育相关联的社会热点问题转变，凸显老年教育在社会建设中的地位与作用。

五、引领和推动全省老年教育工作，促进教育事业健康持续发展

福建老年大学以建设海峡老年教育名校为目标，在努力办成老年学员满意学校的同时，还承担着引领和推动全省老年教育工作的任务。这不仅是省委省政府赋予的职责，也是时代赋予的使命。福建老年大学和福建省老年大学协会的合作，实际上起着部署、指导、协调、推动全省老年教育工作的职能作用。在省委老干局、省老龄办的支持下，每年召开全省老年大学年会，总结工作经验，部署明年工作，并有针对性地召开全省老年教育专题研讨会。由福建老年大学牵头，根据全省老年教育发展的需要，审时度势，及时地向省委省政府反映情况，提出建议和要求，由省委省政府办公厅下文来指导、推动全省老年教育工作。如1996年，省委省政府办公厅转发了《福建省老年教育工作报告》，文件强调各级政府要重视老年教育工作，帮助解决办学中遇到的实际问题；闽委办〔1998〕18号转发《德化县老年教育的成效和经验》的通知，要求各地参照学习德化县的经验，加强领导，理顺关系，协调社会力量，搞好老年教育，全面实施《老年人权益保障法》，进一步调动老年人参加社会主义两个文明建设的积极性，为老年人的健康长寿做好服务工作。德化县老年教育工作长盛不衰，持续健康发展，被评为全国老年教育先进单位，更是我省老年教育一面旗帜和学习的榜样，有力地推动全省基层老年教育的普及和发展。2003年9月底，游德馨校长率领福建老年大学学习考察组赴天津、山东、浙江考察老年教育工作，考察活动深入细致。游校长的《考察津鲁浙老年教育的体会》，既讲老年教育，又讲经济发展工作。省委副书记王三运充分肯定，在批示中指出，这次考察是富有成效的，并要求省委老干部局，福建老年大学提出进一步搞好我省老年教育工作的建议，供省委决策和参考。中共福建省委办公厅省人民政府办公厅下发了《关于进一步加强老年教育工作的意见》的通知（闽委办〔2004〕79号），文件体现了游校长考察津鲁浙的报告精神，强调了老年教育是贯彻党的十六大提出的"发展继续教育，构建终身教育体系""形成全民学习，终身教育学习型社会"要求的重要组成部分，也是我省实施人才发展战略的重要内容。文件要求各级党委、政府和各部门，必须从我们党所负的历史使命和国家改革发展稳定大局出发，充分认识加强老年教育工作的重要意义，切实增强责任感紧迫感。文件明确了老年教育工作的指导思想、基本原则和目标任务以及办学的方向，办学的方针。同时提出两个"确保"：一是积极创造条件，确保老年教育工作顺利发展；二是加强对老年教育工作的领导，确保各项任务落实到实处。闽委办

〔2004〕79号文,成为福建省老年教育工作纲领性的文件。从此,福建省老年教育事业和老年大学走上了快速发展和规范化建设的轨道,对推动全省老年教育的发展起着长久和重要的作用。福建老年大学本部学员人数从2004年的3 452人,至2010年发展到6 000多人,办学条件得到极大改善,校舍总面积从5 000平方米扩展到17 000平方米,截至2011年全省老年大学(分校)已有10 129所,学员人数67万人,占全省老年人口总数的16.6%,提前实现闽委办〔2004〕79号文提出的入学率13%的目标。福建省老年教育走在全国前列。全省包括福建老年大学内的8所老年大学被评为全国先进单位。

老年教育正面临着新形势,新机遇:一是社会老龄人口的迅速发展,要求老年教育迅速发展;二是老年教育事业在社会经济文化建设中的地位和作用日益彰显,老年教育工作为各级党政领导所重视和社会关注;三是中国正处在全面建成小康社会,实现社会转型和经济增长方式转变的关键时期,也是中国老年教育事业健康发展,大有作为的重要时期;四是经过近30年老年教育事业的发展工作实践,为未来的进一步发展提供了强大的物质基础和许多可借鉴的办学经验;五是重视老年教育发展老年教育已提到国家政策的层面上显得尤为重要,体现在国家和地方的教育,老龄人权保障等规划发展中。为了适应新形势对发展老年教育事业的需要,要解放思想,继续创新,实现新的又好又快发展。

(课题指导:施祖美 课题成员:许吉友 执笔者:陈英金)

彰显老年大学文化特色　满足老年学员精神需求

——从我校看如何在老年大学文化建设中满足学员精神文化需求

武汉老年大学

发展老年教育,形成尊老爱老的良好社会风气,满足老年人多方面的精神文化生活需求,对于社会稳定和发展具有重要意义。实践证明,老年人除了希望生活有保障、能健康长寿外,更希望精神愉快、心情舒畅,渴望精神文化生活充实满足,以提高生活的质量。著名心理学家马斯洛认为当基本的生理生存需要层次满足后,便会追求更高的归属和自我实现需要层次,也就是追求更高的人的精神文化生活。很多老年人因此走进了老年大学、老年学校。

作为综合治理人口老龄化主要举措之一的老年教育,从一开始就得到党和国家的重视,老年大学迅即在全国各地如雨后春笋般地发展起来。中国老年大学从起步到迅速发展的30年来,全国5万多所老年大学、老年学校已成为广大老年学员新思想、新理念、新技术的学习基地,新知识、新文化的传播基地,成为广大老年人最欢迎和满意的教育园地。老年大学把满足老年人多方面的精神文化生活需求作为办学的立足点,把培养健康老人、快乐老人、尊严老人、爱心老人、时尚老人,极大地提高老年人的素质,以提高适应社会的能力作为办学的目标，开设诸多课程，尽量满足老年人对知识的渴求。

很多老年人进入老年大学后，通过思想政治课的教育、文化课的感悟、校内外活动的熏陶，观念更新了，思想境界提高了，许多人找到了新的人生目标，重新扬起了生活的风帆。

武汉市老年教育指导委员会主任殷增涛提出要"提炼老年大学文化"后，我们开展过多次"老年大学文化"讨论，引起全国几十所老年大学的关注和参与；他撰文表述的"求知达观，康乐有为"老年大学精神已经成为大家的共识。回顾历程，我们体会到老年大学教育和老年人文化养生有着极密切的关系。

老年教育是老年文化的重要组成部分；老年文化最重要的就是怎样让老年人在老年期还能感受到生命在成长。武汉市最近的调查显示，23.5%的老年人对子女物质赡养是满意的，41.0%的老年人是比较满意，25.9%的老年人是一般，可见总的来说老年人对物质生活还是比较满意的，但是他们更看重的是精神需求。就是说当代老年人不仅需要安康富足，而且更需要精神上的自信。我们在老年大学提倡的满足老年人精神文化需求、促进文化养生就是指把某些文化资源转化为养生能量，使人身心健康、延年益寿的养生活动或方式。因此，老年大学应该发挥自己的特有优势，利用现有的老年文化资源、发挥老年教育对老年人的文化养生作用。

一、积极开设各种文化养生课程，让学员在求知过程中获得更多文化养生的知识

老年大学教育的内容大体分为保健知识和技能、文艺体育、人文学科、家政学科、时事政治类、现代科技知识等，通过这些课程的教学可以促进老年人养心、养身、养神、养情，体现"求知达观，康乐有为"的老年大学文化价值。2010年苏州对全国70所老年大学的17.7万多名老年学员的选课情况进行调查，其中选修在万人次以上的课程中书画占14.27%，舞蹈占12.80%，保健占12.23%，声乐占12.15%，计算机占5.69%。同期在天津做的一项"老年学员学习诉求和目的"的调查中，选择做健康老人、快乐老人、知识老人、时尚老人的占83.0%。实践也证明，老年人学习主要是为了在求知中"享受知识、健康人生"。

1. 注重老年健身类课程设置

健康是老年人最主要、最急切的需求，学校开设了卫生保健、心理咨询、推拿按摩、科学养身、药食同疗、膳食营养、拳剑扇操等课程。随着保健知识的应用、锻炼活动的坚持，学员的身心素质普遍有所提高。新洲学员李学昭今年82岁，退休前人称"药罐子"，自退休后上老年大学20多年来，身体日益健康、精神焕发、鹤发童颜。同事和子女问她现在身体怎样变好的，她高兴地说："是老年大学给了我知识、给了我快乐、给了我健康。"

老年大学的保健课不仅仅是教给学员如何去解决某个疾病或健康问题，更重要的是把培养和增强学员的科学理念和提高他们的认知水平贯穿教学过程的始终，科学地防治疾病；不仅包括健康饮食指导、养成良好的健康行为、体能活动教育等，重要的是还坚持"治未病"理念的培养。老年人在老年大学里追求身体健康和心理健康，学习有利于

老年身心健康的知识,追求健康的情趣、思想情操和生活理念,选择的是积极、健康的生活内容和方式,有利于自己和家人。

2. 发挥优势开设文艺类课程

老年大学在培养文化艺术人才方面有着得天独厚的条件:老年大学的教学内容大多是文化艺术类课程;老年大学的师资来自本地区最好的文艺人才资源,学员有的具有很好的天赋和素质。老年朋友学习戏曲、器乐、舞蹈是为了满足精神方面的需求,从事一种自己喜欢的活动,快乐地度过每一天。他们不一定要成为戏曲表演艺术家、器乐演奏家、舞蹈家,而是把戏曲、器乐、舞蹈当作一种爱好、一种对美好生活的追求,通过这些表演活动提高自己生命、生活质量,使人生最后阶段的精神生活更积极、更充实、更好地实现人生社会角色的转变。

3. 继续坚持开设书画和美术工艺类课程

书画是祖国传统文化的重要组成部分,习字学画不失为老年人陶冶情操、修身养性的好选择。我校书画类课程设置齐全,课程结构由浅到深、层次分明。剪纸、折纸、编织、雕塑等工艺美术可以锻炼老人协调性,有效地延缓衰老。数码摄影课程更是老年人的新宠,他们在课堂上学习知识和技能,自发组织出游拍摄大好河山,后期在电脑上再加工,既学习了新知识,又外出游玩极大地愉悦了身心。

同济医学院的张揆一教授曾用行动绘画的方式先后测试过多人,发现绘画对调整人的状态、释放人的情绪确实能起到良好的效果。由于绘画能影响人的生理活动,特别是情绪活动。因此,人们就能够利用绘画来改善和调剂人体的生理和心理功能,进而达到治疗疾病、增进健康的目的。

4. 根据需求开设人文时政类课程

多年来我校重视人文学科的建设,譬如中国古代史、古代文学、诗词赏析、写作、旅游文化、法律、时政等,并不断优化课程结构。写作、诗词和旅游文化的学习能怡情养性,给学员带来成就感、快乐感,所以大家越学习兴趣越浓。在帮助他们掌握新知识的同时,培养学员树立积极老年观,在社会生活中发挥更多的作用。

物质养生是身体上的滋养,而文化养生是精神的滋养;物质的养生是有限的,文化的养生则没有这种局限。有了物质的养生还要有文化的养生,否则养生的效果就会大打折扣。文化养生的核心是文化养心;病由心生,寿由心增。所谓"药疗不如食疗,食疗不如心疗",读书、吟诗、赏乐、品画、垂钓、博弈、养花都是有效的养心途径。医学专家介绍的几种疗心养生的方法刚好都是老年大学的主要课程所包括的:书画疗心、音乐疗心、歌唱疗心、写作疗心、读书疗心、锻炼疗心、营养疗心等,每门课程在内容的确定上都要根据学科的特点和实际,有意识而又自然而然地在润物无声中陶冶学员的情操,在潜移默化中引导学员正确认识生命、理解人生,正确对待自己和社会。

二、通过老年大学的学习和活动使学员能够豁达开朗,是文化养生的重要形式和结果

老年大学的重要作用就在于创设一个新的社会活动环境,帮助已经解除社会角色的老年人重新融入社会、认识自我,继续完成社会化。置身于老年大学文化之中,他们能

够比较迅速地进行新的角色定位，正确对待自己、他人和社会；塑造乐观豁达、理性平和的健康心态，促进自身心理的平和。

1. 创造了积极健康的生命文化

著名社会学专家、武汉大学周运清教授在调查我校以后，2007年提交给亚太国际老年大会的以"教育增寿"为题的研究报告指出老年大学的教育功能是：增强了社会适应性，改善了生活方式；培养了许多良好的兴趣，塑造了健康的情操；挖掘了自身的潜能，体验到了自身的存在价值；学会了一些现代生活技能，更新了价值观念。老年大学通过积极老年教育，创造了积极健康的生命文化。为了科学地认识问题，他们选取了一些没有进入老年大学学习和接受过老年教育的个案，进行入户访谈，并与先前的调查资料做比对。结果发现，老年学员通过老年大学学习表现出以下一些比较突出的特征，生命质量水平明显提升：（1）生理上，疾病相对减少，健康水平提高。（2）心理上，心态积极健康，心理年龄下降。（3）社会适应性上，生活态度积极，自信心明显增强，社会适应能力提高。访谈中，有一个更加突出的现象：接受过老年教育的老年学员普遍认为自己无论在心理上还是生理上都要比同龄人年轻，甚至年轻得多。

学员王某某原来是建筑设计院的工程师。患有心血管、肠胃等疾病，一直处于亚健康状态，生活也没有什么规律。进校学习后，生活很快变得有规律了，一周在老年大学学习三次，次次不落；养成了良好的学习习惯，能有意识地从同学、医生、书籍、电视等途径获取知识；对自己身上的不适，能自我调理，也不再忧心忡忡。现在的心态很健康，觉得老年人也应该自立自强、让自己的人生没有遗憾，内心也变得很充实，开始学会享受生活。

2. 培养了学员的阳光心态

阳光心态的培养是老年大学校园文化建设的重要环节。对老年人来说，最宝贵的是时间，时间就是生命；最重要的是健康快乐，康乐是第一大需求。老年大学校园文化在促进老年人对自身超越、提升人生精神境界、实现生命价值，寻求和创造生命的意义等一系列阳光心态的培养方面起着非常重要的作用。

汉阳分校学员尹玉改通过对老年心理的学习，领悟了"防老在于情绪好"。要学会管理和调节自己，一个乐观豁达的人，富也安然，贫也安然，豁达乐观是幸福健康的保证。她还帮助同学们想方设法在日常生活中常保持心态的愉快和年轻。

东西湖分校的傅合才，他参加了老年大学的学习，在这里学习知识、打球、唱戏、下棋，过得很充实、很快乐。他看到有的老年人遇到一些生活上的困难和问题愁眉不展，就热心地建议他们到学校里走走，心里的"坎"也就迈过去了。在老傅的宣传和影响下，许多老年人包括原来跟他一起上访的老人们都陆续成了老年大学学员。看到学校的事忙不过来，他还主动帮忙。

老年大学学习能够使学员达观康乐就是因为"文化养心"。所以殷增涛同志强调说：社会最希望老年人达观，有没有学识只是一个方面，达观不达观、气量大不大、站得高不高却是体现老年人价值的一个很重要标志。老年人既要有"难得糊涂"的思想境界，又要有知足常乐的心理状态，这样就会正确地看待社会，正确地看待自己的人生。

三、通过加强校园环境文化建设，创设老年"文化场"，用无处不在的文化熏陶，使之健康快乐、深化养生效果

学校的环境建设应该是老年大学文化的建设的基础。它具有特定的精神环境和文化氛围，包括校园建筑设计、校园景观、绿化美化和设置人文标志、展示文化成果等物化形态的内容，特别是展示学员学习、创作的文化成果。我们开展的文化讨论极大地提升了广大老年大学学员的文化自觉；现在我市就有多所老年大学在新一轮发展中，综合考虑了加大校园建设的文化含量、创设文化环境，并逐步显现效果。

1. 在学校改扩建中，重点抓好文化环境建设

因为校园物质环境不仅显现一所学校特有的物质文化品位，它更是孕育一所学校人文特色的摇篮。学员们踏进校园便顿觉空气清新、心情舒畅、悠闲自得，不由自主地全身心投入到新生活的学习中。学校还按照各个教室的不同功能做了主题美化，做到让每一面墙壁都"说话"，学员走进教室，便陶醉于学习的氛围中。

2. 把文化建设作为学校教学工作的重要组成部分，列入常规工作

一是营造文化环境。校舍建设突出了文化氛围，楼道和走廊都挂上学员书画作品，角落里都摆上了盆栽花卉，教室内贴上了结合学科的名人名言和课堂规则。老年学员沉浸在浓郁的文化氛围中，陶冶情操、激发美感。二是进行文化宣传。学校刊物中反映学员对重要时事政治的看法，赞扬师生中新的风尚、表扬好人好事，展示演出、比赛成果。文化宣传可以形成良好的舆论，促进思想政治水平的提高，促进文明道德行为的培养。

3. 重视活动环境的创设，引导学员充分彰显生命的活力，尽情地享受幸福人生

学校利用有限的场地和周边地区组织表演活动，为学员创设展示风采的平台。我校各班或联班每学期末召开联欢会、学校年末和重大喜庆日子都举办演出和展览；还大力支持学员社团活动。学校有书画、摄影研究，合唱、器乐表演，戏曲、武术研究等学员社团 20 余个，丰富了学员的课余生活；经常开展课外活动和进行外出展览、演出和比赛，得到了许多荣誉。从 21 世纪开始，我们还每年举办一次全员文艺会演，极大地活跃了学员们的文化生活。

四、组织有意愿的学员利用所学知识和技能创造精神文化产品服务社会，是更高层次上的文化养生

文化社团是学校文化重要载体。我们投入了相当的人力、物力创办了各种文化社团以繁荣学校文化、营造健康文明的校园文化氛围。

武汉老年大学的各个社团积极开展各种生动活泼、丰富多彩的学为结合展示活动，成果显著。仅以开始文化讨论的 2008 学年的初步统计，全校学员社团开展活动共有 106 场次，参与的学员达 6 610 人，受益群众超过 10 万人。其中开展各类学术研讨活动 54 场，演出型活动 12 场，展览及比赛活动 9 场，公益性活动 6 场。在各种刊物上发表作品 638 件，获奖作品 212 项，其中获国际奖 3 项、国家级 14 项、省级奖 36 项……

在老年大学学习绘画的学员不少，他们当中已涌现出一批跻身画家行列的人物，在

省、市或全国画展中连连获奖，受到广泛的赞誉。但就大多数学员而言不是为了成"家"，而是为了健康。

近几年由湖北美术出版社等出版单位相继组织出版了我校钟家珍等一大批学员的《江山多娇》《百花争艳》《中国当代画家画丛——钟家珍》等画册。这是她们在老年大学的学习成绩，更是她们热爱生活、身心素质与时俱进的老年大学人的精神取向。其中的钟家珍自离休以后就参加老年大学学习书画，多年来在全国和省市获奖40多项，在中国美术杂志、美术报、工人日报等多家报刊发表画作30余幅，出版画册3本、散文集1本；在多次抗洪、抗震赈灾中捐赠、义卖获奖作品数十件，仅在汶川地震中她就将获得全国一等奖的《迎朝阳》义卖所得10万元悉数捐出。她说长期参加老年大学学习这些传统文化的东西，身心状况大为好转，现在80多岁了仍是身轻体健。

学员吴建文坚持上老年大学20多年，学习成果累累，由过去不善书法、绘画、写诗词，到现在已在省市以上全国各种报刊上发表作品600多篇（幅），他的《鄂东老人》摄影作品获武汉地区老年大学诗书画影大赛一等奖，并在中国《老年教育》杂志上发表。

本文列举的这些学员都在八旬上下，但是身心都是非常健康，足以可见老年大学文化养生的积极意义。我们老年大学还有更多的低龄学员在这方面有所建树，他们的实践在鼓励着我们更积极地办好老年大学。我们要借十一届六中全会推动社会主义文化大发展、大繁荣之机，大力发展多层次的老年教育，满足更多的老年人精神文化需求，促进他们更好地实现文化养生。

（武汉老年大学集体写作）

第二章　2013年9月瑞典乌普萨拉会议

导论二：平等机会与老年人

一、主题背景

人类社会平等的理念源远流长。而年龄歧视及由此衍生的一系列不平等现象也由来已久，社会上因年龄而被差别对待的事例有很多，对象有个人，也有群体。人们总是被固有的观念、价值观和制度所影响，产生一些基于年龄的偏见。1969年，美国老年学学者罗伯特·尼尔·巴特勒Robert Neil Butler正式提出了"年龄歧视"的概念，指出：年龄歧视主要是针对老年人的，在雇佣和教育这两方面尤为突出。AIUTA透过世界老年大学办学实践历练的眼光，关注"年龄歧视"及其衍生的社会中老年人平等问题，2013年9月，在乌普萨拉举办的第93届理事会和国际会议上，将主题确定为老年人平等问题（Égalité des chance et troisième âge）。

二、主题内涵

AIUTA这次研讨老年人平等问题，主要是强调和呼吁全世界消除对老年人的歧视，指出老年人是社会宝贵的财富，全世界需要给予老年人更多的尊重和关怀。这也是老年人作为社会公民的基本权利。人人都会老去，变老是一种人权。而全世界的老年大学更应该反对年龄歧视，给任何一个老年人学习、参与、共享社会进步成果的平等机会。

三、主题提出的世界意义

这次会议主题再次呼吁：构建一个关爱老人，没有年龄歧视的全球社会环境，使任何年龄人群都享有平等的权利以及对社会做出相应贡献的机会。AIUTA的主题研究从理论角度指出老年人被描述为社会的负担是极不公平的，反对歧视老年人的言行，反对把老年人另类化、边缘化，也反对把老年人等级化。把平等的观念再次融入老年教育，确立为核心理念和办学灵魂，对于全球老年大学的健康发展会产生深远的历史性的影响。

四、主题提出的中国意义

社会主义核心价值观认定平等是社会发展的基础之一。在人口老龄化的背景下，老年人平等问题也成为我国的一个挑战。在老年大学办学中关注老年人平等问题对办学方向、思想、宗旨、路径等，都有重大意义。就如何消除老年人歧视问题与各国交流，学习和借鉴他国思维、经验，对我们也是有实际价值的。老年人平等机会应该突出体现为中国的老年教育均等化，这一主题的探讨要求我们老年大学首先要面向全社会所有老人开放。

第一节　国际观点

变老是否一种人权？

[瑞典] 拉尔斯·安德森

我们都希望长命百岁。因此，我们都希望能生活在一个老年人受到充分尊重，且不被边缘化的社会环境之中。虽然，目前的现实并非如此。

《世界人权宣言》（UN，1948）第 2 条指出：人人都有资格享有本宣言所载的一切权利和自由，不分种族、肤色、性别、语言、宗教、政治或其他见解、国籍或社会出身、财产、出生或其他身份等任何区别；第 25 条指出：人人有权享受为维持他本人和家属的健康和福利所需的生活水准，包括食物、衣着、住房、医疗和必要的社会服务，在遭到失业、疾病、残废、丧偶、衰老或在其他不能控制的情况下丧失谋生能力时，有权享受保障。

《欧盟基本权利宪章》（2000 年批准，2009 年开始具法律效力）的第 3 章第 21 条"禁止歧视"中指出：禁止任何因性别、种族、肤色、血缘由来或社会出身、基因特性、语言、宗教或世界观、政治或其他观念立场、属于少数族群、财产、出生、身心障碍、年龄或性取向之歧视；第 25 条"老年人权利"中指出：欧盟承认并尊重老年人享有具尊严且无须依赖的生活，以及参与社交、文化生活的权利。

那些被忽视和边缘化的人群也可以从相关公约中得到支持和帮助。比如联合国《消除对妇女一切形式的歧视公约》（简称"CEDAW"，1981）、《儿童权利公约》（简称"CRC"，1980）等。但目前并没有专门针对老年人权利的国际公约。当然，我们可以看到国际上也有一些相关的文件和声明，诸如《维也纳老龄问题国际行动计划》（1983）、《联合国老年人原则》（1992）、《马德里老龄问题国际行动计划》（2002）以及《欧洲关于需被长期照料及协助的老年人的权利和义务章程》等。

此外还有欧洲的"老年人的健康与尊严"计划（WEDO），其受欧盟委员会资助，由来自 12 个国家的 18 个组织参与，工作内容基于由 EUSTACIA 项目发展而来的《欧洲关于需被长期照料及协助的老年人的权利和义务章程》。

年龄歧视：由基于年龄的偏见或陈旧观念所引起的歧视。其他相似的歧视还有种族歧视、性别歧视等。在讨论这个问题之前，我们先提出三个问题：

（1）在日常生活中，我们所说的"年龄歧视"应该只涉及老年人群体还是涉及所有年龄群体？

（2）年龄歧视是否只存在于社会上一些消极现象（事件）之中，抑或普遍存在于消极以及积极现象（事件）之中？

（3）处理年龄歧视问题时应以实际年龄还是感知年龄作为判断的依据？

一、关于年龄歧视的一些概念和经验

关于年龄歧视，我们可以从报告《欧盟地区的歧视现象》（2007）、《积极老龄化》（2012）以及《欧洲专项调查》第263、378章等找到很多相关的信息和调查统计数据。如表2-1至表2-4我们列举其中的一些，以说明目前欧盟地区关于年龄歧视的一些概念和经验。

表2-1 你认为在我们国家（指瑞典），年龄歧视的现象是否普遍存在

项目	整体数据	不同年龄受访者			
		15~24岁	25~39岁	40~54岁	55岁以上
普遍	46%	39%	44%	48%	48%
罕见	47%	55%	51%	47%	43%
不存在	4%	4%	3%	3%	5%
不了解	3%	2%	2%	2%	4%

表2-2 近两年来，你在下列哪些领域中未遭受或未目睹过年龄歧视现象？

受访者		就业	教育	保健	金融产品/服务	休闲
欧盟27国总体数据		20%	11%	14%	14%	8%
性别	男	21%	11%	13%	15%	9%
	女	20%	10%	15%	14%	8%
年龄	15~24岁	18%	11%	10%	11%	11%
	25~39岁	24%	12%	15%	17%	9%
	40~54岁	26%	12%	17%	16%	8%
	55岁以上	16%	8%	15%	13%	7%

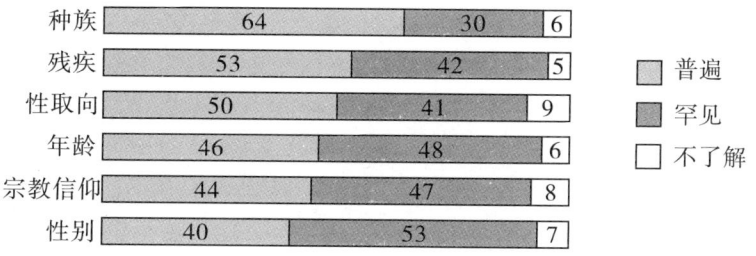

图2-1 欧盟地区公民对各种歧视现象的认知（%）

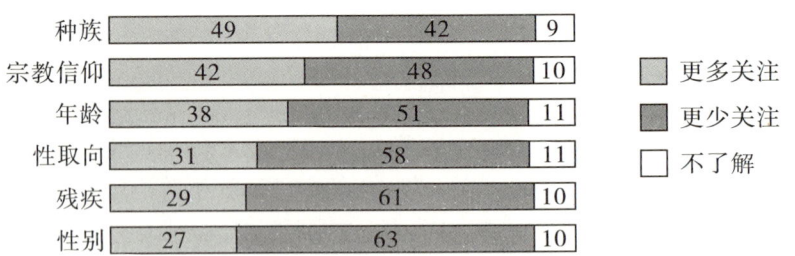

图2-2 相比5年前，欧盟地区对各种歧视现象的关注程度的变化（%）

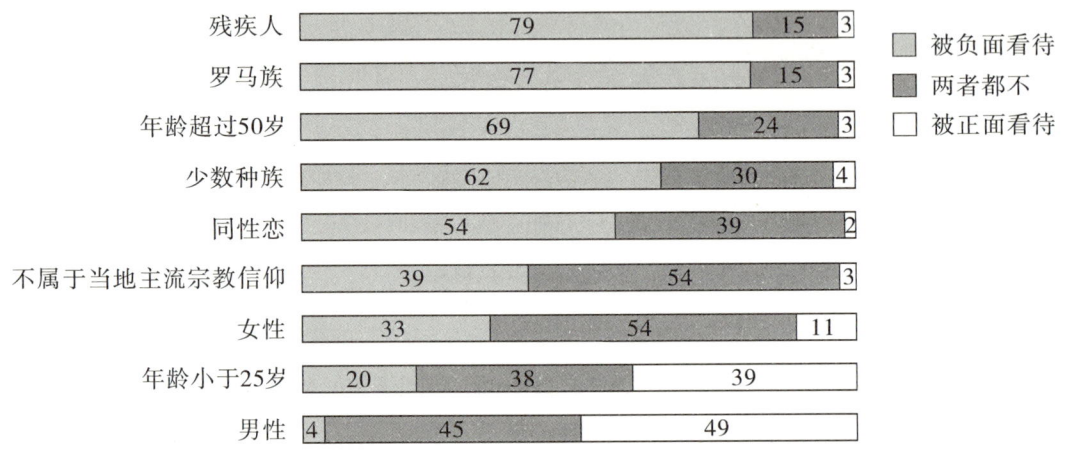

图2-3 你认为，在当今社会中，下列群体往往被正面地看待还是被负面地看待（%）

表2-3 在雇主眼中，老龄工人的特点

特点	同意	保留意见	不同意
可靠	84%	11%	5%
忠诚	81%	16%	3%
忠于职守	66%	19%	6%
愿意长期坚持一份工作	62%	32%	7%
抗拒改变	60%	23%	17%
难以适应新技术	55%	28%	16%
工作熟练	53%	37%	10%
灵活性低	39%	33%	27%
不愿参与培训	33%	37%	31%
不愿意带病工作	7%	37%	56%
更低期望	31%	34%	35%
缺乏创造性	22%	44%	34%

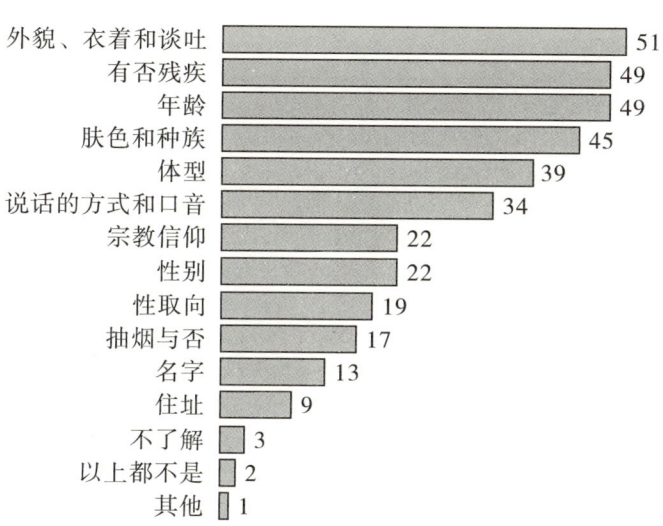

图 2-4　在招聘过程中，在业务技能条件相同的情况下，
以下哪些情况可能会使应聘者得不到公平的对待（%）

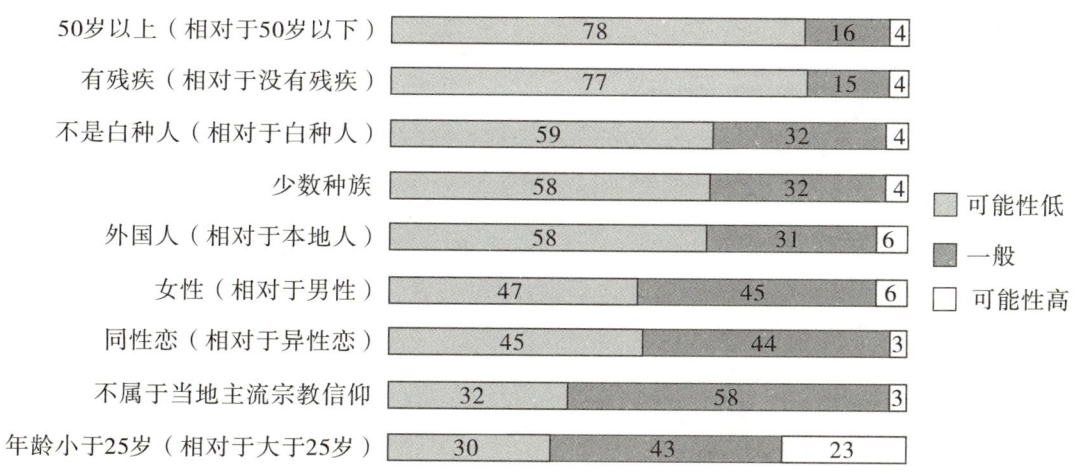

图 2-5　你认为，在学历相等的情况下，在下列情况中，
受雇者获得工作、培训、升职的机会的可能性如何

表 2-4　在希腊文学中，涉及老年人的情况

文学项目及学者	赞扬	贬斥	中立	合计/项
悲剧	11	16	3	30
喜剧及讽刺文学	5	20	1	26
哲学家	13	9	3	25
诗人	2	7	0	9

续上表

文学项目及学者	赞扬	贬斥	中立	合计/项
历史学家和演说家	0	3	2	5
合计/项	31	55	9	95

(来源：斯托贝乌斯)

二、追溯年龄歧视的起源

关于这个问题，我们先来看看《瑞典同义词辞典》中对"变老"一词的一些同义表述："苟延残喘""衰老""默默凋零""人生中最美好的日子已经过去了""度过余年""逐渐衰弱""顽固守旧""日渐憔悴""失去年轻和活力"……

下面让我们再来看一些旧时文献中的叙述：

亚里士多德（公元前384—322年）对老年人的描述："老年人总是过于悲观，对事物缺乏信任；他们多疑、不慷慨、心胸狭窄、懦弱；他们总是对危险有预见性，并希望活得更长久；他们往往缺乏廉耻之心，不在乎别人怎么看待他们；他们活在过去，而不是期待未来，永远谈论着过去的事情。"

此外，教皇英诺森特三世（约1160—1216）也有过类似的描述："他的心脏虚弱、手在发抖；他有口臭，脸上布满皱纹，背也弯了；他的眼睛暗淡无光，关节脆弱；他流鼻涕、掉头发；他牙齿腐烂、听觉衰退。"

年轻人，不要在一个老年人面前觉得自豪，你就是曾经的他，而他就是未来的你。

三、人权

人权通常被认为是一个人作为人而固有的、不可剥夺的基本权利。人权也因此被看作世界性（适用于任何地方）和平等性（任何人都一样）的存在。面对老龄化及年龄歧视现象，积极应用我们的人权：

（1）识别虚假和错误的信息。
（2）突破和改变社会对老年人的刻板印象。
（3）了解更多老龄化的资讯。
（4）了解更多老龄化与年龄歧视的资讯。
（5）向有经验的人请教，学会面对年龄歧视问题。
（6）行使监督媒体的权利，正面回应关于年龄歧视的话题。
（7）明确反对年龄歧视。
（8）注意自己的言行。
（9）公开谈论老龄问题及年龄歧视问题。
（10）构建好代际交流的桥梁，促进各界对老年人有更好的理解。
（11）为相关组织提供支持，共同对抗年龄歧视。
（12）向你选出的代表表达意愿，推进此事。

尽管存在上述的一些公约、文件和声明，以及社会各界共同付出的努力，但由年龄引发的负面效应在日常生活中还是经常可见,并在社会上产生了消极的影响。因此,"年龄歧视"这个概念在政治、社科和公众评论中一直被广泛地提及,就像"性别歧视"和"种族歧视"一样。年龄歧视表现在多种层面,例如"偏见"(情感层面)、"模式化、另类化"(认知层面)以及"歧视行为"(行为层面)。人们在日常生活中往往能感受到它的存在,特别是在劳动力市场、医疗以及大众媒体等领域。

注:作者在本文中提出了"变老是否一种人权?"的问题,但并未直接回答。读罢此文,相信每位读者心中都会有一个答案。

(作者系瑞典尼雪平大学社会及老年学教授 翻译者:潘宇翔 杨大齐)

瑞典对抗年龄歧视的情况

[瑞典] 巴布罗·韦斯特霍姆

1969年,Robert Neil Butler正式提出了"年龄歧视"的概念。在描述中,他将年龄歧视与性别歧视、种族歧视放在了相当的位置。他指出,年龄歧视的对象不仅仅是老年人,也包括年幼的群体,社会上屡屡发生因被认为太过年幼而失去一些应有权利的情况,这也是年龄歧视的一种表现。2000年欧洲颁布条例禁止在雇佣和教育两方面的年龄歧视。2009年瑞典也出台了相关条例。

欧洲老龄平台自2001年成立以来一直关注此类问题,2006年其向欧盟委员会提交了一份关于反对年龄歧视的建议书,要求对不同年龄的群体应给予尊重和平等对待,还从很多具体细节方面给出了建议。这一举措引起了广泛的关注和支持。2008年,欧盟委员会于其基础上制定并颁布了一份关于平等对待不同年龄、宗教、信仰、性取向的人群和残障人士的综合性指引(COM <2008> 426 final)。该指引其后被欧盟理事会采纳。

在瑞典,反年龄歧视的运动也一早开展。瑞典老年人协会从2001年开始致力于促使反年龄歧视法律化。为此,其组织了多次研讨会,撰写相关的文章,并与全国范围内的其他致力于维护老年人、青少年权益的组织合作推进此事。2010年,他们向政府提交了一份研究报告,其中阐述了社会中存在的一些年龄歧视现象,指出很多人在日常生活中因年龄而遭到区别对待。

2009年至2012年,瑞典反歧视调查机构共收到近900宗关于年龄歧视的申诉。而其中很大部分由于不属于雇佣和教育范畴而不受法律规管,导致未能及时解决(当时瑞典的反年龄歧视条例只限定于雇佣和教育范畴)。由此,瑞典政府意识到出台更完善的反年龄歧视条例的必要性。2012年,通过一系列的调查研究,一项更广泛的反年龄歧视条例由国会讨论通过,并于2013年1月1日正式生效。它的范围扩大到服务、健康护理和其他一些社会事务。当然,一些符合社会准则的事项将豁免在外,比如购买含酒精饮料等,仍将对年龄实施限制。

总之，我们必须认识到，每个人都享有其应有的权利，而不论年龄。现今社会中，老年人经常因年龄受到歧视和区别对待，这些事情可能发生在商店、市场、银行或者医疗场所。面对这些情况，我们不能妥协和接受。只有消除歧视，社会才能更加和谐。

[作者系瑞典国会议员（时任）　翻译者：潘宇翔]

瑞典社会中的老年人平等问题

——瑞典乌普萨拉第三年龄大学专题研究简介

[瑞典] 麦伊·埃尔兹格杰斯　比约恩·奥丁　爱丽丝·海尔曼桑

一、研究的目的和简要内容

在瑞典，关于反歧视问题的立法进程相当缓慢，直到2008年相关的法律条文才得以讨论并通过。同年，瑞典乌普萨拉第三年龄大学开设了此项关于"瑞典社会中老年人平等问题"的研究项目，针对"年龄歧视"及其衍生的社会中老年人平等问题进行调查和研究。

这个研究项目为期2年，采用了多层次、多种类的调查研究方式分两个阶段进行。首先，在研究初期我们举行了6次系列研讨会，邀请从事相关领域工作或参加过相关研究项目的人士参与讨论和提供建议；其后，我们进行了大量的文献研究和实证调查，并根据这两个阶段获得的资料和数据进行了分析，于2011年发表了研究报告。

通过此次研究，我们希望借此为瑞典反歧视立法后最初几年的老年人权益状况和各界对此问题的看法做一个客观的反映，为以后在这个领域里开展更深入的研究提供参考和依据。此外，我们也希望能够借此引起社会各界的关注，并鼓励更多的老年大学或相关机构在年龄歧视和老年人平等权利的问题上开展更多、更深入的研究和活动。

瑞典反歧视法颁布施行的时间并不长，我们认为，在其内容和适用性等方面还有很多需要继续完善的地方，以达到更好地维护老年人权益的效果。可喜的是，在我们的研究报告发表不久之后，政府方面立即提出了一个相关的新法案。我们衷心希望这个趋势能持续下去，杜绝社会上一切针对老年人的歧视行为。

二、媒体视角下的老年人

接下来，我们想重点介绍此次研究的其中一部分——媒体视角下的老年人。2009年2月至4月，我们其中一个研究小组的成员对瑞典的报类媒体在这段时期内涉及老年人的142篇报道和文章进行了统计和审读，以分析媒体对老年人相关问题的关注程度和处理手法。统计的对象包括斯德哥尔摩的两份全国性报纸《瑞典日报》和《每日新闻》、乌

普萨拉当地的日报 *Uppsala Nya Tidning*（简称"UNT"）以及瑞典东部港市尼雪平当地的报纸 *Sormlands Nyheter*（简称"SN"）。

在统计中我们发现，乌普萨拉地方性媒体 UNT 对老年人问题的关注度是最高的，几乎每日都有关于老年人的报道。而且相对于其他报纸只着重于热点话题和事件，以及政客、专家的观点，UNT 针对老年人题材的报道则更加广泛和深入。我们对这 142 篇关于老年人的报道和文章做了分类，发现其中有相当一部分是持积极正面态度的，其对象也多为活跃的、主动争取自己权益的老年人；但也有一部分是对老年人持消极态度的，其在报道中往往将老年人视为被动的客体，一些表现活跃的老年人更是被其作为另类去报道。更有甚者为了追求轰动效应，采用一些对老年人不够尊重的标题。对此我们认为，在这些报道中，媒体本身的态度是至关重要的，我们希望其能对老年人问题进行客观公平的报道，而不是只想着追求新闻效果，一味地挖掘消极、负面的内容。

三、结语

我们认为，社会中老年人平等问题取决于两个方面：法律保障和人道主义关怀。制定相关法律法规是必要的，同时，正确看待老年人问题，给予足够的关注和关怀也很重要。只有这两方面都得到落实，才能营造出不论年龄人人的权利都得到保障的和谐社会。

"正确看待老年人"的呼声在瑞典社会中一直未得到重视。老年人往往被错误地看作面临淘汰的、失去社会能力的群体。而我们报告中的例子也显示，目前包括政府、企业、大众媒体等社会各界在关怀老年人、加强老年人存在感方面都未能如人们期望般给予持续、有力的支持。而事实上，很多老年人在退休后仍保持着很高的社会参与度，他们仍充满激情，只是将退休视为人生的一个新阶段，渴望体验更丰富的生活。他们在各个不同的领域参与了很多活动，对社会做出持续的贡献。第三年龄大学及类似机构在这方面担任了重要的角色，他们也给此次研究提供了很多的例子，我们在报告中罗列的只是其中一小部分。

但也不可否认，老年人随着年龄增大，各方面的能力始终是呈下降趋势，对周边社区乃至整个社会的依靠程度也相对增加。研究中我们还发现，相当部分老年人随着年龄的增长，对社会和生活的理解、掌控能力逐渐降低，以致失去了生活的信心和意义。在人口老龄化的背景下，这也将成为我国的一个巨大的挑战，如何使老年人与社会发展保持协调、一致的步调，重新激发其参与社会生活的信心，显得至关重要。同时，这也对老年人的身体健康起到促进作用。

总之，老龄问题是一个新的概念，是社会建设的基础之一。老年人的知识和经验，是整个社会宝贵的财富。我们需要给予老年人更多的关注和关怀。更重要的是，我们要给予老年人足够的尊重，这是社会公民的基本权利，同时也是我们研究和追求老年人平等的基础。

（作者单位：乌普萨拉第三年龄大学　翻译者：广州市老年干部大学研究室）

欧洲老龄平台 营造关爱老人社会环境

[斯洛文尼亚] 马里安·赛德梅克

一、欧洲老龄平台介绍

欧洲老龄平台是一个网络站点，由欧洲各地 168 个涉及老龄事务的组织组成，直接代表了欧洲超过 3 000 万老年人。成立这个平台的目的是为关注欧盟地区 1.5 亿年龄超过 50 岁的居民的需要，为他们发声和争取权益。我们的任务是帮助和促使老年人及退休人士积极参与各种社会活动，特别是一些代表老年人权益的国际性、国家性和地方性团体的活动，从而推动整个欧洲老年政策的发展。我们的工作范围很广，特别活跃于对老年人和退休人士有影响的政策层面，包括反歧视、积极老龄化、社会保障、养老金改革、社会包容、健康、公共交通、环境建设和高新技术等方面。此外，我们也经常参与欧盟组织的研究项目，例如健康老龄化、老年人的工作环境、交通与住房问题等。

二、老年人与社会

在目前的欧洲，人口老龄化正在加剧，我们需要打破固有观念，构建一个关爱老人，没有年龄歧视的社会环境，使任何年龄人群都享有平等的权利，以及对社会做出相应贡献的机会。过往，人口老龄化经常被错误地定义为一种单纯的负面效应，老年人也常常被描述为社会的负担。我们认为，这对于老年群体来说是极不公平的，他们一直通过工作、纳税、消费和参与志愿者活动等方式对社会做出贡献。因此，这种观念必须改变，才能营造出一个代际之间没有隔阂，互相包容的和谐社会。

三、欧洲关爱老人计划与老年人平等

营造一个没有年龄隔阂的社会环境需要决策者和民众都主动承担彼此的责任，共同去设计和开启一条通往更公平、更可持续发展社会环境的道路，这成果将是属于全社会的，当然也包括老年人。我认为，当前的人口老龄化是推动欧盟的"2020 关爱老人社会环境"计划的一个良好契机。此外，第三年龄大学开展着广泛的社会活动和培训课程，在帮助老年人保持活跃和社会参与度，从而促进社区和谐也发挥着至关重要的作用。

（作者系欧洲老龄平台主席 翻译者：广州市老年干部大学研究室）

第二节 国内观点

从孔子"有教无类"的教育思想谈老年教育的公平化

潮州市老干部（老年）大学　谢德勇

本文从孔子的"有教无类"教育思想谈起，论述他的教育民主思想对老年教育公平化的启发。讨论了老年教育公平化的深远意义。并从宏观和微观两个方面论述了落实老年教育公平化的措施。

一、从孔子"有教无类"的教育思想谈起

两千多年前，我国伟大的思想家、教育家孔子就提出了"有教无类"的教育思想。"有教无类"出自《论语·卫灵公》，意为："任何人我都可以对他进行教育，没有类别之差。"也就是说，对待教育对象，要一视同仁，不能按照人为标准把他们分成三六九等。这是我国较早的教育民主思想的萌芽。孔子还说："自行束脩以上，吾未尝无诲焉。"这也是他"有教无类"教育思想的另一表达。孔子的教育对象不分贵族与平民，不分国界与华夷，不分年龄和个性差异，不分贫富、资质，不论亲疏，均一视同仁。只要有心向学，都可以入学受教。孔子的弟子来自鲁、齐、晋、宋、陈、蔡、秦、楚等不同国度，孔子吸收了被中原人视为"蛮夷之邦"的楚国人公孙龙和秦商入学，甚至还欲居"九夷"施教。孔子弟子中有来自贵族阶层的，如南宫敬叔、司马牛、孟懿子，但更多的是来自平民家庭，如颜回、曾参、闵子骞、仲弓、子路、子张、子夏、公冶长、子贡等。他的学生中，是相当复杂而多元的。有的学生两代同师，或父子，或叔侄均来求学的，如颜由、颜回父子，曾点、曾参父子，冉耕、冉雍叔侄等；有的学生终生跟随他，如子路、颜渊、子贡等。对优秀的学生，孔子固然赏识喜欢，而对性行顽劣者，他也同样悉心教诲。孔子的弟子子贡是卫国的商人，颜涿聚当过强盗，子张是做马匹交易的经纪人。正是由于孔子的"有教无类"，才使得这样一些平民、商人，甚至于强盗，受到教育后成了社会上的显达之士。

孔子以前，"学在官府"，只有贵族子弟有权受教育。因而也只有贵族子弟才有当官的资格和机会。但到了孔子的时代，社会的政治经济和文化教育都在下移，这就为私人办学提供了机会。孔子正是抓住了这一机会，率先实行教育改革，开始了创办私学的职业生涯，希望通过兴办教育来培养"贤才"和官吏，以实现其政治思想。孔子主张打破一切界限，让所有人都有接受教育的机会。他一手把官学转为私学，将贵族垄断的知识

才艺传授给庶民百姓。

"有教无类"的教育思想是孔子的教育实践和教育理论的重要组成部分。它使教育受于平民,是民主教育的源泉,它如股股暖流浸润着教育。"有教无类"思想的实施,扩大了教育的社会基础和人才来源,对于全体社会成员素质的提高无疑起到了积极的推动作用。因此,孔子"有教无类"的思想在教育发展史上具有划时代的意义。

然而到了两千多年后的今天,我们在举办老年教育的过程中,在公平化问题上,各地做法不一,有的地方做得很好,但有的地方的做法却有点愧对先贤。有些人总是喜欢把人分为三六九等,分为本地人和外地人,并把相当一部分他们认为不够格的人拒绝于教育之门外,这些做法与孔夫子的"有教无类"的教育思想是背道而驰的,违背了教育公平的原则。

二、老年教育公平化的深远意义

1. 老年教育的公平化,是办好老年教育的重要保证,是构建和谐社会的基本要求

实现老年教育的公平化,是办好老年教育的重要措施和基本保障,这是实现老年人口从数量型向资源型转变,变人口压力为动力的关键,是促进社会和谐的重要因素。公平在于普及,不要把老年人排斥在教育机会之外。要让他们都能享受到国家的老年教育的资源,这是老年人重新社会化的重要途径,老年人只有融入社会、参与社会中才能排除孤独感和失落感,才会感到生活的乐趣,才会产生幸福感和快乐感。当一个人觉得生命停顿了,不再成长的时候,才是衰老真正的来临。而成长是一种最好的营养,是一个生命所能面对的最好状态。老年教育对老年人的身心健康起着强有力的促进作用。董之鹰同志说:近年来,对老年阿尔茨海默病(又称"老年痴呆病")的调查引起重视,我国南方地区65岁以上痴呆患病率为3.9%,北方地区为6.9%,农村痴呆患病率高于城区2.5倍,以山区最高,城乡文盲老人的痴呆患病率均高于非文盲者,发病率高的地区与老年教育发展的状况呈正相关,老年教育发展越好的地区,老年人的发病率越低。相反,老年教育发展滞后的地区,老年人的发病率较高。老年痴呆病不仅影响老年人的生活质量,加重家庭与社会的照料负担,而且国家的医药补贴费用较高,对社会经济发展十分不利,据估算,全国的老年痴呆病人每年花费的疾疗费用已达到54亿元。[①] 由此可见,老年教育的普及促进了老年人的身心健康,减轻了家庭和社会的负担,有利于社会经济的发展。

胡锦涛总书记在2007年全国优秀教师代表座谈会上就明确指出,"要把促进教育公平作为国家基本教育政策"。温家宝总理也曾强调,"教育公平是重要的社会公平"。教育涉及千家万户,事关人民群众切身利益,实现教育公平既是建设中国特色社会主义与构建和谐社会的基本要求,也是我国教育改革和发展始终不懈的追求目标。

在老年教育领域,教育公平是办好老年教育的基石,也是社会主义制度优越性的客观要求和必然反映。必须大力促进教育公平,是我们肩负的神圣使命和时代责任。老年

---

① 董之鹰. 积极老龄化社会的战略选择:发展老年教育,创建资源型老龄人口社会 [J]. 人口与发展,2008(增刊).

教育的公平应集中体现在两个方面：一是老年人接受教育的机会要公平，都应当享有受教育的权利，这就要求我们以更大的气魄和更大的决心来发展老年教育事业，科学、公平地配置老年教育资源，不断满足日益增长的老年人的教育需求和愿望；二是老年人受教育的过程要公平，要能够在受教育的过程中享受到同等的优质教育资源，这就要求每一所学校都应在资源配置上和在办学管理上体现公平的原则，使学校的每一个学员都能享受到学校优质的教育资源。

2. 老年教育的公平化，是《老年人权益保障法》的反映，保障了老年人接受教育的基本权益

在 2012 年 12 月 28 日中华人民共和国主席令第 72 号《中华人民共和国老年人权益保障法》第四条指出："积极应对人口老龄化是国家的一项长期战略任务。国家和社会应当采取措施，健全保障老年人权益的各项制度，逐步改善保障老年人生活、健康、安全以及参与社会发展的条件，实现老有所养、老有所医、老有所为、老有所学、老有所乐。"第七十条又指出："老年人有继续受教育的权利。国家发展老年教育，把老年教育纳入终身教育体系，鼓励社会办好各类老年学校。各级人民政府对老年教育应当加强领导，统一规划，加大投入。"我国早已步入老龄社会，国家充分认识到老年人继续接受教育的重大意义并立法保障。近两亿老年人能否尽可能多地享受老年教育的福祉，落实老年教育的公平化，事关老年人权益的保障及和谐社会的构建。

党的十八大报告在"努力办好人民满意的教育"一节中提出，要"全面实施素质教育，深化教育领域综合改革，着力提高教育质量"，要"完善终身教育体系，建设学习型社会"，要"大力促进教育公平，合理配置教育资源，重点向农村、边远、贫困、民族地区倾斜"，要"鼓励引导社会力量兴办教育"等，都对我们办好老年教育具有很强的指导意义。

三、落实老年教育公平化的措施

如何落实老年教育公平化，笔者认为可从宏观和微观两方面着手进行。

1. 宏观上：加快老年教育立法，理顺管理体制，落实办学经费，发展办学规模，提高办学效率

（1）加快老年教育立法，为老年教育的公平化提供基础条件。

《老年人权益保障法》确立了老年教育的地位和发展前景，有力地保障了老年人接受老年教育的权利，这是国家对老年教育的法制建设的一大进步。但是，要使老年教育工作真正步入正轨，使老年大学（学校）办学正规化，还必须国家对老年教育专门立法，颁布《老年教育法》。目前，只有福建、天津、徐州等少数省市颁布了《终身教育条例》或《老年教育发展条例》。在十二届全国人大一次会议期间，全国人大代表、江西省工商联副主席徐桂芬，向大会提交了《关于为老年教育立法的建议》。她的说理十分充分："老年教育是成人教育的组成部分，是终身教育的最后阶段，没有老年教育，终身教育就无法形成一个完整的概念，作为学习型社会不可或缺的重要组成部分，在社会建设的构架中具有重要地位。我国已经就幼儿教育、义务教育、高等教育等制定了一系列法规，从健全和完善终身教育法律法制体制的角度看，也应当为终身教育最后环节的

老年教育制定专门的法规。"①

只有制定好《老年教育法》，才能真正迎来老年教育发展的春天，才能最大限度地使老年人享受老年教育的福祉。

（2）理顺管理体制，落实办学经费。

早在老年大学的办学之初，很多地方都是由组织部门，老干部门创办"老干部大学"起家的，这些部门对老年教育的产生和发展功不可没，就是到了今天，在老年教育还缺乏立法保障，管理体制还未理顺，办学经费还没有稳定渠道的情况下，这些部门仍然发挥着巨大的作用，因为这些部门有着较强的行政组织力和社会影响力，老年教育才有今天这样的规模和成就，这也是具有中国特色的老年教育。

2010年7月，党中央国务院发布《国家中长期教育改革和发展规划纲要（2010—2020）》，明确写入"重视老年教育"，并把老年教育纳入"继续教育"和"终身教育"，从本质上界定了老年教育属于教育的范畴。随着老年教育的发展及其在终身教育中地位的确立，管理体制的理顺已成必然的趋势，因为老年教育的本质属于教育的范畴，笔者认为应该纳入国民教育体系由教育部门负责管理较为合理，或者挂靠高教系统，或者成立"老年教育局"专门负责管理。

纳入国民教育体系，也就是纳入行政系列、人员编制和财政预算，纳入政府的考察体系，使老年教育工作有部署、有检查、有监督、有制约，使工作真正落到实处。

纳入国民教育体系，有利于实现教育资源共享，包括师资、校舍、设备等，例如，利用高校来举办老年大学，这是轻而易举的事情。再如，利用中小学双休日和寒暑假处于闲置状态的校舍作为开展老年教育的基础设施条件，这是取之不尽用之不竭的丰富资源。

纳入国民教育体系，有利于老年教育经费的落实，政府可以列入公共教育预算并划拨老年教育经费。目前全国只有上海市将老年教育经费列入全市教育经费的总盘子，有力地保障了老年教育经费的投入。

我们要借落实十八大提出的"完善中国特色社会主义法律体系"的东风，积极促进《老年教育法》的制定，并解决老年教育的经费由政府财政投入的问题。中国老年大学协会会长杜学芳在中国老年大学协会第四次代表大会上指出："未来五年，我们要在老年教育工作的管理体制、财政投入机制、老年教育立法等关键问题上取得突破，解决发展的瓶颈问题，推动老年教育事业的发展和繁荣。"

从中央到省到市，应当设立发展老年教育的专项资金，用于支持贫困落后地区办好老年教育。

（3）发展办学规模，提高办学效率。

办学规模和效率是教育公平的基石，没有规模和效率，教育公平就是一句空话。

积极推进老年教育五级办学，在省、市、县区、乡镇、村（居委）形成全方位，多层次具有中国特色的老年教育体系。

缩小东西部地区之间、城乡之间老年教育发展的差距。大力支持经济欠发达地区和农村社区发展老年教育，切实解决好老年教育发展不公平的问题。

---

① 季金水. 人大代表建议为老年教育立法［J］. 老年教育：老年大学，2013（4）.

根据中国老年大学协会2011年8月的统计，全国老年大学和老年学校共42 991所，其中，华东区28 465所，所占比重达到66.2%，其他五个区域（西南、中南、华北、东北、西北）合共才33.8%，地区发展的不平衡可见一斑。全国1.87亿老年人中，参加老年教育学习的仅占2.6%，约为486.2万人，说明老年教育工作任务任重道远，但也有很大的发展空间。

中国绝大多数老年人生活在乡镇街道社区中，华东区的老年学校数量多，主要是他们的乡镇街道社区老年学校办得多。因此，老年教育的发展任务应该把重点放在乡镇街道社区上，真正落实老年人的就近入学的问题，这样才能实现老年教育的公平化。

目前除了各地党政部门按行政区域举办的老年教育外，有条件的企业、事业单位和机关、团体、部队也应兴办了老年教育，使办学主体呈多元化趋势。我们要落实中国老年大学协会原会长张文范近年提出的"三个延伸"，即"向高等院校延伸，向大中型企业延伸，向城市社区延伸。"以有效扩大老年教育的覆盖面，努力让更多的老年人就近、便捷地享受到优质的老年教育。

（4）大力发展远程教育。

广泛利用多媒体技术，开展远程老年教育，建立老年广播、电视、网络大学，通过开放性的教学形式，不局限于课堂面对面的形式，有利于居民居住分散的边远地区或海岛地区老年教育的普及，有利于解决社区师资和设备不足的困难，满足更多老年人的需求，推动老年教育向广大农村、社区延伸，让老年人能很方便地享受高质量、高品位的教育，实现"人人皆学、时时能学、处处可学"的理想局面。例如广东的"百岛之市"珠海市针对该市"地域分布面广，老年人分散居住在各城镇社区和边远的海岛、农村，老年教育具有覆盖面广、受教育对象分布离散的显著特征。"从而"初步形成三大独立的老年教育网络，即珠海广播电视大学远程教育网络、珠海市中老年大学教育网络和珠海市党员干部现代远程教育网"。单就"电视大学远程教育网络，就可提供1 600门课程，24小时供市民在线免费学习。"有力地促进了珠海市老年教育的普及化。① 又如山东省平度市针对地域广，老年人口多，基层老年教育资源薄弱的实际，以电视和网络为传播手段，开设'空中老年课堂'和'网上老年课堂'，并广泛发动，扎实推进"两个课堂"建设。实现了老年教育教学形式由单一型向多样型转变，教学手段由单一媒体向多媒体转变，教学资源由封闭性向开放性转变，实现了老年教育的广覆盖。由此可见，大力发展远程教育，是落实教育公平化的重要措施。上海、南京等地的远程网络老年教育起步早，发展快，值得其他各地借鉴和学习。

在已经建立社区教育市民学习中心网站的基础上，建立以老年大学、老年学校为依托、以老年人群为主体的网络教育运作机制，例如，建立针对老年人群的专用页，开设针对老年人群的空中课堂，开发针对老年人群的网络课程，从而不断地引领老年人群走进数码世界等。建立了这样一个体系就可以真正使老年人群足不出户就能参加老年教育，践行"人人、时时、处处"的社区教育学习理念。这一点对于活动不太方便的老年人群而言，显得尤为重要，建立与健全针对以老年人群为主体的网络教育体系，是当今信息

---

① 方树昌，黄江华，等. "老年群体的远程教育研究"报告[J]. 珠海老年教育研讨会论文案，2012（11）.

化时代数字化社区建设的客观需要,是老年社区教育适应现代经济社会发展的需要。也是老年社区教育可持续发展的不可或缺的关键因素。

2. 微观上:建章立制,科学设置课程,规范内部管理,实行民主管理,体现教育普惠性原则

(1) 面向老年人办学,体现普惠性原则。

由于最初开办的老干部大学的招生对象是有行政级别的老干部,这是在特定时期的产物,老干部是老年大学的奠基人,他们是创办老年大学的发起者和组织者,如果没有当初的老干部发起创建,就没有今天发展壮大的老年大学。但是它最初基本把老年群众排除在外,真有"学在官府"的味道。后来很多地方把老干部大学改办为老年大学,或者加挂老年大学牌子,成为老干部(老年)大学,其服务的大方向还是面向普通群众,群众基本还能接受。但有些地方依然强调资源有限,坚持面向老干部办老干部大学,没有与时俱进。有人批评这些老干部"至死还高高在上,脱离群众",有些人真的拉不下面子,怕和老百姓同坐一张凳子,这只能引起群众的反感和社会的诟病,增加社会的不和谐。他们永远体会不到老年大学民主平等的气氛,那种以文会友、以艺交朋的融融之乐。

所以,应当坚持面向群众办老年大学(学校)的方向,体现老年教育的普惠性原则。而真正优秀的老干部,应当发扬自己的高尚思想品德和长期锻炼出来的较强组织能力,为老年教育事业贡献力量,成为老年大学管理队伍和学员队伍的骨干核心力量。

(2) 实行民主管理,建立公平化老年教育的软环境。

在老年大学实行民主管理,办学人员必须具备民主意识、民主精神、民主作风。群众是管理的主体,要充分发挥学员的主动性和积极性,班委会由学员自己选举产生,让学员享受自主管理的乐趣。有些学校还让学员参与学校课程开设的讨论活动,让他们与教师一起讨论新学期的教学计划和教学内容,确保了学习自主,学员学习的积极性十分高涨,取得很好的学习效果。履行民主决策、民主管理、民主监督是办好学校的根本保证。在处理学校的事务中坚持公开、公平、公正的原则,重大决定认真听取学员骨干的意见,创造民主、和谐的校园氛围,建立公平化老年教育的软环境。

(3) 多学科、多层次的课程设置,有利于教育公平化的实施。

由于老年人的兴趣广泛,老年大学在开设课程时,应该根据学校的实际,了解、倾听学员的诉求,如有的学校采取向学员进行问卷调查的方式,有的放矢地尽可能开办学员喜欢的课程,让学员在报读课程时有选择的余地。同时,在班级、课程的设置上尽可能有层次性,同一门课程,可以有基础班、提高班等,以满足不同层次、不同程度的学员学习的需求。只有这样,教师才能更好地因材施教,学员的学习才能更有兴趣、更有成效,才能更好地体现落实教育的公平化。

(4) 建章立制,规范内部管理,保证教育公平化的实施。

有些老年大学,由于管理不善,缺乏合理的规章制度,结果浪费了教育资源,削弱了办学效益,造成了教育的不公平。他们不设学制,不限报读的班级,甚至不收或收取很少的学费,造成很多学员长期"留级"跟班,挤占、浪费有限的教育资源。让很多迫切希望参加学习的老年人"望校兴叹"。要落实老年教育的公平化,必须有规范的学制管理,根据学科知识的系统及教师的意见,确定学科的学制,一年、两年或三年甚至四

年，学员完成学制规定年限的学习，就要进行学科结业，然后该学科重新开班，招收新学员，经过一段时间的新学员报名后，如果还有空余的学位，再继续让老学员报名，这样使学员不断得到更新，同时也给老学员提供了再学习的机会，使班级能够满额，充分利用了教育资源，使老年教育更加公平。同时，对每一个学员报读的学科也要有所限制，每人每学期报读的学科不超2~3科，让更多的人能够报名，也能防止老年人的课业负担太重的问题。

有些老年大学经费较为充裕，为了体现惠民，少收甚至不收学费，让学员自由报名，不限报班，出发点是好的，结果导致有的学员整周的课程都排满了，造成有不少学员不珍惜学习的机会，随便迟到、早退、旷课、请假；有的报名后，整个学期很少上课甚至只上一两节课或根本不上课，目的是保留学位，以后有机会再读；有的甚至把学位转让他人以换得人情。因此不收学费的做法，未见得科学。孔子说："自行束脩以上，吾未尝无诲焉"。"束脩"就是十条干肉。孔子要求他的学生，入学初次见面时要拿十余干肉作为学费。孔子虽然对学生"有教无类"，但也要求学生要交学费，要"自行束脩以上"。缴交合理的学费，可以让学员更珍惜学习的机会，尊重教工的劳动，也是学校办学经费的重要来源。

我校近年来在办学的过程中，在推动老年教育的公平化上采取了很多措施：一是改革管理模式，提高办学效率。通过组织管理人员到兄弟学校参观学习，学习借鉴他们的先进管理模式和经验，并运用于日常教学管理中，充分调动骨干学员的作用，让他们参与一些学校的日常管理工作，如考勤管理、教室管理等，同时要求教师熟悉和掌握教学设备的使用技术，上课时能独立使用教学设备，这样就大大地减轻了工作人员的负担，让工作人员去做更必要的工作，让学校能开办更多的班级，满足学员就读的需求。二是规范学籍管理，各个专业、班级都在开班前规定学制，学制根据教学内容设定，或两年，或三年等，完成课程即结业，再招新学员，招生后如剩有学位再让老学员报名，这样，避免了老学员跟定一位老师，一学就是好多年，有的甚至是十多年的"留级生"的现象，大大提高了老年大学办学对象的广泛性，最大限度地保障了想参加学习的老年人接受教育的权利，真正落实了老年教育的公平化措施。三是挖掘办学的潜力，扩大办学规模。学校通过与市委老干部局属下的老干部活动中心的配合，利用空置的场所，增加教室。学校领导也通过多方筹集资金，配置电脑教室、多媒体教室。学校在近几年发展很快，班级和学员数比以前增加了一倍多，现已达到50多个班，近2000学员（人科）的规模，成为一所中等规模的老年学校。四是发挥示范和引领作用，推动县区举办老年教育。针对我市老年教育总体发展偏慢的状况，我校组织了科研人员对潮州市社区老年教育现状进行了调查研究，论证了我市老年教育尚处于初级阶段，即参加老年教育人数偏少，教育形式层次较低，规范建设有待提高，城乡均衡发展还有落差，针对现状，就发展潮州市社区老年教育从提高认识、发展规划、培养典型、典型引路、政策保障及建议等方面提出了策略性的意见。形成了一份完整的《潮州市社区老年教育现状调查与发展研究》调研报告，成为广东省老年公共事务研究中心2011—2012年重点科研项目的研究成果之一，更重要的是我们把科研成果转化为实际工作的指南。我校的老年教育工作在全市中不仅起着示范和引领的作用，我们还针对县区老年教育工作较薄弱的情况，推动和扶持县区举办老年大学，在我们的推动下目前我市已有一半以上的县区举办了老年大学，为潮州市的老年教育工作的发展做出了应有的贡献。我校也在 2009 年被评为"全国先进老年大学"，2011 年 10 月又被评为"全国老年教育宣传工作单位"。

四、结束语

孔子提出的"有教无类"的教育思想，是人本思想的萌芽，对我们今天的老年教育仍然具有深刻的指导意义，我们必须秉承孔子那种平等看待求学的人，对学生一视同仁，并因材施教。如果我们现在还人为地把人分三六九等，对一些人采取歧视的做法，随意剥夺他人受教育的权利，这是违背了我们教育的鼻祖孔子的本意，忘记了教育的真谛。

但是孔子的思想还是有狭隘性，他看不起"学稼"的樊迟，骂他是小人。他歧视妇女，"唯女子与小人为难养也"。他代表了没落奴隶主阶级，时时不忘"克己复礼"，恢复西周的奴隶制度，逆历史潮流而动，在政治方面屡遭失败，但他在教育方面是成功的，孔子的教育思想是留给后人的一份宝贵遗产，其思想的先进性至今仍是熠熠生辉、光照后人。

我们应该取其精华、去其糟粕，继承发扬孔子提出的"有教无类"这一宝贵教育思想遗产，切实推行和落实老年教育的公平化，为老年教育的健康发展做出应有的贡献。

2012 年 9 月 8 日，胡锦涛总书记在俄罗斯符拉迪沃斯托克亚太经合组织工商领导人峰会上发表主旨演讲，提出"推进基本公共服务均等化，努力实现发展为了人民、发展依靠人民、发展成果由人民共享。"老年教育属于全民性的终身教育，当然也属于必须公平化的基本公共服务。胡锦涛总书记的讲话，反映了我国政府所追求的以人为本、造福于民的行政目标，同时，也充分肯定了我们研究落实老年教育公平化，努力办好人民满意的老年教育这一工作的深远意义。

[作者系潮州市老干部（老年）大学副校长]

促进老年教育公平的思考

广州市岭海老人大学　罗慧娟

老年教育在我国改革开放中产生，又与改革开放同步发展。为适应我国人口老龄化的需要，为实现国家老龄委提出的老龄人的六个老有所有提供平台，老年教育为创建社会主义和谐社会做出了贡献。由于管理体制未能理顺，法律化、制度化的建设滞后造成不同层次老年人享受教育资源的不均衡。要改变这一局面必须从法律层面、政府层面上以社会主义核心价值为指导促进我国老年教育健康发展。

一、我国老年教育的现状

老年教育是在我国开放改革中产生,又与开放改革同步发展的教育事业。

我国老年教育经历了近30年的历程。据统计,我国在册的各级政府、党委部门、企事业单位、高校、科研机构及社会组织等主办的各级各类老年大学(学校)有4万多所,入学学员500多万人。占全国老年人口总数的0.03%。各主办单位均以"增长知识、陶冶情操、提高素质、促进健康、服务社会"为办学宗旨。实践证明,我国老年教育的兴起适应了时代的潮流,也满足我国老年人对学习文化、科技、健康保健等知识的需求。为实现国家老龄委对老龄工作的要求,即六个老有所有(老有所教、老有所学、老有所养、老有所医、老有所乐、老有所为)提供平台。为实现中共十七大提出的创建学习型社会,建立终身教育体系,创建和谐社会摸索了经验,做出了贡献。

二、老年教育发展中值得思考的几个问题

1. 老年教育管理的法律化、制度化滞后

虽然老年教育在我国经历了近30年的历程,但至今仍未解决老年教育事业的管理、规划,除了一些老年教育发展较早、领导重视、发展水平较高的省份出台一些相关的地方性法规外,全国性的法律法规几乎空白,连老年大学的归属仍缺乏统一的意见。有些地方属教育部门管,有些地方属组织部门管,有些地方属文化部门管。对于全国而言老年教育没有专门的宏观管理组织机构,从而严重阻碍了老年教育事业发展。

2. 老年教育这一公共资源服务的非均等化

据有关文章报道,当前全国各地老年教育均以"执政党办学"的格局为主。也就是说目前老年教育投入主要是党、政投入公共财政而为知识面相对较广,素质较高的政府机关离退休干部服务的一种独享福利,而并非惠及社会各阶层老年群体的需求,虽然绝大多数老干部大学、老年大学主观愿望是想办成"全纳教育"型的老年大学却因为供需差距较大连想入读老干大学的干部都未能解决更说不上惠及非干部身份的老年群体。

对于部门兴办的老年大学、学校,由于资金及场地所限只能满足本单位系统离退休老年人,而绝大多数有接受教育愿望的"草根"阶层老年人则想学无门。

三、对策

2012年我国"十二五"教育发展纲要明确了把老年教育纳入我国终身教育体系,所以老年教育是我国教育资源的组成部分之一。

教育是一个要体现社会公平性的最重要部门,是一种崇高的公益事业,是我国基本公共服务体系中要素之一,是我国老年事业重要组成部分。作为公共行政机构的政府最基本的责任就是保障教育的公益性和社会公平性。

(1)加快老年教育管理的法律化、规范化建设。全国人大2013年通过的《老年人权益保障法》中要求"各级人民政府对老年教育应当加强领导、统一规划、加大投入。鼓励社会力量举办各类老年教育。"据此,各级政府、人大应结合各地实际出台相关法规保证老年人受教育的权益落到实处。

（2）老年教育应享受国家给予教育、老年事业在用地、财政、融资、税收等方面的优惠政策。

（3）理顺管理体制。老年教育既纳入教育体系中其机构建立、建设、规划、投入均应纳入各级财政、规划、教育主管部门统一管理，利于教育主管部门从宏观上合理安排、统筹兼顾现有的教育资源，促进老年教育法制化、规范化发展。

（作者系广州市政协原副主席、广州市岭海老人大学校长）

第三章　2014年6月法国图卢兹会议

导论三：老年大学与国际合作

一、主题背景

2014年6月，AIUTA在法国图卢兹（Toulouse）召开第94次理事会议和国际研讨会，主题为"老年大学与国际化合作（英译为Older university and international cooperation，法译为U3A et coopération internationale）"。这次国际会议正值世界上第一所老年大学图卢兹老年大学成立40周年校庆，强调全球老年大学的国际化交流合作既有纪念之意又有特殊导向意义。AIUTA认为：老年大学在欧洲以至世界各地的兴起和蔓延、发展，也全是国际合作的成果。

二、主题内涵

教育必须国际化才能发展。老年教育更需要国际化合作。各国老年大学之间在创办、办学模式、办学理念、教学方法、课程设置等一系列深层次的课题上提供了交流研讨和合作的可能。各国老年大学之间可以增进交流、互通资源、共同发展。通过具体项目上的协作，能使不同地域的参与者之间增进了解、互信和尊重。应充分联系老年大学的现有教学内容，展示、搭建有文化底蕴的，有学术内涵的，参与双方都非常感兴趣的项目作为桥梁。实践中，参观互访是老年大学国际交流的主要形式。也应该在教学成果和研究成果的展示活动上多做探索，尝试在一些受众多、使用地域广的教学项目（例如钢琴、歌舞、器乐等项目）上逐步举办跨国的展示交流和友谊比赛等活动。

三、主题的世界意义

开展老年大学的国际合作是AIUTA章程设定的目标和主要任务。全世界老年大学现在高度重视国际化合作。通过老年大学来进行国际合作是非常有效的平台。国际合作能在文化相融、政策相通等方面对国际社会产生积极影响和正面效应，也能起相互借鉴、相互促进、相互提高的作用，同时能很大程度地激励老年大学的教师学员的积极性，为教与学注入新的活力，以具传统文化特色的项目作为交流活动的主要内容无疑有利于宣传和推广各国文化。

四、主题的中国意义

中国老年教育经过30多年的发展，已经成为世界上规模最大的第三年龄教育。1994年中国老年大学协会加入AIUTA，但是我们在国际交流合作方面的思维很缺乏、工作做得并不理想，可以说是个短板。这一主题的提出和研究，使我们猛然警醒，开始反思中国老年大学的国际化问题，真正睁眼看世界，了解世界老年教育的现状，以及了解我国老年大学的国际评价，分析和判断我国老年大学的国际地位，提出了推动我国老年教育与国际对接，提升了我国老年教育国际化水平的思路，开始了国际化合作的新格局。

第一节　国际观点

国际合作框架下的老年教育研究和创新

——以西班牙 OAUPs 为例

[西班牙] 康查·康赛普辛

在西班牙，有一种涉及老年人教育和培训的项目，依托普通大学开办，我们将其称为"Older Adult University Programmes"，即"老年人大学项目"（简称"OAUPs"）。

OAUPs 运动于 1985—1990 年兴起，与在欧洲蓬勃发展的第三年龄大学有所不同，它应社会发展需求而生，是植根于普通大学的一种教学和培训模式。如今，OAUPs 的概念已在西班牙广为传播，有超过 54 所大学开设有 OAUPs，西班牙还专门成立了老年人大学项目协会（AEPUM），协会吸纳了西班牙 43 所开设有 OAUPs 的大学加入，代表了超过 43 000 名的 50 岁以上 OAUPs 学员。

OAUPs 依托大学而成立，具有相当的学术环境和规范的教学流程。但目前来说，OAUPs 并不算是一种正式的教育，而是代表了一种具有公开性、灵活性，适应参加者本身和周边环境需求的学习和培训方式。一般来说，大多数 OAUPs 参与者是出于对知识和技能的兴趣和需求，并不以获得公开学位或专业认证为目的。然而也有数据显示，近年来完成 OAUPs 课程后转而参与正规大学学习的人数有所增加，当中较多的是未获得过正规大学学位的人士。

OAUPs 参与者以 50 岁以上中老年人为主，他们当中有的人仍活跃在职场，有的则是退休或准退休人士（受经济危机的影响，越来越多人不得不在 50 岁离开劳动力市场），除此之外，还有一些失业的中老年人。所有这些人对知识和技能的需求强烈，希望通过参与 OAUPs 提升自己，达到适应新的工作要求，重回职场及重新适应社会经济、文化的环境等目的。

研究性、国际化、教育创新、自主学习、协同发展等都是终身学习的特征，同样也是西班牙 OAUPs 的显著特点。谈到西班牙 OAUPs，就不能不提它的特殊性（非排他性）——学生为老年人，而不同时代的老年人情况也有所不同，因此 OAUPs 也有相应不同的发展阶段。

（1）第一阶段（20 世纪 80 年代），受众为"第一代老年人"，那时的正值 OAUPs 运动兴起之初，其大部分活动只是作为空闲时间的文化项目而存在，旨在为老年人提供娱乐和一些融入社会的机会。

（2）第二阶段（1990—1999 年），受众为"第二代老年人"，这一代老年人更愿意参与一些增长知识的内容，而 OAUPs 也相应更多地为没参与过大学教育的老年人开设教育活动。

（3）第三阶段（2000—2006年），受众为"第三代老年人"，他们参与OAUPs的目的是为了更多地参与社会活动，甚至希望参与解决一些社会上、社区中的具体问题。

（4）现正进行的是第四阶段，受众为"第四代老年人"，相对于前几代，这代老年人知识面广，受教育程度高。而部分OAUPs所在的大学也已经相应地开设了涉及多种知识领域，具有一定的高等教育特点的教学项目（其中以教育学为最多）供OAUPs学员参加；有的甚至开设有研究小组供OAUPs学生加入，共同研究一些欧洲地区教育合作和教育创新的课题。可以说，OAUPs在发展过程中离不开大学的支持，大学的学术、研究和教学等优质资源为OAUPs提供了茁壮成长的土壤。

近年来，随着第三年龄教育、老年人教育培训等领域在国际层面的交流合作日益频繁，很多OAUPs也相应制定了基于国际合作层面的研究和活动规划，虽然目前并不是所有西班牙OAUPs和开展OAUPs运动的大学都有参与其中，但从整体上讲发展态势是积极的。甚至可以说，老年人教育培训类项目中的国际合作，逐渐成为一种特色，同时其也是巩固和推进欧洲终身学习战略的重要因素。欧盟也针对"终身学习"开展了一系列活动，随着全球化程度逐渐加深，传播媒介、交流渠道的进一步拓宽和丰富，OAUPs的国际化将形成更深层次的发展。

充分研究欧洲多种老年人大学教育的模式和构成，突出社会适应和教育，是21世纪社会面临的挑战。在此背景下，OAUPs尝试与世界范围内一些同类型的项目和机构展开不同程度的合作，以共同应对这些问题。首先是"欧洲终身学习项目"，其后是"伊拉莫斯"（一个致力于为成年人争取更多教育和培训资源，以帮助其提高知识和增进技能，在适应欧洲人口老龄化所带来的教育上增加新挑战的项目）。如今，我们协会（AEPUM）的网站也介绍了一些我们参与或关注的基于国际合作框架下的行动计划和研究项目，其中包括由西班牙国际合作署（AECI）所开展的一些关于拉美地区的合作项目，在这方面除了OAUPs外，欧洲很多大学本身也开展有相关的研究课题，这些课题从每年的"与发展中国家开展国际合作基金"中获得约0.7%的资助。

近几年，西班牙OAUPs逐渐形成了一种国际视野下的涉及研究、教学和课外活动等项目的全球性跨文化、跨学科的整合、比较方法。随着交流渠道的建立和拓宽，各种独立资源和信息能够实现有效整合和互通，这促使了一些创新性理念得以不断地引入和传播，各机构和项目在课程设置和教学方法上的优秀经验和做法也在西班牙国内乃至国际间得以交流，从而最终丰富和加强了整个行业的学术体系。这是一个非常令人鼓舞的结果。

教育创新、老年人大学教育实践、推动老年人掌握适应数字化社会的新能力，是OAUPs十分关注的三个问题。过去十年间，借助国际合作蓬勃开展的东风，西班牙的OAUPs以及开展OAUPs运动的大学也一直致力于这几方面的研究和探索，务求为参与OAUPs的老年人提供更成熟、更深层次，更适应社会需求的学习和培训。主要有以下做法：

（1）首先明确我们的目标：一是在欧洲范围内以学习和培训进行老年人社会和文化知识的整合；二是积极推动各种相关研究；三是致力于让老年人适应信息科技和知识增长迅猛的社会环境；四是发展、完善老年人学习和培训的方法和实践；五是促进老年人协同学习及富有创造性的非正式自主学习活动，通过"志愿者行动"等项目为其营造重新参与社会的环境。

（2）建立由讲师和学员组成的辅导、协作关系的研究小组，由其自主挑选具体领域内的一些感兴趣的课题展开研究。其中像"欧洲发展战略""拉美地区合作问题"和"终身学习"等都是我们优先推荐的课题。

（3）加强与所依托大学的合作，特别是人文科学、教育学、健康科学、法律与社会科学、高新科技等领域，寻求大学的教学和研究部门为OAUPs的研究小组提供了学术支持、培训和研究指导。

此外，我们也注意到，随着互联网等信息科技日益发达，社会环境、社会关系结构亦随之广泛多样化。在这种背景下，信息和通信技术在传统的学习与知识传播过程中大量应用，促使传统的教学模式、教学环境和教学方法产生了转变，例如传统的"教师讲——学生听"的教学模式正面临被那些"减少灌输，侧重研究讨论"的新型课堂所取代。西班牙OAUPs在具体教学上也相应地提出了不少新举措，例如：开展案例研究；关于解决具体问题的学习研究；注重各种新项目开发；推行研究性教学；推行自主学习——非常适合成年人的一种学习模式。

总之，现今的OAUPs是一种高质量的教学和培训活动，自20世纪80年代创立以来，其日渐发展成熟，培养出了一大批活跃的、有能力的老年人，他们在跨年代、跨国籍、跨学科的背景下，运用其丰富的知识和经验，开展了调查、研究等多种活动，为教育领域乃至全社会做出了很大贡献。

通过互联网以及"欧洲终身学习项目"等渠道，AEPUM协会及各大学的OAUPs均与其他国家和地区的一些致力于老年人教育和培训的机构建立了双边或多边的合作框架。

（作者系西班牙阿利坎特大学教授　翻译者：广州市老年干部大学研究室）

哥斯达黎加大学老年人学习项目的国际合作经验

［哥斯达黎加］ 梅布尔·格拉纳多斯

应对世界人口老龄化现象的经验告诉我们，为老年人创造更多参与、融入社会的机会十分重要，不仅是一些从事老龄事业的组织和机构，公立大学也应在这方面发挥作用。

进入21世纪，在一个老龄化、民主、平等和包容的社会中，公立大学对老年人的教育活动的参与，并与之一起成为整个社会终身学习计划的一部分，是非常必要的。这样做有利于巩固和推进社会的年龄平等、鼓励社会参与、减少贫困和关怀弱势群体、维护公民基本权利。

自20世纪80年代起，哥斯达黎加社会开始为老年人提供一些接受继续教育的选择，尤其是高等教育，哥斯达黎加大学在这方面做出了尝试。1985年，为了进一步提高社会老年人的生命质量，保障其终身都享有受教育的权利，以及促进代际之间的关怀和交流，一个涉及成人和老年人学习的系列项目"PLAM"在哥斯达黎加大学正式成立。

成立29年来，PLAM在哥斯达黎加大学多个学科、多个领域为老年人开设了很多学习和活动，并一直致力于促进老龄人群的社会参与度。此外，哥斯达黎加大学是一所国际性大学，其在世界范围内参与了很多合作项目，也与不少机构建立了合作伙伴关系。而PLAM也因此受益，与多个地区的具有丰富教育经验的同类或近似类型的机构或项目保持着良好的沟通和交流。正如罗德里格斯2011年指出，国际交流合作对国家与地区之间的知识传播、资源优化等方面有很大的促进。

近年来，PLAM通过国际合作，参与了很多具意义的项目，下面我们从不同的合作类别中试举两个例子加以说明。

1. 老年人大学专业技能培训计划

"老年人大学职业技能培训计划"于2006—2007年在哥斯达黎加和智利两国进行，由智利天主教大学及哥斯达黎加PLAM共同参与，受美洲开发银行及芬兰政府资助。该计划分为三部分，分别是：

（1）老年人基本课程。该课程主要在2006年10月至12月之间进行，每周有4个课时，参与者约有60名。PLAM与智利天主教大学共同参与了课程的组织和具体运营工作，课程共分为2个小组开展，其中一个小组在哥斯达黎加大学本部，另一个小组在埃雷迪亚省的国家大学内，分开设点保证了国内多个地区的人群均能从中受惠。

（2）老年文凭课程。该课程的持续时间为8个月，共有54名参与者。PLAM参与了课程的组织、推广和日常运营等工作。课程主要采取播放视频的形式进行教学，以电子邮件作为通信答疑的主要媒介。参与者完成全部课程接受评估测试后，可分送智利获取相关评级和认证。

（3）企业家与管理者课程。该课程在2007年3月至5月间开展，每周4个课时，共招收了26名参与者。课程的组织和运营由哥斯达黎加PLAM、智利天主教大学以及工商管理学院共同参与。

"老年人大学专业技能培训计划"取得了圆满成功，其宝贵经验在哥斯达黎加、尼瓜拉瓜、智利和秘鲁等地推广，产生了很大影响。由此我们也发现，随着社会经济发展，现今拉美地区的老年人越来越关注与自身发展相关的事情，他们表现出很强的学习意愿，对参与类似"老年人大学专业技能培训计划"的活动表现得相当积极。在此背景下，与老年人学习和培训相关的各类课程也越来越多，其形式和内容也越来越丰富。而最值得一提的是，大部分这类课程都是很注重课堂讨论，力求促进参与者对具体问题的分析和思考，当中的一部分还包含了评估和测试的选项，但这些测试难度都非常低，并很注重实用性和拓展性；此外，课程举办者还很注重营造一个充满对长者尊敬和温暖的学习环境。

2. 老年人学习及培训项目的评估研究

"老年人学习及培训项目的评估研究"是我们与西班牙国际合作署（AECI）的拉丁美洲机构、西班牙国家远程教育大学（UNED）的科学合作项目。哥斯达黎加立项为"ED 2226项目"。项目由西班牙国际合作署（AECI）资助。

研究项目历时近一年半（自 2007 年 9 月至 2009 年 3 月），深入分析了全球人口老龄化现象对哥斯达黎加和欧盟地区（尤其是西班牙）的影响，剖析了现时各种为老年人开设的学习项目的作用和为老年人提供培训的重要性。此外，研究小组还对哥斯达黎加及西班牙地区为老年人开设的大学学习项目的有效性和效率做了充分评估。参与此次研究的除了 173 名哥斯达黎加大学的学生之外，还有 190 名在西班牙国家远程教育大学参与远程教育项目的老年人，他们大都有 2~3 年的参与经验，对相关项目的内容和进程十分了解。此外，来自哥斯达黎加大学的 25 名教师以及来自西班牙国家远程教育大学的 17 名教师和 5 名协调员也参与到此次研究当中。

此次研究采用了多种手段，包括问卷调查、访谈、考察以及李克特量表（常用的属评分加总式量表）等。得到的数据显示，老年人对现时可参与的学习和培训项目从总体上讲是满意的。同时，研究还发现，相对于具体的目标，学习和培训过程中所获得的实践和社会参与的机会更被老年人所看重，其被认为是最能促进老年人个人发展的方面。此外，另有数据表明，这类老年人学习和培训项目被认为有助于提升老年人的生命质量。

除了参与学习的老年人之外，此次研究还统计分析了该类老年人学习培训项目教师的意见。当中被提及最多的是如何应对终身教育的需求，有针对性地运用教学方法及教学设备的问题。此外，教师们还认为，目前的老年人教育和培训项目对参与者来说是一种非常有益的活动，不仅提供了知识和技能，还为其构筑了从事群体协作性活动的平台。而在未来发展方面，教师们认为，在内容上加入更多老年人感兴趣的元素将会更加有利于老年教育事业的发展。

综上所述：近年来，哥斯达黎加大学与智利天主教大学、西班牙国家远程教育大学共同开展的两项关于老年人学习的国际合作项目都取得了不错的成效。在这两个项目中，我们采取民主、公开和透明的运作方法，通过设定明确的目标和制订详尽计划，在所在地区获得了广泛的参与度，这两次国际合作的经验将成为我们今后进行同类工作的重要指引。

老年人学习及培训项目的国际合作有利于行业同仁之间增进交流、互通资源、共同发展。通过具体项目上的协作，能使不同地域的参与者之间增进了解、互信和尊重。而公立大学及福利机构的参与，则使这项活动更具活力。

（作者单位：哥斯达黎加大学　翻译者：广州市老年干部大学研究室）

世界老年大学运动的起源

——法国老年大学的办学经验

［法国］ 弗朗索瓦·维拉斯

一、发展历程

40 年前，法国第一所，同时也是世界第一所老年大学于 1973 年在图卢兹成立。其订立目标：向老年人提供符合他们年龄条件、需要和愿望的活动方案。此后不久，法国多所大学也相继开设了面向老年人的课程。老年大学在法国发展很快，学校数目逐年增加。

不久之后，比利时、西班牙、瑞士、波兰、加拿大、瑞典、意大利、美国、英国、德国，以及拉丁美洲、非洲、亚洲都相继开设了老年大学。皮埃尔·维拉斯教授随后创立了国际老年大学协会，该协会通过将经验和研究工作集中起来，成为所有学术机构的负责人和用户交流的理想场所。世界老年大学运动从此拉开了帷幕。

在发展过程中，法国的老年大学运动始终秉承三个"E"的宗旨，即：

教育（Education）：

——面向所有上过大学和想回到大学学习一门新学科的人；面向所有在年轻时没有机会上大学并打算在退休后上一回大学以实现"梦想"的人；学校课程涉及大学科目：历史、地理、文学、经济、法律、自然科学、医学……

交流（Exchange）：

——与老年大学的教授和讲师进行交流；与参加课程与老年教育学科教育的朋友交流；与青年学生进行代际交流。

经验（Experience）：

——青年学生和研究者可以从老年人丰富的经验中得益；老年人在接触新科技和外语课程中从年轻人的知识中受益；通过国际老年大学协会，与世界各地老年大学进行经验交流。

二、图卢兹老年大学的办学经验

图卢兹大学成立于 1973 年，是世界上第一所老年大学。其目标是：老年大学让人们可以在各个年龄段增长知识并得到学术培训，为老年人从工作过渡到退休提供了答案。图卢兹老年大学一直致力于通过与学生、教授和老年人的交流，将老年大学的活动融入大学生活中。

目前，图卢兹大学每一周都开设了多种学习和活动，主要有：两次报告讨论会、一个画室、一个合唱室、一次有氧步行、一个阅读讨论组、体育课（收费）、语言课（收费）。

图卢兹大学目前有近1 500名学员,其中年龄在60～70岁之间的学员约占50%。值得注意的是,女性学员数量(超过70%)远高于男性学员,这也是一个世界性趋势。(如图3-1～图3-3所示)

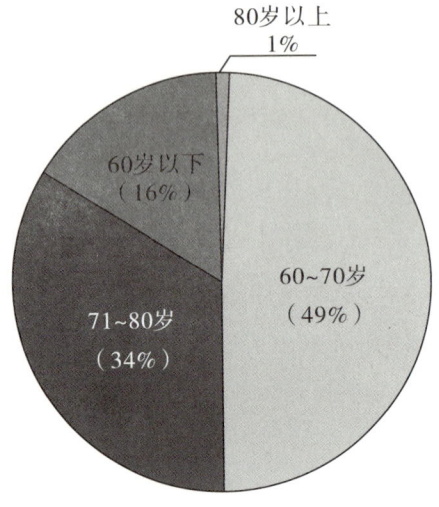

图3-1 2013—2014年学员年龄分布

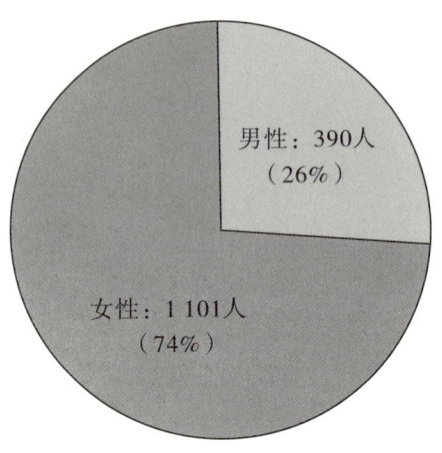

图3-2 2013—2014年报名者性别分布

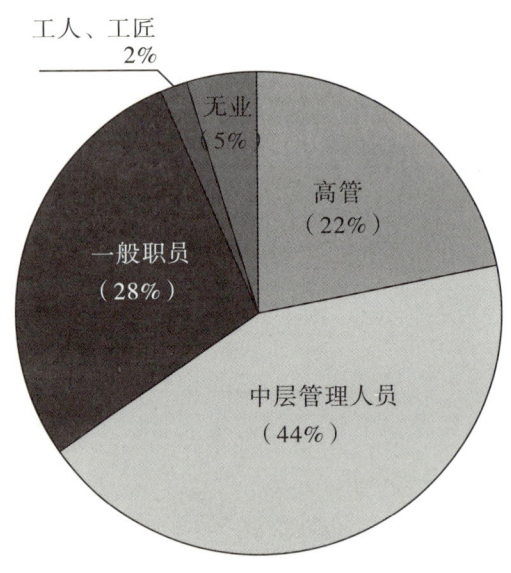

图3-3 2013—2014年学员职业情况

图卢兹大学的教员以聘任与义务相结合的形式组成,其大部分为具有一定的教学经验。(如图3-4～图3-5所示)

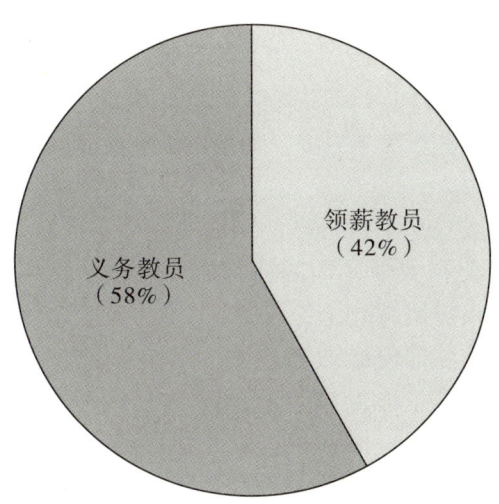

图 3-4 教员聘任形式

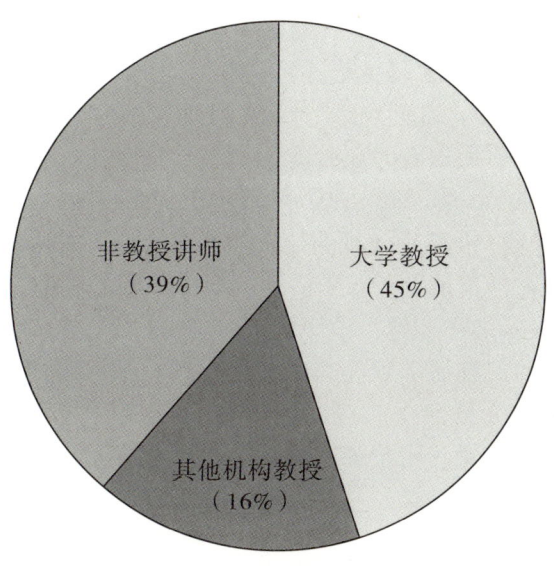

图 3-5 教员的职业分布

三、法国其他老年大学

1. 在法国,老年大学还有哪些?

除了图卢兹老年大学之外,法国还建立了许多老年教育机构。根据性质和侧重方向的不同,他们以不同名称存在,如跨年龄大学(UIA)、各年龄大学(UTA)、业余时间大学(UTL)、文化与娱乐大学(UCL)、第三时间大学(UTT)、平民大学(UP)、开放大学(UO)等,以上机构都在全法国设置了类似的老年人教育课程。此后,各种协会组织相继组建起来,把围绕共同目标的各会员大学联合在一起。

2. 在法国，谁可以上老年大学？

过去，老年大学提供的活动只面向"老龄"人口。

和其他逐渐发展成熟的机构一样，老年大学将其服务领域扩展到了所有"退休人员"。然后，更以空闲时间作为参考标准，向所有已经不再工作但有空闲时间的人士开放，且没有年龄和学历要求。

此外，想进一步培训或只是丰富自己的个人文化的各年龄段的人士都可以在有位置的时候旁听大学（此处指公开大学）内的公共课（不包括指导课和实践课）。没有学习期限或考试等先决条件，只需缴纳登记手续费。

此处要特点提到：旁听生即便缴纳了学费并拥有学生证，也无法享受给予正式大学生的优惠（奖学金、校园住房、学生社保）。提供的培训不颁发任何文凭、证明或证书。

法国老年大学的共同目标是：以跨学科研究和互动方法为主，通过优质的活动向会员提供维持他们智力、道德及身体财富的手段，即仅为兴趣，从事智力、文化、艺术或体育活动的可能性；获得新知识的可能性；复习和完善过去成绩的可能性；丰富他们所受培训的可能性。

老年大学提供的活动特别丰富多彩（有时一个各年龄层大学可提供多达60种不同活动），并可以根据地点、主题以多样的形式将这些活动衔接在一起，比如：

多个领域（艺术、文学、自然科学、人文科学、医学、健康、政治、音乐、环境等）的例行讲座或周期性讲座，有时还带有深度指导课；研讨会；课程（音乐文化、艺术史、音乐史、植物地质学、家系学）；语言课（现代语言或古语言）；发现之旅；工作室（艺术创作和临时修理）；实习（视听、信息技术等）；文化出游；半天至一周的旅行；读书会；代际行动；体育活动；娱乐活动（合唱团等）。

3. 在法国，怎样加入老年大学？

参与老年大学提供的各种活动须先完成注册手续。注册时原则上须提供：管理信息卡；一张相片（用于发放会员卡）；一张用于结算注册费用（业余时间大学）或你的年费的支票；一个带邮票的信封，用于邮寄你的会员卡或学员证；你将获得一张注册后可以参加课程和讲座的通行证。

四、UFUTA 法国各年龄大学联盟

法国各年龄大学联盟（UFUTSA）包括法国40所各年龄层大学、跨年龄大学、业余时间大学、平民大学，分布在法国的250个地点，约有75万名学生。

联盟的建立确保了各学校的教学质量保持在一定的水准并符合大学目标。同时，联盟还致力于组织国内与国际间的交流活动，并作为大学与政府的有效对话者。

在联盟的组织和协调下，每所大学向学生提供文化、艺术、经济及社会活动的年度活动安排，包括：研讨会和小组讨论会、课程、深入课程、导游、调查及研究小组以及旅行和体育活动等。

同时，联盟根据大学的发展，定期颁发一些奖项：

研究奖：该奖项由科学委员会颁发，奖励学员进行的研究工作可。2012年，该奖项分别授予勒芒业余时间大学和圣纳泽尔跨年龄大学。

金、银羽笔奖：该奖与研究奖交替隔年颁发，奖励在各年龄/跨年龄大学完成的原创文字作品。

2013年获奖情况：

诗歌：利摩日文化和娱乐。

新闻：莫城跨年龄大学。

专题研究：南特平民大学。

五、总结

至今，法国的老年大学运动已经发展了近40年，并且一直保持良好的势头。如果要形容今天法国的老年大学，我会用三个词概括：经验、分享、雄心。

"学习，永远不会太晚。"以此句与广大同仁及所有老年朋友共勉。

（作者系国际老年大学协会主席　翻译者：广州市老年干部大学研究室）

老年大学与时代变革

［印度］汤姆·霍洛威

20世纪初，人类社会的管理体系以纸笔为驱动力，到了该世纪末期，则普遍应用电子信息系统以及电子邮件。在21世纪，我们和异国亲友间相隔的不是距离，而是时区。今天，新德里一群人的影像可以直接传递到图卢兹或悉尼的另一群人眼前，而且这种传输是实时的，两群人可以直接对话，就像处在相邻的房间里一样。在过去看来是不可能事，在当今却已习以为常。科技在不断进步，唯一制约和束缚我们的是想象力。上述种种活动的重要意义并非在于发生速度之快，而在于活动本身的非等级性：人们可以直截了当地谈话交流，不再受制于政府、各类组织或邮政系统的约束。

目前，文字信息渐为音频所取代，而图片也将让位于视频信息，可以预见，今后将会发生更为显著的变化。

环球老年大学（World U3A）致力于应对这样一个狂放奔腾的世界。我们的组织没有实体办公室，无会员体制，除秘书长、领导小组外不设其他委员会。我们的全部会议都在互联网召开。其功能如下：

（1）运营www.worldu3a.org网站，以及其他几个老年大学网站。

（2）编辑、出版两份月刊通讯：《路标》*Signpost*展示英国、澳大利亚的老年大学；《帕特里卡》*Patrika*介绍印度乃至全亚洲的老年大学。关于以上刊物可在www.worldu3a.org网站查看或作史料研究。关于地区性的老年大学团体，例如亚太联盟，可在Http://u3a-asiapacificalliance.org查阅。

（3）主持每月一次的电视电话会议，讨论老年大学事宜。

（4）运营在线项目以鼓励国际、代际交流，例如，MYU3A：介绍许多国家地方上的老年大学活动；Breakfast：访谈节目，讨论老年群体的饮食问题。

（5）应邀为老年大学或其他老年组织开设网站。

环球老年大学致力于促进世界各地的老年人之间相互了解与交流，所有活动均通过网络进行，均为免费服务，目前拥有数万用户，获得一致好评。我们希望与您携手，开创更加美好的未来。

（作者系环球老年大学负责人　翻译者：广州市老年干部大学研究室）

莫克托老年大学与乌克兰、白俄罗斯的老年大学的合作

［波兰］特里莎·雷斯勒

27年前，我发起成立了莫克托老年大学，这是波兰第二所老年大学，并于1987年加入国际老年大学协会。我校面向华沙地区的老年群体开展教育活动，此外，还在乌克兰利沃夫、白俄罗斯的格罗德诺、布雷斯特建立分部，为居留当地的波兰人服务。在利沃夫，当地市民参与我们的会议、获得了办学经验，之后便开办了自己的老年大学。

我校每学年分冬季、春季两个学期，每周两天课程，周一为文史社会科学课，周三为医药自然科学课。此外，我校还定期召开学习讨论会，主题包括：语言学、历史、哲学、心理学等，不一而足，视学生兴趣而定。

我校在乌克兰、白俄罗斯的分部，参考我们的计划，也纷纷制订了他们自己的教学计划。值得一提的是，在他们的计划中波兰语的学习占据了重要地位，当地老年人在退休后学习这门新的语言，以便更好地与身边的波兰人交流沟通。

莫克托老年大学由科学委员会负责教学、研究、出版事宜，而在学校的管理事务上，则由学生会成员负责。学生会还承担执行教学计划、组织节日庆祝的职责，以及主持开学、毕业仪式。

（作者单位：莫克托老年大学　翻译者：广州市老年干部大学研究室）

斯洛伐克老年教育与国际合作项目

[斯洛伐克] 纳德兹达·赫拉普科娃

20世纪90年代,斯洛伐克夸美纽斯大学成立了全国第一所面向老年人的大学。紧接着,许多高校纷纷效仿,开设针对老年群体的教育项目。目前,斯洛伐克共有15所老年大学,就读学生接近7 000人。老年大学的课程及活动,涵盖了第三年龄群体所关注的各种兴趣话题。同时,分布在各地的院校,借助全国老年大学协会实现了有机联合。协会的成立,代表了老年群体在教育上的利益,为各所院校提供办学方面的建议,并积极寻求国际合作项目。

除了广泛的学习项目外,老年学员也可以参与到各种国际性、全国性项目。本文旨在介绍各国际项目的具体目标,以及相关的资讯网站。许多老年人参与到这些项目,所产生的丰富成果可以记录为好的实践,以便今后与老年人再次合作。欧洲终身学习"格伦特维"计划为老年人丰富生活提供了宝贵的机会,参与其中,可以选定特定专题展开学习研究,并与国外志同道合的老年人交朋友。此外还有欧盟伊拉斯谟计划,与夸美纽斯老年大学已经建立战略伙伴关系。

[作者系国际老年大学协会秘书长(时任)　翻译者:刘畅]

旅游与终身学习:新加坡视角

[新加坡] 托马斯·关

婴儿潮时代的老年人口日渐扩大,随着当前医疗水平的完善,这一群体的预期寿命将进一步提高。他们有大把的闲余时间,正好可用来游览心仪的旅行胜地。一直以来,法国都是全球接纳游客最多的一个国家,在亚太地区,新加坡银发群体的消费能力则名列前茅。显而易见,两国有着巨大的共同利益,应当鼓励新加坡老年人游览参观法国等旅游大国,老年大学的学生也可借机了解、学习其他国家的社会、文化价值。从更广泛的意义来讲,旅行应当成为世界各地的老年学生相互交流的良好平台,他们可以相互推介自己的国家及地区,分享旅行资讯。平价航班的盛行、社交网络的广泛推行,给老年群体的旅行活动提供了极大的便利。正所谓"读万卷书,行万里路",老年人可根据自己的偏好定制学习游览项目。例如,喜爱自在、浪漫的,可以赴法国参观;而热衷于多元文化、节日庆典的,可来新加坡。伴随旅行,老年大学学员享有了解外国文化的丰富机会；旅行，是老年朋友相互交流的重要纽带。

（作者系新加坡第三年龄大学创始人之一　翻译者：刘畅）

国际合作与澳洲的老年大学

［澳大利亚］艾尔西·玛顿

老年大学自 1972 年在图卢兹创立以来，取得了相当大的成就。现在，大多数国家都创建了自己的老年大学，名称各异，但目标如一：促进老年人的终身学习。

澳洲的老年大学遵循英国模式，第一所院校于 1985 年在维多利亚州开办，随着师资力量的壮大，课程开设终年不断。

此后，老年大学运动在澳大利亚见证了蓬勃的发展，院校遍布全国。每一所新成立的学校都各具特色。在政府的支持下，各校结成全国性的联盟；借此平台，各高校相互交流办学经验，分享优良做法。

在老年大学的发展过程中，我们还积极学习国外同类院校的经验，以便更好办学。加入亚太联盟之后，我们将和周边国家的兄弟院校建立更密切的关系。我们也期望同国际老年大学协会加强合作，以期在国际舞台上获得更多的关注。

［作者系亚太第三年龄大学联盟主席（时任）　翻译者：刘畅］

第二节 国内观点

中国老年大学的国际化合作

广州市老年干部大学 王友农 潘宇翔

2013年，中国60岁以上老人已达2亿人。全国各类老年大学发展到5.97万所，在校学员677万人，另有220余万人参加远程教育学习。中国老年教育成为世界上规模最大的第三年龄教育（U3A）运动。

2010年中国政府颁布国家教育发展纲要，提出"重视老年教育"，第16章全面阐述"扩大教育开放"；2011年，由国务院印发的《中国老龄事业发展"十二五"规划》中明确指出要广泛开展双边、多边国际交流，增进相互了解。积极深化国际合作。中国政府鼓励和支持中国老年大学开展国际化合作。

一、中国老年大学国际化合作的特点

1. 地域上偏重于东亚地区

近年来中国老年大学在东亚地区进行的国际交流活动最为频繁，比例约占总数的50%。这一方面是由于地理位置相近，出行便利、费用相对较低等原因；另一方面，东亚范围内的国家和地区在历史、风俗、人文、语言等方面都有着很多相近或相通之处，这也为地区内的老年大学开展交流合作活动提供了便利。

在东亚地区，又以韩国、日本和新加坡与中国老年大学的交流最为频密。近年间，像韩国龙仁老人大学、日本大阪府高龄者大学、新加坡快乐学堂等多所老年学校都经常与中国各地的老年大学进行交流合作活动。此外，中国内地的老年大学与香港、澳门特别行政区以及台湾地区的交流也十分频繁，像香港理工大学、澳门理工学院长者书院以及台湾地区的南阳义学等涉及老年教育的组织都与内地多所老年大学建立了长期稳定的交流合作关系。

2. 形式上侧重于参观来访和文艺表演

参观互访是近年来中国老年大学国际交流的主要形式。其多表现在友好访问，考察办学场地、设施、课堂情况等活动。这是由于中国老年大学开展对外交流活动的时间普遍不长，与国外学校和团体的接触仍处在初步尝试阶段，这种方式无疑有利于快速加深彼此的了解和发掘彼此的优秀特色。

文艺演出是中国老年大学在国际交流中经常采用的形式。这是因为文艺表演具有较强的娱乐性和亲和性，有利于活跃气氛和增进友谊。同时也是因为歌舞器乐等表演性项目在中国老年大学课程中占较大比例。中国老年大学有相当部分是由老干部活动中心演变而成。在开办之初，考虑到歌唱、舞蹈等项目不但拥有广泛的群众基础，而且深受广大老年人的喜爱，在师资、场地和设施上的要求相对较低等特点，很多学校都将其作为打开局面的重点课程。发展至今，歌舞器乐仍是中国很多老年大学课程中相当重要的一环。

中国老年大学国际交流活动中"来"与"往"的比例不平衡。据不完全统计，近年来在中国老年大学的对外交流活动中，属于"走出去"的不足20%，而属于对方主动联系或"请进来"的则超过80%。

3. 内容上以健身和传统文化项目居多

从交流活动的内容来看，健身、保健类和具有鲜明中国文化特色的项目最受关注。像中国书法、国画、剪纸、京剧（以及各地方剧种）等具中国文化特色的内容往往是交流活动中的重头戏，国外团体也对这些具有浓厚东方文化特色的项目很感兴趣；同时，健身、保健也一直是世界老年人共同的追求，诸如太极拳、太极剑，以及养生、经络学等一些由中医学衍生出来的内容也占了不小的比例。

以具传统文化特色的项目作为交流活动的主要内容无疑有利于宣传和推广中国老年文化和老年大学的特色。但从另一个方面看，这些内容也有一定的地域局限性，在全球范围内受众并不广泛，因此往往导致交流中偏重于展示，对双方进一步互动和合作造成一定的影响。

4. 打开渠道以所在地政府外事部门牵线为主

在中国老年大学国际交流活动中，学校所在地的政府及其外事部门起着重要的牵线作用。像景德镇老年大学、长春老年大学、西安老年大学等多所学校都是经过政府及其外事部门的牵线组织以开展相关交流和参观活动。由学校自主发起，以某一项主题进行交流或在某一方面开展合作的情况则相对较少。

二、中国老年大学国际交流合作中存在的问题

1. 在交流的广度和深度上都有所欠缺

从广度方面看，根据全国各省、市、地区老年大学报送的材料以及互联网上的资料，近年来中国老年大学国际交流活动仅统计到数十例，涉及学校只有20多所。中国拥有5.97万所老年大学，参与国际交流活动的老年大学还只占相当小的比例，随着2004年国际老年大学协会（AIUTA）上海国际会议及2013年AIUTA广州国际会议等几次国际性活动在中国的成功举行，很好地加深了中外老年大学之间了解，越来越多的老年大学开始意识到国际交流合作的重要性。对外交流活动在近几年也越趋频繁。

从深度方面看，如上文所述，中国很多老年大学的对外交流活动还停留在初步接触的阶段，大多是对办学场地和课堂教学等方面的互访考察，形式比较单一，很少有学术上的交流以及在具体科目或教学项目上的合作。诚然，这也是一般交流合作活动的必经阶段。但我们认为，在目前的条件下，这些交流活动仍有进一步深化的空间。中国很多老年大学已具备一定的规模，在办学和教学上都有自己的特色，在办学模式、办学理念、

教学方法、课程设置等一系列更深层次的课题上完全存在与国外学校（团体）交流研讨甚至合作的可能。

2. 交流合作的主动性不强，渠道不多

中国老年大学对外交流活动中，普遍存在主动性不强的现象。往往是被动参与的多，主动发起的少；"请进来"的占大多数，"走出去"的则寥寥无几。这一方面源于部分老年大学还未意识到国际交流合作的重要性和必要性，另一方面，也是受限于对外交流渠道不足。目前中国老年大学对外交流多借助于当地政府及其外事部门牵线，而一些没有条件的地区或学校在开展此类工作时确实会遇到较大的困难。

可喜的是，中国也有一些老年大学在这方面已经走在了前头。在 2012—2013 年，广东省老干部大学金枫合唱团多次赴俄罗斯、奥地利等地参加国际性的合唱比赛，获奖累累，还曾在维也纳金色大厅献唱；广东省康怡老人大学（由当地省妇联主办）数次接待了来自瓦努阿图共和国、印度和刚果共和国的政府部门、社会团体及涉老机构的访问团，就妇女权益、老年教育、老年文化等问题进行了深入的研讨。当地媒体专门撰文称赞其为"海内外老年文化沟通的桥梁"。

以上这些例子，虽然只占全国 5.97 万所老年大学（学校）中的极少一部分，但他们利用现有的条件，充分发挥主观能动性，为中国老年大学对外交流合作打开了一扇窗户，也为国内外老年大学的交流和互通进行了有益的可行性探索。

中国老年大学国际交流合作存在问题，主观上是由于我们老年教育的开放思想意识不足，缺乏积极能动性，客观上是由于渠道尚未完全开通，经验也欠缺，财力支撑机制没有建立等原因。

三、深化老年大学国际化合作的几点建议

中国老年大学教育的本质是教育，按照邓小平关于教育要"面向现代化，面向世界，面向未来"的思想，中国老年大学国际交流合作必须着力加强。这方面实际上有很大的深化潜力和空间。中国"国家教育发展纲要"第 16 章是"扩大教育开放"，全面阐述教育国际化问题，提出"开展多层次、宽领域的教育交流与合作，提高我国教育国际化水平。借鉴国际上先进的教育理念和教育经验，促进我国教育改革发展，提升我国教育的国际地位、影响力和竞争力。""积极参与双边、多边和全球性、区域性教育合作。积极参与和推动国际组织教育政策、规则、标准的研究和制定。搭建高层次国际教育交流合作与政策对话平台，加强教育研究领域和教育创新实践活动的国际交流与合作。"这些深化教育开放的要求和措施，非常适用于老年教育。中国老年大学协会 1994 年加入 AIUTA 后，积极参与 AIUTA 所有的国际学术活动。现在更加高度重视国际化合作。通过 AIUTA 平台来进行国际合作是最有效的通道。

1. 加强老年教育国际化的宣传力度，拓宽对外交流合作的渠道

加强老年教育国际交流与合作，一方面有利于引进和借鉴来自不同国度的先进经验和做法，另一方面可向世界展示中国老年教育的面貌和成果。因此，政府相关部门、涉老组织以及媒体都应加强对老年教育国际化的宣传力度，提高社会各界对这方面的认识。老年大学也应把国际合作作为办学中的一项重要内容。2014 年 5 月，纪念中国老年教育

发展30年的高峰论坛在浙江乌镇举行，国际化合作成为论坛讨论的焦点之一。中国老年大学协会常务副会长袁新立同志在主旨演讲中指出，国际化交流合作是30年来我国老年教育发展的短板，老年大学的国际化合作新的大门已经开启。中国老年教育面向世界，深化老年大学的国际化合作意义重大，30年来我们也做了一些这方面工作，但我们无论是从意识观念上还是行动上都做得远远不够，我们要协调统筹好国际化合作交流的工作，加大与国际接轨的工作力度，让中国老年大学了解世界，也让世界了解中国老年大学。

中国老年大学协会于2013年11月将国际联络部设在广州市老年干部大学内，国际联络部将立足于广州这个改革开放的前沿城市，重点做好与AIUTA的联系沟通工作，致力打造好中国老年大学对外交流的窗口。

中国各地的老年大学应该与当地的外事相关部门主动加强联系，积极参与各种国际交流活动。

2．在形式及内容上深化国际交流合作

（1）合办短期课程班。

跨地区、跨国合办课程这种方式在高校领域已是屡见不鲜，但在老年大学领域则仍处在起步探索阶段，这方面的例子并不多。但我们也留意到，2013年，澳大利亚布里斯班第三年龄大学组织该校师生参加了由中国南京金陵老年大学举办的"中华文化班"，与该校学员一起学习中国传统文化、书画、养生等课程。此外，国外很多老年大学都经常组织一些学习旅行，或利用寒暑假（休课期）举办一些夏（冬）令营活动。2010—2013年间，新加坡知名的老年人"快乐学堂"多次派出由该校师生组成的"游学团"，在中国山东、西安、太原等地的多所老年大学进行游学。这些游学活动一般持续2~4天，他们与当地老年大学的师生们一起上课、一起活动，并结合游览当地名胜和体验特色课程等。

目前这些国际合作活动虽然规模不大，也未建立起稳定持续的操作模式，但都收到了很好的效果，深受广大老年学员的欢迎。这些活动是值得推广的，这不仅有利于双方加强了解，在更深层次上交流协作；也有利于中外老年大学在相关教材、教学设备和师资人才方面进行最大限度的共享；而对于老年学员来讲，这也是一个有趣的新尝试。在这类课程里，他们有机会体验不同国度、不同类别、不同风格的教学；也能了解各国风土人文以及结交来自世界的新学友。

（2）以深厚的文化内涵为着力点。

国际交流活动要办得好，选取一个合适的主题和内容很重要。应充分联系老年大学的现有教学内容，展示有文化底蕴的，有学术内涵的，参与双方都非常感兴趣的科目或教学项目作为桥梁。这不仅能提高双方的参与感及互动程度，还能使整个活动的内容更丰满、产生更好影响。

2008年，"中国瓷都"景德镇老年大学与"韩国瓷都"利川市相关部门、老人团体就陶瓷艺术、陶瓷绘画、瓷乐等主题开展了一系列"瓷文化交流"活动。2013年，中国四川老年大学和日本广岛的老年教育组织就日本和纸画与中国山水画的艺术特点和创作技巧等内容进行了交流和切磋。

2013年12月，中国《广州老年教育研究》以《U3A在世界》介绍了全球范围内15所第三年龄大学的情况，从中可见像语言、绘画、摄影、手工制作等课程在世界各地老年大学里都广泛存在，有很强的受众基础。单以语言类课程为例，英语是目前世界上适用范围最广的语言，中国绝大部分老年大学都开设有英语类的课程（其中以旅游英语、英语口语类居多）。而随着中国改革开放的发展，汉语在世界上也越来越有市场。因此，单是"英语—汉语"这个主题便有很大的国际合作空间，采取上述的合办短期课程、夏（冬）令营还是其他交流合作的模式，都是可以一试的。

另外，继续推进传统文化、健身养生这些能充分反映中国文化内涵的内容也很有必要。以太极、中医、京剧等作为国际交流主题的例子非常多，中国山东老年大学还专门为到访的外国友人开办了《山东的历史与文化》讲座，山西太原老年大学为新加坡老年朋友开设太原历史课程，这些内容都是中华数千年文明的积淀，也是中国老年文化和老年大学校园文化的重要组成部分。

（3）打造更多教学与研究成果的展示平台。

展示是最直观、最有效的沟通和交流方式之一。在2013年AIUTA广州会议上，当地老年大学学员的才艺展示和文艺演出取得了空前的成功，不仅使各国代表对中国老年教育的水平有了一个全新的认识，也为接下来开展更深层次的交流合作活动起到了推动作用。

我们看到，VECU（欧洲虚拟文化中心）是欧洲的一个合作项目，由EFOS（欧洲老龄学生联合会）从2008年开始，历时两年建设完成。VECU通过互联网站展示欧洲各地长者在居住文化、文学等领域的成果以及在跨国文化交流和向年轻人传播传统文化等方面取得的一些有意思的成果。近年来，在欧洲由老年教育工作者组织的展示老年教育研究成果和作品的合作项目还有很多，取得了不错的效果和社会效应。而在中国乃至亚洲地区，这种跨国跨地区合作展示活动或项目还较少。

我们认为，可在类似这种教学成果和研究成果的展示活动上多做探索。尝试在一些受众多、使用地域广的教学项目（例如钢琴、歌舞、器乐等项目）上逐步举办跨国的展示交流和友谊比赛。这能很大程度地提高老年大学的教师学员的积极性，为教与学注入新的活力；同时也能在国际社会产生积极影响和正面效应。

（4）结合银发旅游开展老年大学国际合作。

现代社会老年人的旅游（银发旅游）越来越成为生活方式的重要部分，银发旅游与老年教育的关系也越来越密切。2013年AIUTA广州会议专门讨论过这一问题。因为中国有悠久的历史文明和独特的风土人情，必然会受到世界老年朋友的喜欢。同时体现出老年大学国际合作前景具有一定的优越性。

中国老年大学与各地的旅行社协议合作开办银发旅游的课程和组织学员境内外旅游是新的尝试，中国老年大学的师生乐于到世界各国老年大学去参观访问，交流心得，同时中国老年大学也欢迎世界各地的老年大学组织学员以旅游方式来中国观光游览，穿插进行教学交流、学术讨论。

（5）加强与AIUTA的合作。

2014年5月21日，中国老年大学协会林元和副会长在中国老年教育高峰论坛总结报告中指出，我们协会国际联络部将密切与AIUTA联系和合作。

AIUTA理事会的26个成员都是大学教授，从事涉老专业教学，带研究生，他们现在的国际活动非常活跃，而且越来越广泛，每年举行两次理事会议和国际研讨会，理事会和研讨会穿插套开，每次研讨主题选择很有意义。

2013年5月AIUTA广州会议，主题是"老年教育和银发旅游"；2013年9月瑞典乌普萨拉（Uppsala）会议，主题是"老年人机会均等"；2014年6月法国图卢兹（Toulouse）会议，主题是"老年大学与国际化合作"；2014年11月将在巴西伊瓜苏（Iguazu）开会，主题是"代际合作"；2015年5月计划西班牙阿利坎特（Alicante）；2015年9月波兰卢布林（Lublin），主题未定。

每次研讨会必有的内容是交流各国老年教育动态、信息。同时对上一次会议进行小结，出版通讯（newsletter）。

AIUTA目前设有科学委员会和教育委员会，定期向理事会做工作报告及提出建议。

AIUTA秘书处开设有U3A网站，以英文为主。

2013年5月AIUTA理事会广州会议选举中国老年大学协会常务副会长袁新立为AIUTA副主席，同年9月AIUTA理事会乌普萨拉会议增选中国老年大学协会副会长林元和为理事，至此，中国老年大学协会在AIUTA理事会中有了两个名额。加强中国老年大学与AIUTA合作，与其130多个会员校交流合作，条件日益成熟。

中国老年大学协会国际联络部将代表中国老年大学组织参与AIUTA的活动，统筹安排、组织中国老年大学参与AIUTA国际研讨活动，为此与AIUTA建立顺畅的交流渠道，包括电函、电话、资料交换，根据AIUTA理事会事先确立的主题为国际研讨活动组稿和联系发言。

我们协会国际联络部还将有计划地编译《U3A在世界》，有计划地翻译国际老年大学协会专家、学者的新论文，刊登在《老年教育·老年大学》和《广州老年教育研究》刊物上；有计划地选择、编译中国老年大学协会各成员校的办学情况信息，上传至AIUTA网站。

我们认为，老年大学的国际化合作是中国老年教育发展的客观要求和必然趋势，是中国老年教育现代化的一部分。深化中国老年大学的国际化合作，现在正是时机。

（作者单位：广州市老年干部大学）

教育深度开放与中国老年教育"面向世界"的发展战略

广州市老年干部大学 梁 烈

党的十八大之后，中共中央关于进一步推进开放的思路与政策措施逐渐明晰，新一轮开放的大幕已经开启。30多年来的历史证明，和改革一样，开放是我国发展的巨大动力。对于老年教育亦然，开放同样是我国老年教育发展的巨大动力，也是我国老年教育践行邓小平同志30多年前关于"教育要面向世界"这一光辉论断的大好时机。我国的老年教育也是在 30 多年前的 1983 年开始创业起步的，但我们当年却并未意识到——老年教育有一天也要"面向世界"！今天，正如中国老年大学协会常务副会长袁新立所概括的："我国的老年教育事业已是春色满园，老年大学（学校）已经发展到 5.97 万多所，学员 677 万多人，参加远程教育学习的达 220 余万人，一个全方位、多层次、多学科、多功能、开放式的老年教育体系已经形成。30 多年来，中国老年教育事业发展速度之快，覆盖面之广，参与学习的老年人之多，社会效益之显著，是前所未有的，对此国内外的专家学者和国际老年大学协会，都给予了高度评价。"显然，中国作为世界老年大学历史短暂却发展态势最为迅猛的国家，老年教育有着自己独特的成长路径和与国情舆情相适应的文化价值取向。因而，我们的老年教育和老年大学更需要"走出去"，看看世界其他国家的老年教育和老年大学办得怎么样？有什么样的长处可以学习和借鉴——随着我国教育事业的深度开放，我们亦已在拟议着"面向世界"的发展战略。

当然，老年教育"面向世界"蕴含着两方面含义：一方面要求老年教育要为我国的对外开放方针、政策服务；另一方面要求促进老年教育自身的对外开放。强调的是"西学东渐"与"东学西渐"互为表里，即既善于和世界各国先进的办学理念和模式进行学习和交流，也善于一起来欣赏和分享人类共同创造的文明成果和成功经验，最终实现老年教育的国际化。

一、教育深度开放提升老年教育开放的整体水平

这新一轮开放特点有三点：一是"开放的深层次性"，这是一次深度拓展式的，与实施最高标准开放通则的国际社会高度接轨的开放，它着力推进的是体制机制的创新，倒逼行政体制以及文化教育等领域更深层次的革新；二是"开放的全面性"，它全面构筑大开放格局，并推进包括教育等服务业在内的有序开放；三是"开放的战略性"，当前的国际环境正由经济危机前的快速发展期进入深度转型调整期，因而我们必须认识并把握好这个战略发展机遇，增强核心竞争力。在这样的大背景下，我国的老年教育事业确实应该认真来"认识并把握好这个战略发展机遇"，以"面向世界"的胆识和战略，在更广泛的领域和更高层次上与教育较发达国家、地区的老年教育和老年大学进行交流与合作，为提高老年教育开放的整体水平打下坚实的基础。

1. 加入 WTO 后中国对教育开放的郑重承诺

中国在 2001 年 12 月 11 日正式成为世界贸易组织（WTO）成员之后，国家外经贸部立即公布《中国加入世界贸易组织法律文件》，其中表明我国政府对开放教育市场的两点承诺：一是教育服务——包括基础教育服务、中等教育服务、高等教育服务、成人教育服务，以及其他教育服务即时全面开放。二是外资允许进入我国的教育服务市场。此举乃是我国教育面向世界，并进一步对外开放的标志性事件，这使我们得以在更广泛、更高层次的领域间与教育发达国家开展交流与合作，引进其先进的教育科技成果，并得以提升我国教育服务市场对外开放的整体水平。与此同时，我国的老年教育正从"开创起步阶段"迈向"探索发展阶段"，也正在期盼并"探索"着与世界上老年教育先行一步的国家和机构"开展交流与合作"，以促进我国老年教育的开放发展。

2. 《教育规划纲要》列明"扩大教育开放"要求

2010 年 7 月，中共中央和国务院在共同发布的《国家中长期教育改革和发展规划纲

要（2010—2020）》中着重提出，要"扩大教育开放"，并且要通过"引进来"和"走出去"的办法，以"加强国际交流与合作，提高中国教育的国际化水平，提升中国教育的国际地位，提升中国教育的影响力和竞争力，培养大批具有国际视野、通晓国际规则、能够参与国际事务和国际竞争的国际化人才"。与此同时，老年教育也首次被纳入此一规划纲要，并郑重表示：要"重视老年教育"！老年教育工作者们明白："这既是对老年教育的充分肯定，又是对老年教育的定性、定位，它标志着老年教育已经提上党和政府的议事日程，预示着老年教育在党和政府的领导下，将走上一个新的发展阶段。"而被"重视"起来的老年教育此时也已进入了"科学发展阶段"，同样需要"扩大教育开放"，以加强国际交流与合作，提高中国老年教育的国际化水平，提升中国老年教育的国际地位和提升中国老年教育的影响力和竞争力。

3. 党的十八大重申"不断扩大开放"

2013年11月12日十八届三中全会通过《中共中央关于全面深化改革若干重大问题的决定》，再次重申要"不断扩大开放"。此前的十七届六中全会《决定》更提出："实施文化走出去战略，不断增强中华文化的国际影响力。"这是中华民族文化发展史上第一次，把"文化走出去战略"提到全体国民面前。"文化"在中文语境里是"人文教化"的简称，这当然要包括教育，乃至老年教育在内。而十八大报告也在"增强文化整体实力和竞争力"一节里强调：要"扩大文化领域的对外开放"。我们的老年教育事业随着改革开放一起茁壮成长，也开始有这个能力让老年大学"文化走出去"。在全球化时代来临之际，凭借着文化自觉自信的底蕴，借助着国际会议和"孔子学院"一类的平台，让老年大学教师与教师之间的交往，老年学员与老年学员之间的交流，直面各自的文化根底，乃至彼此的文化伦理观念和教育价值观念，使东风吹绿西洋岸，把中华文化的种子播撒到更多更远的地方，让它们生根发芽开花。

4. "扩大教育开放"处在全球化的背景下

世界范围内文化、教育与经济的相互交融，目前正成为全球化时代的新动向，反映在综合国力竞争中的地位和作用越来越突出，这也就使文化的力量、教育的力量深深地熔铸在民族的生命力、创造力和凝聚力之中。而教育交流更是人类文化交流的重要内容，也是促进世界各民族、国家及地区教育发展的强大动力。伴随着经济全球化、国际化浪潮，其所导致的教育资源、信息、知识、技术、人才和资本等的全球流动与重新配置，将意味着牵动世界各国乃至各地区教育发展的相互交流、相互依存和相互维系，最终走向全球一体化。2013年5月国际老年大学协会在广州通过的《老年大学宪章》就明确要求"老年大学旨在通过自主一体化发展，或与其他教学机构的合作来确保学术活动的地位"，而且清晰地点明"老年大学是世界各地老年人学术科学合作的有利交流平台"。因而，老年大学就应该充分利用我们自己的这个"最为有利的交流平台"，通过它与世界的"其他教学机构的学术科学合作"来确保我们学术活动的地位，并且达到世界老年大学的自主一体化发展水平。

二、教育深度开放要求老年教育"面向世界"

中国充满着知识和智慧，对周边国家和人民的学习热情有着多么大的吸引力。中国教育从秦朝至明朝、近代尤其是改革开放三十多年来在对外开放方面迈出了坚定的步伐，有力地促进了中国经济社会的发展和繁荣，也有力地推进了世界文明进步的历史进程。

这种教育的对外开放，对中国本身而言是有收获的，因为它以平等互利为前提，既对世界文化的发展做出了杰出贡献，也促进了中国精神文化生活的繁荣。比如强化了民族的精神支柱，比如树立了强大的国家形象，比如密切了与邻邦的友好关系，比如促进了科学技术的发展，等等。

这种教育的对外开放，对世界而言是有贡献的，因为它同样以平等互利为前提，即使中国获得了巨大的文化收获，也使中国对世界的文明进步及人类社会的发展做出了不可磨灭的历史贡献。比如以杰出的哲学思想丰富了人类的思想宝库，比如以杰出的伦理道德美化了人类的精神家园，比如以绚丽的文学艺术升华了人类的审美情趣，比如以先进的科学技术推动国际社会的全面进步，等等。

从一定意义上说，一部世界教育史，就是一部各民族教育相互交流、碰撞、融合、创新的历史；一部中国近现代教育史，也就是一部中国在与世界各国交流的过程中逐步改革传统教育、不断推进教育现代化的历史。

在改革开放后的新历史时期，教育开放大致经历了三个发展阶段：改革开放初期至1992年，中国重返世界舞台，逐步恢复和发展国际教育的交流合作；1992年至1999年，这一时期不断加强教育的法制建设，教育开放得到了法律的保障；1999年至今，这一时期开放步伐不断加快，教育开放开始同国际惯例接轨，等等。随着教育的不断扩大开放，我国与世界各国之间开展了广泛的教育交流和合作，这种交流既是改革开放的形势和建设现代化的需要决定的，也是在吸取新中国成立后开展对外教育交流的经验与教训的基础上形成的。而我国老年教育与世界各国之间的交流和合作亦已在各个层面相继展开，人们越来越深刻地感受到这种交流和合作对加快我国教育现代化乃至老年教育现代化所产生的重要影响。因而，中国的老年教育要"面向世界"，要与世界各国的老年教育机构和老年大学加强交流和合作，还需要脚踏实地地来做一番深入的认识和思考。

1. 老年教育要面向世界，必须立足在对世界经济、科技和教育发展变革的广阔背景中来认识和思考

当今世界，知识和信息已经作为重要的生产要素参与世界经济和社会的发展，并正迅速地改变着世界的面貌。科学技术的发展，使得社会、经济、文化乃至教育一体化趋势冲破了地缘政治观念的约束，把整个世界联结成了一个整体。在这种国际环境下，伴随着科技和信息工业的发展，特别是知识的交流已超越了国界，教育乃至老年教育的发展必须以此为契机进行改革和创新，努力培养老年大学学员具有新时代的意识和知识，并增强其生存和竞争的能力，以适应经济和知识信息全球一体化的发展需要。

2. 老年教育要面向世界，必须立足在对世界老年教育当前的发展变革态势上来认识和思考

在经济全球化和世界各国联系日益紧密的今天，教育乃至老年教育的改革和发展必须侧重于了解世界、研究世界，并关注世界政治、经济、科技以及文化教育发展的趋势和变革态势，努力吸收人类文明的一切成果，以使我国老年教育的发展跟上世界发展的潮流。为此，我们应积极开展老年教育的对外交流活动，邀请国外的知名专家、学者来我国举办教育讲座，传授先进的文化知识和先进的教学方法；设计各种各样适合彼此的

交流合作项目，以促进世界老年教育事业的进步与发展。同时，还要不断扩大选派出国访问学者和学员的规模，加强国际学术交流，利用国外先进的办学理念，以提高老年教育的办学质量和水平。

3. 老年教育要面向世界，必须立足在更加坚实更加健康的对外开放的文化心态上来认识和思考

中国教育的大门自秦朝乃至明朝都一直向着世界敞开，尤其是汉唐的对外开放盛景，至今仍为世界的教育学者们所津津乐道。只是到了明末清初，一些人沉醉在天朝上国迷梦不可自拔，以至在一定程度上排斥外来的教育文化而吃尽苦头。这些教训我们一直记忆犹新，虽然近代尤其是改革开放三十多年以来我们在对外开放方面迈出了坚定的步伐，有力地促进了中国经济社会的发展和繁荣，也有力地推进了世界文明进步的历史进程。因而在这开放年代，老年教育开放在直面世界的时候，就仍然必须立足在更加坚实更加健康的对外开放心态上来认识和思考这段艰难曲折的历史进程。

4. 老年教育要面向世界，必须立足在更加积极更加主动的对外开放的自觉意识上来认识和思考

有学者说："中国教育之所以有过盛世的繁华，原因之一就在于教育文化在对外开放的历史进程中既积极又主动；西方教育之所以能在近代开始后来居上，原因之一也在于他们的教育文化在对外开放的历史进程中既积极又主动。"我很同意这种看法。上面说过，历史教训不可时刻忘却。在教育文化春意盎然的时候，你却醉卧"东学西渐"花丛，而到得"西学东渐"的时候，你却仍然"沉醉不知归路"，岂能不错而失之！因而老年教育开放在直面世界的时候，要葆有更加积极更加主动的对外开放的自觉意识。

5. 老年教育要面向世界，必须立足在更加有自信更加有自尊的对外开放的理性审视上来认识和思考

中华教育文化是东方文化的代表，它有着独特的价值观念和思维方式，其中的促进世界和谐、人与自然和谐和人与人自身和谐的大智慧，其体系之完整、论述之细密乃至人性之饱满即使放在世界教育文化系统里也是光彩夺目的。因而，老年教育开放在对世界做着理性审视的时候，就应该更加有自信更加有自尊。有自信有自尊，就能够增强老年教育工作者坚守的从容、进取的勇气和创新的活力；有自信有自尊，就能够增强老年教育工作者辨别良莠、扬弃文化垃圾的能力；有自信有自尊，就能够扩阔老年教育工作者的文化视野，用开放的心态、海纳百川的气度，向世界文化的多姿多彩学习，把其中的积极内容和健康养分"拿来"，去升华、去发展我们老年教育文化自身，去建设我们高度发达的社会主义精神文明。

三、教育深度开放促成老年教育"面向世界"发展战略

按照自组织系统理论，任何组织或系统都不是孤立存在的，也都一定在特定的环境下与其他组织系统相互联系、相互作用，并不断与之发生着物质、能量以及信息的交换，以借此增强自身的活力及适应能力。因此，教育封闭没有出路，老年教育封闭同样没有出路！

当然，老年教育机构乃至老年大学开展国际间的交流和合作，其目的总是要达到双

赢的。要双赢，这就需要双方积极主动地着力于交流合作平台的构建以及交流合作渠道的疏通。随着国家教育的深度开放，为老年教育"面向世界"发展战略而搭建开放的老年教育交流合作平台，就此提上了议事日程。

为老年教育开放而搭建的国际老年教育交流合作平台，一是要有一个良好的意愿，二是要有一个良好的社会环境——这需要彼此本着平等、互信的态度，才能构建起相关的长效机制，实现双方的合作共赢。

1. 培育包容的开放理念

在经济全球化的今天，各民族各国家之间的往来交流已然日益频繁，而老年教育组织、机构乃至老年大学的国际间交流也已经日趋活跃，使得异质教育观念间的交流互动在广度乃至深度上都得到了实质性的拓展，也增进了不同特色不同类型不同品格的老年教育乃至老年大学之间的相互了解、相互理解、相互学习和相互包容。

（1）尊重老年教育形态的多样性。

现代教育从一开始就有着各式各样的思潮和形态，这是由历史、民族、地域、宗教和社会发展状况的不同而造成的。世界老年教育的发轫因为大多缺乏政府部门的统筹，总会或多或少带了点自发性和草创性。即便是中国式的老年教育和老年大学，不仅有由各式主办单位办之分，也还有用各种办学理念办之别。美国哲学家蒯因对此表示十分理解，他说："人们对自己环境所形成的概念的方式，以及把这世界拆解成许许多多不同东西的方式，其实全都具有一切文化所共有的最基本的特征。"因而，多样态的世界老年教育共同体正是差异性和统一性的矛盾统一体，尊重它，这才能让各类老年教育的发生发展永远不会因僵化、衰落而失去动力。

（2）尊重老年教育形态的异质性。

由于地理位置、宗教信仰、哲学思辨以及经济发展的种种不同，会造成彼此间的文化差异和教育差异，这就是所谓的"异质性"。当然，学者们都知道："无论是为了维护一个多元化的社会，还是为了认识方式的发展需要，重视'差异'，坚持'和而不同'原则都是当前一个十分重要的问题。""和而不同"原则正是我们老祖宗的一个大发明，也是处理"异质性"的一个大智慧。在这"同一个世界，同一个梦想"的时代，我们不应该过分强调彼此间的"异质性"，并且在这中间筑一道樊篱、划一道鸿沟；而更应该尊重两者的差异，找到彼此能够"通约"的地方，从而实现老年教育形态下的平等对话。

（3）尊重老年教育形态的平等性。

在老年教育和老年大学的国际交流与合作过程中，我们只遵循这样的原则：既要对自己的本位教育理念保持高度自信，又要充分尊重异域异质教育文化的独特性和先进性，坚持采取平等对话的姿态去相互沟通和理解。因为，中国的老年教育文化不会因为与彼方"异质"而一文不值，彼方的"异质"老年教育文化也不会因为与中国的老年教育文化有着差异而彰显价值。

任何的老年教育文化的存在，都有它存在的理由和作用。正所谓"存在即合理"，中国的老年教育文化、西方的老年教育文化乃至其他国家和地区的老年教育文化都会在世界老年教育的大舞台上找到各自合适的位置。

2. 达成互信的合作共识

中国老年大学人尊重文明的多元性，主张各式各样的老年教育文化在相互尊重的基础上，取长补短、相互交流、沟通、影响、学习和促进，相信这种立场一定能够在国际老年教育文化社区中产生共鸣，对增进各国各地区老年大学的彼此了解和理解，培养国际间老年大学人的共识和互信，并由此带来国际间的协作和合作，给老年教育世界传递友谊和和平一定会产生积极影响。但是，这毕竟是多元的异质老年教育文化的相互碰撞与交融，抵牾也在所难免，故而就更需要达成一种互信的合作默契与共识，携起手来，担负起推动世界老年教育发展的共同责任。

（1）建立畅顺通达的互信合作桥梁。

要达成互信的合作共识，首要便是语言的沟通机制。语言一向是文化交流的障碍，他语翻译于官式访问而言自然水到渠成，但对于老年教育工作者或老年大学学员的民间交流来说就不是那么切实可行了。因而，要想互信合作的交流通达畅顺，双方的双语双向学习与训练就少不了。随着近年来我国综合国力的上升，为了"走出去"而将自己的教育文化价值观念向世界推而广之，我们需要在语言的沟通机制方面多下些功夫。当然还可以通过如孔子学院那样的窗口和平台，以达到双向的了解、双向的交流，增进互信，减少误解，让互信合作的双方受众得到一个准确的真诚的自我评价，使双方老年教育事业的互利合作、共同发展得以真正实现。

（2）建立情感交流的互信合作纽带。

老年教育的自身体验就是情感交流，国际性的老年教育文化交流更是如此。老年学员都觉得："许多为长者举办的国际活动为我们提供与异国风情、异质文化对话的机会，为我们提供结识朋友、寻找伙伴的机会。"这就是老年教育文化交流并建立互信合作纽带的最特别之处，也为多样化的老年教育文化对话、老年教育文化的相互促进乃至贯通老年教育文化合作道路增添了丰富性和可能性。这与年轻学子的交流活动不同，老年学人的交流活动看重的是情感交流，包括跨文化学习、文化创意活动及展示、跨文化交流（访问其他文化、文化物品及城市）、访问外国大学、会见老龄学员、参加文化活动和文化节、参加国际会议和工作室、团队或个人的跨文化接触以及与不同年代人的跨文化工作等，都只需要在清新、轻松、亲和与愉悦中开展便行。

（3）建立生动活泼的互信合作平台。

《国际宪章》明确指出老年大学就是"世界各地老年人学术科学合作的有利交流平台"。当然，指明"学术科学合作"，证明这种交流活动的文化含金量和学术科学含金量不会低。但却有学者指出："比较中外老年大学的办学思想、体制、管理水平等，并不能做出优劣之论，但在学术地位上确有明显差异。中国老年大学学术含量一般较低，绝大多数基层老年大学处于'带着玩'的娱乐层次。"没有学术含量就没有大学的地位！我很赞同这位学者的看法："即便让老同志玩得'高兴'、'开心'，也要有学术内涵作基础。"

而事情恐怕也可能有另外一面：有学术内涵作基础，老同志玩起来是不是会更"高兴"更"开心"？老年大学学员的国际活动注重的是有助于他们在各方面的自我表现，不仅能使他们的生活增添风采，使他们积极面对生活，还能使他们觉得自己对社会有用，对家庭有用，从而会更满意自己的生活，感觉到自己个性的重要性。因而，为老年教育建立的跨国互信合作项目平台就一定要设计得既生动又活泼：比如在一个叫作"协同学习"的项目里，主办者便让各国的老年大学人在游戏中学会协同学习、工作，并做出展示，以体验生活的新层次。比如在一个叫作"虚拟文化中心"的项目里，设计的目标是"如何将自己国家的文化传统介绍给别的文化"（跨文化学习），还要"介绍给年轻一代"（跨代学习）。这样，项目参与者便要进行翔实而多姿多彩的准备，这才能给别样文化国家老年学员和年轻学员以生动活泼的演绎和展示。比如在一个叫作"胜任网络"的项目里，它要求老年学员"反馈自己在开发因特网的文化经历"。他们于是互相交流自己在这方面的有趣经历，交换并比较了各自的差异，检讨了本国采取最好办法的可能性。长者们在做研究的作业中自得其乐，很有成就感。又比如在一个叫作"维系我们的母亲河"的项目里，出题者巧妙地将老年大学里的多学科课程全部融汇进社会的相关活动中。参与项目的老年学员先得去认识本国本地区有关母亲河的沿革和发展战略，然后撰写出那里所发生的有趣事物和重要人物的故事，包括桥梁的故事、船舰的故事、天然纪念物（景观、动植物）的故事、人工纪念物（建筑物）的故事和饮饮食食、玩玩乐乐的故事等，当然，更重要的是你有关母亲河发展的有趣故事。

我们或许还可以借助"孔子学院"来建立国际老年教育的互信合作项目平台。按照国家《孔子学院发展规划（2012—2020）》的要求，到 2015 年，全球孔子学院将达到 500 所，学员 150 万人。到 2020 年将基本完成全球布局并统一质量标准、统一考试认证和统一选派并培训教师。据说还准备筹建各种分学院——这对于老年教育的对外开放和建立海外交流平台实在是一个难得的机会：着手发展老年网络孔子学院、老年广播孔子学院、老年电视孔子学院以及老年孔子学院文学院和老年孔子学院艺术院之类，以进一步形成多层次、多样化、广覆盖的老年孔子学院的发展格局，让世界老年学员在这里分享知识，交流经验，交到朋友。

我们或许还可以通过国际老年教育联盟举办国际老年艺术节、国际老年运动会，或设置国际老年教育文化日、国际老年教育文化周等，以开展国际间的老年教育交流与合作。

我们或许还可以创建国际第三年龄大学。通过这一平台联合培养国际老年教育联盟各领域合作交流所需要的高水平人才，以不断提高老年教育教学标准和质量，并使其成为高质量的老年教育典范。

四、结束语

新一轮的开放是一次高标准、高层次的开放，国家的目标是构建开放型的经济新体制。而教育乃至老年教育的深度开放，其目标同样是构建开放型的教育或者是老年教育的新体制。而随着近现代以来世界体系的形成，几乎每一种教育文化都在试图与葆有"开放通则的国际社会接轨"，并且也不同程度地吸纳着异质文化的合理成分。不同教育文化在珍视和认同自身文化的基础之上，对异质文化的认同也在不断扩大，异质文化间的交流以及在此基础上达成的相互尊重，正是构成整个老年教育国际关系的一个重要因素。异质文化认同的扩大和文化矛盾的弱化，无疑有助于双边或多边老年教育的国际合作，并促进全球老年教育的协调发展。因而，无论是教育的深度开放，还是老年教育的"面向世界"发展战略，在文化全球化国与国之间交流合作的过程中，都需要充分尊重不同民族与不同文化的多样性和差异性，确立"各种文明和平共处、平等交流、互相学习、互相借鉴、共同发展"的原则,这应该是世界老年教育共同体开展交流合作的基础,对老年教育教师与教师、学员与学员、教师与学员间的友好交往也具有十分重要的意义。

(作者系广州市老年干部大学特约研究员)

在全面深化改革开放中推进老年教育国际化

广州市老年干部大学　周美华

所谓老年教育国际化,就是用国际视野来把握和发展老年教育。《老年大学宪章》的公布和实施,为老年教育国际化奠定了基础。中国老年大学协会又在广州市老年干部大学设立了国际联络部,加强了老年教育的国际联系、交流、合作,这为推进中国的老年教育国际化创造了条件。因此,我们要在认真贯彻党的十八届三中全会精神中,以开放促改革,用国际视野来把握和发展老年教育,积极主动地走向世界,扩大国际影响、切实发挥对外联络作用,在全面深化改革开放中推进老年教育国际化。

一、推进老年教育国际化是社会改革开放发展的必然趋势

1. 经济的全球化和信息网络化要求老年教育国际化

在世界经济全球化、信息网络化的推动下,国际老年大学协会成立,并已召开了93届理事会。老年教育国际交流与合作日益频繁,各国老年教育相互影响、相互交流,相互包容、相互学习的程度不断提高,共同促进世界老年教育不断改革和发展。各国在老年教育宗旨的确定、教育内容的选择、教育形式以及教育手段和方法的采用等方面不但要满足本国、本土化的要求,而且要适应经济全球化和信息网络化的要求,以不断改变老年人的知识结构,提高老年人的素质,学会享受科技发展的新成果,提高生活质量。老年教育国际化的核心,就是在经济全球化、信息网络化的形势下,各国都在充分利用国内和国际两个老年教育资源,优化配置本国的老年教育资源和要素,培养老年人适应经济全球化和信息化的素质,更好地融入社会。老年教育国际化的目的是培养老年人具有国际意识、国际交往能力,使老年人立足本土,放眼世界,参与国际活动。

2. 实现教育"三个面向"要求推进老年教育国际化

邓小平同志正确分析世界经济、科技竞争的形势和我国人口众多、资源不足、经济实力薄弱的基本国情,提出了社会主义的根本任务是发展生产力,而科学技术是第一生产力;发展科学技术,不抓教育不行。指出"教育要面向现代化,面向未来,面向世界"。老年教育是终身教育的一个重要组成部分,同样要贯彻实践"三个面向"。老年教育要面向世界就要推进老年教育国际化,老年教育要开放,要面向世界就要向别的先进国家学习,吸收先进国家的先进文化、技术和经验,积极参与国际活动,改革我国老年

教育体制、教学内容结构、教育方法手段,努力培养老年人既懂得国内现代技术,又懂得国外先进技术;既会继续参与国内建设又会参与国际活动,实现老年教育服务社会的宗旨。

二、积极采取措施加速老年教育国际化进程

习近平总书记在党的十八届三中全会上指出:"党的十八大统一提出了全面建成小康社会和全面深化改革开放的目标,强调必须以更大政治勇气和智慧。不失时机深化重要领域改革,坚决破除一切妨碍科学发展的思想观念和体制机制弊端,构建系统完备、科学规范、运行有效的制度体系,使各方面制度更加成熟更加定型。"十八大召开以来,中国各项改革开始全面提速。加快老年教育改革,转变老年教育发展方式,加快推进老年教育现代化和国际化建设是发展老年教育重要任务。

1. 认真贯彻《老年大学宪章》为加速老年教育国际化打基础

《老年大学宪章》是国际第三年龄大学的典章制度,它的公布和实施为老年教育国际化奠定了基础。它为老年教育指明了面向世界,面向未来的发展方向。它是站在世界的未来的高度上发展和规范老年教育,它既是世界老年教育国际化的成果,又为推动老年教育国际化的进程指明了方向。《老年教育宪章》中有国际化的条款,指出"老年大学是世界各地老年人学术科学合作的有利交流平台。"认真领会贯彻《老年大学宪章》,其实质就是在实践老年教育国际化。因此,我们要认真学习领会、贯彻执行,用《老年大学宪章》精神指导老年教育,办好老年大学。要充分发挥中国老年教育协会国际联络部作用,加强老年教育的国际交流,加快老年教育国际化进程。

2. 在加速老年教育现代化过程中推进老年教育国际化

中国老年大学协会正在建立符合我国老年教育实际,并能有力推动老年教育改革与发展的老年教育现代化指标体系。老年教育现代化指标体系的制定,需要研究其他国家的老年教育指标体系与评价标准,需要放在国际间进行比较和评估,使制定出来的老年教育现代化指标体系既适合中国老年教育的发展,又能在国际上进行横向比较。这样才能有利于我们向老年教育先进国家学习、寻找差距,有利于建立我国的老年教育现代化指标体系。因此。要在加速中国老年教育现代化中推进老年教育国际化。现代化与国际化是相辅相成的,老年教育国际化为现代化提供了改革的动力,而老年教育现代化为老年教育国际化创造了条件。老年教育国际化和现代化的根本目标是一致的,就是培养老年人很好地融入社会,适应现代社会需求,能参与国际活动的老年人,这也是实现老年教育宗旨的要求。要在加速老年教育现代化进程中推进老年教育国际化,在现代化的基础上国际化。要创造条件把老年大学建设的硬件、软件抓上来,把现代化校舍、设备及校园文化建设结合起来,提升校园国际化环境的特征和氛围。

3. 扩大开放、大胆探索老年教育国际化途径

习近平总书记在党的十八届三中全会讲话中指出:"全党要坚定改革信心,以更大的政治勇气和智慧,更有力的措施和方法推进改革"。"一是要有自我革新的勇气和胸怀,跳出条条框框限制,克服部门利益掣肘,以积极主动精神研究和提出改革举措。"老年教育部门和老年教育工作者在贯彻三中全会精神的实践中,要认真领会习近平总书记的讲

话精神，把在加速老年教育现代化中积极推进国际化，作为全面深化老年教育改革开放的重要任务。积极开展以开放促改革，深化改革与扩大开放是相辅相成的，开放也是改革。改革需要扩大开放而形成外部压力来推动改革不断深化。中国老年教育现代化建设离不开国际合作与交流，老年教育国际化，需要更多地向其他老年教育发达国家学习，借鉴他国成功的经验。外国一些先进国家老年教育起步早，积累了一定经验，在办学宗旨、办学形式、课程设置和现代化管理手段等方面是很值得我们学习和借鉴的。我们要在保留中国特色的基础上，根据我国的老年教育实际，学习发达国家的先进经验，将我国老年教育的发展真正地融入到国际发展的潮流中。中国老年教育现代化离不开国际化的战略，离不开国际舞台实践。我们要以实际行动，采取有力措施实践老年教育国际化。有条件的老年大学，可以组织一些身体健康，文化和思想素质较好的学员到老年教育比较先进的国家的老年大学学习、交流。也可以开设旅游文化课程，学习国际旅游文化，组织学员到国外旅游，开拓学员国际视野。可以通过国际老年大学协会这个平台，请外国老年教育专家、教授、学者来我国老年大学讲学。广州市老年干部大学曾几次请外国个别教授和国外的一些留学生来我校同英语俱乐部的学员一起活动，收到较好的效果。我们还可以同外国一些先进老年大学开展"共建国际化老年大学活动"。通过借鉴国际的先进老年教育理念、管理方法与教学经验来促进我国老年教育的改革，培养具有国际视野、能参与国际活动的老年人。

4. 从制度、体制、机制上加大老年教育国际化力度

我国老年教育国际论坛首次加入2013年中国国际教育年会，是中国老年教育走向国际化的一个很好实践。我国老年教育是在改革开放中根据我国老年工作实际和借鉴国外老年教育先进经验创办起来的。30多年来，有了一定的发展，与国外的合作和交流也从单向需求逐步转向双向需求。老年教育开放的战略已形成。但我们还要清醒地看到我国的老年教育现在的国际合作与交流还存在一些体制机制障碍制约。面对全球化日益加速，各国的合作与交流日益密切的外部环境，我国老年教育国际化也面临新的挑战和机遇。老年教育国际化进程应引起高度重视、科学研究、精心谋划、稳步实施。营造开放、包容的老年教育环境，使老年教育国际合作、交流朝着制度化和机制化的方向发展。国际化要求老年教学的内容要更新，要面向世界。老年教育课程要适应社会全球化信息化进程加速发展需求，让科技发展新成果和管理先进理论进入课程，增强吸引力。信息社会要求老年人懂得使用计算机，以便更好地了解世界，增进国际联系。进入21世纪，知识创新更加迅猛，社会变革更加剧烈，适应现代科技发展趋势，要求课程改革越来越快。老年教育国际化的核心就是要加大课程改革力度，增加各种新学科和国际通用方面的课程，把最新教学内容引入课程。近几年，广州市老年干部大学不断增加国际通用课程，如开设了老年出国英语会话、旅游英语、入门美语、NO-BOOK（美语听力）、走遍美国等国际通用的外语课程20多个班，每个学期在读学员约1 000人次。不断增加科普课程，如开设会声会影、电脑图文处理、数码摄影艺术等课程。从2013年开始，就把计算机基础知识定为公共基础课，要求所有进校学习的学员都要学习计算机基础知识，对全校每学期新开的班级不懂计算机基础知识的学员免费扫盲，普及教育。这是在推进老年教育国际化中课程设置的一项重要举措。

5. 加大国际交流与合作办学力度以推进老年教育国际化

《国家中长期教育改革与规划发展纲要（2010—2020年）》从教育内容、教育方式、教育评估、教育平台等方面提出教育国际化。其具体举措是：开展中外合作办学，引进优秀国外教材，聘请具有海外教育背景的教师授课，借鉴先进教育理念，参与并举办国际会议、比赛等各类活动体验国际规则，老年教育也要认真贯彻这个纲要。充分利用国际老年大学协会这个平台，发挥中国老年大学协会国际联络部作用，开展老年教育的国际化交流，采取请进来，走出去的方法，聘请外国老年教育专家、学者访问和讲学，开阔视野，接待各国老年团体参观、考察，组织对口交流，向一些老年教育先进国家学习。借鉴国外先进的老年教育办学理念，推动我国老年教育的发展。可通过组团相互访问、参观、学习。使我们既学习到外国的先进文化，又让外国老年学员学习中华文化，对于传播中华文明，让世界各国老年人更好地了解中国发挥积极作用，也为中国老年教育的发展创造了更良好的外部环境。国际化在老年大学应侧重国际理解教育，通过设置一些国际通用课程，让学员体验外国文化和学习方式，增强对多种文化的理解和包容，培养老年人开放多元的视野。这是老年教育国际化的宗旨所在。

中国老年教育可学习孔子学院到外国办学经验，走出国门办学。孔子学院已经成为我国教育国际化成功实践。据有关数据统计，至2011年年底，我国已在105个国家建立了358所孔子学院和500个中小学孔子课堂，在校学员50万人。孔子学院成功的教育国际化探索与实践也为我国老年大学国际化提供经验。中国的老年教育也可以走出国门，先到国外华人聚居的唐人街办学，以总结经验，不断扩大范围。

老年教育国际化是亿万老年人的殷切期待，也是一个艰苦奋斗过程。要实现老年教育国际化，需要全体老年教育工作者和全国老年人长期的共同努力，需要政府部门重视、全社会力量的支持。我们要在全面深化改革开放中积极采取措施加速我国老年教育国际化进程。

（作者系广州市老年干部大学特约研究员）

第四章 2014年11月巴西伊瓜苏会议

导论四：老年大学与代际合作

一、主题背景

2014年11月在巴西伊瓜苏召开的AIUTA第94届理事会议和国际会议，主题为"老年大学与代际合作（英译为Older university and generational cooperation，法译为U3A et coopération inter-régionale）"。这次会议的承办方是巴西UDC大学，AIUTA维拉斯主席和UDC大学的教授们敏锐地扣住了老年大学的一个非常重要的功能因素：代际合作。这是首次在老年教育国际学术平台上提出并讨论这一命题，研究两者关系有太多的内涵可以挖掘。

二、主题内涵

代际冲突具有不可估量的积极意义，它是社会前进的基本形式之一，是不以人的意志为转移的。在如今大变革的时代，代际冲突虽不可避免，但只要适当进行调整，实现代际合作，扬其长避其短，就能达到和谐发展的境界。代际和谐对于实现整个社会的和谐有着举足轻重的作用。老年教育是与代际合作紧密结合的教育，老年教育的发展对于缓和代际问题有着很大的积极作用。老年大学是代际合作得很好场所，老年大学与代际合作在思维理念层面、在具体工作层面都能有机融合。

三、主题提出的世界意义

随着世界第三年龄大学运动的兴起与发展，老年大学里老年人与大学及中小学学生的代际交流是目前一大常态，常见方式有讲座、授课和旅行活动等，内容主要围绕职业经验与生活经验传授，以及关于电脑、互联网和智能手机方面的知识分享等。老年大学在代际沟通上确实取得了一些成绩，带来了一些积极的变化：老年大学学员的家庭和谐，与子女、孙辈的关系融洽；越来越多的年轻人鼓励、支持、动员家里的老年人到老年大学学习，子女主动为父母报名老年大学的情况越来越多，而这类基于共同学习的代际合作活动也日益备受关注。通过这种代际交流合作，年长一代和年轻一代加强了联系，不仅使双方因此得益，还从某程度上促进了社会的和谐和紧密度。因而把老年大学和代际问题结合起来进行学术研讨，对全世界老年大学办学有实操指导作用。

四、主题提出的中国意义

中国老年教育30多年的发展，对于加强老年人与年轻人之间、不同代际老年人之间的沟通已取得良好效果。

这给了我们一些启示：首先这种代际合作关系是建基于双方在某一方面有共同的目

标和志趣，其次是老年学生和年轻一代学生有联系、共处和合作的条件。而老年大学正好充当了这一交流合作平台，成为形成良好的代际关系的催化剂。当然，我们也须关注老年学生和年轻教师、年轻学生以及年轻的教育管理者之间的关系，因为成功的代际合作不仅取决于彼此间沟通与交流，同样取决于两代人相互的容忍、理解与尊重。我们希望通过与老年大学的代际合作来达到社会主义社会代际关系最高尚的精神文明：年轻一代饮水思源，学习、尊重年长一代；年长一代寄望未来，爱护、扶持年轻一代后来居上。所以，研究老年大学与代际合作的关系，探索两者良性互动，对我国老年大学内涵式发展有助推作用，对社会建设也有正能量的启迪。

第一节　国际观点

夸美纽斯大学的代际合作活动研究

[斯洛伐克] 纳德兹达·赫拉普科娃　詹卡·赫拉德卡

代与代之间的教育活动在人类文明之初便已出现，它在过往的任何一种社会经济形态中都是一个自然而然的存在。但到了今天，随着时代的发展，传统的家庭生活模式正不断受到冲击，家庭教育功能被削弱，家族中代与代之间的沟通交流的机会在不断减少，取而代之的是学校成为重要的学习媒介以及发展同辈间关系的重要场所。

然而经验证明，老年人和年轻人是可以成为彼此相互学习对象的，而且这种代与代之间的共同、相互学习的积极影响是体现在多方面的：年轻人可以给老年人的生活带来活力、热情以及支持；而反过来老年人可以向年轻人传授知识和经验。在实践中，我们见过很多这样的例子，两代人不但可以实现互助和合作，而且双方都能从中得益。

在斯洛伐克的大学里，开展以老年人为对象的教育活动已经超过25年。在此期间，各种为老年人学习而设的专题项目得以推行，并逐渐形成了一种针对这个年龄层人士的教育模式。现今，这些专题项目和课程非常能适应老龄人士的需求，可以说是为他们量身定做，越来越多的老年人参与了这类学习活动。与此同时，我们在实践中也积累了很多关于在教育中实现不同代学生的交流和整合的经验。我们认为，不管是正式的学历教育还是非正式的兴趣教育，都存在让老年学生和年轻学生在一起共同学习、形成协作的可能。这是一种积极的代际合作活动。

最近，斯洛伐克第三年龄大学就这种基于学习的代际合作计划发起了一项调查，访问了1 447名分别来自第三年龄大学和普通大学的受访者。我们可以粗略看出两代人对待这个问题的态度。见表4-1至表4-5。

表4-1　受访者构成

受访者人数：1 447名（28%为男性，72%为女性）		
年　龄	比　例	
20岁以下	12.4%	年轻人所占比例：62.9%
21~25岁	46.0%	
26~30岁	4.5%	

续上表

受访者人数：1 447 名（28% 为男性，72% 为女性）		
年 龄	比 例	
50～55 岁	4.1%	老年人所占比例：37.1%
56～60 岁	4.8%	
61～70 岁	21.8%	
70 岁以上	6.5%	

表 4-2 你是否愿意参与包含年轻学生与老年学生的共同学习计划

意愿	年轻学生	老年学生
愿意	46.2%	42.9%
不愿意	22.5%	20.3%
不确定	31.3%	36.8%

表 4-3 在下列学习计划中，你会选择哪些科目进行学习

学习课程	年轻学生	老年学生
健康生活	42.2%	24.9%
历史学和民族学	27.0%	15.3%
信息技术	35.4%	20.1%
语言学	36.4%	14.4%
法律	9.1%	4.8%
神学	18.5%	10.9%
公民教育	27.4%	12.5%
园艺、家居、理财	27.0%	8.1%
其他	0.2%	2.0%

表 4-4　你认为通过下列计划可以有什么收获

类型	年轻学生	老年学生
有利于代际间更好地交流	75.3%	72.4%
增加两代人间彼此的认同（在家庭及社会上）	62.0%	66.5%
传承社会传统（行为方式、价值观念等）	50.6%	50.8%
学习对方的优势	37.0%	27.3%
影响专业方向的选择	15.0%	7.2%
其他	0.1%	1.1%

表 4-5　你认为代际间共同学习可能存在什么障碍

类型	年轻学生	老年学生
低效率的沟通	24.6%	23.2%
不同的学习需求	59.8%	49.0%
对教育价值的不同看法	40.4%	28.7%
不和谐的代际关系	18.7%	29.1%
意见的冲突	54.1%	35.4%
获取和理解信息的速度不同	56.7%	50.6%
其他	0.0%	0.9%

了解了上述数据后，我们还关注了一些由年轻人和老年人共同参与，在同一个主题和科目中共同学习的大学教育项目，并从这些共同学习事例中观察和研究两代人的代际交流和合作情况。

据我们的观察和总结，在大学教育里的代际交流和合作活动的形成主要基于以下六个条件：

（1）两代学生在同一课题中学习。
（2）老年学生和年轻讲师、年轻的教学管理者之间的良好关系。
（3）为两代学生提供一个共同的学习或研究任务。
（4）开展专门的代际交流合作项目，邀请不同年龄人士参加。
（5）两代人共同参加学习旅行。
（6）进一步比较研究那些获得成功的合作项目。

很明显，这种代际合作关系首先建基于双方在某一方面有共同的目标和志趣，其次是老年学生和年轻学生有联系、共处和合作的条件。而从另一个方面来说，我们也须关注老年学生和年轻教师、年轻学生以及年轻的教育管理者之间的关系，因为成功的代际合作不仅取决于彼此间沟通与交流，同样取决于两代人相互的容忍、理解与尊重。

因此，要使这种基于共同学习的代际合作活动能成功开展，作为计划的发起者，我们必须创设一个良好的环境，这必须包含以下五点：

（1）使两代人都能从中获得幸福感和满足感。
（2）创造更多两代人共处的机会。
（3）促进两代人之间有效的交流和互动。
（4）营造亲和的环境，激发受众对学习的热衷。
（5）强调和宣传教育在人生各阶段的重要意义。

随后，我们开始根据设想在这方面进行了一些实践，我们开展了一些活动供年轻学生和老年学生共同参与。其中包括：

（1）大学的暑期活动（如尊巴舞、越野行走训练等）。
（2）创业技能、考古学、民族学等一些每年的研究课题。
（3）由年轻的志愿者或学生进行引导的老年人语言课程。
（4）组织老年志愿者在城市图书馆教育学生或引导孩子。
（5）组织老年学生指导社区中孩子的暑期活动。

这些活动都取得了良好的效果。在其中，我们还着重观察了老年人在参加这类代际合作活动过程中的表现，分别为：

（1）被当作一个榜样般的角色。
（2）十分乐于并能够以丰富的人生经验帮助年轻人解决困难。
（3）作为第三年龄大学的学生，在活动中是一个有价值的讨论对象。
（4）能对大学里年轻教师产生启发。
（5）充当着年轻一代的传统文化与精神的传承人。

总之，随着第三年龄大学运动的兴起与发展，这类基于共同学习的代际合作活动也日益备受关注。通过这种代际交流合作，老年人和年轻人加强了联系，不仅使双方因此得益，还从某程度上促进了社会的和谐和紧密度。代际合作之花必将越开越艳。

（作者单位：夸美纽斯大学　翻译者：邓佩楠）

促进代际互助：尼日利亚式老年大学

［尼日利亚］查尔斯·阿弗拉比

21世纪，老龄化已成为世界人口最突出、最显见的问题。它既涉及身体、生物学层面的变化，又关乎社会层面，同时又给每个人、整个社会带来了各方面的挑战。据估计，到2050年，包括尼日利亚在内的许多国家，60岁以上的人口所占比例将超过30%。人口老龄化带来显著影响，关乎社会、经济、文化，乃至政治。目前，许多国家正在研究制定适合本国国情的老龄化问题解决方案。联合国业已敦促各国执行第二届世界老龄化大会所订立的建议性条款，尤其是国际行动计划。

不巧的是，尼日利亚政府并无意愿积极地应对老龄化问题。从实际来讲，尼日利亚乃至全非洲的老年大学数量微乎其微，老年教育运动发展缓慢。2007年，尼日利亚老年大学成立，代表着老年群体的利益，它大力倡导积极健康老龄化，推动代际关系发展。该大学的创办，可谓有效地将老龄化问题推在政府面前。

尼日利亚人口数量庞大，高达1.5亿人。其中超过4 000万青年人处于无业状态，大部分人是因为缺乏必要的技能。尼日利亚老年大学的办学理念就在于，汇聚拥有专业技能的老年人，促使他们把自身技能传授给年轻人；此外，老年人也会向年轻人学习新的知识。如此，两代人相互学习，又促进了年轻人的就业、有力地降低贫困程度，可谓一举多得。我们认为，学习是对未来的投资，因此，学习也是一项贯穿生命始终的要事。尼日利亚老年大学在全国推动代际教育项目，为老年群体的退休生活做及早准备。

老年公民需要关怀，需要学习，需要全社会的接纳。政府、企业、社会，乃至每个人，都应当携手，为创造美好的老龄化社会而努力。

(作者系尼日利亚老年大学创办人　翻译者：刘畅)

阿根廷的老年大学

[阿根廷] 尤兰达·达黎欧

20世纪80年代，我在恩特雷奥国立大学任资料译员时，首次接触到"继续教育"这一概念，并了解到法国皮埃尔·维拉斯教授创办了一所第三年龄大学，我对此很感兴趣。于是前往巴黎，拜会维拉斯教授，并参观了他所创办的学校。回国后，我在恩特雷奥国立大学申请创办了"中老年部"，开始了老年大学的探索之旅。

如今，经过40多年的发展，中老年部已成为恩特雷奥国立大学最大的一个部门，截至2015年，在读学生高达1 580人，课程活动丰富多彩。

1. 组织形式

两位指导教师负责组织团队执行教学计划。

（1）校内课程、讨论组。

（2）开放课程：在市政厅、非政府机构、民事协会进行。

（3）故事俱乐部：在各小学、图书馆、医院里开展活动。

（4）"教育、交流与老年"研讨会：选修课程，面向社会交流专业学生的选修课目。

（5）中老年部所有的教师、培训人员都会定期接受培训，以保证教学质量。

2. 管理团队

我们组建了一支高素质的管理队伍，包括老年教育方面的专家罗莎丽奥·蒙蒂尔教授，社会交流领域的专家韦乐丽雅·奥利弗提教授，以及老年学专家尤金尼奥·蒙特内哥罗。

3. 教师的遴选

我们发布招聘信息后，会收到大量的简历投递。我们根据候选人的能力资质、过往职业履历以及教学意愿做初步筛选，然后进行面试和试讲。候选者综合考察合格后可被聘用。我们的师资力量有两大来源：一是大学教师；二是职场专业人士。此外，对于语言文学类课程，我们会聘请记者和诗人前来授课。

4. 中老年部所举办的活动及会议

1986年，我们邀请阿根廷国内的五所大学商讨老年大学发展事宜，与会各方反应热烈，几个月后图库曼国立大学建立了自己的老年大学。

1993年，第三年龄大学的先驱皮埃尔·维拉斯教授应邀访问恩特雷奥省并参观我校，与中老年部师生举办座谈会。

1997年，举办"塔利斯"教师教学国际调查研讨会。

2000年，举办第13届全国老年教育项目会议。

2007年，主办拉美老年教育大会。

5. 开设老年大学的国立大学

在阿根廷全国，共有十几所国立大学开设老年教育项目，除恩特雷奥、图库曼之外，还有科尔多瓦、门多萨、圣路易斯、维拉玛利亚大学等。

（作者系恩特雷奥国立大学中老年部创办人　翻译者：刘畅）

老年大学在哥伦比亚的经验

［哥伦比亚］古斯塔沃·罗德里格斯

哥伦比亚是个年轻的国家，却在迅速老去。2000年，哥伦比亚总人口约为4 000万人，预计到2025年，人口将增至5 500万人。目前，全国60岁以上的群体为350万人，占总人口的6%；预计到2050年，将增至1 300万人，占比达20%。见图4-1。

60岁以上老年人中，将近50%的人属于贫穷阶层，40%的人生活在农村地区。这一群体也是首都波哥大地区占比最大的年龄群体。就哥伦比亚全国来说，在300多万60岁以上的老年人中，领退休金者仅为160万人，另有45%的人仍在忙碌，有的人收入较低。

哥伦比亚许多高校对老年教育表示大力支持。麦德林市行政、金融和技术大学（EAFIT大学）是全国一流名校，毕业生遍布全国各地，广受欢迎和好评。该校历来重视发展成人教育和继续教育。2001年，学校组织12名55岁以上的学员组成"人生知识"兴趣小组，是老年教育的起步。其后，这项事业迎来迅速发展，该校2014年招收老年学生达350人，开设特别培训类课程，全学年总计180学时。此外，还有为期40学时的短课程。学校开设计算机培训课程，并促进老年人对新媒体等技术的接受与应用，以便他

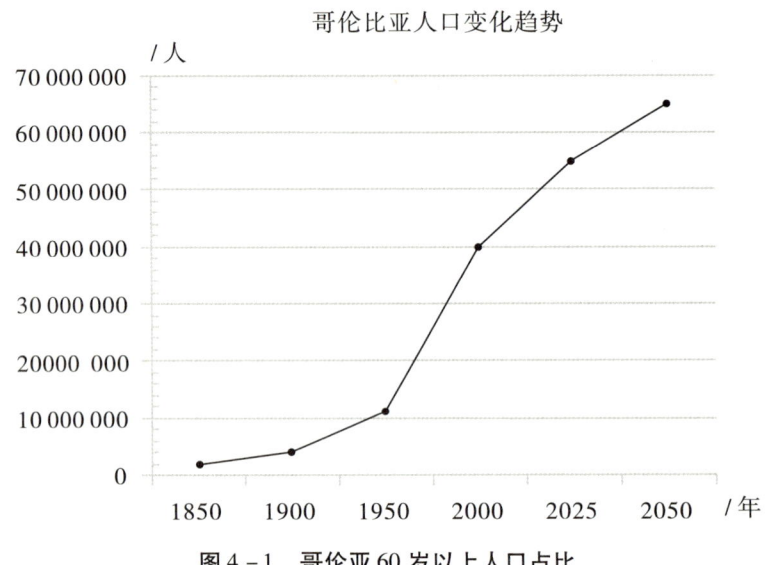

图 4-1　哥伦亚 60 岁以上人口占比

们更好地融入社会。此外，学校积极开展院校合作，多次与国内外老年大学进行交流访问。

安蒂奥基亚科技大学同样重视为老年人提供充足的学习机会。2006 年，该校面向老年群体开办课程，并宣告成立老年大学。起初，课程围绕老年人喜爱的休闲娱乐项目展开，之后陆续引入历史、文学、外语、管理学等学术性课程，以及更为丰富的音乐、绘画等艺术课程。目前，该校的老年教育课程每学年达到 128 学时。

拉美国际学院创始于 2000 年，总部位于美国，提供商业管理、沟通类课程，近年来在哥伦比亚开设多所老年院校，以鼓励当地老年人过上更为积极的生活。

时至今日，哥伦比亚的老年大学活动已形成一个相对固定的模式，越来越多的高校和其他机构开始介入老年教育。一般来说，创建一个老年大学项目，有以下流程：

（1）确立生源目标。
（2）调查学习期望、兴趣、动机。
（3）设计教学培训项目。
（4）学员筛选、确定。
（5）培训教师、计划讲座、研讨会。
（6）排课：给教学活动设立时间表。
（7）学员登记入学、组成兴趣小组。
（8）开展教学活动、交流活动。
（9）定时省察、调整改善。

（作者系拉蒂那大学副校长　翻译者：刘畅）

第二节　国内观点

学养相宜　康乐有为

——在老年大学与代际合作国际研讨会上的发言摘要

山东老年大学　杜英杰

我来自中国，目前担任山东老年大学校长。我校是中国第一所老年大学，我是山东老年大学第七任校长，今天我很荣幸来到这座美丽的城市，与各位相聚一堂。

1983年，山东老年大学在中国古代教育家、思想家孔子的家乡宣告成立。作为全国第一所老年教育院校，山东老年大学领衔中国老年教育的发展。目前，全中国有将近6万所老年大学，就读学生达700万之众。

随着人口老龄化的加速，老年大学已成为提供文化养老服务、博得政府关注与支持的重要载体与平台，山东老年大学每年获得政府拨款将近两千万元。我们的办学理念是：学养相宜、康乐有为。

至目前，我校建有4个校区、4所分校，开设60个专业、677个教学班，注册学员2 000多人次。

三十年以来，我校成为全国老年教育的展示基地、理论研究基地、教师培训基地，还承担了中国老年大学协会宣传出版工作委员会、远程教育实验区指导中心的工作。山东老年大学还创造了多项"全国第一"。如创办全国第一份老年教育期刊，出版全国第一批老年大学教材，编制全国第一份老年大学教学大纲。

山东老年大学在发展过程中，还展现出以下特色：

（1）校园文化丰富多彩。

（2）在多个地方开设分校，采取"章鱼式"发展模式，为老年学生的学习提供便利。

（3）在山东老年大学的带领下，山东全省的老年教育逐渐形成"省、市、县、镇、村"五个层次的办学网络。不同地方的老年院校彰显不同特色。

亲爱的各位朋友，山东有着优美的风光，精致、漫长的海岸线。在这里，四季分明，物产富饶，民众安居乐业，热情好客。欢迎您前来参观、考察我们的老年教育，感受美好的风土人情。山东老年大学，期待您的光临。

（本文内容取自国际老年大学协会第95届理事会及"老年大学与代际合作"国际研讨会资料汇编。）

（作者系山东老年大学协会会长、山东老年大学校长　翻译者：刘畅）

代际沟通

——绿城·颐乐学院的初步实践

绿城·颐乐学院　葛婷婷

代际沟通,在社会学和传播学上,在较长一段时间内,都是研究的一个课题。而在实际的社会生活中,代际沟通对社会和谐发展的重要性也显而易见。中国老年教育30年的发展,对于加强老年人与年轻人之间、不同代际老年人之间的沟通已取得良好效果,而创新性实践了3年多的绿城·颐乐学院也在代际沟通上进行了有益的尝试。

一、代际沟通的定义及作用

代际沟通（Intergenerational Communication）,根据《中国老年百科全书》的解释,是指两代人之间的相互理解、相互沟通,以缩小或消除代际隔阂。

一代,是指一群有同样的成长经历的人,大多数情况下,以出生年月这个因素来进行衡量。普遍的共识是,20年左右为一代人。代际关系是社会关系中纵向关系的代表,代际和谐对于实现整个社会的和谐有着举足轻重的作用。

代际的划分和更替是客观现象和自然过程,而只要社会中存在着代际关系,那么代际之间的差异也必然存在。代际之间的矛盾属于非对抗性的矛盾,无须通过残酷的斗争来解决,而是需要通过沟通、协调、相互宽容等方式,达成代与代之间的相互沟通。代与代之间在保持各代的特征的前提下,加强代际之间的沟通,发挥各自的优点和长处,实现代际之间的和平共处,达到代际和谐。这其中,沟通的基本准则应是——接纳、融合、折中、并存。

接纳：一方自愿放弃原有立场和观点,接受另一方的意见和观点。

融合：把双方意见的优点融合在一起,形成一个被双方都认可的更完善的意见。

折中：求同存异,彼此让步,部分接纳。

并存：不强求一致,彼此接受,相互尊重。

二、老年教育在代际沟通中的作用

传统社会,代际和谐的实现通过"尊老抑少"实现,但这种通过对一方的压制达到的代际和谐,并非真正意义上的和谐。现代社会实现了代际关系上的平等,不再存在一方压制另一方的现象,真正的代际和谐也才能实现。

代际和谐的实现,需要代际之间良好的沟通和相互支持。如果说,传统的代际沟通更多的是在家庭内部进行,由孝道作为桥梁,而现代社会,代际沟通在更为广阔的社会层面上展开,由社会承担更多的孝道,逐渐已成为事实,更成为不可逆的趋势。

以退休后的老年群体为对象,代际沟通的社会化,主要就是通过丰富的养老服务得以实现。如果说,生活照料和健康服务,仅是满足了老年人身体层面的养老需求,那么精神文化层面的养老服务,则是真正意义上的沟通桥梁。代际沟通,也通过社会化的精神文化服务得以有效实现,达到了老年人与年轻人之间的代际和谐。

老年教育,是老年精神文化服务的重要内容。随着我国人口老龄化的深入,老年教育的重要性也日益突出。通过老年教育可以实现老年人的自立与互助;可以启迪老年人的智慧,促进代际沟通交流;可以开发老年人的潜能,实现老年人的价值。

我国的老年教育,主要通过以下三种渠道进行:

(1) 老年大学。这是中国老年教育发展的起点、主体和代表模式。经过30年的发展,据全国老龄工作委员会办公室发布的《2012年度中国老龄事业发展统计公报》显示,截至2012年年底,我国各类老年大学、老年学校已有49 289所,在校人数约587万人,覆盖所有省级行政区。近年来,迅速发展的老年电视大学等远程老年教育渠道,把老年大学的受教育对象覆盖了更多的老年人,深受好评。

(2) 社区教育。同其他成年群体相比较,老年人在社区活动的时间更长,社区成为老年人退休后的主要人际交往场所,社区老年文化教育也已逐渐成为我国老年教育的重要形式。

(3) 家庭教育。主要是指家庭成员之间的代际教育。现代社会,传统的父传子的代际传承模式受到挑战,子代施教于亲代的"文化反哺"现象日益普遍,尤其是新思想、新科技的不断出现,子女对父母的教育,乃至孙子女对老年人的教育更成为普遍现象。

三、绿城·颐乐学院的代际沟通实践

1. 绿城·颐乐学院简介

以老年大学为核心的老年教育对社会发展和老年人个体发展都发挥了积极作用,但与早已进入老龄化社会的西方发达国家相比,我国老年教育依然处于初级发展阶段,其规模远远满足不了时代发展需求和老年人的学习需求,与中国的老龄化程度也难以匹配。据统计,截至2012年年底,我国60岁及以上老龄人口达到1.94亿人,各类老年大学、老年学校的在校人数约587万人,而老龄人口的入学率只有3%。

服务社会化,吸引企业等社会力量来共同推进老年教育的发展,和养老服务业的其他领域一样,已成为解决老年教育问题的必由之路。

绿城,作为中国知名的住宅物业开发商之一,始终致力于成为中国最具完整价值的理想生活服务商,最大限度地承担社会责任。面对迎面扑来的老龄化浪潮,绿城投身养老事业责无旁贷,并已将养老事业确定为集团的发展方向之一。

而经过近20年的发展,目前绿城在全国服务的业主已达到29.4万户,超过70万人,老年业主在10万人以上。为业主提供养老服务,也是绿城自身发展的需要。

绿城养老怎么做?绿城的养老服务从何处着手,以什么为特色?

学院式养老,成为绿城养老的模式选择。绿城决心用学校的组织形式构建全新养老模式,让长者享受专业高效的医疗健康服务;舒适周到的居家生活服务;丰富多彩的交流活动服务;精致全面的文化教育服务。

其中,老年教育机构,绿城·颐乐学院,是绿城深思熟虑后的选择,也是绿城养老事业最大的特色。在社区里开办颐乐学院，是绿城老年教育服务的表现形式。服务对象——以园区内的老年人为主体，福泽其他的社会老年群体；服务内容——以课程学习、活动组织为主；服务目的——帮助老年人安排丰富的生活，拥有充实而幸福的晚年。绿城·颐乐学院是绿城从企业实际出发，结合老年大学和社区教育的创新性老年教育方式。

2011年1月，绿城颐乐教育投资管理有限公司（以下简称"颐乐公司"）注册成立，专业从事老年服务，运营管理养老社区和园区内的老年教育机构，同年2月28日，绿城第一个园区老年教育机构在杭州蓝庭正式挂牌开学。

经过3年多的发展，绿城·颐乐学院目前已经在全国21个县级以上的城市，开设了36所校区，注册学员超过2 800人；开设5大类、17个专业、32门课程、150余个教学班；专兼职教师114人。

2. 绿城·颐乐学院的社会化

绿城·颐乐学院虽然基本开设在绿城建设及管理的绿城园区内，并以服务园区内的老年人为主，但从诞生的那一刻起，它就没有停止过社会化的脚步。

首先，颐乐学院在力所能及的情况下，把老年教育服务扩大到更广的社会层面。目前，全国36个校区中，有3个校区（杭州星洲校区、杭州社会福利中心校区、杭州黄龙社区校区）并非开在绿城园区内。其中星洲校区还是颐乐学院的明星校区，人数超过200人，教学班达到17个；杭州社会福利中心校区则为十多位平均年龄近80岁的老人提供服务。

其次，颐乐学院的教师资源得益于社会化，来自园区以外的教师占到了教师总数的60%以上，满足了学校教学与活动的需要。而在体系化、理论化发展的过程中，颐乐学院也与专业的教育研究、培训机构——杭州师范大学紧密合作，不断取得新的教学成果，支持绿城老年教育的可持续性发展。

再次，颐乐学院各校区积极参加各类社会化的活动，在各种层级的舞台上展现风采，包括省市级的文艺表演。

最后，颐乐学院从开办的第一天，就积极与国内的各类老年教育机构联系和合作。浙江老年大学、杭州老年大学、宁波老年大学、青岛老年大学、武钢老年大学、武汉常青老年大学等国内众多的老年教育机构，都留下了颐乐学院学习、取经的脚步。而绿城·颐乐学院与中国老年大学协会沟通紧密，积极参与相关活动，争取成为协会会员。2014年5月，在主题为"老年教育三十年——实践、创新、可持续发展"的中国老年教育发展高峰论坛上，绿城·颐乐学院被中国老年大学协会授予"老年教育创新进步奖"。

3. 绿城·颐乐学院的代际沟通实践

在实践的过程中，在为老年学员服务的实践中，绿城·颐乐学院充分认识到了代际沟通的价值和意义，并在这方面有意识地进行了一些尝试。

（1）在课程设计上，颐乐学院的不少校区开设了电脑课、模特课等日常更多为年轻人关注的内容，让老年学员接触新鲜事物，增加老年人与年轻人交流的内容。

（2）在师资选择上，颐乐学院特意保持年轻教师的比例，挑选优秀的年轻教师。颐乐学院目前114位教师，平均年龄53岁，其中40岁（含）以下的教师有28人，占教师总数的24.6%，最年轻的黄文婷老师，是位1990年出生的"90后"教师。和24岁教声乐的黄文婷老师一样，30岁教拉丁舞的屠楠老师、29岁教瑜伽的张宇老师，都是颐乐学院的明星教师,深受老年学员的欢迎。

(3) 在学院活动安排上,颐乐学院积极参加老少融合的活动。比如鼓励老年人积极参加每年一度、以少年儿童学游泳为主要内容的"海豚计划",包括检查泳池、陪同练习、观看比赛等;动员年轻人参加以老年人为主要活动人群的"红叶行动",包括文艺会演共同登台、运动会协力参赛。

通过多种形式的努力,绿城·颐乐学院在代际沟通上也取得了一些成绩,带来了一些积极的变化:颐乐学院的老年学员的家庭都非常和谐,与子女、孙辈的关系也非常融洽;有越来越多的年轻人鼓励、支持、动员家里的老年人到颐乐学院学习,子女主动为父母报名成为颐乐学院学员的情况越来越多;颐乐学院的学员中不但有60岁左右、刚退休不久的低龄老年人,也有部分80岁左右的高龄老年人,他们之间的代沟也因为共同的学习、活动,而得到非常有效的弥合。

4. 绿城·颐乐学院的未来发展

(1) 开办颐乐学院已经成为全国所有绿城园区的规定动作,成为园区生活的重要内容,将有越来越多的校区在全国出现,将为代际沟通创造更广泛的平台。

(2) 2014年10月,绿城首个学院式颐乐养生养老标杆项目——乌镇雅园将首期交付,届时建筑面积达到3.5万平方米、可同时容纳3 000人上课的乌镇颐乐学院也将全新亮相。乌镇颐乐学院将成为绿城·颐乐学院的旗舰。如何为老年人高密度聚集的园区提供高质量的服务,成为绿城学院式养老事业新的挑战,但也从居住、生活到健康、文化,为代际沟通带来了全新的形式和内容,是绿城·颐乐学院发展的新的机会。

(作者系绿城·颐乐学院院长)

第五章 2015年5月西班牙阿利坎特会议

导论五：老年大学，公民和社会凝聚力

一、主题背景

2015年5月，AIUTA第96届理事会议和国际学术研讨会在西班牙阿利坎特大学召开。会议的研讨主题是"老年大学，公民和社会凝聚力"（英译为U3As play with regard to Citizenship and Social Cohesion），法译为L'Université du troisièmeâge, la cohésion de la société civile et）。这个主题与英国哲学家、教育家和作家乔德博士（Cyril Edwin Mitchinson Joad）在《论教育》一书中首先提出的教育宗旨："大学，公民权与融入社会"意义相通、一脉相承。

AIUTA主席维拉斯教授为解读这次会议主题专门发了一个通告，指出：将把这项主题通报到联合国教科文组织等一些国际组织。西班牙阿利坎特大学校长曼努埃尔·帕罗马尔·桑斯教授也对主题做了说明，表示非常重视这次国际议题的研究。

二、主题内涵

"老年大学""公民"与"社会凝聚力"这三个词语，从表面上看似乎有点"风马牛不相及"，但其实这三者之间在教育方面有着很强的关联，是教育的根本问题、基础问题，任何教育模式都是围绕这三者展开的。一个社会要想有很强的社会凝聚力就必须将公民权融入社会，而教育的普及与发展是最能实现公民权里的平等权的。老年教育本质目标是实现公民权，再塑造合格公民，老年大学应当引领老年人融入社会，为社会凝聚力的提升而做出努力。在老龄化时代里，老年人作为一个特定的群体存在于社会之中，是很活跃的存在，这个就是他们的重大价值，有效地整合老年人是老年大学的重要目标。

三、主题提出的世界意义

此次国际会议的主题"老年大学，公民和社会凝聚力"，是21世纪老年大学需要优先关注的事项之一，即需要不断地深入研究继续培训和终身教育问题。这个主题研究站在教育制高点上提出战略目标，精确指出关键的目标在于务求有效减少老龄人口的知识贫困以及被社会排斥的情况。这一主题研究唤起人们充分认识老年人的价值，认知他们的社会经验和他们作为完整的社会公民无可置疑的优先的价值。"老年大学，公民和社会凝聚力"的主题理论，对于老年教育在全球的发展具有理论奠基作用。人们确信：AIUTA西班牙阿利坎特国际研讨会将会成为世界各地第三年龄大学的新联合和向社会开放、分享新战略、新挑战的出发点。

四、主题提出的中国意义

这个主题发表后对我们产生了很大的震撼，中国老年大学发展成就举世瞩目，实践

经验丰富多彩，但为什么我们提不出如此深沉的理论命题？这一主题给我们一大启示就是：老年教育理论研究最根本的思路应该是围绕教育的基本问题展开。对这个命题的研究是提高我国老年大学的教育水平，特别是理论和学术水平的一个有效的途径，也是让我们开阔国际视野，将中国老年大学教育的理论研究与国际对接的一个实际步骤。

第一节 国际观点

"老年大学,公民和社会凝聚力"

——AIUTA 通告

[法国] 弗朗索瓦·维拉斯

作为国际老年大学协会(AIUTA)的主席,我欢迎阿利坎特大学的提议,即将于 2015 年 6 月在西班牙阿里坎特召开的 AIUTA 国际研讨会的议题确定为"老年大学,公民和社会凝聚力"。

根据 2014 年 6 月在 AIUTA 法国图卢兹大会上正式通过的《老年大学宪章》(一译《第三年龄大学宪章》)的规定,我们将把这项主题通报到联合国教科文组织等一些国际组织。

《老年大学宪章》的通过为所有第三年龄大学推广终身教育理念,开展代际交流合作活动奠定了坚实基础。这将是一个良好的开端。

国际老年大学协会联合起了五大洲的第三年龄大学,已经发挥了 40 年以上的作用,在保护老年人的事业上做出了巨大的贡献,通过与终身教育、高等学校间的交流,尤其重要的是在通过教育和科学研究的创新背景下,使每一个老年人都能够在社会上找到自己应有的位置。

在教学领域,我们的目标是通过在教学和培训方式上的不断创新,尽可能地为更多老年人参与第三年龄大学的各种活动提供支持。我们认为,这是保障公民基本权利的有效举措,是构成对老年人支持的有力举措。

在科学研究领域,我们致力于开展基于多学科框架下的行动研究计划。其不仅让第三年龄学员受益,更同时作用于社会。其中很突出的一个例子是 AIUTA 创建老年旅游观测平台,针对银发旅游问题展开分析和研究的项目。

为此,作为国际老年大学协会主席,我建议此次国际研讨会的所有参与者,特别是会议中的发言人,积极展示你们的成果和观点,为国际 U3A 运动带来新的推动力。

我相信,AIUTA 西班牙阿利坎特国际研讨会将会成为世界各地第三年龄大学的新联合和向社会开放、分享新战略、新挑战的出发点。在此,请允许我向承办会议的西班牙阿利坎特大学的组织者,以及即将参与 AIUTA 第 96 届理事会议和国际学术研讨会的所有第三年龄大学表示最诚挚的感谢。

欢迎和感谢每一位同仁。

(作者系国际老年大学协会主席 翻译者:广州市老干部大学研究室)

国际研讨会主题说明

[西班牙] 曼努埃尔·帕罗马尔·桑斯

十分荣幸,国际老年大学协会(AIUTA)第 96 届理事会议及国际研讨会将于 2015 年 6 月 11 日—12 日在阿利坎特大学举行。

国际研讨会将为世界各地的老年大学分享教学经验和实施教育创新打造畅所欲言的平台,对主议题感兴趣的协会成员和听众都可以轮流分享他们的观点。同时,各老年大学近年来一些在老年人培训、继续培训和终身教育等领域的研究进展以及其开展的一些国家和国际间的合作项目的情况也将得到充分展示。

我们相信,分享和交流这些来自不同领域、不同学科的团队所呈现的研究主张和教学活动的实践经验,将对 AIUTA 各成员校,乃至世界老年教育事业产生积极的影响。

此次国际会议的主题:"老年大学,公民和社会凝聚力",是 21 世纪老年大学需要优先关注的事项之一,即需要不断地深入研究继续培训和终身教育问题。关键的目标在于务求有效减少老龄人口的知识贫困以及被社会排斥的情况;我们要认识到老年人的价值,他们的社会经验和他们是不可缺失的活跃的社会存在,与其作为完整的社会公民无可置疑的优先的价值。

老年大学显然需要积极传播宣传这方面的信息,事实上,有效整合老年人是我们一个重要目标。我们承诺:将推动老年人的继续教育作为重要义务。

这是一个雄心勃勃的目标,需要所有聚集在此次 AIUTA 阿利坎特国际研讨会的第三年龄大学的积极支持和参与。我们热烈欢迎您的到来,希望我们的安排能令您在舒适的环境中参与会议和工作。

让我们共同为实现这一目标而努力!

(作者系阿利坎特大学校长　翻译者:广州市老年干部大学研究室)

社会凝聚，代际交流和国际合作

——来自德国开姆尼茨科技大学第三年龄学院的经验

[德国] 罗兰·雪纳

一、老龄化严重：第三年龄教育在德国

第三年龄在德国的历史最早可以追溯到1979年的莱比锡。目前，拥有最多参与者的第三年龄大学位于法兰克福，约有3 300名学员。而参与率最高的是位于多特蒙德的老年大学，据统计，多特蒙德市每206名市民中就有1位第三年龄教育受众。此外，德国境内约有60所大学设有第三年龄学院或第三年龄教育相关的项目。而在邻近的捷克有35所，斯洛伐克有15所，波兰达到了450所。（见表5-1）。

表5-1 德国部分地区的第三年龄教育数据

学校	成立于/年	城市人口（2012年）/人	学员（2012年）/人	比例
莱比锡	1979	530 000	1 100	1∶480
多特蒙德	1980	581 000	225	1∶206
哈勒	1980	230 000	450	1∶510
法兰克福/美因	1982	700 000	3 300	1∶210
开姆尼茨	1993	240 000	1 000	1∶240
德勒斯登	1994	530 000	800	1∶660

德国的人口老龄化问题相当严重。以开姆尼茨为例，目前该地区人口为243 000人，据2012年的一项统计显示，开姆尼茨已经成为德国老龄化最严重的地区，其65岁以上人口比率达到惊人的34%！而到2032年，这个数字将会上升到38%。该统计还指出，2035年，开姆尼茨将会成为全欧洲人口老龄化最严重的地区。

二、社会凝聚：体现便利和关怀的开姆尼茨科技大学第三年龄学院

在德国，目前第三年龄教育的机构有三种运营方式，分别是独立办学、与公开大学合作办学以及运营于公开大学之内。而构建适合全年龄段的大学（学院）体系的运作模式被认为是行业的一个主要的发展趋势。（见图5-1）。

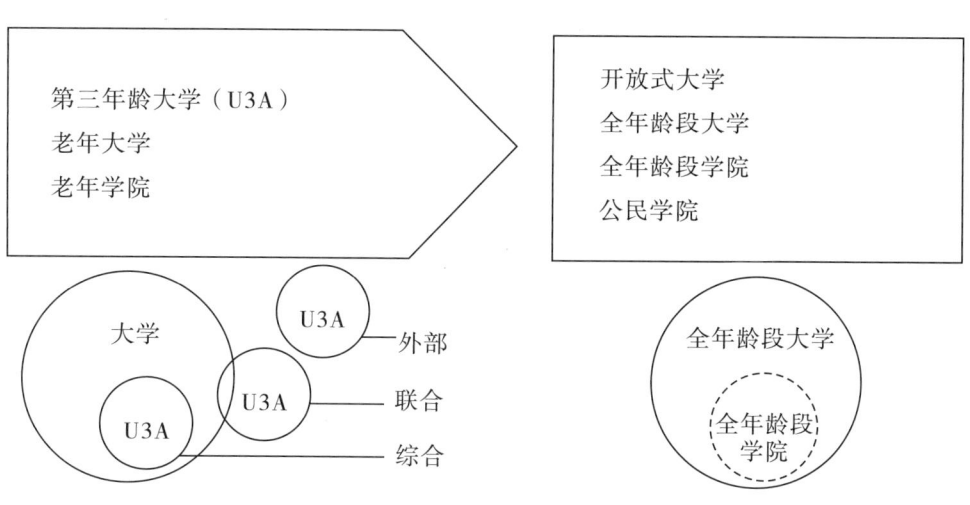

图5-1　德国适合全年龄段的大学正在发展中

开姆尼茨科技大学第三年龄学院的报名人数近年来一直呈上升趋势，目前有946名注册学员，其中女性学员的数量要略多于男性。（见图5-2）。

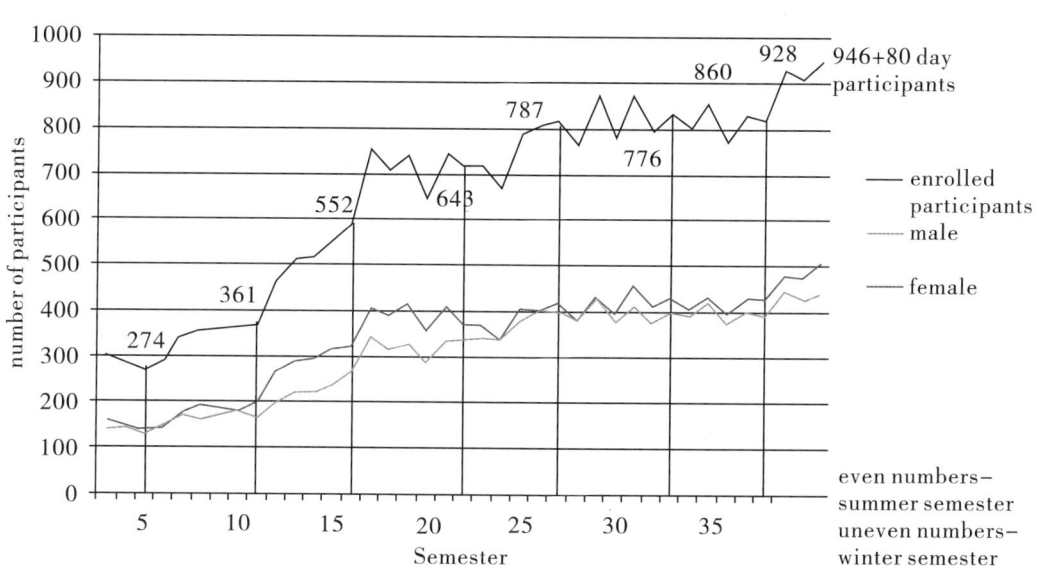

图5-2　开姆尼茨科技大学第三年龄学院学员人数发展表

在开姆尼茨科技大学第三年龄学院，每周都会安排20节课，内容包括互联网/电脑、外语、图片视频、智能手机等多个方面。每年我们会定期安排32场不同主题的讲座以及16次国内、外旅行活动。

开姆尼茨科技大学第三年龄学院同样吸收具有特殊需求的人群，在校区内铺设有无障碍通道；在组织讲座、研讨会和旅行期间为使用轮椅或残障人士安排必要的协助，在校区内提供助听器、导游系统、声学感应等设施，以及手语翻译、图像描述等服务；有时，我们也会利用互联网，以视频会议的方式，为行动不便的老年人提供学习和互动的平台。

三、代际交流：第三年龄学院导师制度

接受第三年龄教育的老年人与大学及中小学学生的代际交流同样是目前一个大趋势，比较常见的方式有讲座、授课和旅行活动等，内容主要围绕职业经验与生活经验传授，以及关于互联网/电脑和智能手机方面的知识分享等。开姆尼茨科技大学第三年龄学院在这方面也开展有多项活动，比如代际教育讲座、代际教育课程、研讨会、第三年龄学员与大中小学学生共同参加的休学旅行等。

图5-3 第三年龄学生与当地小学学生举行项目研讨会

而其中值得一提的是我们的有关代际教育的老年学院导师制度。即由第三年龄学院的学员为导师，对在开姆尼茨科技大学学习的外国学生提供学习上和生活上的帮助和指导，同时向这些外国学生们传播地区文化。这种制度体现了老年人和青年人之间的互相沟通、合作和互相支持：

1. 对参与其中的导师（老年人）的益处
(1) 交流、学习关于其他国家文化和传统的新知识。
(2) 促进了与年轻人之间互相学习。
(3) 培养英语和德语交流的能力。
2. 对参与其中的外国学生的益处
(1) 学习关于德国地区、文化和传统的新知识。
(2) 提高德语和英语的交流能力。
(3) 加强与本地老年人和居民家庭之间的社会联系。

目前，在开姆尼茨科技大学内有来自印度、亚美尼亚、韩国、伊朗等地的 20 多名外国留学生，学校安排了 10 名第三年龄学院的学员担任导师。

四、国际合作：促进共同发展

随着全球化的日益加深，全世界（尤其在欧洲）第三年龄大学（学校）之间的交流和合作越来越频繁。在 AIUTA（国际老年大学协会）以及 EFOS（欧洲第三年龄大学学生联合会）等组织的倡导和协调下，包括"伊拉斯莫斯""格伦特维""途通欧洲"等第三年龄教育国际合作项目得以相继开展。

开姆尼茨科技大学第三年龄学院历来积极参第三年龄教育国际合作活动，先后获得了国际老年大学协会、欧洲第三年龄大学学生联合会等国际性组织的成员资格，并积极与欧洲乃至全球范围的其他第三年龄大学（及相关机构）开展合作，其中包括：

（1）信息与经验交流。
（2）互访会议和研讨会。
（3）参与欧洲项目格伦特维（Grundtvig）和伊拉斯莫斯（Erasmus）+ 项目。

对于进一步拓展全球第三年龄大学之间的交流协助，我们根据自身的参与经验提出以下建议：

（1）促进来自社区第三年龄大学、政府、欧盟委员会、联合国教科文组织（UNESCO）和基金会之间在会议、网络、项目、数据统计、工作人员互访和继续教育方面的国际合作并争取相关的资金支持。

（2）通过电子邮件、Facebook（美国脸谱网）、信件、Skype（即时通信软件）、电话会议，在全球范围内的第三年龄大学学员之间开展合作，提高老年人的语言技能、了解不同国家的信息并促进个人访问。

（3）组织以教育和文化传播为目的的老年人和代际修学旅行，与全球范围内的社会交往相结合。

（作者系德国开姆尼茨科技大学教授　翻译者：广州市老年干部大学研究室）

促进健康和社会融合：第三年龄大学外语教学研究

[意大利] 朱莉亚·格罗索

一、多语化：欧洲的语言环境

欧盟委员会调查机构 Eurobarometer 的一项调查显示，在 3 万名欧洲受访者中，56% 的人可以用其母语外的另一种语言与他人交谈，28% 的人掌握两门外语，44% 的交流使用的是其母语外的另一种语言,这一点非常令人难以置信。

调查还显示,在掌握语言的多寡上,欧洲各国家间的差异明显,卢森堡92%的人能够用其母语外的两种语言与他人交谈;马耳他、斯洛伐克、拉脱维亚、立陶宛、荷兰、斯洛文尼亚和瑞典也在这项调查中名列前茅,其90%的受访者至少可以用两种语言交流;西班牙和意大利的情况却正相反,其分别有56%和59%的人承认只懂得一门语言;英国和爱尔兰只懂得一门语言的受访者所占比例更高。

显然,欧洲的交流环境日渐趋向于多语化。而时下越来越丰富的交际模式(互联网、社交媒体等)也令我们需掌握的语言种类变得多样化,这涉及认知、心理、文化、教育和经济等多个领域。欧盟近年来的语言政策也朝着多语种的趋势发展。

二、老年人学习外语的动机、特点和障碍

越来越多的论调提出,学习外语或使用多种语言对老年人的生理方面有着各种好处。一项针对认知控制的研究指出:"认知控制指的是在面对不断变化的环境需求时,为完成内部目标而对思想和行为进行灵活调控的能力,这种认知灵活性是成功引导日常生活需求的关键。而随着年龄增长,认知灵活性会大幅衰退。而有证据表明,终身双语制,或从儿童时期开始便经常使用两门语言,能够缓解认知控制过程中由年龄引起的灵活性衰退,甚至可能延缓老年痴呆症状的出现。"

另一项研究表明:"学习一门外语可以增加存在于大脑顶叶角回中的灰质含量。因此,多门语言使用者能够在上年纪时维持更好的认知技能和大脑灵活性。"(Mechelli,2004)

老年人作为特殊的群体,学习外语过程中往往表现出一些独有的学习动机、群体特征和障碍,这些都很值得我们第三年龄教育工作者关注。

(一)老年人学习外语动机

什么是学习语言的动机?按照Gardner的看法,该动机是"个体出于学习语言的意愿以及在这一学习过程中所体验到的满足感而致力于或努力学习语言的程度"。在这方面,我们通过一项在2008年进行的,基于意大利第三年龄大学、非政府组织和私立学校中的126位第三年龄教育受众和12位教员的调查数据来说明。

数据显示,在老年人外语学习过程中,最受青睐的语种是英语,90%的受访者有意学习英语,其次是阿拉伯语和法语各为2.8%,西班牙语和德语相同各为1.9%。而在外语课程的参与率上来讲,同样是英语(54%)遥遥领先,其次是法语(23%)、德语(11%)、西班牙语(9%)和俄语(2%)。

而关于第三年龄人士进行语言学习的文化动机和个人动机,主要有以下几项:

1. 文化动机

(1)旅游:受访者中78%的人认为非常重要,14.4%的人认为十分重要(此项被认为是最重要的动机)。

(2)对语言的热爱:66.1%的受访者认为非常重要。

(3)对使用这种语言的国家文化感兴趣:57.5%的受访者认为非常重要,34.5%的

受访者认为十分重要。

2. 个人动机

（1）重新安排空闲时间：64.9%的受访者认为非常重要，11.4%的受访者认为十分重要。

（2）与志趣相投的人互动：53.7%的受访者认为非常重要，28.1%的受访者认为十分重要。

（3）与生活在意大利的外国人互动：39.1%的受访者认为非常重要，27.8%的受访者认为十分重要。

（4）家庭中有来自其他国家的成员：26.7%的受访者认为非常重要，10.7%的受访者认为十分重要。

（二）老年人在外语学习过程中呈现的特点

通过日常教学中的实践，我们认为老年人在外语学习的过程中普遍存在以下特点：

（1）双语认知方面：语音系统（发音）僵化；记忆力较弱。

（2）感情方面：动机更强烈——内在动机及社会文化动机。

（3）后设认知方面：有更多时间学习；系统学习的习惯；注意力更集中。

此外，数据还表明，在外语学习过程中，老年人最喜爱的班级活动分别为：阅读文章和杂志（69%）、语法练习（57%）、观看原声电影（43%）、阅读文学作品（42%）。

（三）老年人学习外语过程中存在的障碍

调查研究表明，以下一些因素往往成为老年人学习外语的阻碍：

（1）害怕丢面子。

（2）来自于测试、考试所造成的压力。

（3）取得一定成果所需要付出的时间和努力。

（4）缺少专为老年人外语学习而开发的教育方法。

三、FICCS项目与老年人外语学习的经验与方法

通过上述的经验和数据，我们可以了解到，第三年龄大教育的受众具有强烈的学习外语的内在动机，这些动机与个人、文化和单纯的学习乐趣密切相关。由此我们不禁要问，在外语教学中是否存在专门针对这些老年学员的具体方法？在教学过程中，我们应如何掌握和准备相应的教学材料？下面笔者以欧洲的 FICC 项目为例做浅探。

FICCS 的名字源自其几个关键元素，分别是：Full Immersion（全方位融入），Culture（文化），Content（内容）和 Service（服务）。其是为使学员掌握跨文化交际能力而采用的一种新的语言和内容教学方法的项目。该项目由来自意大利、葡萄牙、西班牙的4家拥有其所在国家语言培训经验以及教育、跨文化和教学专长的机构共同开发，具体教学方法有以下七种：

（1）将语言教学全方位融入本地社区活动中。

（2）强化（意大利）语言课程。

（3）通过活动（例如旅行等），与使用当地语言的合作伙伴开展合作）。

（4）成为协会、非政府组织的志愿者。
（5）仔细考虑并了解某一社会环境下的个人及集体动力。
（6）让参加者了解文化差异，体验不同的视角。
（7）使用一种语言来表达含义。

从丰富文化内涵、与来自世界各地的人交往方面来看，通过 FICCS 项目学习一门新的语言对于老年人来说是一种具有强烈动机的体验。如在乡间野炊、品酒和远足，成为老年学员们参与到这类项目中来的动力。同时，与当地家庭共同生活、共同进餐、参加服务活动，除了提高学员们的语言技能之外，也可以使他们了解当地文化并迅速与社区建立联系，为其开拓出一片新天地。

四、结语

在本文中，我们尽力说明原因并使大家确信：学习外语是一项有利于老年人融入社会的活动。现在该是提出如何解决第三年龄语言学习这个问题的时候了。

要实现上文中所提到的目的，需要使用不同的工具和具体的方法，才能使语言教学对于听众来说可得、可用：例如与当地人交往、浸入到当地文化之中。

（本文根据 Giulia Grosso 博士在国际研讨会上发言整理）

（作者系撒丁岛意大利语研究机构研究人员　翻译者：潘宇翔　钟昊玲）

老年大学增进冰岛社会凝聚力的作用：现在与未来

[冰岛] 汉斯·格曼斯

雷克雅未克老年大学于 2012 年成立，目前拥有 190 名正式学员，以及大约 500 名潜在学员。它是国际老年大学协会最年轻的会员，也是冰岛全国仅有的一所老年大学。它向冰岛社会大力宣扬一个全新概念——第三年龄：自由、独立、活跃、安乐的年龄。

一、变化中的年龄分布

当前社会在年龄分布上正在发生显著改变。随着人均寿命变长、健康水平提升，以及生育率下降，老年人口相对年轻人口的比率越来越大。在政界人士看来，这意味着花费的增加，需要开办更多养老院，医院里要为老人准备更多床位。

人们把 65 岁以上的老人视作待抚养者，用"老年抚养系数"来量度社会未来的财政负担。

二、老年抚养系数

图 5-4 展示了 1951—2013 年，冰岛社会 65 岁及以上的人口对 20~64 岁人口的比率变化。平均来算，每 4 个劳动力要抚养一位老人。

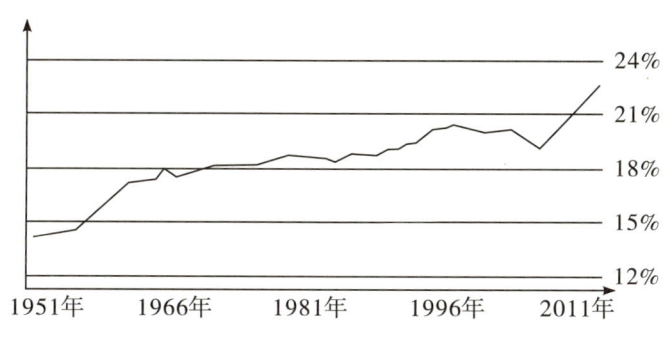

图 5-4　社会 65 岁及以上的人口对 20~64 岁人口比率变化

三、社会凝聚力

社会凝聚力是指将社会成员之间具有的、借以团结整个社会的关系力量，它包含三个要素：社会融入、社会资本及社会流动性。谈及老龄，人们常常关注其带来的"各种难题"、养老事宜、社会负担，这会让老年群体有种被社会排斥的感受。实际上，他们在漫长而活跃的生涯中所积累的知识经验是全社会的重要资产，应当加以充分利用。为老年人提供工具和平台，使得他们能够利用自身的知识技能，继续在主流社会中参与活动、促进社会流动性，这将极大提升社会的包容度、增进社会凝聚力。而老年大学，正是这样的一种平台。

四、冰岛的老龄化问题

冰岛劳动市场的参与度很高，失业率较低，相比其他欧洲国家十分特别：65~69 岁群体劳动参与率接近 50%，远高于欧盟平均值 11%。民众实际平均退休年龄为男性 68 岁、女性 66 岁，而欧盟 28 国的平均值为男性 62 岁、女性 61 岁。

五、雷克雅未克老年大学的活动

雷克雅未克老年大学是冰岛社会的一项创举，它提供了一个别致的平台，关注学员的活跃思维、相互间交流知识。该大学是独立的非政府组织，秉承"活到老、学到老"的理念，构建知识交流的自由平台。这里的课程、讲座、活动、参观等都是自发性的，不授予学分。学校鼓励学员根据感兴趣的话题结成小组，互帮互学。办学之初，并未与普通的高校建立正式联系。目前，正与雷克雅未克大学、雷克雅未克学院积极磋商，院校合作将创造丰富的机会。

六、"鲍尔"（Ball）项目：为第三年龄做及早准备

"为第三年龄与退休生活做及早准备"，这是我们积极宣扬的理念。基于此，我们与波兰卢布林和阿里坎特的老年大学同仁合作启动了"鲍尔"项目。"通过终身学习，保持活跃积极"，该项目旨在为第三年龄和退休生活的及早准备上提供建议措施，受到欧盟伊拉斯谟教育项目的承认与大力支持。

鲍尔项目受雷克雅未克艾弗里斯基金会（Evris Foundation）管理，合作者为雷克雅未克老年大学、阿利坎特大学永久大学、卢布林老年大学，其均为AIUTA成员。

鲍尔项目表明，在三个合作国家及整个欧洲，民众为进入第三年龄做准备的需求是显而易见的。各国都开设了关于退休生活的常规性课程，这些课程今后也是不可或缺的。然而，今后的准备当向文化、心理活动、自我意识等"软事项"倾斜。

为第三年龄做准备，新的方法当以个人为核心，鼓励民众像年轻时一样向自己发问：我是谁，我想成为什么样的人，我的兴趣、愿望是什么，我的优点在哪里？此外，要跳出课程学习的框架进行思索，鼓励相互交流、彼此促进。

重塑自我，任何时候都不算晚。老年人同样可以承担新的职责，甚至开创全新的事业。第三年龄，是自由的年龄。

第三年龄，是生命必然的转变。为之做准备，当如准备人生的其他转折点一样：成年、开创事业、建立家庭、事业转变等。

形象问题十分重要。全社会各年龄层次的民众都应承认第三年龄的巨大潜力，老年人群体自身也要认识到这一点。这种态度会消除社会常见的排斥老年人的现象，同时会释放重要的资源以服务于老年群体。如此一来，代际之间可消除互斥，携手合作为全社会谋福祉。

七、最终结论

老年大学现已遍布全世界。作为一个重要平台，它为即将或已经退休的第三年龄人士提供了丰富的机会，使他们能够保持积极开放的心态。老年人保持头脑活跃、增强自我意识，无疑也会缩减对于护理、医院床位的需要。在老年大学的推动之下，这样美好的前景必将促进全社会的和谐、增进凝聚力。

（作者系冰岛雷克雅未克老年大学校长　翻译者：刘畅）

第二节 国内观点

提升我国老年教育的国际化发展水平

——在国际议题研讨会上的讲话

广州市老年干部大学 林元和

同志们：

  今天我们在有 2000 多年历史的国家历史文化名城潮州市召开国际议题"老年大学、公民和社会凝聚力"研讨会，我代表会议主办方中国老年大学协会国际联络部和广东省老年大学协会向中国老年大学协会常务副会长、国际老年大学协会副主席袁新立同志和与会专家学者表示诚挚的欢迎，向会议承办方潮州市老干部大学表示由衷的感谢。

  我们为什么要召开这次研讨会？目的是为了提升我国老年大学教育的国际化交流与合作的理论、学术水平。

  老年大学的国际交流是重要的文化交流。借鉴国际上先进的教育理念和教育经验，促进我国老年教育改革发展，是我们重要目标。正在编制的《老年教育发展规划（2016—2020 年）》第 7 条"增进国际交流合作"中指出"广泛开展国际交流，借鉴国外老年教育的先进理念和经验，加强与国外老年教育机构的交流与合作，促进我国老年教育与国际对接，扩大我国老年教育的国际影响力。积极争取联合国教科文组织、国际老年大学协会等国际教育组织的支持，搭建国际老年教育交流合作平台，推动我国老年教育的国际化发展。"结合 30 多年我们老年教育发展的实践历程，我们深感加强老年大学教育国际化合作，扩大老年大学教育开放，是一个非常重要的有战略意义的问题。

  2014 年 5 月，袁新立常务副会长在老年教育高峰论坛的主题演讲中指出 30 年老年教育发展中国际交流合作是短板，6 月在银川会议上又专门做了"中国老年大学国际化合作"的报告。这说明我们越来越重视老年大学教育国际化发展问题。

  国际老年大学协会（又称国际老年大学协会）AIUTA 的目标为："联合全球的老年大学和相关组织，包括任何目标一致但头衔不同的组织。在全球各大学的支持下，建立终身教育的国际体系，并发展老年教育的相关研究。促进老年人之间的知识交流，从而促进社会的整体进步。"目标中包含着很有建设性的构想，即"建立终身教育的国际体系"，这是界定在终身教育领域里的学术性的体系。2013 年 5 月，AIUTA 在广州第 92 届理事会议通过的国际《老年大学宪章》以老年大学的"国际化"为标题观点，指出："老年大学是世界各地老年人学术科学合作的有利交流平台。""老年大学旨在通过自主一体化发展，或与其他教学机构的合作来确保学术活动的地位。"

  AIUTA 理事会议每年举行两次，并同时举行主题明确的国际研讨会。2013 年 5 月，在广州召开的国际研讨会主题是"老年大学与银发旅游";2013年9月在瑞典乌普萨拉国际研讨会主题是"老年人机会均等";2014年6月在法国图卢兹国际研讨会,主题是"老年大学与国际化合作";2014年11月在巴西召开国际研讨会,主题是"老年大学与代际合作";2015年6月西班牙阿利坎特的国际研讨会主题是"老年大学、公民、社会凝聚力";2015年9月在波兰卢布林的国际研讨会主题是"第三年龄学员——新一代学生"。从这些主题的深刻内涵来看,AIUTA的国际视野是宽阔的,科学学术研究水平是较高的,很值得我们学习借鉴。

2013年12月,我们国际联络部制定了《中国老年大学协会国际联络部工作方案》,明确国际联络部的任务是:(1)代表中国老年大学组织参与国际老年大学协会的活动。(2)组织老年大学参与国际老年大学协会的国际研讨活动。(3)广泛开展老年教育国际间的交流与合作。

我们的工作规划是"建立交流渠道""组织参加国际会议""编译U3A动态""收集国内外信息""开展交流和合作"等。这次潮州会议将创造一个"1+1"的工作模式,今后会沿用这个做法,就是围绕AIUTA提出的国际研讨议题,国际联络部提前组织小型专家学者研讨会,形成一定共识,形成理论见解,再到国际会议上演讲,体现中国老年大学的水平和风采。通过一系列国际议题的高层次研讨,提升我们与国际对接的理论研究和学术水平。

及时对外发动态、信息,对外介绍中国老年教育研究成果也很重要。我们这次潮州会议的成果除了委托陈先哲校长到西班牙阿利坎特大学演讲之外,还将会议信息翻译为英文和法文,上传到AIUTA秘书处和网站。

最后祝会议成功,达到预期效果。

(作者系国际老年大学协会第一副主席、中国老年大学协会副会长、广州市老年干部大学校长)

对"老年大学,公民和社会凝聚力"的思考

广州市老年干部大学　王友农

国际老年大学协会(AIUTA)定于2015年6月在西班牙阿利坎特大学召开第96届理事会议和国际研讨会,研讨主题是"老年大学,公民和社会凝聚力"(U3A's, Citizenship and Social Cohesion)。根据林元和校长的"1+1研讨"提议,中国老年大学协会国际联络部与广东省老年大学协会主办了对这一国际议题的国内研讨。笔者对此议题有若干思考。

一、研究"老年大学（U3A），公民和社会凝聚力"这个命题对我们中国老年大学的意义

在当前形势下，对这个命题的研究是提高我国老年大学的教育水平，特别是理论和学术水平的一个有效的途径，也是让我们开阔国际视野，将中国老年大学教育的理论研究与国际对接的一个步骤。

首先，有必要解释一下关于这次命题所产生的一些误差。国际老年大学协会（AIUTA）秘书处分别在 1 月 26 日和 2 月 23 日两次来函（函件是英法双语），两次函件所标的会议主题在单词、词序和使用标点上均有不同。刚开始我们翻译为"社会融合"，后为"社会凝聚力"，这是在这一个月时间里，AIUTA 对主题进行了两次修正。对于 AIUTA 修正主题的做法，我认为是治学严谨的表现。为什么这样讲？可以举个例子：2013 年 5 月，在广州召开的 AIUTA 第 92 届国际研讨会，大会主题的产生是经过与中国老年大学协会、承办国共同协商的。当时，中国老年大学协会袁新立常务副会长提出，我们正在研究的是老年教育的创新和可持续发展问题，而 AIUTA 的意思是希望以研究老年旅游为主要内容。后来双方经过协商，把 2013 年 AIUTA 第 92 届国际研讨会的主题确定为"老年教育创新、可持续发展与老年旅游"。在研讨的过程中，AIUTA 主席维拉斯教授发现，中国老年大学的发言人很巧妙地将中国老年大学教育跟老年旅游联系起来进行研究，特别是上海老年大学的"读万卷书，行万里路"演讲，维拉斯教授认为这是一个非常好的研究方向和思路。从这个时候起，AIUTA 开始注重国际研讨会主题的提炼和确定，同时他们也尊重会议承办国的意见。因此他们这次主题的演变——从"社会融合"到"社会凝聚力"，是有一定想法的。维拉斯教授在西班牙阿利坎特大学专门为此次会议开设的网站上发表了一篇《AIUTA 通告》，从中可见国际研讨会主题是阿利坎特大学首先提出，维拉斯教授认可的。他们认为"老年大学，公民和社会凝聚力"是 21 世纪老年大学需要优先关注的事项，即需要不断地深入研究终身教育问题。

其次，对于这个主题从"社会融合"到"社会凝聚力"的演变，我同意一些学者的看法，认为它本质上是没有变。西方教育理论很早就关注教育对于公民身份和公民权利的形成产生的作用。在研究老年教育与公民的关系的基础上，"社会融合"和"社会凝聚力"都是老年教育价值体现的深层内涵。这两个概念都是教育宗旨的基本问题，在欧洲已经进行了几十年的研究，并不是现在随意提出来的。那么这次主题的演变对我们会不会产生误导呢？我个人认为不会。这样的演变反而会促使我们更深入地去思考这两个概念与老年大学的内在理论和逻辑关系，同时也促使我们将几组不同的问题联系起来进行研究，包括公民、公民身份、公民权利，以及老年大学与社会融入、社会融合和社会凝聚力等。所以这次的国际议题在中国研究的意义就在于它为中国打开了一个新的领域。

"老年大学，公民和社会凝聚力"命题的提出，对于发展老年大学教育有深远的指导意义。"AIUTA 通告"说得好"阿利坎特国际研讨会将会成为第三年龄大学的新联合和向社会开放、分享新战略新挑战的出发点。"

二、关于如何理解这个命题的内涵

AIUTA 秘书处 2013 年 4 月 8 日转发来西班牙阿利坎特大学校长 Manuel Palomar Sanz 的英文来信，信里对这个主题的解析和理解是非常有意义的：第一，他认为这个命题是 21 世纪老年大学需要优先关注的问题；第二，这个命题提出的实质是终身教育与继续培训的研究，它属于终身教育理论体系和深入研究继续培训的问题；第三，这个命题研究的目标是有效地减少老年人口的知识贫困和被社会排斥的情况（原文中的"poverty"这个英语单词是有贫困的意思，"reduction of poverty"可以理解为消除贫困，国际联络部在翻译的时候反复地去琢磨这段话的内涵，同时联系到 poverty 这个单词在不同语境中还包含有"某一方面的缺陷、不足"的含义，最后结合全文的语境，我们认为它主要指的是知识的不足和贫困）；第四，老年人的价值在于他们的社会经验和他们作为活跃的社会存在。在老龄化时代里，老年人作为一个特定的群体存在于社会之中，并且是很活跃的存在，这个就是他们的重大价值；第五，有效地整合老年人是老年大学的重要目标。我们发现，信函中他是反复使用"整合"这个词，而且反复强调老年大学在社会整体发展过程中的整合作用，最后还提出了"促进社会整体发展是老年大学的重要目标"的结论和"老年大学以推动继续教育作为主要的义务和责任"的承诺；第六，信函指出研究这一次国际研讨会的主题并付诸实践是一个雄心勃勃的目标，需要全体老年大学共同努力。这是其对这次西班牙阿利坎特研讨会及其研究主题的一个预期和判断。

我认为，通过对上述信函内容的解读，能够更好地帮助我们理解这一次研讨会的主题，对我们的研究具有启发意义。维拉斯教授在通告中指出："国际老年大学协会联合起了五大洲的第三年龄大学，已经发挥了 40 多年的作用，在保护老年人的事业上做出了巨大的贡献。通过与终身教育、高等院校间的交流，尤其重要的是在通过教育和科学研究的创新背景下，每一个老年人都能够在社会上找到自己应有的位置。"这也是这次国际议题国内研讨的目的。

三、关于对社会凝聚力与社会融合这两个概念的理解

所谓社会凝聚力，是指社会共同体以及成员在观念和行动方面显示出来的一致性和共同性。它是社会公众趋同的精神心理过程和社会建制进行动员和整合的一项基本功能，是维系社会存在的最基本力量。德国的贝塔斯曼基金会在 2013 年发布了一份研究报告，这份报告用时 25 年研究了 34 个国家的社会凝聚力情况，并发布了国家社会凝聚力的排行表。研究结果显示丹麦、罗威、美国这样一些国家社会凝聚力是最强的，当然也有一些国家是排名很后。这说明社会凝聚力这个问题在欧洲已经有 20 多年的研究历史了，他们也形成了一整套的理论，包括对社会凝聚力层次的划分，概念的界定等。比如说他们认为社会凝聚力是有认同性的，也有互补性。其中认同性就包括了血缘、文化、民族地位等。有一个历史学家曾经讲过，为什么中国历史上多次外族侵略都无法使中华民族灭亡？他的一个观点就是中国的方块字，这种汉字文化凝聚了这个国家，这种凝聚力是基于这个国家和民族的历史文化而形成的。当然这个提法是一家之言。现在我们研究社会凝聚力，如果单从认同这个角度来讲，老年大学的作用在这里就可以联系起来进行思考

了。老年大学对传承传统文化的作用非常突出。

关于社会融合，100多年前法国的《自杀论——社会现象研究》这篇论著首次提出了社会融合问题，这是社会学的一个重要概念。2003年欧盟《关于社会融合的联合报告》对社会融合做出了定义："社会融合是一个过程，它确保具有风险和社会排斥的群体获得必要的机会和资源，通过这些机会和资源，他们能够全面参与经济社会和文化生活以及享受正常的生活和他们在居住的社会应该享受的社会福利。社会融合要确保他们能参与他们生活和基本权利的决策。"这些话对我们思考老年大学在社会融合方面应该起什么作用有很大帮助。加拿大的莱德劳基金会认为："社会融合不单是对社会排斥的反应，而且是在内涵过程和目标两方面确保人们能够参与一个值得尊重、重视和奉献的社会。"为什么要研究社会融合与老年大学的问题，就是让老年人在有被社会边缘化、被社会排斥这种可能性的情况下让他们重新参与社会，获得尊重以及保证他们的权利（特别是他们受教育的权利）不受侵犯。融合的社会的基本特征应该是："广泛共享社会经验和积极参与，人人享有广泛的机会平等和生活机会，全部公民都有基本社会福利。"社会融合强调保护合法的人权，确保所有人都有机会被融合而不是被排斥。

社会凝聚力与社会融合这两者本质是相通的，他们有密切的逻辑关联，是一个重大问题的两个方面。社会融合可以增强凝聚力，而凝聚力的加强又更好地促进融合。所以说两者是互相作用，相互依存，相互不可分割的。当我们在研究它的时候，可以侧重于从某一个角度来进行研究。这次国际研讨会命题的概念的修正和转移，促使我们从两个角度探讨了这个问题，这对我们进一步打开视野很有帮助。

四、老年大学对增强社会凝聚力的作用

这一点实际上是老年大学的价值论。老年大学本身就是一种新的社会凝聚力的载体。老年大学对于增强中国社会凝聚力的作用不可低估：（1）社会稳定是形成社会凝聚力的条件。老年大学对维稳有一定作用。老年大学提高老年人综合素质，促进其重新融入社会，使老年人不但不会被社会排斥，还影响带动子女、亲人、家庭、社会关系和谐相处，安居乐业，形成安定祥和社会。（2）民族的、传统的优秀文化是认同性社会凝聚力的重要基础。中国传统文化源远流长。中国画、书法、太极、围棋、中医、古典诗词等都堪称中华民族的文化瑰宝。中国所有的老年大学中，以国学为核心的传统文化课程一直是教学的主打。研究表明，老年人在学习过程中起到了传承载体的作用，以老年大学为发起点，在家庭乃至社区中让这些中国优秀的文化精髓得以在代际之间传播。（3）社会凝聚力的形成和强化，是以每个公民的个性自由全面发展为前提的。在中国，老年大学对老年人的个性发展提供了机会。当今中国社会上的老年人，很多在年轻时失去了系统学习的机会，他们个人的个性追求和发展也在一定程度上受到了限制。而现今蓬勃发展起来的老年大学教育，很好地为其填补了这方面空白，让无数的老年人圆了大学梦，享受学习，迎来人生的第二个春天。（4）老年人老有所为，对社会凝聚力有给力作用。老年大学为老年人回馈社会创造了平台，对老年人发挥潜能、回馈社会、展现人生价值发挥了重要的作用。

当前应该突出强调的一点是：要高度地倡导老年教育的均等化，就是老年大学对公

民权利形成的问题。从 2013 年我们开始大量接触到国际老年大学协会的资讯和材料之后，发现他们很多研究资料、成果都很关注这个问题，都在反复地强调包括反对年龄歧视、宗教歧视、性别歧视、职位歧视、工资歧视以及老年大学面向所有老年人开放等。在国际《老年大学宪章》里有好几条都涉及这些问题。而现在我们要告诉他们，中国的老年大学是普惠所有老年人的。第一，中国现在绝大多数的老年大学是面向所有老年人开放的；第二，即使有部分老年大学现在还没有完全开放，但是都有这种逐步开放的愿望，而且都在有步骤地朝着这方面进行；第三，我国即将公布的《老年教育发展规划（2016—2020 年）》里面提到的基本原则中，第 1 条就是讲公平公开，普惠全体老人。这个问题必须要讲，因为这是公民权利，是社会凝聚力。老年大学的社会凝聚力、公民权利体现在哪里，就是所有老年人退休以后都享有受教育的权利。所以老年大学的对社会凝聚力的作用应该体现在它普惠所有的老年人。在高峰论坛的时候，我们归结了中国老年教育 30 年发展历程的几句话，其中一句就是普惠民众。老年教育服务面的转型是一个大趋势。

五、对中国老年大学国际地位的评价

判断中国老年大学在国际上的地位，应该从以下几个方面考虑：第一，中国老年大学的办学的规模是最大的；第二，政府对老年教育提供的支持力度是全世界最强的。所以，我们现在对此下了一个定义：中国的老年大学教育是政府为人民提供的基本公共服务之一，是一项民生工程。而一个社会它的基本公共服务是非常重要的，它体现了这个政府的民心。那么基本公共服务它就应该均等化，就应该全民共享。所以这些观点在本质上都是一致的；第三，中国老年大学普遍的办学条件比国外的要好；第四，某些专业和课程处于世界领先地位。比如说文艺类、中医保健类、书画类等的教学是世界领先的，它传承了中国的文化；第五，某些办学理念具有前瞻性，如倡导老年教育现代化。但是整体性和系统性（特别是基础的办学理念方面）欠缺，甚至是严重不足；第六，整体上来说办学内涵特别是教育的学术层次较低；第七，虽然我国老年大学教育的普及度在全世界上来比较的话不算很低（比起印度、柬埔寨等国家我们的普及度也已经是很高了），但是由于我国老年人口基数太大，所以毛入学率非常低。目前一些统计数据显示我国老年大学的毛入学率是 3.8%～4%，但是与欧洲大陆的 8% 相比，我国老年大学的毛入学率还是偏低。

综上所述，我们要正确地判断我们中国老年大学的国际地位和它的优劣所在，对于我们加强国际合作，制定正确的策略都是有益处的。而且我们国际合作的前景会越来越好，所以中国老年教育的国际化发展是两个方面：一方面是向世界展示我们中国的老年大学教育风采；另一方面是吸取国外先进的理念和先进的经验来进一步地为我所用。

六、关于本课题的研究方法

第一，结合中国的实际，用国际视野和国际思维的角度来研究，特别是 AIUTA 提出要建立老年教育的国际体系（这是它协会的目标）。国际体系在国际法或者国际政治的角度有两种，一种是政治体系，一种是学术体系。现在它主要是学术体系，关于这点

AIUTA 是非常明确的。因此我们要结合中国的实际，用国际的方法、视野来加入它这个国际体系的建立，通过与他们共同研究来融入这个体系，为这个国际体系的建立做出中国老年大学的贡献。

第二，我们要结合当前《老年教育发展规划（2016—2020）》（以下简称《发展规划》）。这个最新的成果来进行对比研究。《发展规划》把老年教育提到了前所未有的高度，说是"实现两个 100 年奋斗目标、实现中华民族伟大复兴的中国梦的重要社会基础"，这是老年教育价值论的最好诠释。关于培养目标，《发展规划》提出三个很重要的发展目标：第一个是培养现代老年人；第二个是中华文化的传承人；第三个是中国特色社会主义事业的传班人。将这三个提法联系起社会融合、社会凝聚力来论述那是完全可以的。关于老年教育发展的基本原则，《发展规划》提到"老年教育是每个老年公民的权利，必须从维护全体人民的根本利益的高度坚持教育公平。"关于主要目标，《发展规划》提出："到 2020 年老年大学的毛入学率要达到 10%，社区老年教育参与率达到 16%，形成一种覆盖城乡的老年教育新常态。"这里引入了"经济新常态"的概念，提出了"老年教育新常态"。关于体制创新，要建立各级老年教育指导委员会，进一步提出了一个非常重要的观点："推进管办分离"，就像高等教育的那种管理模式。上面列举的几个问题及观点，与"老年大学、公民、社会凝聚力"主题有密切的逻辑关系，结合研究可以产生思想、理论火花和成果。《发展规划》中专门有一段话提到"推进国际交流合作"，这又给我们加强老年大学国际化工作以巨大推动力，所以引入国际议题开展国内研究是非常必要的。

第三，在国际课题的研究上要大量地引进一些先进的概念、定义和一些理论来进行分析研究。比如说 1972 年联合国教科文组织出版的一本书叫作《学会生存——教育世界的今天和明天》，里面有非常多适用于老年教育的理论，这本书在国内不断地重印，影响很大；又比如 2002 年马德里的联合国老龄问题大会里通过的《马德里政治宣言》和《马德里老龄行动计划》，这两份文件都非常重要，至今对我们都具有很强的指导意义。文件中提到的一些原则，比如说独立、参与、照顾、自我充实和尊严等这些适用于老年人的原则运用到我们今天的"老年大学，公民和社会凝聚力"的研究里，是完全符合的。甚至于关于 AIUTA 这两年来的一些研究的观点，对我们国内的研究来说都是相当新颖的。比如 2013 年 9 月在瑞典乌普萨拉进行的关于老年人机会均等的研讨会，瑞典的代表发表了一篇文章，题目是《变老是一种人权》，大意是变老是一种人权，我们要保障这种人权，让人健康地、有尊严地变老；又比如说 2014 年 11 月在巴西进行的关于代际合作的研讨会，斯洛伐克的一位教授说："代际沟通和代际交流是人类文明延续的模式"，这真是一个非常有见地的观点。此外笔者还搜集了大量外国人发言时做的课件，里面包含了大量的彩色图表、音像、资料、数据等，他们非常善于运用这些东西来表达、佐证他们的观点。袁新立会长在法国图卢兹发言时也借鉴了这种做法，做了一个很好的课件，当时这个发言的效果是很好的，美国、巴西、毛里求斯、英国、法国等国家的代表都来拷贝袁新立会长的课件。

下一步我们要充分利用国际议题国内研究的成果，不断地提供国外的一些信息资料来供进行继续研究，又不断向国外发出我们的研究信息和动态。一方面到国外去展示我们成果,另一方面在国内宣传和传播我们的成果,这个成果是国际的,是共享的。

(本文是作者在"老年大学,公民和社会凝聚力"专题研讨会上的学术小结发言)

(作者系中国老年大学协会国际联络部主任、广州市老年干部大学副校长)

在国际老年教育界催生越来越多的"知华者"

中国老年大学协会老年教育学术委员会　陆剑杰

这次"国际议题研讨会"是为在西班牙召开的 AIUTA 第 96 届理事会议和以"老年大学,公民权和社会凝聚力"为主题的国际研讨会做准备的会议。我参加这次会议,听了众多专家的发言,得益甚多。下面,我就中国老年大学协会代表团的发言问题讲几点意见,供代表团同志们参考。

一、全面准确地传播我国老年教育发展现状的信息

在现代决策学中,一直强调坚持"信息准全"原则。要过滤虚假信息,以求其"准";要收集富量信息,以求其"全"。在我国老年教育的开放式发展中,我们要尽可能"准全"地收集国际老年教育界的信息,也要尽可能"准全"地传播我国老年教育的信息,以求更好的国际合作。此次出席西班牙会议,是向国际老年教育界转报中国老年教育的实际情况,让国际老年教育界有越来越多的"知华者"的好机会。

对于这个问题的发言,我建议对以下几点展开讨论。

1. 中国早已把"以人为本"确定为国家的根本方针,发展老年教育是"以人为本"原则在老龄事业中的落实

"以人为本",早在春秋时期就由管仲提出,在近现代的中国变革中,"以人为本"发展成为"以人民为本"。人民是历史的创造者,也是全部实践的价值归结。改革开放以后,中国唱响"以人为本"根本原则,不但坚持"为人民服务"的传统,而且尊重个性自由和人权。按照"以人为本"的原则,中国在发展老年教育的过程中,从 1983 年起步时的面向老年干部、老年知识分子,通过 1996 年的《中华人民共和国老年人权益保障法》的颁布,转向面对全体老年人。这才有了今天的发展规模。

2. 中国老年教育发展已经达到千万人规模,但仍有发展不足的问题

据中国老年大学协会 2014 年 10 月统计,中国老年大学、老年学校总数为 59 711 所,在校老年学员 6 772 834 人,另有接受远程学校教育的 2 282 200 人,总计 9 055 034 人。就是说:中国的老年学员已经达到千万人的规模。这是全球范围内按国别计最大的老年学员群体。不仅是中国现象,而且是人类现象。

但由于中国 60 岁以上老龄人口截至 2013 年已达 2.02 亿人，老年教育的入学率不足 4%。而据我们在上海、南京等地的问卷调查，直接提出需要接受老年教育的老龄人口已经达到老龄人口总量的 20%。这样，供需差距有 3 000 万人之多，可见发展仍严重不足。

3. 中国老年教育的结构已经趋于合理，但发展不平衡的问题仍然突出

中国老年教育正在全方位展开，已经初步形成四路人马一齐向前的局面。第一路：省、地、县各级政府开办的老年大学。按省级行政区划分为 23 个省、5 个自治区、4 个直辖市，共办老年大学 74 所；各个地（市），共办老年大学 446 所；各个县（区、市），共办老年大学 2 283 所。三者相加，中国各级政府办老年大学 2 803 所，在校学员 1 128 218 人，占全国老年学员总数的 16.6%。第二路：城乡基层的社区老年教育。中国有城乡基层社区老年学校 53 937 所，在校老年学员 4 266 284 人，占全国老年学员总数的 62.9%。中国老年教育的重点已经下移到社区，将会有更大的发展。第三路：高校、企业等教育资源集中领域办的老年教育。现在全国有高等学校办的老年大学 365 所、大型企业办的老年大学 621 所、军队办的老年大学 358 所，三者相加，总数为 1 344 所，在校老年学员 302 583 人，占老年学员总数的 4.4%。第四路：社会化办学的其他多种形式，其中以远程老年教育为基本方式。远程老年教育和学校老年教育的老年学员占比为 1:3，其重要性日益凸显。

我们说，中国老年教育发展仍然严重不平衡，有两个基本表现：

一是上述四路大军中，高等学校办学比重偏小，全国高校有 2 000 多所，办学的不足 20%。高等学校教育资源极为丰富，按照中央政府对高等学校职责的三项规定（培养年轻一代、承担科研任务、提供社会服务），高等学校的教育资源理应向老年人开放。

二是中国东部地带、中部地带、西部地带的老年教育发展很不平衡，2013 年 10 月数据比较。（见表 5-2）

表 5-2 中国东部、中部、西部地带的老年教育发展数据

区域	老年学校数/所	占全国老年学校数的比重/%
华东区	37 073	62.02
华北区	9 943	16.65
西南区	5 764	9.65
中南区	2 733	4.86
东北区	2 065	3.65
西北区	1 646	2.77

以上数据表明，地处中国东部的华东区的六省一市（山东、江苏、浙江、安徽、江西、福建省和上海市）的老年学校数量，占全国老年学校总数的 62.02%，而其他五个区加起来才占 37.58%。华东区的老年学校多的原因是他们较为普遍地发展了基层老年教育（社区老年教育）。由此看来，中国老年教育总量发展的不足，是由于基层老年教育发展不平衡造成的。假如华东区以外的其他五个区都普遍发展基层老年教育，那么，全国老年教育的总量将会成倍增长。

二、向国际老年教育界介绍中国政府即将颁布的《老年教育发展规划(2016—2020年)》的要义

中国是个人口达到14亿的大国,一向有"集中力量办大事"的善政优势。中国发展越来越广泛的人民民主,在每年3月召开的全国人民代表大会年度会议和全国政治协商会议年度会议上,代表们都曾提出"发展老年教育"的议案;国家建立了征集民意的机制,反映老年教育发展不足、老年人上老年大学"一座难求"的呼声不断传到国务院。为了顺应民意,加快发展老年教育,2014年9月,中国政府指令教育部牵头编制《老年教育发展规划(2016—2020年)》。经过各个政府部门、众多老年教育研究机构派员组成的17个课题组的研究、起草组的起草、反复征求意见和修改、教育部领导的审阅,现在,《老年教育发展规划(2016—2020年)》已经编制完成,只待国务院最后审定和颁布。这很可能是国际范围内和历史坐标系中第一部由国家编制颁布的《全国老年教育发展规划》(以下简称《规划》)。从《规划》中,我们得知众多的令人鼓舞的信息:

1. 到2020年,中国的老年教育将扩大到其"参与率"达到老龄人口的20%的规模

中国老年教育界业已建立老年教育的"入学率"和"参与率"这两个概念。对"入学率",前已说过,现在各级各类老年大学、老年学校中学习的老年人近1 000万人,入学率接近4%。老年人参与各种形式的教育活动,达到一定标准成为参与者,计入"参与率",这样的参与者,大约已有1 000万人。将要颁布的《老年教育发展规划(2016—2020年)》规定:再经6年发展,我国老年人对老年教育的参与率将提高到20%,受教育的老年人将达到4 000万人,其中,半数是"入学者",半数是"参与者"。这就是说,到2020年,中国有学习愿望的老年人都能有机会受到良好的教育。

2. 到2020年,中国将形成一个具有内在活力的老年教育体系

其结构是:各级政府办老年大学成为各地老年教育的中心,在办好本校的同时,担负起指导本地区老年教育及其发展的职能,将本校的资源优势扩散到地区老年教育中去;高等学校办的老年教育(包括开办"老年教育学院"、开放青年学子正在学习的各门课程、学分存入"学分银行"、积累够了可申报学位)成为高端部分,满足有较高要求的老年人读书增能,实现人生的更高价值;社区老年教育(包括立足社区的远程教育)成为群众基础,为最广大的老年人提供学习条件;社会多元化办学成为重要补充。此外,民政养老设施、文化活动阵地、广播电视体系,都要调度参与,为老年教育服务。

3. 中国将依托高等学校、科研院所、省级副省级老年大学,开展老年教育学的建构和人才培养的工作

本次编制《规划》,高度重视现代教育思想的运用和贯彻,特别强调老年教育的理论研究,有远见地规划老年教育学的建构和人才队伍的培养,真正做到了对老年教育的"学术承认"。具体措施中包括:开展老年教育的学术研究,论证并开展老年教育学学科的建构工作;建立一系列老年教育研究基地;有成人教育硕士点、博士点的师范院校,开辟老年教育的研究方向,培养老年教育的学术研究人才;开展老年教育管理人员和师资的培训,聚集人才资源。

4. 探索建构老年教育宏观管理体制机制和推进老年教育的依法治理

中国的老年教育中央和地方政府谁来管理、怎样管理,1996年颁布的《老年人权益

保障法》已经规定"对老年教育,各级政府要加强领导、统一规划";2013年修订后的《老年人权益保障法》又补充了:"加大投入"。但这是原则,还不是体制机制的法定解决方案。这次编制《老年教育发展规划》就这个体制机制问题的解决拟定了方案,即规定"由教育部牵头、各相关部门参与,共同制定发展规划,督促检查规划的执行,制定老年教育的政策,研究解决老年教育中的各项重大问题。"在这个体制机制中,教育部和各级教育行政部门"牵头管理"是最关键的变化。在逻辑上,在2010年中国政府颁布的《国家中长期教育改革和发展规划纲要(2010—2020年)》中已经确认老年教育是教育,那么教育部就不能不牵头管理老年教育;在实践上,上海市早已实行"政府统筹、教育牵头、各部门共管"的体制机制,取得很好的管理成效,合乎一般规律,应该推广;在民意上,全国各地都呼吁教育部牵头管理老年教育。

中国正在实施"全面依法治理"的工程,全部的教育也要"依法治教",合乎情理的是国家应该制定《终身教育法》,进而制定《老年教育法》。但这样做还需要一个过程。《老年教育发展规划(2016—2020年)》要求推进这一过程。

三、总结中国老年大学协会代表团对西班牙会议主题的理解

今年6月AIUTA西班牙会议,以"U3A's, Citizenship and Social Cohesion"(老年大学,公民权和社会凝聚力)为主题。中国代表团应就这个主题发表自己的意见。

1. 领会会议主题的重要意义

"老年大学,公民权和社会凝聚力"的主题,对于老年教育在全球的发展具有导向意义。它提示人们:老年大学是进行终身教育的学校,老年大学应该为老年人所拥有的公民权的受到尊重、得到满足而工作,应当引领老年人融入社会,为社会凝聚力的提升而做出努力。西班牙会议的主题,对于广大的发展中国家意义更大。这类国家,经济发展水平低,人民群众首先需要生存权的满足,发展老年教育的资源供给严重不足,老年人受教育的权利容易被忽视。在这类国家,研究这一主题,有利于老年教育的起步、加鞭、推开。中国是最大的发展中国家,中国的老年教育界,也将开展对这一主题的研究,推动中国老年教育的发展。

2. 中国为老年人公民权的实现而大力普及老年教育

作为发展中国家,中国面对"未富先老"的难局。但是随着中国改革开放的全面推进和经济文化的大踏步发展,中国有了较大规模地发展老年教育的条件。公民权意识的不断增强是发展老年教育的重要推动力。我国的宪法规定:"凡具有中华人民共和国国籍的人都是中华人民共和国公民。中华人民共和国公民在法律面前一律平等。任何公民享有宪法和法律规定的权利,同时必须履行宪法和法律规定的义务。"其中就包括享受平等受教育的权利。中国的老年教育在公民权问题上,注重三点:其一,大力普及老年教育,面向全体老年人办老年教育,重点下移,沉入基层,提供满足老年人平等受教育权利的资源。中国的天津市,老年教育普及率达到29%;上海市,老年教育普及率达到17%,福建省,老年教育普及率达到16%。这几个省市,城乡基层老年教育基本普及。其二,开设老年人所需的保障他们公民权的课程,增强老年人的维权意识。例如:开设卫生保健课程,帮助老年人享有生存权;开设涉老的法律课程,保障老年人的平等权利;开设

种植业、养殖业技能课程，让他们继续拥有劳动权；开设现代科学技术、文学欣赏和创作、历史研究等课程，促进老年人发展权的实现。其三，按照自愿原则，引导老年学员更新知识，开发潜能，成就新业。老年人，特别是60～75岁的低龄老年人，是国家人力资源库的重要部分。各级政府、社会各界应当承认老年人的人力资源价值；老年人自己，应为此而自尊、自信、自豪，安排进一步实现人生价值的岁月。

3. 以"积极老龄化"为根据，引导中国老年人实现"再次社会化"

西班牙会议的主题，是同世界卫生组织在联合国2002年马德里老龄问题大会上提出的、被大会接受写入了《政治宣言》的"积极老龄化"相衔接的。

积极老龄化的英语是active aging，它的主题词是"独立、参与、照顾、自我实现、尊严"，它以充分估计老年人的社会活力、人力资源价值为基础，以老年人生命的活跃为底蕴，以老年人再次社会化为目标的老龄工作指针。据我了解，"积极老龄化"发端于20世纪末"积极心理学"的盛行。积极心理学将心理学的目标由医疗转为潜能开发，沿用到老龄事业上，就是要帮助老年人群开发潜能、树立积极的社会参与心态，消除非老年人群的年龄偏见。在这个老龄事业的新思想中，在老年人和社会的关系问题上提出了三个概念：融入社会、参与社会、服务社会。

融入社会，就是赞同欧美学者提出的"接触理论"，引导和鼓励老年人走出家庭、接触社会，适应社会发展的要求，保持生活的情趣和活力。

参与社会，就是赞同2002年马德里世界老龄大会《行动计划》的安排，"积极参与社会和发展，目标一：承认老年人在社会、文化、经济和政治方面的贡献；目标二：老年人参与各级决策进程。"就"目标二"说，中国的老年大学做了很多事。福建省老年大学、福建莆田市老年大学都成立了"经济学会"，把熟悉经济工作的老年人组织起来，进行调查研究，提出发展本地区经济的决策咨询报告。这些报告，被当地政府负责人所批示，转化为当地政府的决策。此次教育部牵头编制《老年教育发展规划（2016—2020年）》，邀请袁新立（国家老龄办原副主任、中国老年大学协会常务副会长）、李骏修（上海市教委原副主任、上海老年大学常务副校长）、叶忠海（华东师范大学教授、上海终身教育研究院原院长）、杨德广（上海师范大学教授、原校长）、陈乃林（江苏省教育厅原厅长、中国成人教育学会社区教育专业委员会主任）、陆剑杰（中共南京市委党校教授、南京市社科联原党组书记、中国老年大学协会老年教育学术委员会主任）等老年人参与。他们不仅主持了17个课题中的6个课题的研究，而且在草拟和修改《规划》的过程中提出了一系列重要建议并被写入《规划》。这是在国家层面上贯彻"积极老龄化"原则，吸引老年人"参与决策"的突出事例。

服务社会，就是老年人继续作为人力资源，自愿地或者以群体方式对社会发展做出自己的贡献。中国有全面建成小康社会的战略部署，开展"经济建设""政治建设""文化建设""社会建设""生态建设"等五大建设。老年人服务社会的领域主要在"文化建设"和"社会建设"两方面。在前一方面，老年人对于中国社会"核心价值观"的建设，对于中国古代文化传统和近代文化传统的发扬，都有深度的介入，老年历史研究成果频出，老年文学创作非常活跃，老年文艺演出遍及城乡，发挥着独特的作用。在后一方面，老年人组织各种义工社团进入监狱、戒毒所说教失足者，在所生活的社区做义务的社会工作者，成为社会建设的一支不可或缺的力量。

4. 老年大学对于增强"社会凝聚力"具有不可或缺的重要作用

社会凝聚力是社会学的重要范畴。如果说"社会流动性"是指社会各阶层的上下层次之间的动态关联，那么，"社会凝聚力"是指社会各圈层内外之间的动态关联，其中，各个年龄段的群体之间也存在是否具有凝聚力的问题。老龄人口的社会凝聚力，在于家族和家庭内的长辈对晚辈的吸引和影响的力，在于社会群体内的长者的示范和引领的力。老年大学的凝聚力，是组织起来的长辈和长者的力。首先要提升老年大学内在的凝聚力，在此基础上再来扩大老年大学的外向的凝聚力。

老年大学的内向凝聚力的大小，取决于：

（1）教育资源的供给力。

老年大学的三项"供给"必须达到老年人满意的要求，这就是：优美的校园环境和现代化的教学设施，像宁波老年大学那样，让老年学员"跨进校门就年轻"；完善既有宽度、又有深度，还有时尚度的课程体系和教材体系，像上海老年大学那样，让老年学员进入"教育超市"，选择所需课程；优雅的高质的传道、授业、解惑得法的师资队伍。

（2）道德氛围的营造力。

老年大学要造就"好雨知时节，当春乃发生。随风潜入夜，润物细无声"的教育环境，政治氛围正派，学习氛围浓厚，团结亲密。用"郁郁乎文哉"的校训来浸润老年学员，用生动活泼的校风来引导老年学员，以优雅的环境和红火的情绪来鼓舞老年学员，就像吉林省老年大学所说的"让墙壁会说话"。

（3）文化活动的活跃力。

各个老年大学都证明：老年大学不能只有课堂教学。课堂教学是基本的教育方式，但在老年大学还要配合上活跃的校园文化活动。这种活跃的主体不仅在班级，更重要的是学员社团。要像福建老年大学那样，教学班级和学员社团"双轮驱动"。

老年大学内向凝聚力的积聚必然引发外向凝聚力的扩展。首先，通过每位学员的面貌的变化，带动他们家庭的和睦，给家庭成员带来正能量。其次，通过学校整体名声的传播，对老年教育的必要性和重要性的宣传不是语言艺术，而是行为艺术，把社会的注意力更多地吸引到老年教育方面来。最后，老年学员的老有所为，对当地全面建成小康社会发挥了实际的作用。

（作者系中国老年大学协会老年教育学术委员会主任）

论"老年大学,公民权与社会凝聚力"

广州市老年干部大学　梁　烈

国际老年大学协会(AIUTA)第96届理事会议和国际学术研讨会提出的研讨主题是——"老年大学,公民权与社会凝聚力"(U3A,Citizenship and Social Cohesion)。"老年大学""公民权"与"社会凝聚力"这三个词语,从表面上看似乎有点"风马牛不相及",但究其实,它却与西方教育界近百年来的一个重大论题——"教育的宗旨:大学,公民权与融入社会"一脉相承。

这个经典教育宗旨首先由乔德博士(西·埃·米·乔德 Cyril Edwin Mitchinson Joad,英国哲学家、教育家和作家)在《论教育》一书中提出。此论一出,随即在同时代许多教育学家中引发热烈的论争,最终以另一教育界宗师艾略特(托·斯·艾略特 T. S. Eliot,英国诗人、文学、批评家、剧作家,1948年诺贝尔文学奖获得者)于1950年11月在芝加哥大学作题为《教育的宗旨》演讲时的长篇述评为定评。这经典教育宗旨原来是三个目标,其第一个是"学生",即"帮助学生日后能够自食其力"。因为现在老年大学不需要"帮助学生日后能够自食其力",所以这里从略。况且我们现在都懂得:教育的本职不是谋生,而是唤起兴趣,鼓舞精神。其另外两个目标便是"公民权与融入社会",即"培训他们日后有资格在一个民主国家中恪守公民的权利与义务"和"帮助他们日后能发挥所有的潜力和天赋而可以享受美好的生活"。这"日后"就是"进入社会的时候",这就由学校、个人、公民和社会等元素构成了教育的一个完整体系。经典一经发酵,随即对世界教育界产生了重大影响,即令我国胡适一辈学者乃至其门生、私塾,承此衣钵者亦不乏其人。

这个研讨会主题——"老年大学,公民权与社会凝聚力"也与2013年5月国际老年大学协会(AIUTA)在广州召开的第92届理事会所通过的文件《老年大学宪章》(以下简称《宪章》)一脉相承。《老年大学宪章》是世界老年大学发展史里的一个重要里程碑,有学者把它的"宗旨"概括为"传播文化知识,享受和谐发展,增进身体健康,理解社会人生,共享美好未来"(因为《宪章》的"主体"是老年大学,"享受"和"共享"主要是属于"客体"老年人的。因而我把它改为"传播文化知识,促进身体健康,帮助理解人生,增进文明意识,造就光明未来",可能会更接近宪章的"本意")。大家普遍认同的中国老年大学"教育宗旨"是"增长知识,丰富生活,陶冶情操,增进健康,服务社会",这"宗旨"则是以老年学员为"主体"的,但却大抵与《老年大学宪章》相似或相近。

其实,在社会主义的核心价值观里也包含了国家、社会、公民这三个层面的价值准则。"公民权利与社会凝聚力"这两个主题词也并非都是一种"宽泛而抽象"的理论概念,"公民权利"指的是我们实实在在应该享有的权利,而"社会凝聚力"虽原指社会共同体及其成员在观念、行动方面所显示出来的一致性和协同性,但如若将其转化为可测量和可操作的具体变量,那就可以说得明白点儿了。不过,研讨会主办者却已给出了极其浅白的提示,那就是:"公民权"所要确切表述的是"老年大学对公民权利形成的作用";而"社会凝聚力"则要确切表述的是"老年大学在社会整体发展中的作用",如此而已。而且还点明了:"21世纪老年大学需要优先关注的事项之一,即需要不断地深入研究继续培训和终身教育问题。关键的目标在于务求有效减少老龄人口的知识贫困以及被社会排斥的情况;我们要认识到老年人的价值,他们的社会经验和他们是不可缺失的活跃的社会存在,与其作为完整的社会公民无可置疑的优先的价值。老年大学显然需要积极传播宣传这方面的信息,事实上,有效整合老年人是我们一个重要目标。我们承诺:将推动老年人的继续教育作为重要义务。"

在这方面,《国际第三年龄大学宪章》就表述得很到位,第三条"集体":老年大学旨在面对所有老年人,不设任何年龄、文化、收入的限制。第八条"道德":老年大学旨在努力减少歧视,尤其是有关年龄、性别、种族、宗教的歧视,同时也将积极参与反对排外的斗争。第二条"任务":老年大学旨在通过社会活动促进老年人文化福利与社会和谐发展。第七条"文化":老年大学将帮助老年人对现在、过去及未来有更好理解。第十条"未来":老年大学将通过提供各种有利于促进智力及体力和谐发展的活动来造就更加光明的未来。这些享有法律效力的章程全都在明确彰显老年人那"作为完整的社会公民无可置疑的优先的价值",因为"他们的社会经验和他们那不可缺失的活跃的社会存在",我们都需要做出郑重的承诺:"将推动老年人的继续教育作为重要的义务!"

一、"公民权"——老年大学对公民权利形成的作用

《中共中央关于深化文化体制改革、推动社会主义文化大发展大繁荣若干重大问题的决定》明确指出:"发挥人民在文化建设中的主体作用,坚持文化发展为了人民,文化发展依靠人民,文化成果由人民共享,促进人的全面发展,培育有理想、有道德、有文化、有纪律的社会主义公民。"当然,老年大学教育的特殊性和老年人需求的多样性决定着老年大学"教育宗旨"的时代性、复杂性、多层次性和普遍认受性,像"公民"尤其是"老年公民"这种"具有一个国家国籍,根据该国法律规范承担义务和享受政治、经济、社会权利"的自然人,在世界大多数国家里也是涵盖着"时代性、复杂性、多层次性和普遍认受性"的,但最根本的也是最重要的——却是老年大学教育对社会所必定要承担和恪守的"社会责任"!

作为老年公民,根据《中华人民共和国老年人权益保障法》以及相关法律规定,他所享有的特别权利主要有:(1)从国家和社会获得物质帮助的权利;(2)享受社会发展成果的权利;(3)受赡养扶助的权利;(4)继续受教育的权利;(5)劳动的权利;(6)参与社会发展的权利。而《联合国老年人原则》也特别强调,老年人有享用社会的教育、文化、精神和文娱资源的权利。这意味着社会共同体里的所有老年成员都应该可以利用国家或社会所提供的各种教育设施和条件,并按照社会的要求和个人的意愿,去享受各种学习和训练的机会。这几乎全都涉及老年大学的公民教育内容,我们是没有任何理由让它们"缺席"的。

有些国家从小学、中学、大学乃至老年大学都设有专门课程对学生进行公民教育。

他们提出的口号"合格的公民比优等生更重要",我就觉得很有前瞻性。章开沅也在《我们缺少生动活泼的学习环境》一文里说:"教育首先是要培养好公民。无论一个民族,还是一个国家,甚至整个世界,人的素质是最为重要的。在目前国家还没消亡的情况下,国家的根基就是公民,所以教育应该把每个人培养成一个好的公民。""教育应该把每个人培养成一个好的公民",这是老年大学教育一个很重要的目标,有人提出过一个"公民教育四支柱"的概念,即公平、关爱、尊重和责任,而"公平"就是首要。

当然"教育不公,归根结底是发展的不公。但是,我们不能等着发展跟上了,才消极地去解决教育不公的问题。实现教育公平,应该有超前意识。"在这个"世界是平的"时代,变平了的世界将让每个个体都站在同一水平线上,人们的机会都将会变得越来越平等。可有文章却提到:"不可回避,目前的'老有所学'主要惠及离退休干部,虽然老干部部门办的老年大学大多数是面向社会所有老年人开放的,但事实上也有很多老年大学因学位不足等原因只招收离退休干部而将普通退休老人拒之门外,这是不公平的。"

老年大学教育是我国2亿多老年人群的共同事业,享有更好的老年教育是每个老年公民的权利。必须从维护最广大人民群众根本利益的高度,坚持教育公平。老年教育要面向全体老年人,让不同年龄层次、不同文化程度、不同收入水平、不同健康状况的老年人,均有接受老年大学教育的机会和权利,以分享老年教育的"红利",最大限度地满足各种类各层次老年群体的学习需求,从而彰显老年大学教育的普惠性。

当然,由于老年教育是公益性教育,相对于义务教育和普通高校,老年教育在资金投入、设备、师资乃至学习和活动的场地资源均缺口较大,甚至捉襟见肘。与社会需求相比,老年大学的学位一直供不应求。而由广州市老年干部大学提供的数据显示,目前广州地区有各类老年(干部)大学35所,其中省会城市校2所、市级校25所(其中4所私办)、高校办校5所、军队校2所、非市属校1所;开设各类专业150多个,各类教学班1 400多个,办学场地面积约7.5万平方米,在校学员约7.3万人次。目前广州市老年人口130多万人,在校学员约为广州地区老年人口总数的4%。因而,面对已经到来的老龄人潮,广州地区的老年教育发展实在是显得十分滞后。

为此广州市老年干部大学校长林元和告诉采访记者:广州市老年干部大学的新校区计划于年内正式投入使用,并准备于在2018年前全面建成一个现代化的老年大学——"这是花园式的,除保留'广州市老年干部大学'的名称外,还加挂'广州老年大学'的牌子,并尽快面向全社会招生,计划在2020年达到在校学员3万人的规模,使之成为真正实现全纳教育、以体现教育公平的老年学府。"

这很值得欣慰,这一举措果真能"使之成为真正实现全纳教育、以体现教育公平的老年学府"。最近听闻国内一些老年教育学府已经起而仿效,专门为未能入学的老年人设置"零门槛"。因为这正响应了《国际第三年龄大学宪章》的其中两章——"老年大学旨在面对所有老年人,不设任何年龄、文凭、收入的限制"和"老年大学旨在努力减少歧视,尤其是有关年龄、性别、种族、宗教的歧视。同时也将积极参与排外的斗争"。但是还有一个方面不容忽视,即中国的老年人群体的主体在基层、在农村、在社区,恰恰最缺乏老年大学教育为之服务与供给的主体也在这里——基层、社区和农村。因而我们必须要将老年大学教育的重点放在基层、农村和社区,使形成以需求为导向的老年教育结构,并兼而优化完善城市与基层、城市与农村、城区与社区之间的老年大学教育的空间布局。而到"重视老年教育"基本达成的 2020 年，全国老年大学教育，包括城市的、基层的、农村的、社区的、在线的和远程的老年大学教育入学率或参与率能达到 10%，那就可以形成"面向全体、覆盖城乡、形式多样、特色鲜明、管理科学、教学有序"的老年大学教育新常态了。

老年大学既要"努力减少歧视以体现教育公平"，这就需要造就具有"公民美德"的新一代社会主义公民——都具有公平、关爱、尊重和责任的良好意识。公民教育论者乔德博士说："注重公民素质的教育，从这个笼统表述看，我们把它的意思缩减至政治活动，再把教育的意思缩减至课堂和书本里可以教授的内容，我们便可以过渡一下，把公民素质方面的课程，纳入我们的教学范围。"

党的十六大提出了社会主义社会公民美德建设的新任务，那么，这也就是老年大学教育中的一项道德文化工程。建设社会主义社会公民美德所要表达的基本意愿是：作为社会公民的老年学员其政治伦理素质是普遍的正当的、优雅的和文明的。

"文明"是"野蛮"的对立面。在中国古代经典《易经》中，就有所谓"见龙在田，天下文明""睿哲文明，温恭允塞""文明以健，中正而应"和"其德刚健而文明，应乎天而时行"的说法，这就给我们提出了"社民德行"这样一个社会政治文明要素，也相当于经典西方教育宗旨中的"恪尽公民义务"要义。古希腊贤哲亚里士多德所谓"人的本性是政治的"，实际上也揭示出了作为社会公民的政治身份和政治美德资格。

因此，所谓的"公民美德"，简单地说就是社会公民个体在参与社会公共生活的实践过程中，所应当具备的社会公共伦理品质或实际展示出来的卓越的、具有公共示范意义的社会美德。把"公民美德"课程纳入我们的教学范围，老年学员便得以作为社会或国家公民的个体在学习并体验"遵循或履行社会公共伦理规范"的实践中，逐渐养成具有公共的甚或是普世意义的美德伦理品质，诸如文明礼貌、正义感、社会责任感、平等、宽容、诚信、感恩、同情心、互助、仁慈、爱国主义、人道主义和国际主义等。而老年学人自我的"人格"及其"个人品德"，亦即其个人基于自身人生目的的道德修养和个人生活领域内的道义承诺比如人生理想什么的，也就同时获得了自我完善。

当然，公民美德与政治文明之间的互动有一个重要维度，这就是：公民美德的培养是公民社会成长的内在精神动力，而在现代民主政治生活中，公民社会的健康成长正在或已然构成公共政治权力合法正当运用的基本制约力量，因之也就有可能成为现代政治文明建设的社会基础。

虽然由于时代的进步，现代老年大学的目标指向是培养现代老人，塑造老年人的现代素质，但经典的"教育宗旨"和现时的《老年大学宪章》却给老年大学教育提升了"时代性"和"积极性"。老年教育是一种真正意义上的素质教育，它回归的是教育的本质：提高老年人的生活质量和生命价值。在"传播文化知识，促进身体健康，帮助理解人生，增进文明意识，造就光明未来"的框架下，老年大学给老年人或老年公民提供"对现在、过去及未来有更好理解"的教育、让重新投入学习生活的他们愉快地去享受学习，尽情地去追求自己的兴趣和爱好，企望"发挥自己的潜力和天赋而享受到美好的生活"；让作为公民一分子的他们充分发挥自己的民主参与意识和能力，并以高度的法制和法治观念"在一个民主国家中享受公民的权利并恪尽公民的义务"；让作为社会一分子的他们以开放的头脑，合作的意愿和竞争的精神，积极地重新融入到火热的社会现实生活中去，参与它的发展，分享它的成果，反哺它以乳汁。

二、"社会凝聚力"——老年大学在社会整体发展中的作用

美国著名教育学家亚伯拉罕·弗莱克斯纳（Abraham Flexner）说："大学不是一个风向标，对社会每一流行风尚都做出反应。大学必须经常给予社会一些东西，这些东西并不是社会所想要的，而是社会所需要的。"这很清楚，老年大学要在社会整体发展中发挥作用，那就应当努力满足社会的需求，而不是它的欲望。我们老年大学的"教育宗旨"里，也很强调"服务社会"这一目标。"服务社会"若以老年大学为"主体"，那么中国老年大学的创办，以及在短短30年间就已把我国的老年教育事业推进到一个新阶段本身，就既是中国教育史上一大创举，改革开放一大成果，也充分彰显了"服务社会"的卓著成效以及自身强大的"社会凝聚力"，使它在中国乃至国际社会的整体发展中起到了一个不容低估的作用。正如中国老年大学协会领导人袁新立在2016年全国老年教育高峰论坛上所概括的："我国的老年教育事业已是春色满园，老年大学（学校）已经发展到5.97万多所，学员677万多人，参加远程教育学习的达220余万人，一个全方位、多层次、多学科、多功能、开放式的老年教育体系已经形成。30年来，中国老年教育事业发展速度之快，覆盖面之广，参与学习的老年人之多，社会效益之显著，是前所未有的，对此国内外的专家学者和国际老年大学协会，都给予了高度评价。"

并且从此以后，"老年大学便成了党和政府加强社会建设的一项重要内容，成了联系广大老年人的桥梁与纽带，成了老年人思想政治工作的重要平台，成为我国老龄事业和文化事业对外交流交往的重要窗口，成了广大老年人积极服务社会、践行社会主义核心价值观的重要载体。"如此说来，"服务社会"或曰"增强社会凝聚力"也就应该成为老年大学投入社会整体发展的一个职能，即"除了正常的教学活动和理论研究活动之外，老年大学为了满足社会直接的和现实的需要，利用自身优势，在相对短的时期内有目的、有计划地直接参与社会政治、经济、文化、科技和教育等领域的发展以及解决社会现实问题的职能"。

早在21世纪之初，就已经有学者提出"第三课堂"的概念。所谓的"第三课堂"乃相对于"第一课堂"（课堂教学）和"第二课堂"（社团活动、课外活动）而言，指的是"老年人学以致用，融入社区，服务社会，参与社会活动，以体现他们自身价值的活动"。当时就得到了全国各地老年大学的响应，2005年，中国老年大学协会原会长张文范就在中国老年大学协会第三次会员大会上热烈地表示："拓展第三课堂是我们老年教育发展中一个重要的观念创新，也是银发人才资源开发在教学实践中的有益探索。"经过十年的探索，"第三课堂"的教学实践活动据说已在各老年大学得以蓬勃开展，并且亦已取得了显著的成效，这大概也就是国际研讨会的另一主题："社会凝聚力——老年大学在社会整体发展中的作用"所要表述的重要内容。

比如有的老年大学保健系的师资力量较强，有正教授和副教授，还有行医多年的名医师。于是这些学员就在教师的带领下把学到的知识和技能向周边的人传授，有些班级的学员甚至组织医疗团队，到附近社区乃至郊区农村做养生保健的实践与宣传，既让社会上更多的人掌握保健知识，对缓解医疗矛盾和促进社会和谐起到很好的作用，又扩大

了老年大学的影响。

比如有的老年大学文史系名篇诵读班和文艺系声乐表演班办得也很出色，这些班的学员便经常到社区、街道，甚至幼儿园、敬老院、抗癌病友俱乐部去举办文艺沙龙，运用所学到的知识和技能，自编自演朗诵、小品、快板、情景剧等节目，颂扬社会上的好人好事，颇受当地群众的欢迎。他们自己也感觉到这样的课余活动过得挺有意义，虽然没有报酬，但收获了快乐，还能借助社会的大舞台，提高自己的能力，体现自己的人生价值。

比如有的老年大学的绘画班办得不错，学员们学有所成，作品还屡屡得奖，但他们并不因此而孤芳自赏。为了丰富社区文化，他们去把社区中爱好书画的朋友都组织起来，互相切磋，集体创作，歌颂伟大祖国，赞颂美好生活，还把作品参加街道组织的义卖活动，把筹得的款项捐给困难群体……

当然，在充分肯定老年大学在"服务社会"方面取得显著成绩的同时，我们也要清醒地看到，老年大学目前的发展还存在一些不尽如人意的地方，主要是老年大学的"服务社会"工作总体上还不适应快速增长的人口老龄化发展趋势，各地各层级的老年大学发展不平衡，管理体制缺失，顶层设计和制度安排未能多加考虑，更未能"有目的、有计划地直接参与社会政治、经济、文化、科技和教育等领域的发展以及解决社会现实问题，以满足社会直接的和现实的需要"，尤其是广大老年人的精神文化需要，21世纪的老年大学还有着众多需要优先关注的事项，因此，需要不断地深入研究对老年人的继续培训与终身教育问题，以务求有效减少老龄人口的知识贫困以及被社会排斥的情况。为此我以为可以制订一个"老年大学社会服务或社会凝聚能力提升计划"，以经济整合、社会适应、文化习得和心理认同这四个维度去开展并测量老年大学的总体社会服务能力或社会凝聚能力水平。

而"服务社会"若以老年学员为"主体"，我们就得要认识老年人自身的价值：他们的社会经验和他们不可或缺的活跃的社会存在，及其作为完整的社会公民那无可置疑的优先的价值。《中国老龄事业的发展白皮书》也指出："国家重视和珍惜老年人的知识、经验和技能，尊重他们的优良品德，积极创造条件，发挥老年人的专长和作用，鼓励和支持老年人融入社会，继续参与社会发展。"

老年学员当然是可以"老有所为"的，对于"要在社会整体发展中发挥作用"更是大有可为的——他们已经在利用老年大学里的习得知识参与各种有益身心的社会活动和工作，继续为社会的发展做出贡献。

老年人既是全面构建和谐社会的受益者，还应该是社会主义现代化的参与者。在人口老龄化日益加剧的情况下，"老年人参与社会发展"的观点已经达成国际共识。早在1982年联合国在批准"维也纳老龄问题国际行动计划"的决议中就指出："全世界要认识到寿命的延长是一项生理的成就和一种进步的象征，并且要认识到老年人是社会的财富而不是负担，因为他们可以以其累积的丰富知识和经验做出价值无比的贡献。"（第37/51号决议）在1991年12月16日通过的《联合国老年人原则》（第46/91号决议）中也列明："老年人应始终融合于社会，积极参与制定和执行直接影响其福祉的政策，并将其知识和技能传授给子孙后辈，寻求和发展为社会服务的机会。"而在2002年4月联合国召开的第二届世界老龄大会上则更把"老年人与发展"作为大会的主题。大会最后通过的"老龄问题国际行动计划"则尤其强调"老年人必须成为发展的充分参与者，而且必须公平享有发展的种种成果。"大会更呼请各国政府倡导"积极老龄化"，以保证老年人获得健康并参与发展，为建设不分年龄人人共享的社会奠定基础。

法国大哲学家布莱士·帕斯卡（Blaise Pascal）在提出"给生命以时间"的命题之后，马上又延伸为：给时间以生命，而不是给生命以时间——To the time to life, rather than to life in time 的著名论断，那意思是让蓬勃的生命力贯穿你所经历的时光，让生活的每一秒都充实无比，而不是让生命随着时间流逝而流逝。从希望延年益寿到"让蓬勃的生命力贯穿你所经历的时光，让生活的每一秒都充实无比"，这是时代的一大进步。让延长了的寿命转化为物质力量，这既是解决人口老龄化的出路，也是时代赋予老年大学和老年学员的光荣使命。

其实老年大学人重新融入社会，也就是西方经典教育学里"教育宗旨"之第三个目标："帮助他们日后能发挥所有的潜力和天赋而可以享受美好的生活。"《国际第三年龄大学宪章》的第二条"任务"，第七条"文化"和第十条"未来"也强调：老年大学旨在通过社会活动促进老年人文化福利与社会和谐发展；老年大学将帮助老年人对现在、过去及未来有更好理解；老年大学将通过提供各种有利于促进智力及体力和谐发展的活动来造就更加光明的未来。

正如恩格斯所说："有所作为是生活中的最高境界。"而要"享受美好的生活"，老年学员就应该"有所作为，发挥出自己所有的潜力和天赋"来反哺社会回馈社会。比如办老年读书会，办家庭辅导班，办老年法律咨询，办文化补校，办书画展，办老年报刊，办农家书屋，办图书阅览室，办医疗门诊部，办卫生保健讲座，办老年同乐会，做街道工作，做群众工作，做关心下一代工作，做自己老年人的工作，等等。

老年大学人重新融入社会，并参与构建"积极老龄化"社会不仅有利于国家，有利于社会，也有利于老年人自己，可说是一项解决老年问题的积极对策。首先，它能体现老年人的人生价值，觉得自己对于社会和家庭仍然"有用"，从而促进身心健康。其次，社会仍然需要老年人的经验和智力。据有关部门估计，目前参与"老有所为"活动的城镇老年人大约占到城镇老年人口的30%，上海市占比最高，约占到45%。而坚守农村的老年农民则可以在现代农业七类型中去负责管理和经营"休闲农业"和"观光农业"这两大现代农业类型，这既提高老年农民的劳动积极性和收入，最终也促进了现代农村的发展。

劳动经济学里有这么一条公式：劳动资源＝劳动年龄人口中有劳动能力的人口＋非劳动年龄人口中实际参与劳动的人口。那就是说，那些"非劳动年龄人口中实际参与劳动的人口"亦即是那些还在参与劳动的城镇老年人和农村老年人也是被计算在"劳动资源"里的。因而，被视为构建积极老龄化社会中坚力量的老年大学，就有必要让支持现代城镇30%和支撑现代农村25%劳动生产的老年学员参与到国家现代化的发展中去，这既能增加劳动资源，降低城乡老年人的实际赡养比例，减轻劳动年龄人口的赡养负担，促进现代城乡的代际协调和社会团结，增加老年人的收入，又能提高他们的生活质量和生命质量。有学者甚至认为："他们在为社会主义的物质文明、政治文明、精神文明和构建和谐的老龄社会做贡献的同时，既增强了社会凝聚力，还实现了自我价值。"这实在是老年大学教育对于积极老龄社会的一大贡献，也就是老年大学在社会凝聚力——社会整体发展中所能起到的极其积极的作用。

三、老年大学如何有效地减少老龄人口的知识贫困

老年大学在应对"公民权利的形成"和应对"社会整体的发展"方面当然需要付出巨大努力和发挥重要作用，但研讨会主办者还是一再强调，老年大学所需要保障的公民权利和社会凝聚力其关键的目标，正是在 21 世纪——"务求有效地减少老龄人口的知识贫困"！

当然，老年大学的创立本身，就已经在努力实现"减少老龄人口的知识贫困"这样一个并不容易的目标了。从 1865 年法国成为世界上第一个人口老年型国家，到 1973 年法国创立世界上第一所第三年龄大学（老年大学），其间经历了 100 多年的时间。而中国作为世界老年大学发展历史最为短暂而发展态势最为迅猛的国家，迄今已经建立了老年大学 5.97 万多所，学员 677 万多人，参加远程教育学习的达 220 余万人，一个全方位、多层次、多学科、多功能、开放式的老年教育体系已经形成。30 多年来，中国老年教育事业发展速度之快，覆盖面之广，参与学习的老年人之多，社会效益之显著，是前所未有的。2010 年 7 月，中共中央和国务院发布《国家中长期教育改革和发展规划纲要（2010—2020 年）》，首次将老年教育纳入规划纲要，明确提出要"重视老年教育"，《老年教育发展规划（2016—2020 年）》又将接续出台。这就使得中国老年大学教育那"务求有效地减少老龄人口的知识贫困"的"任务"有了实现的可能。

而要实现这种可能，老年大学除了给予老年大学人"传播文化知识，促进身体健康，帮助理解人生"方面的教育，像《宪章》第七条和第十条提及的"帮助老年人对现在、过去及未来有更好的理解"和"通过提供各种有利于促进智力及体力和谐发展的活动来造就更加光明的未来"，在当下就凸显出其重要性了。这两则章程涵盖的是"接受文明和更加光明的未来教育"这样的大主题。人类的进步和光明的未来集中体现在文明的演进里，因此人类的历史首先便是文明的历史。人类只有不断反思自己的文明状况，才能更好地认识自己，并推动文明的进步。而老年人就正好是"现在、过去及未来"这三者的"中介"（联合国前秘书长安南语），正适合对这地球时空的三维体来一番仔细的探察。而对于老年学员的个体而言，文明的素质是需要习得和养成的，这也是老年大学教育"务求有效地减少老龄人口的知识贫困"题中应有之义。

中国改革在转型，而有 30 多年历程的中国老年大学教育目前也正处于"成熟期"和"转型期"。有各种各样的转型方略，但很多人倾向于由"休闲教育"向"休闲教育与银发人才资源开发教育相结合"转型。有学者指出："在我国老年大学教育发展的初期，老年大学教育还是一件新鲜事，人们对老年大学教育的认识还知之不多，比较多地认为老年大学教育是老干部部门的工作，是老年人的文化娱乐活动，对其教育属性尚无充分的认识。因此，社会普遍将老年大学教育说成是'康乐教育''无压力教育'和'轻松教育'等。从老年大学初期开设的课程也可反映老年教育的休闲教育情况。当时老年大学基本是按老年人个性化的需求开课，大抵都是歌咏舞蹈、器乐演奏、书法国画、养生保健、旅游摄影等休闲性课程。"

套用庄子的话："彼且为大学，亦与之为大学。"老年大学既名为大学，就有必要

"务求有效地减少老龄人口的知识贫困",并且需要充分体现出它的"社会责任"和"学术含量"。武汉老年大学郑焕清校长在《从国际宪章视域对中国老年大学办学几个问题的思考》一文中指出:"比较中外老年大学的办学思想、体制、管理水平等,并不能做出优劣之论,但在学术地位上确有明显的差异——中国老年大学学术含量一般较低,绝大多数基层老年大学处于'带着玩'的娱乐层次……即以法国图卢兹老年大学为例:它同样讲老年运动和保健旅游,但对老年学员的运动、科学研究和各种游玩对身体调节功能的研究水平却有着很高的学术含量,有的甚至已处于运动科学学术前沿。"对此他很感慨:老年大学如果缺少学术含量,与"广场大妈舞"一般,就难与"大学"名副其实。真是不好说,这种"处于'带着玩'的娱乐层次"的老年大学其实又岂止"基层老年大学"?

蔡元培说:"教育是帮助被教育的人,给他能发展自己的能力,完成他的人格,于人类文化上能尽一分子的责任,而不是把被教育的人造成一种特别器具,给抱有他种目的的人去应用的。"确实,老年大学教育不应该无视自己的责任——给老年人"于人类文化上能尽一分子的责任"。因而,为了要延长老年学员们的第三年龄,一些得风气之先的老年大学已开始促成"老年教育由休闲教育向休闲教育与银发资源人才开发教育相结合的教育转型"——所能给予老年大学人的教育除了"人的休闲生活技能,特别是健康生活技能"外,还特别加设了"自由与公正""诚信与责任"以及"历史与科学"等颇有含金量的学术课程,比如"中国古典文学""史记""六朝文絜""周易讲读""古文观止"和"天文学十讲"等。

当然,人们都在期盼着老年大学能有"帮助老年人对现在、过去及未来有更好的理解"以及"造就光明未来"的最适切课程。

比如"人类文明史",李大钊说过,把人类横着看是社会,纵着看是历史,历史就是社会的变革。历史是世界的昨天,它反映着人类改造自然、改造社会、不断推动文明进步的历程。历史记录了人类的过去,展示着人类的未来。哲学家培根说:"读史使人睿智。"老年人掌握了这门学问,不是只为获得展示儒雅和渊博的资本,而是为了攫取知识和灵感,汲取宝贵的先人遗泽,更为的是把握今天,创造明天。

比如"哲学",这是扩张智慧的学问。胡适在《中国哲学史大纲》中称"凡研究人生切要的问题,从根本上着想,要寻一个根本的解决:这种学问叫作哲学"。因而,帮助老年人认识世界、认识社会和认识自己,这就是老年大学所要交给他们的打开智慧之门的钥匙。

比如"易学",这是一门由孔子开创,并具有东方独特思维方式、集中国几千年文明智慧于一体、以探索天道人理变易规律为目的的系统的学问。它反映了当时的哲学思想与时代特征,是华夏文化及其理论思维的体现,对中国传统文化产生过巨大影响。让老年学员学习它,同样是"老年大学帮助老年人对现在、过去及未来有更好的理解"很好的一课。

比如"科学",达尔文曾给科学下过一个定义:"科学就是整理事实,从中发现规律,做出结论"。它指出了科学的内涵,即事实与规律。科学创新了自然,也创新了人类自己:自此我们有了蒸汽机,有了电话、电报,有了轮船、火车、飞机、宇宙飞船,有了电视电脑手机互联网络,还有了重力场理论、元素周期律、量子力学、相对论、超弦理论和工业革命、农业革命、信息革命乃至由物理学家客串创新的生物学大革命——DNA 双螺旋。当然，我们也不会忘记：人类在发现、发明、创造并拥有上述这一切丰硕成果的同时，还伴随出现了原子弹、氢弹、核泄漏、酸雨、雾霾、温室效应、臭氧层空洞、生态环境污染乃至伴随着科学技术发展而来的种种风险与灾难！让老年学员认识"走在人类进步梯道上的科学"的正反两面，也就能"帮助老年人对现在、过去及未来有更好的理解"，并切实投身到守护我们美好家园的行动中去。

比如"文学"，文学是人类自己对社会现实和自然世界的反映和想象，也是人类文明的结晶。古今中外的文学闻人和文学名著浩瀚如"恒河沙数"。听讲并诵读那些具有巨大思想价值和艺术魅力的文学经典，你都仿佛在与大师们进行心灵交流，这应该被每个老年大学人视为"一生中不应错过的"精神驿站。

凡此种种。当然，我们还可以让老年大学人用批判的眼光，去涉猎其他各种各类"人类的文明成果"。晚年爱因斯坦就曾经说过："一切宗教、艺术和科学都是同一棵树上的分支。其目的都是为了让人类的生活趋于高尚，使它从单纯的生理存在中升华，并把个人引向自由。无论是教堂还是大学——在它们行使其真正的功能的限度内——都是为了使人变得很崇高。"

四、老年大学推进学习型社会建设的使命担当

在应对"公民权利的形成"和应对"社会整体的发展"方面，老年大学已然在付出巨大努力和发挥重要作用，但研讨会主办者还是一再强调，21世纪老年大学需要优先关注的事项，是在保障老年大学人公民权利和社会凝聚力的基础之上"不断地深入研究继续培训和终身教育问题"，而且还要求所有的老年大学做出承诺：将"推动老年人的继续教育作为重要义务！"

1965 年，法国著名教育思想家和成人教育专家保罗·朗格朗（Paul Lengrand）在联合国教科文组织召开的成人教育会议上提出永恒教育（Permanent Education）的新概念，大会接受这个概念，但觉得"永恒"较空泛而改之为"终身教育"（Life Long Education）。1970 年，朗格朗出版《终身教育导论》，对终身教育这一具有革命意义的教育思想做了全面系统的论述。他认为，数百年来人们一直把个人生活分为两半，前半生用于受教育，后半生用于工作，这是毫无科学根据的。教育应该是每个人从生到死持续着的过程，也是当人在需要的时候就可以获得相关知识和技能的最好方式。终身教育是指个人在生命周期的各个阶段所接受的不同形式、不同层次和不同内容的教育。1972 年，教育国际委员会的报告《学会生存——世界教育的今天和明天》认同了终身教育的理论，自此，在世界各国便很快形成了思潮。其实，我们的孔子在《论语·为政》中说过他自己的经历："吾十有五而志于学，三十而立，四十而不惑，五十而知天命，六十而耳顺，七十而从心所欲，不逾矩。"这实际上就是他的终身学习示范。汉代刘向在《说苑·建本》里的"少而好学，如日出之阳；壮而好学，如日中之光；老而好学，如秉烛之明。"就更近乎终身学习理论了。陶行知则在 20 世纪 40 年代即早于朗格朗 30 年便提出了终身教育思想，说："生活教育与生俱来，与死同去。出世便是启蒙，进棺材才算毕业。"

近年来随着经济的发展、社会的进步和世界政治格局的演变，党和政府也开始高度

关注起了这个问题。继党的十六大报告提出要"形成全民学习、终身学习的学习型社会，促进人的全面发展。"党的十七大报告也提出要"建设全民学习、终身学习的学习型社会"。《国家中长期教育改革和发展规划纲要（2010—2020年）》则把"基本形成学习型社会"的目标定为2020年。而党的十八大更进一步强调："要完善终身教育体系，建设学习型社会。"而作为继续教育重要组成部分和终身教育体系最后一环的老年教育，就这样一下子获得了足够多的创建它、推动它和完善它的大环境、大背景、大舆论导向和大社会需求，机遇和挑战并存，老年大学行将大有作为。

学习化社会是美国学者、教育家罗伯特·梅纳德·哈钦斯（Robert Maynard Hutchins）于1968年首次提出的。联合国教科文组织国际教育发展委员会编著、被誉为当代教育思想发展中里程碑的著名报告《学会生存》，也强调了哈钦斯提出的学习化社会这个概念，并把学习化社会作为未来社会形态的构想和追求目标。从此，终身教育和学习化社会的理念就在国际社会迅速传播开来，成为许多国家、地区、社会团体推进和实施教育改革和发展的指导原则，成为社会发展和社会进步追求的一个重要目标。

2004年8月联合国教科文组织发布《塑造未来教育——联合国可持续发展教育十年计划》，使继续教育可持续发展教育立刻又成为21世纪全球教育的目标，也从此开启了教育变革的新时代。不少国家的案例都表明，实现继续教育可持续发展教育能让每一个老年学员掌握可持续发展所需的知识、能力和价值观，它也是一种让我们对于老年教育与学习型社会获得重新思考和审视的机制。

当然，实现可持续发展的继续学习、终身学习和正规大学向老年人开放，这都是教育结构获得整体优化的有机组成部分。在"基本形成学习型社会"的未来五年，中国社会就必然要处于终身学习与教育整体再建构的过程。虽然也一样是由政府主导、政府统一推进，但整个社会也会以多样的、多极的方式参与推动，这其中当然也包括老年大学把"推动老年人的继续教育作为重要义务"在内。假设全社会的每个活动主体都来参与建构"学习型社会"的事业和知识分配结构的再建构事业，最终所促进的便是每个公民包括老年公民生活质量和生命质量的改善，从而也会令人与人、人与社会以及人与自然之间的和平共处得以真正实现。

学习的社会化乃是经济社会发展的必然，也是人类自我寻找的必需。终身学习和终身教育的理念要求教育超越学校教育的国家制度框架，把知识从学校教育（主要是大学教育）里解放出来，并把它置放在社会和个人的发展过程中。通过学习，促进人们对目前生活的认识，提高人们对社会结构的认识；通过学习，促进民众之间的交流，以民众生活为基础打破原有的支配和从属关系，帮助人们成为自己生活的主人，据说这就是国际终身教育实践的共同趋势。

而"学习型社会"的"学习"，据长期潜心于终身教育研究的日本东京大学教授牧野笃所说："这种学习与广义上的'学习'有密切关系。因为所谓学习，被认为是在与他人的关系中，自己成为自立的人。也就是说，学习是在与他人的关系中获得知识，让自己发生变化，并获得一种确认，给自己一种动力，以此解放自己，让自己得到螺旋式的提高，这也就是学习的一种基本机制。"

据此，这种新学习方式的意义便在于：它首先是由于新的自我的生成而生成新的社会，这个新型学习社会其本质就是学习的循环。当然，最初学校和教师的指导是必要的。

而当这种循环被启动起来以后，人们会因为参加活动而发现新的自我，这一新的自我又走向下一个新的自我……如此生生不息。

这也是学习观的一种超越：人们从自我存在意义的追问中解放出来，从物质的追求中解放出来，从此富有活力地与他人并肩，一起去实现自己存在的意义。

终身教育学者们一致认为："为了实现可持续发展，应把关注人的可持续发展作为重要命题，以知识为基础的社会，知识的习得与知识的创造、学习与学问相互割裂，被知识所支配的教育需要反思。从教育学视角看，在学习和学问分享的过程中，人格和关键能力等将得到重构；而从社会教育变化的历史轨迹看，社会教育的再定义已成为必要。要明确社会教育与终身学习、终身学习和教育、生涯之间的相关性。可以说可持续发展教育与终身教育和学习运动的推进是一脉相承、相辅相成的。"

以学校教育为中心的教育制度，决定了学校是社会的知识资本分配机构，人们都希望能够平等地进入知识分配机构，以获得平等上学的机会。但是，在变化加剧的时代，人们的学习方式也发生了变化。原有学校教育已无法适应，需要在大教育体系下，探讨新的大框架，这种框架是不同层次和不同类型教育之间的建构和融合。

为了实现这一新的社会结构性转变，学习将发挥重要作用。学习概念正在变革，学习不再是一个由上至下的分配的活动，它必须是人们在平等关系中的互相教与学，互相传与授，并在这一过程中，创造新的价值与知识。

在以往的社会里，知识分子是生产知识的中心，也是分配知识的主体。现在，我们应当承担将知识创造和知识分配衔接起来的责任，还要承担生产知识的任务、分配知识的任务和促进知识社会循环的衔接任务。

终身教育的实施，使人们摆脱了学校教育的约束，并从而得以发现自己新的变化。人们在利用学校教育获得国家权力的知识分配的同时，在学校外也可以学到各种各样的知识，用以改善自己的生活；终身教育也可以促进社会的多样化和价值观念的多样化，减轻社会的教育负担，增强整个社会的活力；终身教育的普及，推进了民众的自律、自觉地参与学习，并带来新的自治模式。

而在高龄化率接近15%的中国老龄社会里，如何提高实现高质量的提高幸福度？当然，也就唯有学习。老年大学为此负有责任去建设老年人的知识传播网络，着手老年人的智能开发，并为此建立老年人新的人际关系和彼此的互助关系，以使他们的学习和生活安定下来，促进他们的知识生产和知识分配能力的不断提高，并保持整个社会的生活质量。

在老年大学，老年大学人自身就是终身学习和终身教育的主体、学习型社会里重要的一员，他们的社会经验和他们那不可缺少的、至今仍然活跃的社会存在，以及他们作为完整的社会公民那无可置疑的优先的价值，自然而然地就能够将"独立自主的学习活动与实现'人生真正价值转换'的目标连接在一起"。而"人生价值转换"，这便是构建"学习型社会"命题中的应有之义，其过程将充满快乐、充满活力和充满挑战。而老年大学在发展诸如学校、社区、远程、网络乃至"慕课"（在线教育）等教育形式，来对这些主体成员进行各种知识和技能培养的同时，还会注重于纯净心灵、充实精神、丰富人生意义及焕发生命活力的教育，以使他们能充分享受到他们所应该享有的幸福和快乐。

（作者系广州市老年干部大学特约研究室）

老年大学促进老年人社会参与的策略分析

哈尔滨老年人大学　张丽华

充分发挥和利用老年人力资源是人口老龄化进程中面临的重要课题。作为 21 世纪应对人口老龄化问题的政策框架，世界卫生组织曾在《积极老龄化政策框架》中指出，积极老龄化是指在老年时为了提高生活质量，使健康、参与和保障尽可能获得最佳机会的过程。鉴于健康和保障都离不开参与，可以将社会参与理解成积极老龄化的核心和精髓，即引导、鼓励和组织老年人积极主动地参与社会，将成为利用老年人力资源的重要方式，并对于老年人自身价值的实现和社会经济、文化、思想等方面的发展具有积极意义。

对于老年人的社会参与实践，中国政府起步于 20 世纪 80 年代初，提出退休人员的"六有"方针，其中，"老有所为"就是对离退休干部提出的社会参与要求。20 世纪 80 年代中期到 90 年代初，又将范围扩展到退休科技人员。随着 1996 年颁布《中华人民共和国老年人权益保障法》，1999 年成立全国老龄工作委员会，2002 年在世界老龄大会明确表明推进"积极老龄化"的态度等一系列工作的实质推进，中国老年人的社会参与理论研究和实践才惠及全体地发展起来，鼓励他们以特有的知识、技能、经验、品德和专长，积极地参与经济、政治、文化和社会生活，继续发挥余热。

作为老年教育的主体，老年大学在老年人社会参与的过程中可发挥出重要的教育、引导和管理作用，研究老年大学对促进老年人社会参与的可行性与基本策略，将具有重要的理论与现实意义。

一、促进老年人社会参与的必要性

从广义的角度来看，老年人社会参与是指其参与的所有社会活动，包括有偿劳动和公益活动，为家庭成员提供的家务劳动，为社区提供的服务等，也包括参与各类组织、机构的娱乐、体育等活动；而狭义的概念指老年人发挥余热，为社会和他人做出有价值的贡献，涉及智力型参与，体力型参与，服务型参与，一般包括参与经济活动、文化活动、公益活动、交际活动和家务劳动。

在老年人社会参与的过程中，一方面有利于提高其健康的预期寿命和晚年生活质量，能够感受生命的价值和意义，满足自我实现的需求，有助于促进自我和谐与心理健康；另一方面会对社会经济、政治、文化、科技和思想道德的发展具有重要价值，例如，老年人一般都具有较丰富的知识和经验，原是各单位、部门的业务带头人或骨干，如能继续工作，他们将在各个岗位上驾轻就熟，尤其在那些专业技术性较强的部门，或对中青年人在业务上的传、帮、带方面，发挥不可替代的作用。

需要指出的是，老年人参与社会并不是要与中青年人"抢饭碗"，老年人知识渊博、阅历广泛、经验丰富、技术熟练，完全是按照自身条件，发挥其所能与所长，为国家、为社会继续做出贡献，所谓"人尽其才"，和中青年人是在不同的层次上满足社会的需要，还能促进代际和谐，消除社会排斥，实现社会融合，成为建立和谐社会的重要举措之一。

二、中国老年人社会参与的现状

首先，中国老年人的社会参与并没有走出传统观念，社会更多地把老年人视作被照顾的对象，忽视了挖掘其身上的主动性、积极性和创造性。同时，很多人对老年人的社会参与范围认识狭隘，仅把其简单地理解成为"再就业"，造成中国老年人社会参与的渠道、政策法规体系等方面不够完善。

其次，中国老年人的社会参与度较低、类型单一、设施不足，主要集中于文体活动，包括健身、学习、娱乐、公益等，目的一般是排解内心空虚，追求精神充实的层次还不高，还有很强的"政府依赖"情结，即对政府和合法组织、机构开展的活动更有参与热情和积极性，自组织性不高，大多数仅停留在被动参与层面。同时，中国老年人对文体活动的参与意愿虽高，但项目单一，受欢迎的是花销不多、外部条件要求不高的文娱活动和保健活动，公益活动尚未成为广泛的老年活动，构成主体主要停留在"老年精英"层面。

再者，中国老年人的经济参与渠道较少，并在区域、城乡、性别、年龄、教育程度等方面具有明显的差异。例如，在经济活动方面，中东部地区老年人的再就业率高于西北、西南地区；农村以第一产业为主，城镇以第二、第三产业为主；农村老年人的连续性高，城镇老年人的选择性高。同时，城镇老年人的社会参与范围更广，内容更丰富，参与意识更强，参与人数大大高于农村；男性老年人在社会参与意识、需求和所需的知识、能力上高于女性；低龄老年人参与社会活动的比例高于中高龄老人，年龄越大，比例越低。另外，老年人参与社会的动机也不同，存在增加经济收入、为社会做贡献、精神寄托等不同的目的。

最后，中国老年人的社会交际活动对象主要以家庭成员为主，其次是老同事、老朋友、老邻居等，即人际交往观念比较守旧，交往方式比较单一，开拓新交际圈的动力不足。

可见，中国老年人的社会参与并没有走出以往的传统观念和认识，形式单一、引导缺失、可持续性等是存在的主要问题。

三、制约中国老年人社会参与的主要因素

学者们已对老年人参与社会存在制约因素达成共识，但却对具体受到哪些因素的制约众说纷纭。总体来看，主要体现在老年人的参与意识、社会提供的条件和帮助、老年人的自身条件三方面。

社会参与意识是指人们对社会参与的整体认识和基本态度，包括参与意愿和兴趣，对参与目的、手段、结果等的认知和看法。目前，中国老年人的社会参与意识参差不齐，在自身认识、观念及社会参与的共识上，均存在一定偏差，成为制约其社会参与水平和质量提升的重要因素。其实，老年人的社会参与意识主要受到内外动力的影响，前者涉及老年人的精神状态、生活态度和主观上的社会参与意愿、兴趣、动机等，而后者是指

来自社会、家庭的传统观念。例如，很多老年人普遍有一种自我暗示，认为自己老了，参与社会已没有什么价值可言，最终选择撤离社会，过着平静的晚年生活；很多人还仅把老年人参与社会理解成"再就业"，其实，老年人参与社会的范围很广泛，还可以包括参加社团活动，参与社区服务等。

社会参与行为是个体心态与社会选择共同作用的结果，因此，多元化的参与空间和现实条件是实施社会参与的重要途径。目前，参与条件和帮助的缺乏，是影响中国老年人参与社会的重要客观因素，包括老年人参与社会的良好意愿和参与机会缺乏、渠道不畅的矛盾，老年人参与社会的范围、需求与支持条件不足、项目层次较低的矛盾，法制规范、管理制度、组织引导的不完善等。例如，由于缺乏引导，老年人很少有机会或根本不可能参与社会活动；由于缺乏具体的保障机制，老年人在参与社会的过程中常会产生"挫败感"，弱化了参与的积极性，均从侧面上反映出基层政府在建立老年人社会参与机制方面存在盲区，使中国老年人的社会参与总体上呈现出组织性、制度化程度较低的局面。

老年人的自身条件亦会对其参与社会产生重要影响。诸多研究表明，老年人的身心健康状况、年龄、性别、受教育程度、职业背景、社会地位、家庭结构、收入水平、生活态度等因素都会影响到其参与社会的内容、方式和强度等。例如，身体健康是老年人参与社会的第一要素；缓解经济压力是老年人参与经济活动的主要原因；文化水平和社会地位较高的老年人会有更多的机会从事生产性活动，或更多地参与社交和文娱、兴趣活动。另外，老年人还倾向于选择与物质利益或精神利益相关的活动。

四、老年大学促进老年人社会参与的可行性

老年群体在参与社会问题上面临的矛盾，说到底是老年人自身发展与社会发展之间的不一致，解决这一矛盾很重要的一点是提升老年人。而老年教育是开发老年人力资源，提升老年人能力和价值，以继续参与社会、贡献社会的主要途径。各种形式的老年教育不仅可以满足老年人继续学习的需求，还可延缓老年期认知、记忆、行动等方面的衰老速度，更新观念、知识和技能，从而获得更多参与社会的机会，继续发挥自身的潜能和社会价值。在我国，承担老年教育的主体机构是老年大学，并已在向老年人传授科学知识、陶冶内在性情、增强生活乐趣、提升精神境界、丰富文化生活等方面发挥了巨大作用。

通过老年大学促进老年人参与社会具备较大的可行性。首先，老年大学作为老年群体的集中学习单位，是根据老年人的学习意愿、兴趣和利益运营起来的，在管理老年人方面具有明显的组织优势，不仅更了解老年人的社会参与需求，更理解他们的社会参与行为，还能在引导、组织社会参与事务中，代表老年群体的利益，获得他们的信任、支持和拥护，起到"软管理"的作用。其次，老年人虽社会参与意愿较强烈，但受制于身体、时间等多重因素的影响，在是否真正投身社会活动时往往持观望、迟疑的态度，如果老年大学发挥"黏合剂"的作用，邀请、组织和动员老年人参与社会活动，参与的积极性、主动性将被大幅度提高。最后，老年大学经常开展各种适合老年人的活动，包括组织志愿者为独居老人提供照料及心理疏导，组织低龄老年人为高龄老年人进行帮扶等，在这些活动中，可不断宣传"老有所为"的观念，培育老年人的社会参与精神，产生"催生剂"的作用。由此，老年人的自立精神和社会责任感、社会参与意识和能力将得

到明显的提高，越来越多的老年人会走进老年大学，参与服务社会、奉献社会。

五、老年大学促进老年人社会参与的基本策略

老年教育不仅是"老有所教、老有所学"的基本内容，更是实现"老有所为、老有所乐"的主要途径，能广泛而有力地促进中国老年人参与社会。

1. 提升老年大学教育的服务水平

首先，加大加快发展各类技能的培训，增设适合老年人社会参与的教学内容，包括增加计算机知识、法律知识、理财知识等，使老年人的知识结构与信息获取方式不落后于社会发展；同时，还要增加人际交往、社会服务、职业培训等课程，培养老年人的社会参与能力；其次，更新教学形式，为老年人参与社会提供平台，如依据他们的专长和爱好，组织计算机、科技、医疗服务与学习小组，促进经验和知识传承。

2. 重视异质性，有针对地开展教育

低龄老年期往往是老年人社会参与的"黄金期"，多以再就业等形式直接参与社会，进入中龄老年期后，则多以照顾家庭、参与社区建设等形式间接参与社会。老年大学不仅应引导老年人正确认识退休带来的人生转折，还应加强组织、协调和管理，建立更多的渠道和载体，能让老年人发挥余热，更要针对不同健康状况、受教育程度和年龄段的老年人，采取不同的措施引导其参与社会。

3. 推动老年大学参与主体的社会化

首先，吸纳社会专业人士进入老年大学，以专业知识规划、实施老年教育，促进老年教育的专业化；其次，鼓励志愿者参与老年教育，普及志愿服务理念，建设高效的志愿者服务机制，吸纳老年志愿者参与；再者，加强对老年人社会参与理念和先进典型的宣传，为他们参与社会营造良好的舆论环境；最后，鼓励社会机构、组织和个人多层次、多渠道地参与老年大学和老年人社会参与的发展。

4. 大力发展正规高等老年教育

中国老年大学应逐渐由现在的"余热"体制向国民教育体制转变，系统规划教学体系，科学编排教学课程，丰富专业课程结构，即一个专业在课程上最少由三部分构成：核心课程（必修课）、辅助课程（基础课）、拓展课程（选修课），给老年学员一个完整的专业知识体系，掌握分析问题、解决问题的科学思维和方法，提升自我参与社会的能力，实现建构"积极老龄化"社会的目标。

如果说传统社会要求老年人超然世外，静心养老，那么现代社会则更需要老年人参与社会，发挥作用。特别是在老年人口规模日益增大的当下，实现广大老年人群有效参与社会，从社会角度来讲，可凭借老年人口红利为社会创造物质、精神财富；从老年人角度来讲，有助于其树立追求自我实现、老有所为、积极向上的老年价值观。因此，老年大学应该在知识上为老年人"解困"，为其参与社会奠定基础；在思想上为老年人"解惑"，为其参与社会提供精神动力；在活动上为老年人"解难"，为其参与社会提供信息、渠道和平台，有重点，有针对性地培养有参与意愿的老年人，使其能够充分参与社会。

（作者系哈尔滨老年人大学校长）

社会凝聚力：老年大学在中国的价值

潮州市老干部（老年）大学　陈先哲

2014年5月，主题为"老年教育三十年：实践、创新、可持续发展"的中国老年教育高峰论坛在浙江省乌镇举行，同年11月，中国老年教育第11次全国理论研讨会在湖北武汉召开，这两次重要会议入选论文1 110篇，形成了以下共识：老年教育是终身教育体系的重要组成部分，是建设学习型社会的重要环节，是构建和谐社会的重要因素，是实现积极老龄化和健康老龄化的重要举措，是社会建设的重要内容，是建设文化强国的重要内涵，是政府为社会提供的基本公共服务之一。

老年大学对于增强中国社会凝聚力的作用不可低估。

一、中国老年大学普惠所有老人

2010年，中国国务院颁布的《国家中长期教育改革和发展规划纲要（2010—2020年）》中明确提出"重视老年教育"。2011年，新修订的《老年人权益保障法》中强调"老年人有继续受教育的权利"，并且明确指出"国家发展老年教育，把老年教育纳入终身教育体系，鼓励社会办好各类老年学校"。接受老年教育是老年人受保护的公民权利。现在中国的绝大多数老年大学面向所有老年人，不设任何年龄、性别、种族、职位、文凭、收入、宗教的限制。原来没有全面开放的个别老干部大学现在也尽快打开大门，逐步面向社会了。

根据2014年中国老年大学协会（CAUA）的统计，中国老年大学的数量达到5.97万所，在校学员677万多人，另有220万人参加远程老年教育。办学规模很大，但老年人基数更大，故中国老年人毛入学率还很低，只有3.8%。中国教育部新制定的老年教育发展规划要求，到2020年老年人毛入学率要达到10%。

二、中国老年大学对社会稳定产生着积极影响

社会稳定是形成社会凝聚力的条件。中国有一句古语："老人安，则天下安。"当前中国老年人口突破了2.02亿人，是世界老龄人口最多的国家。庞大的老年人群体对和谐稳定形成举足轻重的影响。而对于正在全面深化改革开放，经济高速发展的中国而言，更是如此。老年大学提高老年人综合素质，促进其重新融入社会，使老年人不但不会被社会排斥，还影响带动子女、亲人、家庭、社会关系和谐相处，安居乐业，形成安定祥和社会。

三、在中国，老年大学是传统文化在代际之间传承的桥梁

民族的、传统的优秀文化是认同性社会凝聚力的重要基础。中国传统文化源远流长。

中国画、书法、太极、围棋、中医、古典诗词等都是中华民族的文化瑰宝。中国所有的老年大学中，以国学为核心的传统文化课程一直是教学的主打。据研究表明，老年人在学习过程中起到了传承载体的作用，以老年大学为发起点，在家庭乃至社区中让这些中国优秀的文化精髓得以在代际之间传播。

老年大学教育产生了重大的示范作用，正所谓"老人学则天下学"。

四、中国老年大学表现为政府向社会提供的基本公共服务

社会凝聚力的强度与政府的作为成正比。老年大学教育在中国是政府向公民提供的基本公共服务。老年大学教育正逐渐成为体现社会文明进步的重要标志。中央及各级政府对老年大学教育的重视和投入程度也在稳步上升。2015年，教育部正式编制《全国老年教育规划（2015—2020年）》，这对中国的老年大学教育发展将起到一个里程碑式的大促进作用。

2013年以来，中国各地政府以为人民办实事、办民生工程为要务，掀起新建、扩建老年大学的高潮。投资数亿办老年大学的案例不胜枚举，如广东省老干部大学投入约5亿元，建成现代化教学大楼，湖北省老年大学投资6亿元，建成新校园。

中国的老年大学许多被纳入社会发展规划，且在其中还扮演着重要的角色。以"新型城市化战略"为例，大量新城区不断形成的过程中，老年大学作为能够产生社会凝聚力的公益性教育，发挥着不可替代的聚合作用，为中国新型城市化战略性部署注入了鲜活的动力。

五、在中国，老年大学对老年人的个性发展提供了机会

社会凝聚力的形成和强化，是以每个公民的个性自由全面发展为前提的。当今中国社会上的老年人，很多年轻时失去了系统学习的机会，他们个人的个性追求和发展也在一定程度上受到了限制。而现今蓬勃发展起来的老年大学教育，很好地为其填补了这方面空白，让无数的老年人圆了大学梦，享受学习，学其所爱，迎来人生的第二个春天。潮州市老年大学学员傅炳梅今年81岁，退休后在老年大学重新拾起儿时的兴趣——中国画。经过10多年的研习，2006年，他的作品《梅魂颂》获中国国画家协会银奖，他本人也被吸收为中国国画家协会会员。

六、中国老年大学为老年人回馈社会创造了平台

老年人老有所为，对社会凝聚力有给力作用。老年大学对老年人发挥潜能、回馈社会、展现人生价值发挥了重要的作用。老年群体是一个多元智能的富矿。2013年5月，潮州市老年大学发起了一项调查，对2 573名老年人进行测试，通过8项多元智能指标显示，多元智能属于中等水平者占53.2%；属于强者占22.4%，这充分说明开发老年多元智能存在巨大的潜力。

中国老年大学丰富的文艺艺术展演活动构成一种亮丽的文化现象，成为全社会各年龄段人民共同享受的精神生活，这是老年大学最让社会认可的贡献之一。

老年大学教与学、学而用，形成一个良性的循环，是一个社会具有高度凝聚力的

表现。

七、结语

老年大学在中国这个特定的发展阶段起着难以估量的正能量作用。老年大学为正在腾飞发展而又是日趋老龄化的中国注入新的社会凝聚力，老年大学本身就是另一种社会凝聚力。

[作者系潮州市老干部（老年）大学校长]

第六章 2015年9月波兰卢布林会议

导论六：老年大学学生——新一代学生

一、主题背景

2015年2月4日，AIUTA秘书处发布的波兰卢布林9月会议的研究主题是："老年大学学生——新一代学生"，并将主题由此前的疑问句表述变更为："Students of the Third Age—a New Generation of Students"，使用了破折号表述。"Generation"这一英语单词可译为"一代（30年）""时代"，而法语单为"代"之意。由此可见，AIUTA对主题做了认真的修正。而这一主题契合了英国社会学家、第三年龄大学创始人之一的彼得·拉斯里特（Peter Laslete）在其所著的书《生命新图——第三年龄的出现》中首创的第三年龄框架理论，他认为新定位的'第三年龄'是人生的顶峰，老年人仍具有学习的能力和必要。因此他们也是学生。

二、主题内涵

"新一代学生"的"新"是相对于全球老龄化时代而言的，他们是时代的产物。新一代学生论强调老年学生因其丰富的人生阅历以及在社会中所处的位置等因素，往往会造成一些有别于其他类别学生的心理特点，而且他们的学习动机不同于青少年学生和在职成人的学习是迫于谋生、求职、晋级的压力，老年人的学习是不为名次、文凭、升职，只为满足自己的学习需求而学习。"新一代学生"学习需求多元化，多偏向于应用型知识。适应社会和自我完善是现代老年人参与学习最主要的目的。老年人需要继续教育，需要有一个新的学生身份充实自我、重新社会化，才有能力改善本身的情况，而且有能力带头改善整个社会，从而再对社会做出贡献。而老年人的学生地位不应受到歧视，而应该受到社会认可和社会尊重。

三、主题提出的世界意义

AIUTA这次提出"老年大学学生——新一代学生"这个命题，为世界老年大学教育工作者打开了一条很好的思路。在不断扩大办学规模，组建办学设施的同时，不能忽视对教育对象的科学、系统的研究。老年大学教育和所有教育一样，归根结底是对人的素质教育，这种把在校老年人当作一种新一代的、非常独特的学生加以教育学视角的观察、施教太有指导意义了，而教育对象的认知理念在全世界老年大学中传播和宣传，有利于建立全新的融洽的老年大学师生关系，深刻影响学校教学过程，有效提升老年大学的教育水平。

四、主题提出的中国意义

"新一代学生论"的提出有指导老年大学教育发展的战略意义。它开启我们的国际视野和探索思路，特别是在对教育对象的研究上可以对接中外老年教育理论研究平台。从老龄化时代的需要这个层面来讲，老年大学学生在参与社会中的意义已经不单单停留在融入和避免被淘汰这些方面，而是在继而影响和促进社会发展，在民生、文化、公益等方面发挥更大的作用，这是人口老龄化浪潮下的新一代学生有作为的必然趋势。我们办学者也要结合这个新形势，加大扶持和支持力度，使新一代老年学生能学以致用，激发潜能，能展示自我，找到自己在社会上应有的位置。

"新一代学生论"的宣传能让社会公众正视老年人在新时代中作为"学生"的学习需求和学习权利，正视老年大学教育的教育属性。此次主题研讨会促进中国老年大学办学理念与国际对接，从学术层面推进中国老年大学的国际交流合作。研究也对我们日后更深入地开展对老年大学教育对象的系统研究奠定了良好的基础。

第一节 国际观点

新一代学生的学习：需求、动机、障碍及要求

[斯洛伐克] 纳德兹达·赫拉普科娃

终身学习，是融入社会、应对变老的一种手段；它可以防止老年人陷入社会孤立，助力他们实现人生目标。老年人参与学习项目，可以借此融入社会、传授自身的知识经验，并在社会和亲友的交往中加以利用。参与学习活动也是老年人实现自我的重要机遇。

在斯洛伐克，老年大学于20世纪90年代兴起。1994年12月，斯洛伐克老年大学协会应运而生。起初，老年大学只针对退休人员开设课程。经过20多年的发展，如今的学员中，除退休人员外，还有身体残障者（无年龄限制），以及50多岁的职场人士。目前，斯洛伐克人口约500万人，全国共有16所老年大学，老年学员总计7 200人。

斯洛伐克的老年教育主要为隔离教育模式：在高校里设立专门的老年教育项目，与青年学生分开授课。比如，夸美纽斯大学设立的老年大学，学制为三年，包含39个学科，共有4个校区，2 000名学生。其主要学科及课程为：考古学、天文学、计算机信息学、斯洛伐克历史、创意写作、新闻学、音乐学、医药学、心理学、瑜伽、温泉疗养。

工作年龄的延长、退休年龄的改变，也会引起老年教育的变化。1998年，老年大学的学员中有超过10%处于工作年龄；到2014年，这一比例降至不足5%。相比学习，60~62岁这一年龄层的人士更为重视工作，更愿意在公司里接受本职工作方面的学习。

人均预期寿命的变化：

斯洛伐克：2001年，女性平均寿命为77.7岁，男性平均寿命为69.5岁；2012年，女性平均寿命为79.9岁，男性平均寿命为72.5岁。

波兰：2001年，女性平均寿命为78.4岁，男性平均寿命为70岁；2012年，女性平均寿命为81.1岁，男性平均寿命为72.7岁。

预期寿命的延长，导致老年大学里出现两代人共同学习的情况，即从中年到老年（60~75岁）的第三年龄，到75岁以上的第四年龄。老年学员完成了一门学科的学习后，不愿离开学校，因他们早已熟悉了整个学习环境，于是会继续学习新的科目。据悉，布拉迪斯拉发市年龄最大的学员为94岁高龄才从老年大学毕业。

斯洛伐克的老年大学里学员性别差异：

1999年，女性占76%；2006年，女性占91%；2014年，女性占85%。

布拉迪斯拉发老年大学学习动机调查见表6-1至表6-2。

表 6-1 1998 年受访学员总计 414 名

动机类型（多选）	学员数/名	百分比/%
想学习其他领域的知识	265	64
有效利用空闲时间	187	45
实现上大学的愿望	119	29
参与社交	114	27.5
更新、扩展知识	86	21
在自己的专长领域扩展知识	71	17
想要与伴侣、朋友保持一致	19	4.6

表 6-2 2008 年受访学员总计 841 名

动机类型（多选）	学员数/名	百分比/%
想学习其他领域的知识	601	71.5
提高退休生活的品质	434	51.6
实现上大学的愿望	124	14.7
参与社交	319	38
在目前的工作领域更新知识	47	5.6
在自己的专长领域扩展知识	95	11.3
想要与伴侣、朋友保持一致	19	4.6
其他动机	32	3.8

学习动机的变化：受老年学生教育水平的影响。"实现上大学的愿望"这一动机不再像往常那样吸引人，因为在老年大学最近 5 年招收的学员中，接近一半学员曾经上过大学。而追溯到 1990 年，这一比例仅为 20%。

开办老年大学 25 年来，我们注意到：参加老年大学，已成为斯洛伐克老年知识分子的一种生活方式。老年大学顺应积极老龄化的需要，高龄老者亦成为其服务对象。另外，在人们刚从岗位上退休，转而参加老年大学学习的阶段，学习动机偏重于自己的兴趣和家人朋友的益处。而中止学习的原因调查见表 6-3 至表 6-4。

表 6-3　2008 年受访学员共 841 名

原因类型（多选）	学员数/名	百分比/%
自己身体生病	661	78.5
老伴生病	264	31
学习项目质量欠佳	186	22
学习项目撤销	174	20.5
教师素质欠佳	169	20
交通不便	75	9
经济原因	75	9
与其他学生有矛盾	50	6
其他原因	18	2

参与学习活动最突出的阻碍：

表 6-4　2008 年受访学员共 841 名

阻碍类型（多选）	学员数/名	百分比/%
其他职责（如照顾家人）	241	28.5
学习地点太远	210	25
学费太贵	136	16.5
交通不便	134	16
上学无人陪伴	42	5
其他原因	76	9

其他阻碍：

缺乏自信、时间；认为学校太吵；觉得自己是负担；缺乏兴趣动力等。

客观因素：

老年大学数量不够，缺乏宣传力度，学位供不应求，老人退休金微薄，对退休生活没有规划，家人不支持等。

主观原因：

病痛、缺乏兴趣、对终身教育缺乏认知、认为学习是年轻人的事等。

欧盟伊拉斯谟计划支持开展"老年教育网络"项目，其目的在于确定 50 岁以上的老年学习者的具体需求，以及他们的学习条件；检视目前学习项目中可操作的创新点，以及如何实现。推动学习项目的创新，既要在城市，也要在农村等特定区域开展。此外，要通过老年大学现有学员鼓励和带动其他老年人参与学习活动。

开办老年大学 25 年来，学员们的需求愈益广泛，对各式各样的活动都有着浓厚兴趣。比之以往，他们的思想更加灵活，对老年教育提出了更高的要求。他们学以致用，关爱家人，服务社会，也为同龄人树立了良好榜样。

[作者系国际老年大学协会秘书长（时任）　翻译者：刘畅]

如何有效地吸引新一代学生参与学习

——瑞典乌普萨拉老年大学的招生问题及相应措施

[瑞典] 贡希尔德·哈马斯特罗姆

乌普萨拉老年大学是一所非营利的成人教育机构，独立于政治、宗教及其他组织。老年大学对所有退休人士及年满58岁的老人及他们的伴侣开放。学校开展丰富多彩的学习活动，没有硬性的学分要求。

乌普萨拉老年大学的学习项目包括主题讲座、社团、游学、文化参观等活动。讲座涵盖多种主题，如人文、外语、社会科学、法律、医药学等，每两周开课一次。游学活动在国内或国外进行，文化参观则涉及剧院、音乐会、博物馆、展览会。值得一提的是，在所有课程中数英语、法语等外语类课程最受欢迎，这一点不难理解（瑞典语属小语种，本国人去到国外，自然要学好一门更为通用的语言才能方便与他人沟通）。除此之外，我们还会组织讲座与实地考察，以及其他参观活动等结合开展，以便学生更好地理解讲课要义。

在新时代，老年人被称为"新一代学生"，如何吸引新一代学生参与各种学习活动，成为乌普萨拉老年大学目前的首要任务。截至2015年9月，乌普萨拉老年大学拥有大约3 500名学员。在乌普萨拉65岁以上的居民中，有11%的老年人在该校就读。

全校学员中，年龄最小为55岁，最高为97岁，平均年龄为75岁。在参加讲座、参与学习小组时，超过一半的学员不甚活跃，要么是因为要照顾孙子孙女，要么是身体残障。那么，我们应如何创造条件、以方便身体残障老人参与学习项目呢？

在性别分布上，乌普萨拉的老年群体中，女性和男性分别占据57%和43%；然而在乌普萨拉老年大学，女性学员占了70%，男性学员仅占30%。性别分布极不平衡，那么，如何吸引并招收更多男学员呢？

在移民问题上，瑞典国内移民人口占总人口的16%，在乌普萨拉这一比例则高达26%。然而，在乌普萨拉老年大学的学员中，移民人口所占比例很少。乌普萨拉20～64岁的移民人口中，接近半数移民受过高等教育。所以，如何吸引新移民在退休后来老年大学上学呢？

考虑到现有学员的构成特点以及乌普萨拉的城市状况，学校把招生工作重点放在以下群体：身体残障人士、听障人士、移民以及男性老人。

然而，多方面的因素也给招生工作带来了挑战。瑞典地方政府提供免费的高中教育，

并且向成年人开放。此外,全国民众(包括老人)只要出具相关的证书,都可以在大学里听课、参加考试。从历史上看,自19世纪末以来,瑞典的政治、宗教、社会团体都为会员组织学习活动,这一传统一直保留至今。这些因素都给老年大学招生带来了竞争压力。

因此,为吸引更多老年人参与学习,我们正在采取以下措施:

针对身体、听力障碍人士:讲座现场准备助听器,增加手语讲解。允许学员带一名陪护人员参加讲座和学习小组。通过互联网开办讲座和学习小组。

针对移民:与移民团体开展合作,在移民聚居区开办学习讲座。

针对性别分布失衡:根据开课经验,增设男性老年人喜爱的课程,如爵士乐、战争、俄罗斯历史、中东局势演变等。

希望这些方案实施之后,可以有效改善招生状况,使有志于学习的老年朋友都能享受到学习的乐趣,并乐在学中,学以致用。

(作者系乌普萨拉老年大学校长 翻译者:刘畅)

幽默感与老年大学学生生活质量的关联研究

[波兰] 莫妮卡·古则维兹 琼·保罗二世

目前,波兰正经历着人口年龄结构的重大转变。在日趋老龄化的社会中,与老年人的生活质量相关的种种问题更加引起人们的关注。过去,对于老年人生活质量的问题,人们仅意识到这是一个"退行性变化"的过程;而现在,由于资源与发展的可能性,老年人在心理和生理上都追求正面积极地适应老年生活的能力。

一、生活质量

从心理学角度看,生活质量是经过对认知与情绪特征进行复杂的全局处理后得出的结果,它给予人们对其自身生活及其他各方面的整体态度。人们对自身生活的认知特征指的是对生活的看法;而人们对自身生活的情绪特征指的是对生活的感受。

二、幽默感

幽默感是人类的重要资源之一,它使人们能够积极面对各种各样的生活状况,并适应随年龄的改变而发生的变化。

幽默感是情绪和认知特征的来源,它能使人们更好地面对自我以及各种生活状况,并帮助人们释放压力。

1. 什么是幽默

幽默是一种集认知、情绪、行为、心理学与社会学于一体的复杂现象。

幽默倾向于常带微笑；倾向于注意到周围人群中发生的有趣、奇怪或荒谬的情况；倾向于开玩笑，使他人感到快乐；拥有开朗性格；在面临困难与高强度压力情况下的情绪表现。

2. 幽默与人体器官功能

（1）研究表明，幽默能改善人体多种器官与系统（神经系统、血液循环系统、免疫系统、内分泌系统及肌肉系统）的功能，以及改善人们的身心健康。

（2）幽默能通过正面积极的情绪影响人们的精神健康，包括：幸福感、乐观感与满足感。

（3）幽默能间接地使人们以更加积极的方式，利用社会心理学技巧来面对压力，帮助他人释放压力，并使人们发现事物积极的一面，缓解感受到的压力。

（4）幽默能间接地使人们更加容易地获得社会支持，因为幽默能减少人与人之间的摩擦，缓和社会关系的紧张状态，从而使人际关系更加友好。

3. 幽默与幽默类型

幽默是正面、积极性格的临时情绪状态，在遇到例如喜剧的刺激后该状态仅能维持一小段时间，而持续时间则在很大程度上取决于实际情况。幽默类型指的是由实际情况和动机所决定的幽默。

（1）马丁定义的幽默类型。马丁称，幽默具有如下特征：

幽默能帮助人们适应环境条件与要求（适应性），或与环境所缺少的因素相关联（不适应性）。此外，幽默还表示人类生活的两种层面："独立性"与"普遍性"。

（2）对幽默进行区分，可分为四种幽默类型，如图6-1所示。

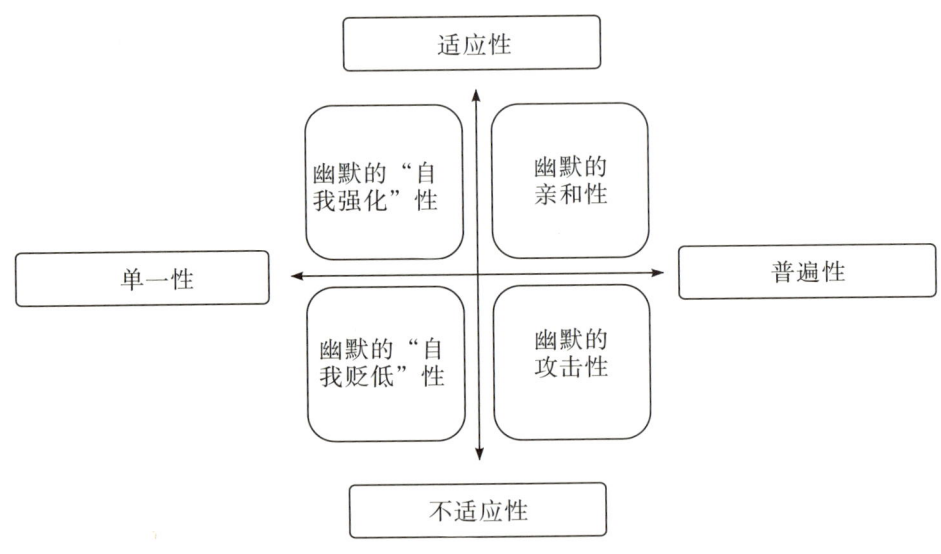

图6-1 幽默的四种类型

① 幽默的亲和性（适应性—普遍性）是一种正面、积极且外向的特性。这种性质使我们有必要与他人分享幽默、开玩笑并取悦他人。

② 幽默的"自我强化"性（适应性—单一性）是一种正面、积极且外向的特性。该研究证明，幽默是克服生活中遇到的困难并取悦自我的一种好方法。

③ 幽默的攻击性（不适应性—普遍性）是一种负面的外向特征，表现为以不合时宜的方式贬低或操控他人，强迫自己表达内心的喜悦。

④ 幽默的"自我贬低"性（单一性—不适应性）是一种负面的外向特征。主要指的是牺牲自我价值来取悦他人。我们常常会在羞辱他人的同时暴露自身的失败、缺点和问题。

三、研究

本研究旨在确定幽默类型与老年人生活质量之间的关系。

主要问题在于，幽默类型是否会影响老年人生活质量，以及如何影响。

1. 研究对象

（1）就读于卢布林第三年龄大学的 50 名学员。

（2）所有学员均居住于卢布林，且未参加工作。

（3）学员年龄在 56~85 岁之间，平均年龄为 67.2 岁。

（4）大多数研究对象为女性，占 70%。

（5）大多数研究对象接受过大学教育，占 54%，其余研究对象或接受过不完整的大学教育，或接受过中等教育。

2. 研究方法

（1）幽默类型问卷调查（HSQ）。

① 作者：R.马丁，2003 年。

② 用于测量幽默的四种功能。

③ 总共包括 32 项直接或间接编制的条目，其中 8 项位于量表内，用于定义各种幽默类型。

④ 接受调查的学员回答了七级李克特量表上的问题。

⑤ 卢新斯卡（2005）草拟了波兰语版本的问卷，并在后来的量表上加入阿尔夫克伦巴赫的可靠性指标：亲和型 0.93，自我强化型 0.92，攻击型 0.91，自我贬低型 0.94。

（2）幽默类型问卷调查（HSQ）问题举例。

① 自我强化型幽默（例如"在我紧张或难过的时候，我会试着去寻找积极的一面，以使自己开心一点"）。

② 攻击型幽默（例如"在我开玩笑或说一些有趣的事情时，我通常不会考虑其他人的想法"）。

③ 亲和型幽默（例如"我总会开玩笑，并且与朋友们一起欢笑"）。

④ 自我贬低型幽默（例如"我经常会通过自嘲自身的缺点、错误或过错来获得他人的肯定和同情"）。

（3）生活质量感受问卷调查。

① 作者：R.夏洛克与 K.凯西。

② 测量生活质量感受在四个领域中的表现：满足感、能力/生产力、行动可能性/独立性、社会归属感/集体感。

③ 根据夏洛克的定义，上述标准分别对应各方面的生活质量，包括：情绪健康、人际关系、自我发展、自我决策、社会融入以及私人与公民权。

④ 本问卷草拟于1993年，并在1996年由巨罗斯改编成波兰语。

⑤ 每一量表包含10个问题，研究对象在三级量表的辅助下回答这些问题。

（4）老年人生活态度量表。

① 作者：S.司徒登。

② 包括涉及老年生活各方面如下：

健康状况。例如"现在的感受与过去相同"。

生活平衡。例如"我已经实现了很多人生计划"。

偏好与转移价值。例如"比起外在力量，我更欣赏内在智慧"。

与老年人相处。例如"我认为老年人值得尊重"。

（5）自我评估量表（SES）。

① 作者：M.罗森堡。

② 用于测量自我评估情况，分为正面或负面，主动及相对永久的态度，这些指标将影响人们的健康状况及身体器官的功能，以及解决实际困难的能力。

③ 研究对象需要从四个可能的答案中选出一项适合自己的答案（从"我坚决同意"到"我坚决不同意"）。

3．研究流程

本研究为团体性质，故在小型团体中进行研究。

70名老年大学学员参与研究，其中50份完整研究表格符合统计分析要求。

幽默类型的结构特征，人们对自身生活的满意度以及社会融入度。（见表6-5）。

表6-5 R纠正－生活质量感受问卷调查（LQFQ）的幽默类型个人量表

幽默类型/生活质量感受问卷调查（LQFQ）	自我强化型	自我贬低型	亲和型	攻击型
满足感	0.516**	0.290*	0.351*	0.241
集体感	0.540**	0.506**	0.362**	0.261

幽默类型与对老年生活态度的结构特征。（见表6-6）。

表6-6 老年人生活质量感受问卷调查（LQFQ）量表纠正

	自我强化型	自我贬低型	亲和型	攻击型
健康	0.089	0.236	0.128	0.170
生活平衡	0.384**	0.238	0.178	0.259
价值	0.206	0.400**	0.098	0.120
对老年生活的态度	0.196	0.201	-0.003	0.076

自我评估与幽默类型。(见表6-7)。

表6-7 利用幽默问卷量表进行SES纠正

R-佩尔顿指标	自我强化型	自我贬低型	亲和型	攻击型
自我评估	0.495**	0.257	0.421**	0.150

（注：皮尔森相关系数量表，是用来反映两个变量线性相关程度的统计量。相关系数描述的是两个变量间线性相关强弱的程度，系数的绝对值越大表明相关性越强。）

四、结论

研究表明，研究对象的自我评估较高，健康状况处于平均水平。

参与研究的对象保持着良好的生活平衡，对老年生活的态度良好，其自身的认知使他们可以更好地适应老年生活。

最受欢迎的幽默类型包括：自我强化型幽默与亲和型幽默，这两种幽默类型能改善大多数生活指标。

根据到目前为止的研究结果，令人感到惊奇的是，自我贬低型幽默同样能改善大多数老年人的生活指标。这证明老年人或许存在着一套独特的价值系统，抑或是老年人与他人更贴近。

（作者单位：卢布林天主教大学　翻译者：管新）

英国的老年大学：开启人生新的篇章

［英国］莫拉格·塔米萨利

从形式上看，老年大学的学习属于非正式性质：它不提供学位，也不要求学员修学分。然而，老年人的学习意愿是普遍存在的，其兴趣无比广泛。在这里，人们崇尚"为了学习而学习"的理念，享受丰富的课业活动机会。从幼年时候的学习，到成人教育、老年学习，教育的导向发生逆转：孩提时代，由教师引导和带领；老年大学里的学员们，则有较高的自觉性，他们既"教"又"学"，是教育活动的主体。

兴趣小组是老年大学的生命力所在。英国的老年大学里，由学员和教师组成全员大会，开展讲座和研讨会。学员之间再根据兴趣结成小组，在教师的带领下，参与学习。兴趣小组分为两大类：学习小组和活动小组。

活动小组的理念是"保持身心活跃"，具体分为歌唱小组、舞蹈小组、观鸟小组、健步小组、单车小组。活动志在强身健体、保持良好体魄。

学习小组所涵盖的主题五花八门：戏剧、考古、历史、科学、地理等。学习小组提倡"自助式"学习,即通过阅读、讨论、辩论等形式完成学习内容。这种情况下,师生的身份似乎发生了转变:学员们分享自己的读书收获、发表自己的见解,教师则是倾听者、记录者。

就像在日常生活里一样,老年大学也会使用不同的方法来维持学员们的兴趣和激情。

有关人士对多种学习形式做了调查研究,得出了关于学习形式和效率间的对应关系,如图6-2所示。

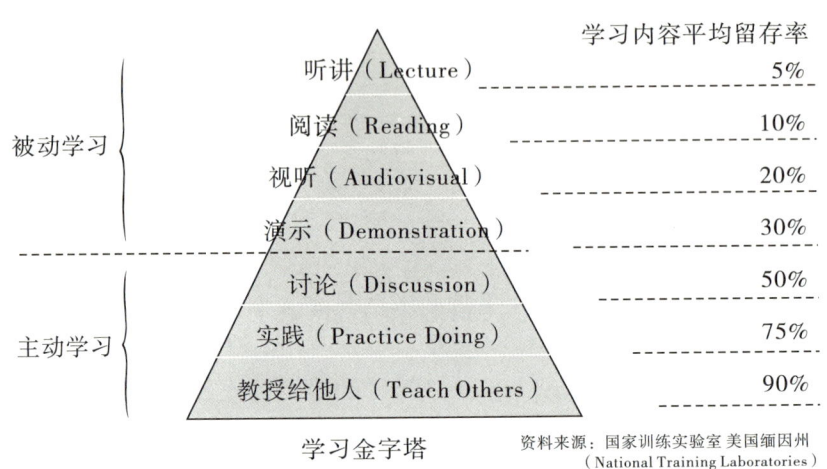

图6-2 学习形式和效率间的对应关系

在老年大学里,通常使用如下方法来维持学员的兴趣。
(1) 学员之间互帮互学。
(2) 学员组成讨论组,就某个课题各抒己见。
(3) 学员进行学习成果展示。
(4) 通过实践进行学习。
(5) 通过游戏进行学习。
(6) 调用网络多媒体教育资源。

(作者单位:英国第三年龄大学信托　翻译者:刘畅)

第二节 国内观点

对"老年大学学生——新一代学生"的思考

广州市老年干部大学 王友农 潘宇翔

一、"老年大学学生——新一代学生"理念的提出

AIUTA 每年召开两次国际学术研讨会,每次都有相应的主题,2013 年是"老年教育与银发旅游"和"老年人机会均等";2014 年是"老年大学的国际化合作"和"老年大学与代际合作";2015 年是"老年大学,公民和社会凝聚力"以及"老年大学学生——新一代学生"。这些主题立意新颖,内涵深刻,视野宽阔,很值得研究。

2015 年 1 月 15 日,AIUTA 秘书处发来公告,发布波兰会议的研究主题:"Students of the Third Age, a New Generation of Students?"使用的是疑问句表述。同年 2 月 4 日,AIUTA 秘书处发布 2015 年会议安排表,对主题表述表更为:"Students of the Third Age——a New Generation of Students",使用了破折号表述。"Generation"这一英语单词可译为"一代(30 年)""时代",而法语单为"代"之意。由此可见,AIUTA 对主题做了认真的修正。

2015 年 9 月在波兰卢布林召开的国际会议提出的"老年大学学生——新一代学生"主题,是一个有深远意义的科学命题。它与同年 6 月西班牙国际会议的主题"老年大学,公民和社会凝聚力"紧密联系,理论相通。AIUTA 主席维拉斯教授在发出的公开信明确指出:"国际老年大学协会联合起了五大洲的第三年龄大学,已经发挥了 40 多年的作用,在保护老年人的事业上做出了巨大的贡献。通过终身教育、高校间的交流等,尤其重要的是在通过教育和科学研究的创新背景下,使每一个老年人都能够在社会上找到自己应有的位置。"而使每一个老年人都能够在社会上找到自己应有的位置,这正是 2015 年 AIUTA "新一代学生论"的内涵。

二、"老年大学学生——新一代学生"的时代认知

"老年大学学生——新一代学生"理念首次从时代的高度来认识我们教学的对象,来思考我们的教育责任,来搭建我们的老年教育国际学术体系,这就需要我们对时代有科学认识。

1. 老龄化时代

现今的人类社会正在发生一场伟大的无声革命,就是人口老龄化。同全球化一样,全世界的目光都长时期地聚焦这一史无前例的不可逆转的现象。在 20 世纪 50 年代,60

岁或以上的人口只占世界人口的 8%，到了 2015 年，这个数字上升到了 12%。2016 年 4 月在纽约召开的联合国人口与发展委员会第 48 次会议上的报告指出，预计 2030 年全球人口将达到 84 亿人，其中老年人口将占其中的 16%，即 13.44 亿人。而中国，正是全世界老年人口最多的国家。

毫无疑问，在未来相当长一段时间里，无论是中国还是世界范围内，老年人口的数量以及其在整个社会人口中所占比例都将持续增长，老年人将成为越来越庞大的群体，其无论在经济、文化等方面都将在社会中形成越来越举足轻重的影响。而随着现代医学技术的发展，人类平均寿命的增长，身体机能退化速度的减缓，也将导致人类的第三年龄期（或可称为活跃老龄期）延长。可以预期的是老年人对学习的需求，对社会参与度的需求也将与日俱增。现今全球范围内很多国家和地区都已经将上述这些需求定义为老年人的基本权利之一，中国在 2012 年新修订的《老年人权益保障法》中列明："老年人有继续受教育的权利"。因此，我们可以认为，老年人成为新一代学生，是老龄时代的必然结果。

2. 信息化时代

现今，以互联网为代表的现代信息技术，正以惊人的速度改变着人们的思维方式、生活方式、工作方式和学习方式。信息科技缩短了人与人之间的距离，同时对人们知识储备的更新速度和获取知识的手段提出了新的挑战，与整个社会保持同步显得越来越困难。在这股浪潮之中，老年人无可避免地处于较弱势的一方。他们要融入和适应这个信息化的社会，共享科技进步带来的种种成果，就必须要掌握各种必要的新知识和新技能，这也从客观上构成了他们学习动机。因此，我们也可以认为，老年人成为新一代学生，是信息化时代的必然要求。

3. 终身学习时代

终身学习的概念自 1965 年由教育家保罗·朗格朗提出，在短短数十年内传遍世界。1972 年，联合国教育发展委员会给联合国教科文组织的报告《学会生存——世界教育的今天和明天》中就预言："未来的文盲不再是不识字的人，而是没有学会怎样学习的人。"1994 年在罗马召开的首届全球终身学习大会上，欧洲终身学习促进会提出了一个重要的观点："终身学习是 21 世纪的生存概念"。党的十八大报告中也提出："完善终身教育体系，建设学习型社会"。而作为终身学习理念最直接的体现，同时也是最忠实、最积极的实践者之一的老年人，成为新一代学生，是他们在新时代中的一种生活方式。

综上所述，我们认为，是时代造就了老年人成为新一代学生。在老龄化、信息化和终身学习的时代背景下，AIUTA 提出并研究"老年大学学生——新一代学生"这个命题是有很强的针对性和时代依据的。在这个时代下，老年人成为新一代学生，参与学习，接受教育，这既是时代的要求，也是社会发展的必然结果，更是当代老年人发自自身需要的诉求。老年人为了不被社会边缘化，"在社会上找到自己应有的位置，"需要不断学习以适应飞速发展的社会，社会也需要老年人发挥更大的作用和承担起必要的义务。我们甚至可以毫不夸张地认为：成为"新一代学生"的现代老年人，将和其他年龄段的学生一样，成为决定社会未来的力量。而这对于作为老年大学教育的实施者的我们来说，是很有必要正视和关注的问题。

三、"老年大学学生——新一代学生"命题的作用

1. 这是对教育对象的系统研究

从教育学角度来看,这个命题是针对受教育对象的研究,研究的目的是让教学者更好地施教,让办学者制定更合适的设计和规划。老年大学教育无论在我国还是全球范围内,都是一项新生事物,针对老年大学教育的种种研究,还未完全形成完整的体系,对老年大学教育对象这一环的研究也显得相对薄弱。AIUTA 这次提出"老年大学学生——新一代学生"这个命题,为我们老年大学教育工作者打开了一条很好的思路。在我们不断扩大办学规模,组建办学设施的同时,也不能忽视对教育对象的科学、系统的研究。老年大学教育和所有教育一样,归根结底是对人的素质教育,当我们把在校老年人当作是新一代的、非常独特的学生加以教育学视角的观察、施教时,许多问题可以豁然开朗。

2. 有利于社会正视老年大学教育

从整个社会的层面来讲,我们研究这个国际议题,也是一次向公众推广老年大学教育形象的过程。"老年大学学生——新一代学生"这个议题,从某程度上讲也是强调了老年大学教育的教育属性,将老年大学教育的对象与其他类别教育的对象放到平行的位置来看待和研究。这也是与我国老年教育转型发展相适应的。我们要通过开展和推广这个研究,让社会公众正视老年人在新时代中作为"学生"的学习需求和学习权利,正视老年大学教育的教育属性。高峰论坛时我们曾指出:老年大学教育是党和政府为社会提供的基本公共服务之一。老年人成为新一代学生,正在形成新的庞大的社会成分。

3. 使老年人更受到认同和尊重

2002 年马德里政治宣言认为,世界许多地区人类预期寿命不断延长是一项可喜的重要成就。老年人的潜力是未来发展的强大基础。其关于全球老龄问题下了一个定义:人口老龄化是一种全球性力量,同全球化一样足以改变未来。《马德里老龄问题国际行动计划》主张从三个方向优先安排:(1)老年人与发展。(2)促进老年人的健康和福祉。(3)确保有利的和支助性的环境。

老龄化改变未来不是自然而然的,老年人的潜力也不是天生的。老年人需要继续教育,需要有一个新的学生身份充实自我、重新社会化,才有能力改善本身的情况,而且有能力带头改善整个社会,从而对社会做出贡献。而老年人的学生地位不应受到歧视,而应更受到社会认可、社会尊重。同时更彰显这些新一代学生的示范作用。

可见,"新一代学生论"的提出有指导老年大学教育发展的战略意义和国际意义,它开启我们的国际视野和探索思路,对接中外老年教育理论研究平台,它的影响会在未来不断地显现出来。

四、新一代老年学生的主要特点

研究"老年大学学生——新一代学生"这个课题,其实重点是要把握现代老年人作为新一代学生的特点。形成这些特点的原因,有老年群体自身内在的因素,也有社会发展过程中形成的外在因素。

1. 新一代学生的生理特点

衰老是不以人的意志为转移的,从生理上讲,老年人正处于身体机能逐渐退化的阶

段。随着岁月流逝，体质减弱、视力退化、记忆力退化、行动力迟缓，成为不可逆转的现象，但这并不能构成老年人不适于再学习的理由。中国老年大学协会课题组于2012年出版的专著《中国老年教育学若干问题研究》中曾引述一项美国科学家关于人脑的研究结果："健康老人的大脑细胞并不随着年龄的增长而递减，只是在大脑某一部分的细胞稍有减少。人类从20岁到70岁期间，脑容量只缩小10%，而且脑体积的减小并不表示人类思维能力的衰退，只不过是在认识能力上稍有不同而已，大脑的整体功能仍能完整保存。所以，老年人仍然拥有调动大脑各部分能力去完成青年人所能胜任的活动。"

处于第三年龄期（活跃老龄期）的老年人，完全具备继续学习和继续参与社会事务的智能水平，而同时又存在体能、行动力、记忆力等方面弱于中青年人的现状。这就需要我们老年大学教育工作者在实施办学和教学过程中寻求一个平衡点。

2. 新一代学生的心理特点

现代老年人作为新一代学生，因其丰富的人生阅历，以及在社会中所处的位置等因素，往往会造成一些有别于其他类别学生的心理特点。

（1）自尊心强。

这方面的成因较多，我们在此主要归纳成三个方面：① 传统观念赋予老年人崇高的社会地位。② 传统家族、宗族系统赋予老年人备受尊敬的长辈地位。③ 老年人自身的知识积累和完整的职业生涯赋予其自豪感。

（2）好奇心减退。

好奇心减退是在老年人群众中一个较为普遍的现象。好奇心的减退也被一些研究认为是阿兹海默症（俗称老年痴呆）的前期表现之一。而大量的实践表明，参与再学习，是重新唤起老年人好奇心及对社会事物关注度的有效手段。

（3）过于执着（固执）。

老年人认定的事情，有时不管对错，往往坚持不放。

3. 新一代学生在学习过程中的特点

（1）以适应社会、自我完善为主要学习动机。

我们认为，适应社会和自我完善是现代老年人参与学习最主要的目的，也就是"学会过更好生活的本领"。教育界宗师艾略特对关于大学教育目标的描述是：① 帮助学生日后能够自食其力。② 培训他们日后有资格在一个民主国家中恪守公民的权利与义务。③ 帮助他们日后能发挥所有的潜力和天赋从而享受美好的生活。这三个目标可以和我们研究"新一代学生"的学习动机联系起来，为"日后能自食其力"而学习的老年人占的比例是极少的（根据一些交流的材料显示，欧洲部分老年大学有专门开设针对老年人再就业的职业培训课程，但在我国几乎没有，所以这里不做讨论）。而动机与后两项教育目标吻合的老年人占绝大多数，这也就是适应社会和自我完善。这是"新一代学生"与其他类别学生在学习动机上最大的区别。

（2）学习需求多元化，应用型知识成为最大需要。

我们先来看一组关于老年大学开设专业数量的数据：在2015年，广州市老年干部大学开设了91个专业、金陵老年大学开设了72个专业、青岛老年大学开设了80个专业、武汉老年大学开设了127个专业，宁波老年大学开设了113个专业。可以看出，老年大学开设的专业（课程）数量相当多，而且其覆盖面也相当之广，内容的跨度也很大。从传统的文史哲类，到书画艺术类、外语类、歌舞器乐类、保健养生类、休闲健身类、益智棋牌类、烹饪类、摄像摄影类、计算机网络技术类等，可谓包罗万象。我们都知道，有别于其他类别学校的是老年大学课程设置的最大依据是学员的需求和兴趣。由此可知，在没有考取学历和谋生的压力之后，学习需求呈多元化成为现代老年大学学员的一个很显著的特点。

而更值得一提的是，从近年的趋势来看，老年大学课程中涉及日常生活的应用类课程受到热捧，例如计算机和互联网基础、智能手机/平板电脑应用、旅游英语等，这也反映出现代老年大学学员对于更新知识储备，特别是与生活相关的知识储备的需求越来越强烈，他们需要不断地掌握和丰富这些知识和技能，以适应和共享这个不断发展的社会。

（3）主客体相互转换的学习形式。

主客体相互转换是现代老年大学教学和学习过程中一个比较特殊的现象。由于老年大学学员具有丰富的阅历和经验，并且大多在某一方面具备一定专业知识水平。这导致了他们既可以是学生，也可以是老师。在老年大学里，这两种身份可以互相转换，这又可细分为以下两种情况：

① 在不同课堂发生转换。如某一位老人，他具备较高的书法艺术水平，在某老年大学书法班任教，而同时他又对古典诗词很感兴趣，报读了同一所老年大学的诗词班。因此，他在这所老年大学里既是老师又是学生。

② 在同一课堂发生转换。这种做法在欧洲很多第三年龄大学中较为流行，即小组研讨的学习模式。在这种模式中并没有固定的教师任教，而是根据本期的学习内容组成小组，共同研究和讨论，最后由小组的成员轮流发表演说。此外，还有一种由此衍生而来的形式，即由一定数量的学员组成小组，再由组员根据自身的专业轮流任教，达至知识共享的目的，这种形式多盛行于欧洲一些以社区为办学中心的第三年龄大学。

（4）对学习成果有较强的展示需求。

老年大学学生对其学习成果的展示欲望都比较强，这一方面是由其进入老年大学学习的动机所决定的。前文提到，老年人报读老年大学的主要动机之一是自我完善，这就需要通过展示成果获得认同和满足感；另一方面，在我国老年大学课程的构成里，以歌舞器乐等表演类课程居多（这也是我国老年人的兴趣所致），展示表演本身就贯穿于其学习形式和内容之中。

因为老年大学学员的这种特点，展示表演活动成为目前我国老年大学工作中一个很重要的板块，也促进了老年大学校园社团的蓬勃发展以及老年大学校园文化体系的形成。

五、把握老年大学学生的新特点，遵循老年教育特有规律施教

时代的不断发展和现代老年人需求的不断变化，要求办学者不断更新办学理念，不断创新教学方法。此次提出和研究"新一代学生"的命题，对我们来说是一个很好的契机。根据"新一代学生"所呈现出来的特点，因材施教非常重要。中国老年大学协会课题组编著的《中国老年教育学若干问题研究》提出的按老年人学习的规律施教可以参考，如"记忆遗忘与循序积累规律""学思结合与知行统一规律""情感主宰与环境制约规律"等。

其实我们可以把"享受学习"理念作为一条贯穿整个老年大学面对新一代学生的教育实践的基本规律来阐述，研究怎样让新一代学生从享受中学习，从学习中享受。可以考虑以下四点。

1. 老年大学"公共课"模式

针对"新一代学生"学习需求日趋多元化的特点，在课程设置上，我们可以尝试引入国外第三年龄大学的一些做法，结合普通高校教育的办学经验，尝试开启"老年大学公共课"，即设立一些不固定主题的短期课程供所有学员自愿选读。这些课程开展的形式可以是系列讲座，也可以是基于时下社会和老年人需要的资讯性或技能性的短周期课堂。这样的课程模式形成一定体系后，可与常设课程形成互补，既能为学员提供更多元的选择，又能在教学上做到灵活、迅速，紧跟时势。现阶段广州市老年干部大学就开设有两类这样的短周期公共课，一类是普及计算机与互联网基础知识，被学员们称为"电脑扫盲班"的免费公共课堂；另一类是时事政治系列讲座。

2. 研究性学习课堂

研究性学习课堂在欧洲一些国家的第三年龄大学中颇为盛行。这种做法有利于充分发掘蕴藏在老年大学学生中的师资富矿，以实现教学资源最大化和课堂模式灵活化。国内有些老年大学已经开始以学员兴趣小组、主题俱乐部等形式进行这方面的尝试。从另一个方面看，这种模式和常规课程相结合，或可缓解现阶段困扰很多国内老年大学的教学层级划分的难题，当在某一科目中，有少数学员完成了所有层级的课程后仍对该科目保有学习兴趣，就可以组成研究性学习小组继续进修。

3. 使自主学习、教学相长成为新常态

自主学习、教学相长已经是老年大学教育的显著标志，而形成这一特色的主要原因是老年人作为新一代学生的特质。我们要提高教学质量，吸引更多的老年人愉快地、自愿地作为一个新学员，着力使教学相长莫成为一句空话，而要成为老年大学新常态。

4. 打造更多参与和影响社会的平台

打造学习成果展示和展演平台是"新一代学生"自我完善的需要。在这方面，我国的老年大学大部分已经做得比较好，校园展演文化十分丰富。但从老龄化时代的需要这个层面来讲，老年大学学员在参与社会中的意义已经不单单停留在融入和避免被淘汰这些方面，而是在继而影响和促进社会发展，在民生、文化、公益等方面发挥更大的作用，这是人口老龄化浪潮下的必然趋势。我们办学者也要结合这个新形势，加大扶持力度，使新一代老年学员能学以致用，激发潜能，能展示自我，找到自己在社会上应有的位置。

（作者单位：广州市老年干部大学）

论"老年大学学生——新一代学生"

——兼及"'五有'新一代学生"思维

广州市老年干部大学 梁 烈

国际老年大学协会（AIUTA）第97届理事会和国际学术研讨会准备开展新一轮研讨，其研讨主题是"老年大学学生——新一代学生"。这个主题里称我们为"学生"，这真让人难以置信。因为平日里我们只敢叫自己作"学员"，甚至还加冕为"老年学员"。须知，"学员"指的是"在高等学校、中学、小学以外的学校或训练班学习的人"，而我们的老年大学也是"大学"呀，凭什么说是"以外"而不能堂堂正正称自己为"学生"！现在倒好，这个国际学术研讨会以专题来研讨我们这些老"学生"了。其实，"学生"不仅仅是指受教育者或是在校学习的人，它还强调了学生的责任：先学而后生。老子在《老子》里就开宗明义地说："道生一，一生二，二生三，三生万物。"这个"生"是生一化的意思。作为一个学生尤其是老学生，更应该先学而后生，不仅要充分地学习和领会教师的知识和智慧，还要在教师的知识和智慧的基础上有所生，有所化，有所提高，并至升华。

而这主题"老年大学学生——新一代学生"，也实在是毋庸置疑。无论是文明发展史或者教育发展史上的记录，还是生理学或者心理学上的解读等，都会让我们这一些"老年大学学生——新一代学生"感到无比的骄傲与自豪！

目前中国的老年人口已然突破2亿人，他们健康与否、平安与否、快乐与否，是不是老有所学？是不是老有所为？同样关系到国家现代化建设的战略目标能否最终实现，同样关系到国家和民族的前途与命运。邓小平曾经高瞻远瞩地指出："中国的事情能不能办好，社会主义和改革开放能不能坚持，经济能不能快一点发展起来，国家能不能长治久安，从一定意义上说，关键在人。"我们国家国力的强弱，经济发展的后劲大小，当然要取决于国人（包括老年人）的素质。一个13亿人口的大国，教育（也包括老年教育、终身教育和学习型社会教育）跟上去了，它所产生的巨大优势和效能是任何国家都比拟不了的。

确实，老年人乃至老年大学学生自有他不可替代的价值。正如国际老年大学协会（AIUTA）上一届理事会和国际学术研讨会上一个议题"老年大学，公民权利与社会凝聚力"指出的："我们要认识到老年人的价值，他们的社会经验和个体是不可缺失的活跃的社会存在，与其作为完整的社会公民那无可置疑的优先的价值。"这样一支约占全国人口总量1/7的老年人群，已经成为社会政治、经济、文化各领域都不容忽视的重要力量。而老年大学学生则更是这个庞大人群里活跃，有见识，敢作为的"新一代学生"群体，他们自身的综合素质得到提高，就会对社会上的其他老年人乃至其他人群产生积极的影响，更可以对和谐社会的构建和社会文明的进步产生推动作用。

一、教育层面上的"新一代"

1. 前所未有的教育发展史上"新一代学生"

（1）世界上第一所以老年人为对象的第三年龄大学，1973年在法国图卢斯诞生。

（2）中国第一所以老年人为对象的老年大学，1983年在中国山东省诞生。

2. 前所未有的老龄发展史上"新一代学生"

（1）法国——它诞生在成为老龄型国家100年后。

（2）中国——它诞生在全国人口老龄化之前。当时我国60岁及以上老龄人口仅占总人口数的7.6%，远远未达到进入老龄社会国际标准的10%；1992年，老龄人口增长到9%，而这时我国的老年大学已经遍布全国城乡了。

3. 前所未有的社会发展史上"新一代学生"

中国——20世纪70年代末开始的改革开放大潮，催生了老年大学。

4. 前所未有的发展速度史上"新一代学生"

（1）规模空前——历史最短暂，态势最迅猛，截至2014年5月，我国老年大学（包括老年学校）已经建立了5.97万多所。

（2）学生最多——历史最短暂，态势最迅猛，截至2014年5月，我国老年大学（包括老年学校）已经拥有老年学生677万多人，参加远程教育学习的有220万多人。

（3）体系完备——历史最短暂，态势最迅猛，截至2014年5月，我国老年大学已经形成了一个完备的全方位、多层次、多学科、多功能和开放式的老年教育体系。

5. 前所未有的进入办学主体的"新一代学生"

（1）办学主体——执政党。

（2）最早一批学生——老干部。

6. 前所未有的被纳入国家教育发展纲要的"新一代学生"

2010年7月，中共中央和国务院发布《国家中长期教育改革和发展规划纲要（2010—2020年）》，首次将老年教育纳入规划纲要，明确指出要"重视老年教育"。

7. 前所未有地获得党和政府高度关注的"新一代学生"

（1）2002年4月9日，中国政府代表团团长、国务委员兼全国老龄工作委员会常务副主席司马义·艾买提在马德里举行的联合国第二届世界老龄大会上表示，中国政府已确立"老有所教、老有所学、老有所为、老有所乐、老有所养、老有所医"的长期工作目标。

（2）2001年5月，党的领导人在亚太经合组织峰会上的讲话里就已提出：要在中国"构筑终身教育体系，创建学习型社会。"党的十六大报告提出：要"形成全民学习、终身学习的学习型社会，促进人的全面发展。"党的十七大报告也提出：要"建设全民学习、终身学习的学习型社会。"党的十八大报告更进一步强调："完善终身教育体系，建设学习型社会。"……老年大学教育是终身教育的重要组成部分，也是"完善终身教育体系，建设学习型社会"的最后一个环节。

8. 前所未有的有既定奋斗目标的"新一代学生"

（1）实现老年大学教育现代化——《国家中长期教育改革和发展规划纲要（2010—

2020年)》提出：到"2020年基本实现中国教育现代化"的战略目标，而中国老年教育现代化亦纳入其中，亦由此确立了它的社会历史方位。

（2）形成"学习型社会"——《国家中长期教育改革和发展规划纲要（2010—2020年)》把"基本形成学习型社会"的目标定为2020年。

9. 前所未有的走向国际化的"新一代学生"

（1）2013年5月，国际老年大学协会（AIUTA）第92届理事会在广州召开，通过里程碑式文件《国际第三年龄大学宪章》，并选举中国老年大学协会常务副会长袁新立为AIUTA副主席。

（2）同年9月，又在瑞典乌普萨拉国际老年大学协会（AIUTA）第93届理事会上增选中国老年大学协会林元和副会长为理事。

这说明老年大学国际化合作新的大门已经开启。

二、本质层面上的"新一代学生"

英国社会学家、第三年龄大学创始人之一的彼得·拉斯里特（Peter Laslete）在其所著书《生命新图——第三年龄的出现》中首创第三年龄框架理论，他认为"新定位的'第三年龄'是人生的顶峰。人在这一年龄段，一方面具有丰富的知识和经验，另一方面又拥有供自己安排的足够的时间，可以按照自己的意愿发挥自己的潜力，以达到自我实现的境界。而'第四年龄'才是生活不能自理，依赖他人照料直至死亡的阶段。我们的任务是要尽可能延长人们的第三年龄，缩短人们的第四年龄"。其中的"第三年龄"指的是处于退休期的60~75岁的老年人。

而据全国老龄委办公室公布的数据，截至2013年年底，全国60岁以上老年人口已经达到2.02亿人，老龄化水平达到14.8%。其中，60~69岁之间的低龄老年人（我们也可以称之为"青春第三年龄"）达1.19亿人，超过老年人口总数的半数以上，接近老年人口总数的60%；而70~75岁之间的中龄老年人（我们也可以称之为"黄金第三年龄"）约有0.62亿人，也接近老年人口总数的30%；其余的0.21亿人，即80岁以上的高龄老年人，就已经要归入"第四年龄"了，但其中若然仍有奋发而老当益壮的一群，我们可以把他们视作"豆蔻第三年龄"，同样属于我们"老年大学学生——新一代学生"里光荣的一员。

1. 前所未有的为实现自我价值而学习的"新一代学生"

在著名教育学家西·埃·米·乔德（Cyril Edwin Mitchinson Joad）和托·斯·艾略特（T. S. Eliot）所倡导的西方经典教育宗旨里，其第一个目标便是"帮助学生日后能够自食其力"。因而"日后能不能够自食其力"，也就成为新一代学生的一大宿命。可现在在老年大学里，这新一代学生刚结束"自食其力"时代，正"新新地"迈入"拥有供自己安排的足够的时间，可以按照自己的意愿发挥自己的潜力，以达到自我实现的境界"的新时代。

其实，现代的老年大学教育工作者们都明白，教育尤其是老年大学教育的本质不是谋生，而是唤起兴趣，鼓舞精神。因此我们这新一代学生除了在老年大学里"增长知识，丰富生活，陶冶情操，增进健康，服务社会"外，还需要为这个社会，这个时代"发挥潜力和才能并享受到美好的生活"。

2. 前所未有的体现积极休闲状态的"新一代学生"

美国大教育家莫提默·艾德勒（Mortimer J Adler）在看到工业革命所带来的恶劣后果时说："我们看到随着空闲时间的增加，人们容易浪费时间，把时间用在消遣性的娱乐上，而不是用来从事真正有意义的活动上。"一百年来，人们就这样把空闲时间浪费在"消遣性的娱乐"上，一点都不觉得可惜。但自从有了老年大学，这群前所未有的"新一代学生"才真真正正体验到积极的休闲状态，也都在真真正正地"从事着有意义的空闲活动"。

尤其是目前这新一代学生，他们大多经历过中国社会的大动荡、大变动，大半生都在战争频仍的年代和繁忙紧张的工作中度过，难得有机会坐下来系统学习。很想圆大学梦，圆大学生梦——把科学文化知识这一课补上。因此他们进入老年大学，便会如饥似渴地学习，表现出强烈的求知欲和进取心——这也就是他们的理想，他们的信念。

3. 前所未有的不为功利目的而学习的"新一代学生"

新一代学生在老年大学学习，一没有谋生的压力，二没有求职的渴望，三没有晋升的欲求，更没有市场兼并和职场倾轧的焦虑，也没有分数、名次和文凭的烦恼，因此会自动远离功利、忘却功利、消弭功利。而不为功利目的地学习、只为满足自己的学习需求的"新一代学生"，其心境自然平和纯净，其状态自然积极上进。

而老年大学对于这方面的问卷调查却不绝于缕，参加者每每以数千论万计。比如以"愉悦身心""完善自我"和"结交朋友"为入学主要目的的问卷调查，其占比为90%。又比如在2010年全国六城市老年大学对学员学习诉求的调查中，"丰富生活"的占比最多，为75%；"增长知识"排第二，占71.1%；排第三是"生活快乐"，占61.7%；排第四是"陶冶情操"，占48.2%；排第五是"完善人生"，占19.9%……最后总结说："涉及就业谋生的微乎其微。"这个"微乎其微"其实是多此一"问"也多此一"结"的。很难想象，我们有些老年大学工作者竟会连新一代学生"不为功利目的而学习"这样的特点至今还未能弄明白。

4. 前所未有的富有知识与经验的"新一代学生"

作为"新一代"的老年大学学生，其实都是刚从"过去的岁月"过来的。"富有的知识"对于一辈子勤于学习的人来说，他们需要长年累月地积累知识和学问，才能够于片言只语中、举手投足间闪烁出智慧的光芒。而"富有的经验"更是来之不易，有学者就这样说过："如今60岁以上的老人，差不多都是在生活中受苦、工作中受累、身体上受损、思想中受怕的环境中熬过来的。那些在艰苦卓绝的战争年代里扛过枪，打过仗，脑袋拴在裤腰带上过来的老年人；那些在艰苦卓绝的建设年代里挥过汗，抢过险，迈过重重政治雄关的老年人……其内心深处会生发出坚韧和顽强，常常让晚辈们自愧不如。"这正是美国神经学教授乔治·威兰特博士的一个重要研究成果："随着年龄的增大，其心理防卫机制会神奇地变得更为坚强，而人的坚强品质可与坎坷跌宕的人生阅历成正比。"毛泽东也深知老年人知识与经验的可贵，曾说过："青年人必须向老年人学习，要尽量争取在老年人同意的情况下去做各种有益的活动。"谢觉哉也说过："老年人具有青年人所没有的经验和知识。青年人应该接受其有用的部分。"而《鼓足勇气迎接衰老》一书的作者菲里普褒曼的观察则更显细腻而有趣："很少能看见一个老年人会在缓慢而又拥挤的电梯内焦躁不安，但浮躁的年轻人却随处可见。"

5. 前所未有的作为过去、现在与未来中介的"新一代学生"

2002年4月8日，联合国秘书长安南在联合国第二届世界老龄大会开幕式上的讲话中说："老年人是过去、现在和未来的中介，他们的智慧和经验筑成了社会的生命线。"并且提到："非洲人说，'一位老年人去世，如同一个图书馆的焚毁'。类似的谚语在洲与洲之间可能说法不同，但是无论在哪一种文化中，其含义都是一样的。今天我们聚会在一起赞赏老年人所做的贡献，并制定一个策略帮助他们过应该享有的安全而尊严的生活。在这个意义上说，这次大会是为他们召开的。"可以说，这是世界对于老年人作用的一次最高的评价。确实，一个老年人就是一整座活的社会图书馆啊！老年人包括我们现在的"新一代学生"肩膀上所要背负起的正是这样一个沉重的"作为过去、现在与未来中介"的责任。那就是说，我们"新一代学生"有责任运用我们的智慧和经验，为这个社会、这个时代构筑起一条可持续的、连绵不断的生命线！

2013年5月，在广州召开的国际老年大学协会第92届理事会所通过的《老年大学宪章》里规定了老年大学一项任务："帮助老年人对现在、过去及未来有更好理解"，为的就是给作为过去、现在与未来中介的"新一代学生"以最佳状态的世界观、人生观和文明史观。

三、精神层面上的"新一代学生"

苏联著名教育实践家和教育理论家苏霍姆林斯基常说："人类的精神与动物的本能区别在于：我们在繁衍后代的同时，在下一代身上留下自己的美、理想和对于崇高而美好的事物的信念。"同样，在每一个激情燃烧的岁月过后，人们总不会忘记要为我们的下一代"留下自己的美、理想和对于崇高而美好的事物的信念"。

我们的"新一代学生"，也常有对于美、理想和崇高而美好事物信念的追求，党中央对此也给予了关注。1983年，邓小平同志第一次将"四有"作为一个整体提出来，他说建设社会主义精神文明最根本的是，要使广大人民有共产主义理想，有道德、有文化和守纪律。1985年，他在"一靠理想二靠纪律才能团结起来"的讲话中更完整地表述了"有理想、有道德、有文化、有纪律"的"四有新人"思想。在全面建设小康社会的关键时刻，中国教育面临全球化、市场化和信息化的新环境，2008年，党中央领导人又提出"努力成为理想远大、信念坚定的新一代，品德高尚、意志顽强的新一代，视野开阔、知识丰富的新一代和开拓进取、艰苦创业的新一代"的"四个新一代"思想。

党的十八大报告把全面提高人民思想道德素质和科学文化素质作为全面建成小康社会的目标之一，并从这一宏伟目标启航，对加强社会主义核心价值体系建设、全面提升公民思想道德素质、丰富人民精神文生活以及提升全民科学文化素质等做了专门的论述，还在"努力办好人民满意的教育"一节中，明确指出要"全面实施素质教育"，老年大学教育自然也在其中。

对老年大学学生"实施素质教育"情况有点复杂，因为老年学生往往兼具着狭义的素质——遗传素质（这是生理学和心理学意义上的）和广义的素质——即人在先天生理的基础上再在后天通过环境影响和教育训练所获得的、内在的、相对稳定的、长期发挥作用的身心特征及其基本品质结构，通常又称为素养（主要包括人的道德素质、智力素质、身体素质、审美素质和能力素质等），甚至还有在老年大学作为"新一代学生"的新体验……因而，我试着提出一个"'五有'新一代学生"的素质教育思维，即"有理想、有学识、有大爱、有核心素养和有长者风范"，看是否能正确表述这"新一代学生"的新体验。

1. 有理想

有理想，是人之所以为人的基本标志，也是衡量人的精神面貌和人的发展向度的重要标尺。老一辈革命家常说："为什么我们过去能在非常困难的情况下奋斗过来，战胜千难万难使革命取得胜利呢？就是因为我们有理想，有马克思主义的信念，有共产主义的信念。"而科学家爱因斯坦对于理想的理解："每个人都会有理想，这种理想决定着他的努力和判断的方向。在这个意义上，我从来不把安逸和快乐看作是生活目的本身——这种伦理基础，我称之为'猪栏式'的理想。照亮我的道路，并且不断地给我新的勇气去愉快地正视生活的理想，是善、美和真。"

对于"新一代学生"，"有理想"就是"有一个正确的老年观"：

（1）正确认识不可抗拒的自然规律，愉快地服从和适应这个规律。
（2）永远保持自己对美和对崇高而美好事物的信念。
（3）完成健康长寿的"主要任务"。
（4）老有所为，为"中国梦"的达成贡献余热。
（5）自觉地学习。
（6）终身学习。

诗人流沙河在诗篇《理想》中吟道："有理想，会使你忘却鬓发早白，有理想，会使你头白仍然天真！"诚如斯言。

2. 有学识

"新一代学生"当然得"有学识"。

作家蔡澜在《当铺里的年轻人》文末对当铺老者说："我们都还年轻，有学识的人，不会老。"妙哉此言。"新一代学生"花了大半生的气力去读社会，读人生，现在在老年大学里还在追寻自己未了的梦。因而，他们老的是岁月，是时光，可"年轻"的却是自觉学习的决心和终身学习的雄心。

诚然，"有学识"才有智慧，才有思想，才有自信，才不会老。相信自己的学习能力和认知能力，坚信自己要达成的目标就在前头，就懂得不断地去学习和追求新的知识，让自己不断地进步。

有学识的"新一代学生"了解社会的动态和知识的走向，因而能保持头脑冷静，处世处事会更客观而不盲目附和。

有学识的"新一代学生"能够包容别人，尊重他人的选择，不会把自己的价值观、人生观和世界观强加到别人的身上。他们总能够设身处地地为他人着想，并尽可能地给他人以力所能及的帮助。

有学识的"新一代学生"在革命或工作的年代大多累积了一定的知识与经验，也有了一定的深度，而对其他学科或常识亦广有所知，博有所闻了。

当然，处于"转型期"的"新一代学生"不会让自己的"学识"只满足于"学术含量一般较低的那种'带着玩'的娱乐层次",我们的老年大学工作者可以在课程设置上更注重文理科的互相渗透,因为人文素质教育不仅仅是要传授文学、历史、哲学等知识,更重要的是要培养一种历史感,可以使"新一代学生"变得更善于深思熟虑,从而成为更完善更"有学识"的人。

正如晚年的爱因斯坦所说的:"一切宗教、艺术和科学都是同一棵树上的分支。其目的都是为了让人类的生活趋于高尚,使它从单纯的生理存在中升华,并把个人引向自由。无论是教堂还是大学——在它们行使其真正的功能的限度内——都是为了使人变得很崇高。"

3. 有大爱

孔子在两千多年前就经常说:"君子学道则爱人。"而近代教育家夏丏尊也说:"教育不能没有感情。没有爱的教育,就如同池塘里没有水一样,不能称之为池塘。没有感情,没有爱,也就没有教育。"确实,爱是一切道德的基础。无论是对祖国对人民的忠心,对社会的责任感,还是对国家的献身精神,它们的基础还是爱。当然,爱有小爱和大爱之分,却没有亲疏之别。但大爱——必然是博大的宽宏的爱,必然是深刻的长远的爱,必然是自觉的无私的爱,必然是持续的稳定的爱,必然是厚重的深沉的爱。

在教育界,杨福家院士于2002年最早提出"大爱"的概念。他说:"大学需要大楼、大师与大爱。"后来他又专门为"大爱"这个词做了解释,他说:大爱就是"爱国家,急国家所急;爱人民,做好公民;爱真理,求是崇真;爱科学,激励好奇心;爱师爱生,营造环境,点燃火种。"此说一出,立刻引来各方热烈反应。《人民教育》杂志为此在2004年的第17期上发表了一篇社评《让大爱温润课堂》,内容充满了颂赞:"大爱是对人世深切的感悟,是对生命深深的同情。只有这样的大爱,才能唤醒蒙昧的灵魂,才能让心灵沐浴到人性的光辉,才能让课堂充满高贵的气息。"

因此,有大爱——是"新一代学生"所必须具备的素质。不仅是群体充满大爱,个体也都充满大爱。不仅做到杨福家院士所说的五爱:"爱国家,急国家所急;爱人民,做好公民;爱真理,求是崇真;爱科学,激励好奇心;爱师爱生,营造环境,点燃火种。"还要爱人之所爱,自觉地爱人,爱生活,爱生命,这就有可能在课堂和社会的各种活动及各种关系中把自己的大爱信念长期坚持下去。

4. 有核心素养

2014年3月30日,教育部印发的《关于全面深化课程改革落实立德树人根本任务的意见》教基二〔2014〕4号文件中,出现一个崭新的概念——"核心素养",它被置放于"全面深化课程改革落实立德树人根本任务"的基础地位,引起教育界人士的关注。有人甚至预测,这一概念体系很快便会由它来重构整个教育体系的未来图景。

然而,什么是"核心素养"?《国家中长期教育改革和发展规划纲要(2010—2020年)》提出,要"坚持以人为本,全面实施素质教育是教育改革发展的战略主题"。这里所说的素质教育是指完善性的素质教育。而学生包括老年大学学生——"新一代学生"自身的素质却是一个综合性概念,它涉及思想道德、文明礼仪、身心健康、科学技能、艺术人文等多个方面。而核心素养是近期国际教育发展的共同追求和趋向,它指的是那些一经习得便与个体生活、生命不可剥离的,并且具有较高的稳定性和有可能伴随你一生的素养。

这与"学习型社会"的理念几乎一致：把知识从学校教育里解放出来，置放在社会和个人的发展过程。通过学习，促进人们对目前生活的认识，提高人们对社会结构的认识；通过学习，促进学生与学生之间，学生与社会共同体之间的交流，以社会生活为基础打破原有的支配和从属关系，帮助人们成为自己生活的主人。

联合国教科文组织于 1996 年发布的报告《学习：财富蕴藏其中》，报告中强调了 21 世纪公民所必备的核心素养："四个学会"。2003 年则增加至五个，形成了著名的"五大支柱"理论，并且强调，核心素养的培育需要终身学习，终身学习也需要核心素养。这"五大支柱"的素养彼此互相支撑，涉及人生命的全程与各种的生活领域：学会求知（learring to know），包括学会如何学习，提升专注力、记忆力和思考力；学会做事（learring to do），包括职业技能、社会行为、团队合作和创新进取、冒险精神；学会共处（learning to live together），包括认识自己和他人的能力、同理心境和实现共同目标的能力；学会发展（learning to be），包括促进自我实现、丰富人格特质、多样化表达能力和责任承诺；学会改变（learning to change），包括接受改变、适应改变、积极改变和引导改变。

身处终身学习最后一环的老年大学学生——"新一代学生"同样需要具备"核心素养"，也就是说应该具备能适应终身发展和社会发展所需要的必备品格与关键能力，即个人修养、社会关爱、家国情怀，并且注重自身的自主发展、合作参与和创新实践。这既让老年人体验到了终身学习所必需的素养与国家、社会所公认的价值观，也享受了学习，关注了个体适应未来的社会生活和终身发展所必备的素养——这同样是包含了国家、社会、公民三个层面的社会主义核心价值观的价值准则。

为此，我建构了一个老年大学学生——"新一代学生"的"核心素养"模型，或名之曰"21 世纪老年大学学生核心素养结构模型（2015）"。如图 6-3 所示结构模型有四层同心圆，以"社会主义核心价值观"为核心，以"五大支柱"即学会求知、学会做事、学会共处、学会发展与学会改变为第二层，以思想道德素养、文明礼仪素养、身心健康素养、科学认知素养、艺术人文素养、人际交流素养（含信息交流素养）、热爱生活素养与敬畏生命素养等八大素养为第三层，以纯净心灵、充实精神、丰富人生意义与焕发生命活力四要素为第四层——从而设想为老年大学教育建构未来图景。

5. 有长者风范

"新一代学生"当然也得"有长者风范"。

60 岁以上的老年人都可以称为老者，但老者不等于长者，只有受人尊重的老者才能被称为长者。因为老年大学就其本质或就其社会功能而言，它的主要任务就是"养成长者"，或者"新一代学生"在老年大学的熏陶下自我养成"长者"。那么，最终他们应该都能养成受人尊重的"长者"。"长者"自有"风范"——亦即有风度、有气派，所谓"长者风范"就是受尊重的老人所应该具有的风度和气派。

"长者风范"的养成，其实就已经进入"参与社会公共生活"的视野，有风范就有垂范，长者在获得和接受晚辈和社会敬重和关爱的同时，理应承担起长者力所能及的社会责任，比如关爱下一代，提携后一辈。因而，"长者"也就是"最积极的公民"，"长者风范"也就是"好公民示范"。历史学家、教育家章开沅在《我们缺少生动活泼的学习环境》一文里说："教育首先是要培养好公民。无论一个民族，还是一个国家，甚至

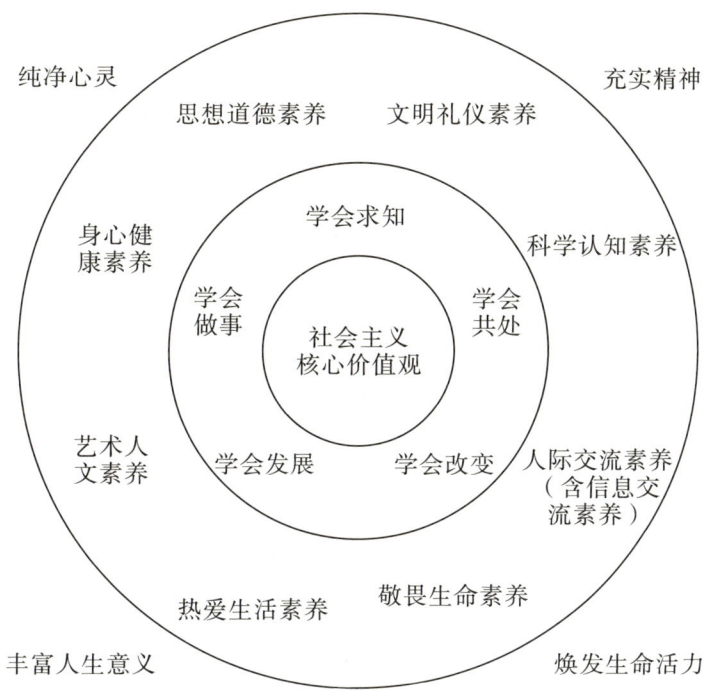

图 6-3　21 世纪老年大学学生核心素养结构模型（2015）

整个世界，人的素质是最为重要的。在目前国家还没消亡的情况下，国家的根基就是公民，所以教育应该把每个人培养成一个好的公民。""教育首先要培养好公民"，这是老年大学教育一个很重要的目标，也是无所推托的责任。

"新一代学生"在养成"长者风范"的素养时，还应该充分发挥"过去、现在和未来的中介"的独特优势，在文化传承方面让自己的智慧和经验延续着，维系着这个社会与这个时代的生命线。

四、结语

2015 年 5 月 14 日，印度总理莫迪在西安大兴善寺的留言很给我们以启迪，他是这样写的："自古以来，人类总是在追寻终极的安宁。相对于物质生活来说，精神生活才是获得永久安宁的最终途径。"这可以获得永久安宁最终途径的"精神生活"，同样是老年大学的新一代学生所需要用始终在闪烁着的生命去努力追寻的。

（作者系广州市老年干部大学特约研究员）

把握老年大学学生的学习特点
引入现代教学观念与方式方法

天津教育科学研究院　岳瑛

人口老龄化正广泛而深刻地影响着人类社会生活的各个方面，并已经日益成为世界各国关注的重大问题。中国是世界上老年人口最多、增长最快的国家。随着中国人口老龄化的加速进展，大量离退休老人产生，随之而来的是大量的老年人的学习需求的问题。首先面临的是参与学习的老年人口的比例和规模将不断扩大。世界卫生组织提出了"积极老龄化"的口号，关注老年人的学习问题，也是响应"积极老龄化"号召，深化、细化、具体化"健康、参与、保障"的问题。

一、我国老年人已成为学校教育的生源群体

目前，中国的60岁以上老年人，已经成为学校教育形式中的一个广大的生源群体，这是历史上前所未有的。以往学校教育都是以学龄儿童、青少年为生源，最多加上成人的在职培训，从来没有把老年人作为学校教育的生源。在"全国老年教育发展规划"起草工作研讨会上，教育部的鲁昕副部长在发言中说，目前我国学龄儿童约2.5亿人，而目前老年人口也达到了2.02亿人，以后的发展趋势是学龄儿童逐年减少而老年人口逐年增多，所以学龄儿童与老年人口将要趋于持平，甚至以后还有超过的可能。教育部虽然有成人教育司，但以前并不涉及老年人，忽略了老年生源，现在看来，老年人成为教育的受众人群是必不可少了。

所谓生源，就是教育对象。然而，并不是所有的老年人都是学校教育的教育对象，其中的低龄老年人，或称第三年龄人群才是主要生源。英国社会学家、第三年龄大学创始人之一彼得·拉斯里特在《生命新图——第三年龄的出现》一书中提出，人生应划分为四个年龄期的理论，即儿童及青少年期、职业及谋生期、退休期、依赖期。其中"第三年龄"指的是处于退休期的60～75岁的老年人。所以国际上有些老年大学也叫第三年龄大学。参与学校教育的主体人群即是第三年龄段人群。据全国老龄委办公室公布的数据，截至2013年年底，全国60岁以上老年人口已达2.02亿人，老龄化水平达到14.2%。其中，60～69岁之间的低龄老年人达1.19亿人，超过老年人总数半数以上，占老年人总数的近60%，这里还没有包括70～75岁人群。也就是说，在我国老年人口中第三年龄人口所占比例最大。这部分人都是我国老年学校教育的潜在生源。

事实也如此，据各老年大学的统计显示，60～69岁这一年龄段的老年人在老年大学学员中所占比例也最大。第九次理论研讨会上有一篇调查报告，是关于全国六城市老年大学学员学习诉求的调研报告，报告中抽样数据显示：60～69岁的老年学员，上海老年人大学是占45%，天津老年人大学占39%，重庆市老年大学占42%，广州市老年干部大

学占39%，哈尔滨老年人大学占40%，金陵老年大学占45%。总体比例是40.4%。说明在学的老年学员中的确是以60~69岁年龄人为老年大学的主要教育对象。不过我国老年大学中的老年学员还有一个年龄段所占比例较大，就是55~60岁这一年龄段。由于按照我国退休政策女性退休年龄规定是55岁，所以虽然她们还不算老年人，但是既然退休就自然划入老年人的行列了。因此，可以认为，55~70岁的老年人是老年大学的主要生源。

综上所述，如今老年人已经成为学校教育的一个广大的生源群体，这是前所未有的现象，所以老年大学学员显然可以称为新一代学生。而其中的55~70岁的老年人，是老年大学的主要潜在生源。要了解老年大学"新生生源"的特点，就需要重点、集中了解55~70岁这一年龄段老年学员的特点。

二、老年学生的学习特点

我国55~70岁这一年龄段的老年学员，是很有特色的人群。他们出生于20世纪40年代中后期至50年代末期及60年代初期；经历过困难时期的艰难、上山下乡的考验，也沐浴了改革开放的春风，享受到小康社会和和谐社会的实惠。在他们身上，既有时代特点又有自身特点。他们的时代特点，我们在此不做研究。而他们的自身特点，也有许多方面，在此不做全面阐述，本文只就他们在学习心理上的四个显著特点加以简述。

1. 学习目的的非功利性特点

与青少年和在职人士的学习目的不同，老年学员学习目的的非功利性已经成为一个非常显著和稳定的特点。青少年学生和在职人士的学习，很大程度上是迫于谋生、求职、晋升的压力，而老年人的学习是不为名次、文凭、升职，只为满足自己的学习需求而学习。全国许多老年大学在不同时段都进行过关于这方面的调查，比如，上海2005年对全市6.7万名老年人进行调查，以愉悦身心、完善自我和结交朋友为入学主要目的的分别占36.4%、33.1%和18.3%，即以这三项为主要目的的占到约90%，与青少年和成人学习目的大相径庭。再比如，2010年全国六城市老年大学学员学习诉求的调查中（每人可选多个选项），关于老年学员的学习目的，为了"丰富生活"的最多，占75%；第二是为了"增长知识"的，占71.1%；第三是为了"生活快乐"的，占61.7%；第四是为了"陶冶情操"的，占48.2%；第五是为了"完善人生"的占19.9%。涉及就业谋生的微乎其微。说明老年学员的学习目的是以"丰富生活"为前提，以"增长知识"为基础，以"陶冶情操"为内涵。

广东省潮州市2004年做过关于潮州市老年学习现状调查研究，时隔多年，2013年用同样问卷再次进行调查，前后对比，结果发现，老年学员的学习目的的非功利性的特点，前后十年是一致的。这一特点确实能成为老年学习者区别于其他学习者的主要的特点。

目前中国老年学习者的学习目的虽然呈现多样化特点，有求知、求乐、求健、求友、求为等，但都有一个共同特点就是非功利化。总之，老年人的学习目的是精神境界性的，不是功利性的；是生活性的，不是事业性的；是以享受性为主，而不是以奉献性为主的。

这种非功利性的特点，对老年教育的要求会是怎样的呢？我们认为，这种非功利性的特点，对老年教育的要求不是降低了，相反是要求更高。首先，要求老年大学的课程设置要满足老年学员知识的广博性需求。因为"非功利性知识"几乎涉及社会、政治、经济、文化和日常生活等许多方面,所以课程内容的设置要求的范围极广。其次,要求老年大学成为一个满足老年学员"学习目的多样化"需求的平台。因为老年学生已经把到老年大学学习当作是晚年生活的一个内容,当作是提高自身素质的一种方式,当作是融入社会的一个渠道。所以说,"老年大学学生——新一代学生"在目前社会其他类型学校对老年人开放不多的情况下,他们对学校的期望就都集中在老年大学了,其期望值是相当高的。

2. 学习动机的多元化特点

老年学员的学习动机有多种不同类型。根据以往我国部分省市对老年学员学习动机的抽样调查表明,老年学员的学习动机可以分为三类:第一类属于满足自身需要的学习动机,如为了满足自己多年的兴趣爱好,满足强身健体需要,满足摆脱寂寞结交朋友的需要等;第二类属于自我实现的学习动机,如为了个人的自尊心、求知欲等,想成为一个学识渊博、见多识广、与时俱进的现代老人;第三类属于获得成就的学习动机,如个人在某一方面已经有了一定的专业水平,期望进一步深造和研究,提高自身素质,获得满意的成就等。此外,直接性动机和间接性动机同时存在。许多关于老年人学习需要和兴趣的调查都显示,老年学员的直接兴趣性动机占很大比例,比如,就为爱好、喜欢而学,或多年的兴趣促使他在退休后系统学习等;直接结果性动机也存在,如希望得到赞赏、鼓励和奖励等;而间接性学习动机,如求知、探索、成就、创造、贡献等,在老年学员中也同样存在,即老年学习者的学习动机类型多样,直接性和间接性学习动机又兼而有之。

3. 学习需要的自我实现性特点

到老年大学学习的老年学员,有很多人是为了满足自我实现的需要而来的。他们退休后渴望在生命的最后旅程中,达到自我完善、自我升华与自我实现的目标。同时为家庭、为社会展示自我,并能再做贡献。

例如,武汉市的《老年人生活质量和精神生活需求调查》报告中,其中一项是对"老年人对自我实现的态度"的调查。抽取161名老年学员作为调查对象。调查数据见表6-8。

表6-8 老年人对自我实现的态度

类别	非常赞成	比较赞成	一般	比较不赞成	非常不赞成
人数	26人	79人	48人	6人	2人
比例	16.1%	49.1%	29.8%	3.7%	1.2%

从表6-8中可见,老年人对"自我实现的态度"持赞成意见的(前三项相加)占95%,持反对意见的(后两项之和)约占5.0%,数据说明大多数老年学员都有自我实现的需求。

全国六城市老年大学学员学习诉求的调查中,对老年学员人生进取性问题的选项回答是:"圆大学梦"的占6.8%;"继续奉献"的占4.9%;"能够创作"的占4.8%;"能够研究"的占3.7%;"能够展演"的占2%。这五项进取性要求加起来的比重为

22.2%,还有19.9%的老年学员有"完善人生"的追求。而完善人生同进取性追求等,都属于人生价值自我实现的追求。

尽管各项调查由于问卷的问题在设定和理解上有一定的偏差,在不追求精准的前提下,还是在一定程度上说明了老年学员有相当一部分人的学习需要是有自我实现的价值追求的。

4. 学习内容的兴趣取向特点

老年学员往往以自己的兴趣为依据,选择退休后报读老年大学和选择学科课程。这方面的调查也有许多。比如,天津市在2002年对老年人学习目的的一项调查显示,老年学员选择为"满足自己的兴趣爱好"而学习的占调查人数的63.3%,而对50岁以上社会群体报读老年大学目的的调查也显示,选择报读老年大学是为了"满足兴趣爱好"的占42.3%。因此,老年学员在选择学习形式、学习内容等方面,兴趣爱好是他们最直接、最普遍的取向和依据。

兴趣爱好是"学习的最佳动力",是"学习的挚友",是"发展智力的原动力"。如果具有了浓厚的学习兴趣,就能进一步产生强烈的求知欲望。兴趣在老年学员的学习活动中起着十分重要的作用。在教育实践中我们也常常看到,当老年学员凭兴趣投入学习活动中时,总是积极主动、心情愉快地享受学习,而不会觉得是一种负担。我们还会发现,许多老年学员对所选择的学科课程,从开始时的有兴趣发展到获得乐趣,进而产生志趣,因而使兴趣持久稳定地发展,使学习效能大大提高,从而在学习中表现出活力和创新能力。有兴趣的学习,不仅能使老年学员全神贯注,积极思考,甚至达到为此废寝忘食的境地,而且也是许多老年大学学员取得了较高的学习成就的原因之一,让老年学员的智慧折射出夺目的光辉。

三、新一代老年学生学习特点决定教学方式的更新

老年大学作为"新一代学生"学习的主要载体,如何在新形势、新要求下,根据"新一代学生"的学习心理特点,确定办学方向、教学方略等,是需要探讨的问题。本文在此对教学方式如何改进和更新以适应"新一代学生"学习,满足他们需求的问题略加阐述。

1. 对当前老年大学主要教学方式的分析

当前老年大学在教学过程中采用最多的教学方式是"讲授接受式"和"示范模仿式"。一般书面知识教学大多采用"讲授接受式"方式,而技能技巧类知识则多数采用"示范模仿式"教学方式。

这两种教学方式是我国目前学校教育常用的模式,也是传统的课堂教学方式。这类教学方式适用于以传授知识和技能为目的的教学情境,更适用于教材是唯一信息来源的教学情境。

其优势在于:"讲授接受式"教学方式易于操作,这已经成为许多教师的教学习惯,同时也是许多学员的学习习惯。这类教学方式的使用有利于教师迅速把握和熟练操作,有助于学员在短时间内掌握大量知识、技能。其功能目标侧重于教学内容,且能达到较好的教学效果,比较突出地体现了教学作为一种简约的认识过程的特性。

就讲授接受式教学方式而言，如果教师的讲授富有启发性，针对学员的学习而言，学员进行的是有意义的言语接受学习，那么这种方式确实很受欢迎。老年大学许多优秀教师讲课"上下五千年，纵横八万里"，妙趣横生、引人入胜，使学员能在听课时全神贯注，轻松愉悦，不觉时间的流逝。这样的教师往往有许多"粉丝"学员。教师到哪里教课学员就跟到哪里听课，有的学员一跟就是好几年。师生感情融洽，教学情景交融，教学效果良好。

老年大学的技能技巧性课程，需要教师通过示范，以引起学员相应的实践，使他们通过模仿有效地掌握必要的技能。"示范模仿式"是历史上最古老，也是教学中最基本的模式之一。老年大学中的许多课程，如最普遍也是热门的书法、绘画课程，还有舞蹈、太极拳剑等文体类课程，教师的示范是教学中最有效的必要途径。许多优秀教师在教学中，反反复复示范，不厌其烦，不辞辛劳，给学员带来美的享受，使学员通过模仿有效地掌握了必要的技能技巧和操作要领。一般来说，技能技巧的形成是一个由模仿到创造的过渡过程，教师正确的、优美的、艺术的示范效果，会激发学员的学习兴趣，且可以省时省力，提高教学和学习效率。

其不足在于：这两种教学方式有一定的局限性。即很容易陷入"满堂灌"的教学陷阱。因为它毕竟是教师的"一言堂"，是教师用设计好的思路来引导学员，指导学员，学员没有自由思考、自主质疑的时间。导致学员客观上处于接受教师所提供的知识的地位，学习主动性的发挥容易受到忽视或限制。在这种教学方式里，教师的主导作用往往能够得到充分的发挥，而学员的自觉性、积极性和主动性却受到了压抑，最终导致学员的主体性缺失。

2. 对老年大学教学方式改进和更新的思考

在教学方式的创新中，改进和更新的主体是老年大学教师和广大学员。其中起主导作用的是教师。如果给予教师和学员现代教育的观念，增强改进更新的意识，将促进教师和学员改进和创新教学方式的主动性和积极性。比如：（1）由重传授向重发展转变——老年教育的培养目标观念；（2）由重教师"教"向重学员"学"转变——老年学员主体意识观念；（3）由单向信息交流向综合交流转变——反馈意识观念；（4）由教学模式化向教学个性化转变——教学的特色意识等。

除此而外，引入现代教育先进的教学方式方法也不失为一种改进和更新教学手段的有效途径。

老年大学的教学不应只停留在教师讲课精彩，学员爱听就行。还应该考虑到满足老年学员更多不同的和更深层次的需求，考虑老年学员的学习心理特点，研究他们的学习目的、动机、需要和兴趣；研究为何教、教什么、怎么教的问题；课堂教学要还从具体的教学方式方法出发，尽量为老年学员提供积极的学习形式，而不只是让他们被动地接受，要启发他们思考和参与，与他们进行积极的互动。当前教育界的一些教学新形式新方法，可以引入老年大学，为老年大学所用。有些新的教学方式方法，恰好针对老年学习者的学习特点，可以不同程度地满足现代老年学习者的多样化需求。比如：（1）翻转课堂。传统的教学模式是教师在课堂上讲课，然后布置作业，让学生课下练习。翻转课堂式教学模式与传统模式不同，学生在课下完成知识的学习，如利用视频、互联网、图书馆等多种设施自主进行知识的学习。而课堂变成了师生之间和学生与学生之间互动的场所,包括答疑解惑、知识的运用等,从而达到更好的教学效果。这样一种教学形式,就可以发挥老年大学的多种功能,满足老年学员求知、求友、求展示、促发展的需求。(2)微课。这是以视频为主要载体,记录教师在课堂内外教学过程中围绕某个知识点(重点、难点、疑问点)或某个教学环节而开展的精彩的教与学活动的全过程。特点是教学时间短,一般5~10分钟。主题突出,专注一个内容,趣味创作。可以以视频方式上传到网络平台、手机,如微博、微信等。方便学生可以随时观看和学习。它是一种具有移动学习、在线学习、远程学习的特点,可以让学生自主学习、进行探究性学习的模式。这样一种教学形式,可以充分发挥新一代学生的自主意识和能力,使他们主动、积极地以参与的学习形式。(3)慕课。新近涌现出来的一种在线课程开发模式,是一种大规模的网络开放课程。这些课程与传统的课程一样,循序渐进地让学生从初学者成长为优秀人才。它一般是为了增强知识传播而由具有分享和协作精神的个人或组织发布的,上传至互联网上的开放课程。这样一种学习形式,可以缓解老年大学"一座难求"的局面,使学习成为自主的、随时随地的活动。

总之,老年大学学生是新一代学生,老年大学要给他们一个充满现代化气息的、分享社会现代化和教育现代化成果的精神家园。

(作者系天津教育科学研究院研究员)

新一代学生的特质与享受学习

南方医科大学老年大学　兰承晖

2013年5月,在广州召开的国际老年大学协会(AIUTA)第92届理事会上,广州市老年干部大学林元和校长提出了老年大学学员"从刻苦学习到享受学习"的理念。这是中国老年大学教育经历30年发展历程、继广州地区提出老年大学教育"无压力"和"健康快乐"理念之后的又一创新理念。所谓"享受",指的是物质上或精神上得到满足。作为人类的一种重要精神活动,享受学习除了精神层面的满足,主要还是指拥有、获得满足之后的心情愉悦。

自新一代学生(指老年大学学员,以下同)从"刻苦学习到享受学习"理念明确提出以来,一些老年教育理论研究工作者对此进行了论述,《广州老年教育研究》也刊发了若干专论,对"享受学习"理念的引领作用给予充分的肯定。为了让更多的新一代学生通过学习获得享受,仍有必要从各个角度进一步加强和深化对这一理念的研究。本文试图分析新一代学生的特质与享受学习的内在联系。

一、享受学习是新一代学生的特质所决定

视学习过程为一个令人愉悦的过程，并非始于当下。两千多年前，中国伟大教育家孔子曾提出："学而时习之，不亦说乎。"快乐，是一种心境，是一种发自内心的美好感受。然而，漫长的封建社会奉行科举制，一代代读书人"头悬梁、锥刺股"，"十年寒窗"吃尽苦头。尽管有嗜书如命者"凿壁偷光""囊萤映雪"，那是由于受"书中自有黄金屋，书中自有颜如玉"的蛊惑，做着"朝为田舍郎，暮登天子堂"的美梦。即便到了今天，青少年的学习（包括成年人的职业技能教育）也还摆脱不了强制性，学习是他们成长、谋生的必须。青少年通过学习会有收获，但不一定有心情上的愉悦。在学习、接受教育过程中必须集中精力，全神贯注，始终处于精神高度紧张状态，学习上的精神压力和烦恼伴随他们的整个成长过程，极少有从学习中获得享受者，充其量也就是学有所成，压力减轻、烦恼消除而已。20世纪80年代初，我国各地陆续开办老年大学，很多人走进了老年大学，并在学习中获得了乐趣，得到了享受。新一代学生的学习热情日渐高涨，以致许多老年大学学位紧缺，出现"一座难求"局面，每当新学期招生注册，新一代学生们争先恐后排队报名上学。

"享受学习"对于学龄阶段的人群来说是一道"伪命题"。除了极个别具有特殊天赋的人，古今中外，学习——对绝大多数学龄阶段的人都是一件非常艰苦的事情，为什么在新一代学生中却成了一种享受？这个颠覆性的理念从何而来？通过对新一代学生特质的具体分析，可以找到一些令人信服的依据。

1. 新一代学生人生阅历丰富，视野开阔

这一特质能让他们从两个方面获得享受：一是新一代学生具有较好的对事物的认知基础，在学习过程中，对新知识能触类旁通，领会比较快，理解也比较深刻，容易转化为自己的东西，可谓事半功倍。这一特质在学习诗词、文史课程中表现尤为明显。新一代学生的丰富人生阅历，能帮助他们准确、全面、深刻地领会和把握诗文的内容、主旨及艺术技巧。二是新一代学生善于学以致用。丰富的社会阅历、生活感受会成为他们灵感的源泉，促使他们在学习的基础上去练习创作诗词与写文章。在写作过程中，他们得心应手，文思泉涌，笔下诗文言之有物，不作无病呻吟，"为赋新词强说愁"。在全国各地老年大学新一代学生中，不少学生常有佳作在刊物上发表，有的还出版了自己的诗歌、散文作品专集，成为崭露头角的作家、诗人。他们学有所成，内心充满成就感，自然精神愉快，是很好的享受。

2. 新一代学生价值观发展成熟，人生价值定位客观、正确

经历几十年人生历练，新一代学生非常清楚自己需要什么，不需要什么。不像年轻的家长那样，生怕自己的子女输在"起跑线"上，从幼儿园开始就逼着子女学这学那。子女明明不喜欢乐器，硬逼着学钢琴、弹古筝；明明不喜欢数学，硬逼着参加"奥数"班；结果什么都没学好，把"人之初"应该掌握的基础知识都耽误了。老年大学新一代学生早已越过生命"起跑线"，不管顺风顺水还是磕磕碰碰，走过了几十年的人生旅程，明白自己的长处，也知道自己的短处。学习上不会好高骛远，"知其不可而为之"、无端耗费精力。目前全国老年大学中有一个普遍性的现象：参加声乐、舞蹈、插花等艺术类

课程学习的新一代学生中,女生比男生多,而参加摄影、球类课程的则是男生比女生多。为什么会出现这种现象?这是他们根据自己的长处和短处选择的结果——新一代男生多中气不足,学唱歌、跳舞是赶鸭子上架,等于活受罪;新一代女生多数体质和体力下降明显,搞摄影起早贪黑,背着沉重的摄影器材东奔西跑吃不消。新一代学生按照自己的特点选择适合自己的课程,学习上只有兴趣没有压力,这非常有利于学习,能获得理想的学习效果。

3. 新一代学生老当益壮,有所作为,实现自我价值的抱负不减当年

他们会尽己所爱、倾己所能,发挥自身潜力,实现自我超越,在增加个人生命的价值和意义的同时,为社会继续做贡献。特别是早期的新一代学生,由于社会和历史的原因,参加工作前,很多人失去了学习的机会——特别是接受高等教育和专业训练的机会,参加工作后,任务繁重,没有时间学习;离退休后,时间归自己掌握,可以做自己想做的事情了。因此,很多人走进老年大学,或者是为了圆梦——弥补年轻时没有机会学习自己喜欢的专业和课程;或者是为了兴趣爱好——写字、绘画、唱歌、跳舞、养生、健身等。大家都很珍惜这样的学习机会,学习自然就会有成效。参加书法、绘画学习的新一代学生,不少人常把书法、绘画作品赠送亲友,提交作品参加各种诗书画摄影展,老有所为,为弘扬中华传统优秀文化做出自己的贡献。这就是新一代学生基于自己的价值选择,在丰富精神生活、提高生活质量、提高自己生命存在的质量和意义的同时,实现了自我价值,收获了金钱买不到的精神成果。

4. 新一代学生凭浓厚的兴趣学习

这是有别于青少年学生和接受专业技术训练的成年人最为明显的特质。换句话说,青少年和成年人的学习是工作需要,有时甚至是组织需要,不能凭个人兴趣学习。在学历教育阶段,不少学生对数理化这三个科目并不感兴趣,但这是必修课,硬着头皮也得学。新一代学生的学习没有强制性,不会急功近利;感兴趣的课程就学,兴趣不大的课程可以不学。兴趣是最好的老师。按照兴趣选择自己喜欢的课程参加学习,等于有了最好的老师,其学习效果不言而喻。

当然,新一代学生也有其劣势:随着年龄增长,身体机能退化,精力体力日渐下降,持久性降低。这种特质从相反方面促使新一代学生从实际出发参加学习。同时,老年教育的承办者和组织者针对这种特质,在实施教育中贯彻"以人为本"的理念和"无压力"教学、"健康快乐"等适应新一代学生状况的教育理念,让新一代学生随心所欲地自主学习——学习目标自我确定,学习方法自我选择,学习过程自我调整,学习效果自我检测。这样一种自主学习过程,轻松愉快,自然就会从中获得享受。

此外,已有论者指出:新一代学生还有一个致命的弱点——自尊心过于强烈,不轻易求教。本来学习有捷径,从孔子开始就提倡"不耻下问","三人行必有我师"。这个弱点带来意想不到的效果是摆脱了依赖性,虽然新一代学生具有较好的人际沟通能力,但在学习中他们不"滥用"这种能力,不走捷径,遇到问题时自觉用功和钻研,即便"山重水复疑无路",也要坚持自己把问题搞清楚。这样经过自己独立思考后学来的知识特别扎实牢固,特别宝贵,是用功之后的享受。

二、新一代学生享受学习需要引导

在广州地区老年大学新一代学生中，较早形成了享受学习的氛围。这种氛围的形成，与广州地区相继提出的老年大学教育"无压力教学"理念和"健康快乐"理念有密切关系。这两个理念的提出，消除了对新一代学生学习的外在压力，对吸引老年人走进老年大学享受学习产生了积极的作用，使他们从知识的增长、更新中获得享受，从生活、生命质量的提高中获得享受，从人生又一个年龄段的有为、奉献中获得享受。比如：舞蹈班和声乐班的学员在欢歌曼舞中抒发激情，保持年轻态；书法班和绘画班的学员在线条、色彩中怡情养性，翰墨丹青伴晚年；摄影班学员从摄影采风、后期处理、自制相册中获得成功喜悦。这种"享受学习"氛围形成，是先进理念转化的结果。目前，这种理念转化尚处于初始阶段，能自觉将学习作为享受的人还不够普遍。截至2013年，我国老年人口已达2.02亿人，老龄化达14.2%，但上老年大学的新一代学生才600多万人，入学率仅为3%；全国适合学习年龄段的老年人占20%，有学习愿望的占17%。不仅现在能够享受学习的老年人在全国老年人总数中所占比例微乎其微，在有学习愿望的老年人中也为数不多。经济相对较发达的沿海地区，老年人参加老年大学学习的比例还比较低。这些数据表明，吸引新一代学生进入老年大学"享受学习"，还需要进行积极的思想引导。

1. 理论引导

新一代学生走进老年大学，从认真学习到享受学习，无论是新一代学生（受教育者）还是老年大学的组织者和承办者，这个认识的升华随着实践的推进用了30年时间。30年来，中国老龄化发展加快，新一代学生数量急速增加，建设幸福中国，老年人的幸福不可忽视。新一代学生"享受学习"应该是老年人幸福指数的重要考核内容。理论上要引导得好，首先要对这一理念在认识上深化，从理论上阐明新一代学生"享受学习"的机理——新一代学生特质与享受学习的内在因果、必然联系，指明"享受学习"的方法和途径——如何主动、有效地去享受学习。在深入研究的同时，对"享受学习"的理念进行广泛宣传，让新一代学生明白，自身具有"享受学习"的条件和能力，"享受学习"是新一代学生的天赋权利，从而自觉将"享受学习"作为进入第三年龄段后的生活目标，与时俱进，在轻松愉悦的氛围中学习新知识，掌握新技能，扩大个人的社会联系半径，不断提高适应互联网时代、信息时代的生存技能，提高自身的生存质量，从中获得享受，避免边缘化和成为被社会遗忘的人群。

2. 方法引导

方法好坏，事关成败。好的学习方法是享受学习的重要条件。俗话说："师傅领进门，修行在个人。""领进门"必须讲究方法、技巧。引导好了，才能登堂入室；引导不好就进不了门，"门外汉"从何享受？享受学习的方法引导关键依靠任课教师。任课教师教授得法、深入浅出、通俗易懂、语言风趣。学生在课堂上如沐春风，听课本身就是一种享受。尤其是声乐、舞蹈等艺术类课程的教师，应该把授课过程当成带领学生一起"玩"、一起"乐"的过程。摄影课教师应带领学生一起"玩"出水平、"玩"出花样、"玩"出境界。老年大学的组织者要强调任课教师不断探索、改进授课方法和艺术，把每一门课程打造成受新一代学生广泛欢迎的精品课程、能让学生获得享受的课程。

3. 典型引导

广泛深入宣传新一代学生"享受学习"的典型，特别是各老年大学要重视宣传自己的典型，为广大老年人树立"享受学习"的标杆、榜样，吸引更多的新一代学生参与老年大学学习，从中获得享受。目前，各老年大学都比较注意宣传自己的"享受学习"典型，几乎每所学校都有自己的定期或不定期校办刊物，利用刊物进行宣传或利用评比、表彰先进等形式进行宣传。宁波市老年大学10多年前就提出"走进这里就年轻"的口号，发出了新一代学生"享受学习"的先声。山东老年大学主办的《老年大学》、上海老年大学《上海老年教育研究》、金陵老年大学的《实践与探索》以及一些地级市以上的老年大学在宣传"享受学习"典型方面，都发挥了很好的示范、引领作用。

三、为新一代学生享受学习创造良好条件

党的十八大报告指出，"人民对美好生活的向往，就是我们的奋斗目标"；报告同时提出，到2020年全面建成小康社会，"让人民享有健康丰富的精神文化生活，是全面建成小康社会的重要内容"，"要办好人民满意的教育"。老年教育也是重要的民生问题，把学习当成享受，是当下老年人晚年之幸。因此，满足老年人对享受学习的向往，理所当然是老年大学教育的奋斗目标。《国家中长期教育发展纲要》明确提出"重视老年教育"有必要从以下三个方面去努力，吸引更多的新一代学生走进老年大学"享受学习"。

1. 从立法层面上确保老年人享受教育的权利

依法治国是建设幸福中国顶层设计的重要内容，要通过法律的形式，确保老年人享受教育的平等权利，进一步弘扬中华民族"老吾老以及人之老"的优良传统，让新一代学生在尊老爱老的浓厚氛围中"享受学习"。

2. 加大投入，兴办更多规范化、现代化的老年大学，从设施和硬件上保证老年人享受学习

享受学习要有良好的学习环境和条件，硬件缺乏，实现教育公平、机会均等就是一句空话。为了让老年大学成为老年人精神养老的重要基地，在政府加大投入的同时，要引导社会力量兴办老年教育，多渠道、多方面创办各种形式的老年教育机构，加快老年教育进入高校、进入社区、进入大中企业，特别是扩展到广大农村乡镇。

我国老年人口基数大，促进我国老年教育事业大发展，要保证全国人口总数14%的老年人中有学习需求和能力的新一代学生都能参加学习，仅靠政府或社会力量投入建设老年大学是远远不够的。针对我国教育资源（尤其是老年教育资源）不足、财力物力有限的国情，要借助互联网技术飞速发展的大趋势，加快老年远程教育步伐，在网络课程设置、教材编写、课件制作、网络支持、工作系统、信息服务、组织管理等方面，有组织、有计划、分步骤开展扎扎实实的工作，为有需要的新一代学生提供广阔学习天地，使他们足不出户也能享受学习。

3. 加快实施"人才兴校"战略，加大力度建好管理人员、师资和理论研究人员三支队伍，从软件上保证新一代学生享受学习

目前，管理人员和师资队伍无论数量、质量都跟不上老年教育发展形势，理论研究人员队伍建设尤其需要大力加强。实现老年教育的可持续发展，需要科学理论指导。我

国老年大学教育发展虽然已经进入"而立"之年，以九个理论研究为主力，全国老年教育理论研究也卓有成效，但许多政策问题、体制问题、理念问题需要研究引导，成功的办学实践经验需要总结推广，国际老年教育发展趋势需要关注借鉴。我国老年教育理论研究仍然滞后。加大理论研究队伍建设力度不可忽视，每所省份和大中城市都应设立老年教育理论研究机构，每所老年大学也要配备自己的理论研究人员，总结经验，探讨问题，寻求对策，从而促进老年大学越办越好，扩大我国老年教育事业在国际上的影响，通过各种方式的教育，帮助新一代学生与时俱进，自我完善，成为素质日臻全面的"现代老年人"。

（作者系南方医科大学老年大学名誉校长）

论现代老年人的素质要求及老年教育的历史使命

福州大学老年教育研究所　施祖美

一、概念的界定

1. 传统型老年人

传统型老年人是与现代型老年人相对应的一个概念。它指传统观念明显，受传统思想意识影响较深，以时间坐标为参照的一组老年人群体。

传统型老年人一般受到的文化教育程度并不是很高，思想与当时的形势脱节，趋向保守、封闭，社会化程度较低，生活、工作圈子相对狭窄、封闭，人际关系单一，与外界接触较少，除了"儿女绕膝、含饴弄孙"，其他的精神寄托较少。

2. 现代型老年人

现代型老年人是指具有现代意识的老年人。现代意识是指人们的头脑对现代社会现象的反映，比如环保、人口、反思、创新思维、可持续发展等意识；对社会、政治、科学、文化等具有现代化的理解、掌握乃至运用的一种思维方式。

现代型老年人一般受到的文化教育程度较高，思想观念与现阶段的形势发展更贴近，除了"儿女绕膝、含饴弄孙"，有着更多的精神寄托，他们社会化程度较高。

3. 再社会化

它是指个体从原有的生活方式向另一种新的生活方式转变、适应和内化的过程。比如，老年人从工作岗位退休，环境条件发生变化，自动接受新的生活方式和参与新的社会生活，就是再社会化的过程。

再社会化有广义和狭义之分。广义的再社会化通常是指生活环境的突然改变，人们自觉地转变个人的生活方式和行为规范的过程。狭义的再社会化是一种特殊的社会化，是强制性再社会化。

二、现代老年人的素质要求

如今，老年人退休后有更多的闲暇时间，开始新的生活，重新融入社会、再社会化，发挥个人价值的思想转变历程。

现代型老年人一改往日老态龙钟的老年人形象，转变为富有朝气，在求知、求健、求乐、求新、求美、求异等方面有着不同追求，精神文化和学习教育需求快速增长的一个群体。

日新月异的社会变革，是每个人都要面对的社会现实，对于老年人来说，更是如此。

20世纪90年代以来，随着互联网技术的发展，互联网成为世界范围内重要的信息沟通平台。互联网技术与电脑、手机的结合，已经走进千家万户，且和人们的工作、生活息息相关，影响着人们的生产方式、生活方式和观念形态，人类生产、生活、交往方式逐渐与网络相融合。

面对互联网、信息化、大数据、微（信）时代，如何适应时代的急剧变化，对于每位老年人来说都是一大挑战。

第一，具有积极的心态，主动进入新角色。社会在迅速发展，老年人为适应新形势、新特点、新的人生阶段，需要不断更新观念，包括家庭观念、代际观念、消费观念、现代老年人养生观念；看待社会事物的积极观念，保持从容、豁达心态和享受生活自由度的退休老年人的生活角色。老年人是成熟智慧、深沉、温情的结晶，转变角色，收获饱经风霜之后的平和与宁静。

第二，学习新知识，掌握新技能。生产的发展，生活水平的提高，物质生活的丰富，使得人们日益关注精神文化生活的质量问题。人们开始借助互联网来充实自己的生活，利用网络来适应新的生活环境。因此，老年人学习应用电脑、手机、互联网，是扩大沟通交流的范围和对象，提高老年生活质量，获取更多资讯的重要手段，也是时代对老年人提出的新要求，具有不断学习的能力成为现代老人的重要标志。

第三，融入社会，实现再社会化。老年人社会化是指老年人随着环境和自身状况的变化而不断学习新的角色规范，接受新的角色期待，承担新的角色责任和义务的过程。社会化过程是持续终身的，这个过程离不开学习。学习活动能够影响老年人的知识技能、行为规范和价值观念，提供参与社会活动、融入社会的机会，使老年人能够适应生活环境、社会角色的变化，摆脱孤独寂寞，积极应对个体老龄化带来的巨大挑战，把老年生活与社会发展紧密联系起来。

第四，增强自身体魄，老有所为，服务社会。用自己长年积累的知识、技能和经验，继续为国家物质文明和精神文明建设做出新的贡献，既是一种颐养天年的生活方式，又是"老有所为"的积极体现。老年人继续从事力所能及的社会工作，既要以健康的体魄为前提，又是发挥老年人人力资源的重要方式。

三、老年教育的使命

第一，老年教育要为老年人适应社会角色的转变，具备年轻、健康、向上的心态创造条件。老年教育要帮助老年人认识生命历程，懂得生与死的意义，树立正确的"人生观"和"生命观"，使老年人充分意识到老年并不意味着要面对一系列的"生命危机"，而是一个得失共存、充满挑战、充满机遇、充满个人成就的时期，在年轻时期没有精力从事的爱好，在步入老年阶段之后，可以投入更多的时间和精力去实现，许多成功的老年人所发挥的作用是在他们年轻时办不到的。

使老年人了解老年时期社会、家庭对他们的角色期待，使老年人充分意识到只有积极适应新角色，才会使自己的老年生活更有意义。老年教育也要梳理老年人的心理和精神状态，让老年人正视过去人生的成功与失败，正确对待自己的一生，帮助他们与时俱进，树立新的生活目标。

第二，老年教育要为老年人更好地了解社会变迁，与各年龄层的人进行良好沟通搭建桥梁。在经济全球化、文化多元化、信息网络化大潮的冲击下，老年人必须进行一种全新的学习与适应，才能更加自然、自信地融入到社会生活中。老年教育要使老年人意识到，不仅年长者可以对年轻者言传身教，同样，年轻者亦能向年长者提供新的信息和生活方式，甚至在未知的某些领域为年长者指点迷津，这就是逆向社会化。

现代生活节奏加快，瞬息万变，当老年人在生活中遇到不懂的问题时，尤其是对于老年人来说比较晦涩难懂的科学技术前沿方面的知识，可以通过教育学习，课堂释疑，可以通过不同知识背景的学员之间的交流获得解答，与子女晚辈之间的交流，对于代际交流与沟通，能加深代际情感。

通过学习，老年人进一步确立正确的价值观、人生观、世界观，并且不断地学习或掌握一系列新的社会规范，提高人际交往能力，以协调代际、家庭、邻里以及与社会其他群体的关系，保持与社会的沟通。同时，使老年人正确把握社会发展对老年群体的要求，养成以科学理性和乐观向上的态度了解社会，参与社会，推动个体社会化的进程，以更好的心态面对老年生活，度过欢乐祥和的晚年。

第三，老年教育要为老年人学习一些新知识、新技能，继续参与社会文化生活创造条件。老年人的认知功能具有可塑性，他们的机能衰退并非完全不可逆转，老年人的确能够继续学习，对老年人采取干预措施进行认知训练可在一定程度上改善他们的认知功能。训练后老年人的成绩可达到、甚至超越一般的年轻人，体现在老年人的理解能力、判断能力、综合归纳能力，尤其是对真善美和假恶丑的分辨能力，都强于缺乏社会阅历的年轻人。这就证明了老年人具有相当高水平的学习和操作能力。

老年教育首先应使老年人确信自己依旧有较强的学习能力，认识到自己的基本权利和基本社会责任，在心态上保持良好的学习愿望和自觉。老年教育要满足老年人不同的学习需求，为老年人提供活动、交流与学习的机会。通过设立多样性、应用性、娱乐性的教育内容，满足老年人的学习要求。鼓励老年人参加形式多样、有利于老年人身心健康的文化娱乐活动。

第四，老年教育要帮助老年人扬长避短，发挥优势，为进一步开发老年人人力资源提供平台。老年教育要创造条件为老年人提供自我发展的机会和空间，使更多的老年人拥有继续参与社会生活的权利，让更多的老年人参与到社会活动中来，例如担任顾问或咨询人员的角色，继续发挥余热，发挥特长，使老年人的宝贵人生经验得到升华，使老年人真正成为社会的财富。

当今社会，科学技术迅猛发展，高新技术层出不穷，知识的"创造周期""物化周期"和"更新周期"都大大缩短。开发老年人力资源，要使老年人的智慧结晶与当代科技、社会服务、社会需求紧密结合，在技术服务和参谋咨询方面，在社会公益服务方面，在传帮带、教书育人、著书立说、帮助青年人的成长方面，在家务劳动，社区建设等诸多方面，实现价值创造的机会。

四、结语

老年人实现新的角色转变，适应新的生活环境，实现再社会化，度过欢乐祥和的晚年生活，是老年人从工作岗位到退休状态转变的必然过程，而学习新知识和掌握新技能，既是自身不断适应社会生活的需要，也是再社会化的必然要求。

在这过程中，老年教育通过老年大学的专业、课程、内容、实践、展示、交流等方式及手段，让老年人晚年生活更加丰富多彩，让老年人的智慧结晶得到充分展现。

（作者系福州大学老年教育研究所所长）

第七章　2016年5月法国兰斯会议

导论七：第三年龄大学在世界的历史与发展

一、主题背景

2016年5月在法国兰斯召开的国际研讨会的主题确定为"第三年龄大学在世界的历史与发展，（法语译为 Histoire et développement des Universités des seniors dans le monde）、（英译为 The history and development of the third age universities in the world）"。

2016年元旦，AIUTA主席维拉斯教授发表新年贺词："AIUTA亲爱的朋友们：请允许我在这新的一年开始之际，送上我最好的祝福。2016年是AIUTA在图卢兹成立40周年。为纪念我们的共同历史，我们将来讨论AIUTA在各大洲历史上的几件重要事件。邀请你的参加。致以热情的问候。"随后，承办兰斯会议的法国兰斯IUTL第三年龄大学校长Patrick Demouy教授发表公开演讲，提出"研究和纪念我们共同历史"的倡议，指出：老年大学的创办至今已有40年历史，因此我们也应该回顾过去的经历，总结经验，更好地为未来奠定基础。

二、主题内涵

主题研究要求从各国文化视角研究共同的历史。这里讲的共同的历史不是社会历史而是老年教育历史。发展老年教育是世界性的课题，有共同的研究价值。纪念共同的历史旨在每个国家从民族文化的角度讲述自己第三年龄教育的历史，通过回顾办学历史，找出各国在创办第三年龄大学上的特点和不足之处，并互相交流和借鉴其他国家的优势来取长补短，为今后更好地发展第三年龄大学做好铺垫。重在总结和归纳其发展的规律和形成的特点，从而揭示未来的发展路向。专门针对老年教育发展历史的研究项目，升华为具有指导意义的理论。

三、主题的世界意义

各国老年大学在国际交流平台上相互诉说办学历史过程，交流经验体会，既能增强对其他国家发展状况的深入了解，又能关注把握世界老年教育的发展动向。自身历史的研究是对老年教育的特色进行时间纵向上的提炼和总结。在老年大学事业全球大发展和高度全球化的今天，以新的世界眼光、新的文化视角、新的内涵透视、新的历史观点来研究老年大学发展的共同历史，可以产生新思维，可以育出新成果。通过回顾历史加强交流，共创未来，这一世界意义是显见的。正如维拉斯教授在法国兰斯国际会议小结时指出的一样："回顾和总结历史是为了展望未来。"

四、主题的中国意义

老年大学在中国有 30 多年的历史。中国老年大学协会组织曾对自身历史做过回顾和总结，许多省、市和有关办学部门也做过老年教育历史梳理，但在研究历史的思路上与这次 AIUTA 国际视角不同，我们往往忽略了从国家文化的角度来看历史，而这一点又非常重要。虽然很多老年大学办得相当不错，但就是提不出历史结论性的理念，对取得的成效也不善于理性总结和推广，在理论和理念层面没有上升到一定的历史高度，而国外一些老年大学往往能够提出一些比较先进的理念，这是值得我们反思的：需要科学的历史思考。中国老年大学在世界第三年龄大学运动中扮演着重要角色，我们有义务在国际平台上研究好并讲述好中国老年大学教育的历史故事，展示其在此过程中形成的特色与优势。从新的思维角度研究和纪念中国老年大学 30 多年的历史，对中国老年大学有很重要的理论意义和现实意义。

第一节　国外观点

老年大学的英国模式

[英国] 珍妮·卡利

20世纪40年代，随着威廉姆斯·贝弗里斯的《社会保障与相关服务》的问世，其阐述的"福利国家"的理念开始在世界范围内广泛传播。其认为："获得医疗和其他社会关怀是每个人的基本权利。"人们开始意识到，随着社会的发展，不仅寿命得到了延长，而且在生理和心理方面的能力水平也逐渐提升。退休对于大部分人来说不再意味着孤单、缓慢而呆板的生活，而是生命的一个新的延续阶段。

在这样的大背景下，1981年，第三年龄大学（即老年大学）的概念在英国得以引入和发展。

一、自助学习，互助开展："英国模式"的起步

在20世纪80年代举行的一场关注老年人受教育权利的国际论坛上，老龄问题及其导致的教育、社会发展方面的一系列问题引起了参会代表与老年人慈善团体的热烈讨论，并对当时在欧洲大陆兴起的老年大学"法国模式"（依托高等院校创办老年大学）进行了讨论。

米切尔·杨、彼得·莱斯利特以及埃里克·密温特三位后来是英国老年大学运动的发起者参加了该次论坛，他们充分肯定了"法国模式"在英国取得的成功，但对于在英国开展老年大学运动，他们更倾向于一种独立和互助的发展模式。莱斯利特还主张，不应过分依赖外部基金的支持，其往往会附带一些条件或政策，从而影响办学的自主性。在他们的概念里，理想的老年大学运行模式应是：每个人都可以组织学习活动，学校致力为其提供资源、工具以及相应的鼓励措施，从而形成一个实现自助学习、分享与互助的开放平台。

1981年7月21日，彼得·莱斯利特在英国剑桥举行了一次公开演讲，以评估在英国引入老年大学的认受程度。米切尔·杨、埃里克·密温特以及一干剑桥大学的学者出席了活动。同时，来自法国格勒诺贝尔老年大学的米切尔·菲利伯特受邀上台介绍老年大学的"法国模式"。

这次演讲成功引起了英国广播公司（BBC）的注意。次日，埃里克·密温特的专访在全国播放，引起了社会的广泛关注，短短一日间，组织方便收到全国各地超过400封来信。1981年7月21日也由此被认定是英国老年大学的始创日。

英国社会对他们提出的这种自助学习的构想产生了兴趣，不少学者朝着这个方向不

断深化理念和实践。1982 年,他们在剑桥大学的圣约翰学院内尝试开办"复活节学校",并由此成立了英国史上第一所老年大学。此后,英国各地纷纷以此为原型开办老年大学。在彼得·莱斯利特的帮助下,剑桥老年大学得以成立,其撰写的《老年大学的目标和指导原则》至今还被所有英国老年大学所遵循。

《老年大学的目标和指导原则》指出,成立老年大学应有三个前提,分别为:(1)必须对所有老年人开放。(2)在广泛的意义上(包括其社会活动和休闲活动)必须体现教育性。(3)必须以民主的方式运营。

1982 年年底,英国共建立起 8 所老年大学,1983 年上升为 15 所。

自助学习的概念非常特别,其迅速实现了老年学员和公共社会的连接。1982 年秋天,《老年大学自助办学手册》被印制及广泛传播。同年,英国第一本老年大学杂志《额外的晚年》(本刊译)创刊。

他们创建了一种老年人聚集在一起,互相寻求和分享知识的学习模式,不设准入条件,由会员们自主发起和成立学习小组和兴趣小组,并对某一个他们感兴趣的科目进行学习和研究的机制。他们分享各自的技能和经验,人人都可以是老师,同时人人也可以是学生,在这些小组中实现知识、技能的交叉传授,实现纯粹出于兴趣和快乐的学习。

二、区域协作:"英国模式"的发展

1983 年,作为慈善机构性质注册的有限公司"老年大学信托"成立。1984 年,英国首次老年大学全国会议在基尔举行,共有 35 所老年大学(包括一些在筹建中的学校)参会。不久后,老年大学信托的全国委员会成立,委员会以接受自愿捐助的形式维持其日常运营和必要的行政开支。由于资金来源不稳定,不久后委员会实施会员制,向每所会员校征收 15~50 英镑年费(视乎学校的规模)。

这段时期,英国老年大学事业开始快速发展,每年都有近 30 所学校在英国的土地上成立。这种增幅在 1992 年(英国老年大学运动的 10 周年)时达到顶峰,全国共计有 161 所老年大学;2002 年,这个数字继续上升,达到了 485 所;2012 年为 854 所。今天,英国已经有近 1 000 所老年大学,并且仍然保持着强势增长的势头。在注册学员人数方面,1996 年是 55 000 人,2006 年为 164 000 人,2016 年为 365 000 人。

老年大学高速发展对建立完善的管理制度提出了迫切要求。1992 年,英国东北部达勒姆地区的几所老年大学尝试构建一个区域性交流协作工作机制,随后,这种做法被邻近地区的老年大学广泛采用。这种局部地区形成办学协作网络的做法很快打响了名堂,并在全国得到推广。随着英国老年大学的总量越来越多,注册学员越来越多,人们意识到需要建立一个更加正式和系统的区域互助协调机制。2008 年,老年大学信托国家委员会根据老年大学的分布情况,将英国划分为 12 个片区,并在每个片区推举出一名受托人作为其在老年大学信托国家委员会中的代表。每名片区代表的职责为:参与老年大学信托的日常管理和发展决策;积极参与和协调其所属片区的老年大学工作,为片区内的学校和学员争取足够的支持。

过往在英国,老年大学的产生模式往往是:一所学校成功建立后,便被周边地区做机械式的模仿。而如今,老年大学信托国家委员会建立起了专业的培训团队,通过片区受托人和协作组织，将成功的办学经验推广开去，为更多学校和有志办学的人士所了解。

科技正在不断地改变着我们的生活，当然也包括老年大学运动。2007 年，老年大学信托开始为所有成员校提供免费的网站建设资源和技术指导。现在，几乎所有英国的老年大学都建立起了自己的网站。

老年大学信托是作为慈善机构的性质注册的，它的主要目的是教育，为老年大学提供教育上的指导和支持是它的其中一项重要任务，这主要通过"学科顾问"的形式实行。1989 年，简·汤普森——一位研究语言网络的学者被任命为老年大学信托的第一位学科顾问。至今，已有 52 人先后被任命为学科顾问，义务为各老年大学当中有意发起学习小组的学员提供支持和建议。其涉及的科目包括美式壁球、多语言爵士乐欣赏、拉丁舞等，不少学科顾问专门为此建立了工作室。1997 年，教育杂志《起源》创办，每期都会介绍一门英国老年大学的科目，最近一期介绍的是《艺术与音乐欣赏》。

从 1991 年开始，英国一些公开大学开始把剩余的课程资源捐赠给老年大学，并同时允许老年大学借用其资源以开设更多的学习小组。1997 年，在英国彩票机构的资助下，老年大学信托的资源中心成立，着手对非书本材料、视频和音频资源进行系统的收集储备。

2001 年起，随着互联网技术的热潮，不少老年大学的成员校开始编写网上课程，部分学校还提供在线辅导。2012 年，我们把这种模式进行统一整合，建立起一个大型的开放式的在线课程体系，把会员编制的在线课程进行吸收整合，从而形成一种面向所有人的免费在线教育资源。目前，这个系统持续为老年大学的小组学习和个人学习提供学习资源。

目前，英国所有的老年大学均为独立运营，但又依托老年大学信托进行必要的管理培训。在 20 世纪 80 年代这种培训多数是非正式的，往往在某所老年大学里以小组讨论的形式进行。随着老年大学运动在英国发展越来越蓬勃，一种正式的、系统的、有效的培训模式逐渐被大家所需求。2008 年 12 个片区成立之后，这种培训活动开始由各片区的受托人统一组织，这种方式在一些片区取得了较大成功，但在另一些片区则进展得不太理想。如今，一项双轨制的全国性培训措施开始试行，即由全国委员会的培训研究小组定期向各片区提供一些可选择的培训项目，同时各片区自身仍继续施行诸如交流会议等培训手段。

英国的老年大学注重发展学术研究，于 2013 年成立了老年大学学术委员会。目前，各老年大学的学术研究大多在本校内进行，学术委员会则致力收录整理这些研究成果以及鼓励更多的老年大学开展学术研究活动。

三、国际合作："英国模式"走向世界

自我们的老年大学国家委员会于 1986 年成立后，我们便一直寻求加入国际老年大学协会（AIUTA）的机会。1991 年，时任英国老年大学信托国家委员会会长简·汤普森参加了 AIUTA 在荷兰举行的老年教育国际会议，并介绍了英国老年教育发展模式。其后，她作为英国地区的代表被邀请加入 AIUTA 理事会担任理事。在多次 AIUTA 活动中，简·汤普森向 10 多个国家推广介绍了"英国模式"，使其受到世界老年教育领域的高度关注。

1997年，AIUTA理事会议在英国伦敦召开，让英国老年大学信托能够有机会与世界各地的同仁做面对面的交流。后来，英国又先后几次承办AIUTA国际会议，2010年，斯坦利·米勒加入AIUTA理事会并被推选为AIUTA主席；2010年，伊恩·芬耐尔代表英国老年大学信托加入AIUTA理事会，并被推选为AIUTA财务总监。

2015年，英国老年大学信托成立了国际小组成员会，负责向英国成员校传播各种国际第三年龄大学的管理模式和经验，并与AIUTA建立联系，以争取其对英国老年大学运动的支持。此外，其亦致力加强英国国内老年大学与世界各地老年大学的沟通交流。

"英国模式"经过34年的发展，依旧秉承其创始人于1982年提出的"自助和互助并行"的宗旨。今天，我们仍坚持在"发展—学习—丰富生活"的道路上前行。

（作者单位：英国老年大学信托　翻译者：潘宇翔）

老年教育在瑞典的历史与发展

——以乌普萨拉老年大学为例

[瑞典] 卡琳·卡尔松

一、瑞典的成人教育

成人教育在瑞典有超过100年的历史，实施的机构包括政府组织、工会组织、宗教团体等。长年以来，瑞典人普遍以"学习圈"——被视为一种民主和开放的教育方式来参与各种成人教育和再教育。

基于老年大学的老年教育在近30多年前开始形成，其有别于普通教育体系，作为成人教育组织"民众大学"的一部分发展起来。而"学习圈"这种方式亦被沿用到老年大学的教育中。

目前，瑞典有超过30所老年大学，其多数位于普通大学所在的城市或一些大学学院所在的城镇。全国接受老年大学教育的人数超过15 000人，对于只有900万人口的瑞典来说，这已是一个相当惊人的数字。

除了老年大学外，瑞典目前还有10所成年人教育机构，他们各自具有不同的运营理念，而其中也有一些是专门为老年人开放的，其课程的设置基于大众社会需要的同时兼顾老年人的兴趣。

二、乌普萨拉——瑞典历史最悠久的老年大学

乌普萨拉老年大学建立于1979年，是瑞典历史最长的老年大学，其仅比世界第一所老年大学——图卢兹老年大学晚建成6年。其发展历程，可以说从一个侧面反映了瑞典

老年大学教育的发展情况。

1. 独立运营，依托高校

乌普萨拉老年大学对所有年龄达到 58 岁或以上的老年人开放，而无论其政治取向和宗教信仰。同时，一些提前退休的人士，部分老年学员的配偶和同伴也可以在这里一起参与学习。

乌普萨拉老年大学目前是独立运营，依托与"民众大学"系统的非正式合作关系，其得到了政府的资金支持。超过 80 名志愿者在这里从事活动计划、行政等各方面的工作，他们分为 9 个工作小组，分别负责不同领域的工作，比如组织讲座、组织各类学习圈、开展活动以及计算机设备维护等。

乌普萨拉市目前有 2 所公开大学，虽然乌普萨拉老年大学并未和他们建立正式的合作机制，但仍然可以借助地域优势在招募演讲嘉宾和学习圈引导人时获得一定的帮助，从而提高课程和相应活动的学术含量。在那些没有民众大学的城镇，老年大学提供的课程则更偏重生活应用类。

瑞典的老年大学运动发展势头良好，据 2015 年 10 月的数据统计，乌普萨拉老年大学的学员人数达到了 3 500 人，同比 2014 年上升了 16%，位居全国第二（瑞典办学规模最大的老年大学是斯德哥尔摩老年大学）。

在乌普萨拉老年大学学习，每年要交纳 25 欧元年费，并根据参加的课程和活动再额外交纳 30~60 欧元不等的费用。从 2014 年开始，学校启用了新的互联网报名注册系统，学员可以在网上报读课程、报名参加各种讲座以及支付费用。

2. 丰富多彩的课程和活动

在乌普萨拉老年大学，课程和活动涵盖了人文艺术、社会科学、自然科学、医疗保健等多个学科大类，开展的方式主要有以下五种：

（1）星期二讲座。每两周更换一次主题，主要讨论诸如言论自由、基因工程等一些社会热点话题。

（2）专题系列讲座。主要关心社会时事热点。

（3）学习圈。每学期开设 80 个主题，其中最受欢迎的是语言类主题（英语、法语、德语、拉丁语等），其次是绘画和艺术方面的主题。

（4）星期四沙龙。是一个供学员们参与讨论的活动。

（5）短途参观和学习旅行。一般选择在周日进行，主要安排游览各大展览馆、博物馆，观看最新上映的歌剧、戏剧等。

3. 积极参与国际合作

乌普萨拉老年大学是瑞典唯一加入了 AIUTA（国际老年大学协会）和 EFOS（欧洲老年大学联盟）的学校。在上述两个机构中，乌普萨拉老年大学均加入了理事会，积极参与国际交流事务。此外，乌普萨拉老年大学还加入了由多国老年大学和老年教育机构组成的"伊拉莫斯+"国际项目，致力于开发适合老年人的正式与非正式教育方法。

跨国的旅行考察和学习访问也是乌普萨拉老年大学的活动之一。近年，该校组织师生前往比利时、法国、立陶宛、塞尔维亚、爱尔兰和意大利等地进行交流活动；同时与英国的萨里和冰岛的雷克雅未克等城市的老年大学共同开展固定的学习交流活动。

最近，该校实施了一个新的举措：以录制视频的形式将课程、讲座和活动的内容推广到乌普萨拉之外的更多地方;同时该校也在积极吸纳来自其他国家的新移民老年学员。

4. 展望与挑战

乌普萨拉老年大学与瑞典的老年大学运动经历了从起步到发展的30多年历史进程。展望未来,机遇与挑战同在,一些新的举措正在进行中。

(1) 吸引更多的男性学员。

目前,乌普萨拉老年大学学员中女性占67%,男性占33%。虽然乌普萨拉老年大学学员的平均教育程度处于相对较高的水平,但男女比例失衡还是令办学者在课程和活动的选择上受到了一定的限制。目前,乌普萨拉老年大学正在对社会上一些大家感兴趣(特别是男性老年人感兴趣)的主题进行搜集和观测,希望开发更多令男性学员感兴趣的课程和活动,平衡学员的性别比例。

(2) 吸引更多新移民老年学员。

老年大学可以作为促进沟通和文化交流的桥梁,吸纳不同文化背景的学员可以丰富校园的文化氛围。乌普萨拉老年大学目前和"国际家庭与友谊"等社会组织建立合作,同时积极在一些社区活动和新移民团体取得联系,推广瑞典老年教育的举措,务求吸引更多新移民的老年人加入到乌普萨拉老年大学大家庭。

(3) 为残障人士提供学习机会。

随着科技和医疗技术的不断发展,老年人的健康状况较前几十年有了较大提高。但乌普萨拉老年大学依然十分关注当地残障人士参与老年教育的机会问题。针对行动障碍和听力障碍的老年人,学校近期推出来了视频课程(配字幕)的新举措。未来,乌普萨拉老年大学仍会继续在这方面进行研究和改进,务求令更多残障人士能够获得接受老年教育的机会。

(作者单位:乌普萨拉老年大学　翻译者:管新)

哥伦比亚的老年大学

[哥伦比亚] 古斯塔沃·罗德里格斯

一、老年大学的历史

1973年,法国图卢兹大学的皮埃尔·维拉斯教授提出"为老年人开办大学",并于之后付诸实践。彼时,关于世界人口的情况,除了在欠发达国家出现爆炸式增长外,另一个问题是,欧洲地区人口的老龄化。生活与健康水平的提高,与老年人的利益息息相关。如何享受退休生活,时间如何支配、以避免孤立、落寞,是这一群体所面对的首要问题。这就意味着,要针对这一年龄群体开展多样的活动,其中也包括定时的课程活动。

二、老年大学的目标

老年大学的开办,旨在为教育服务,为老年群体的发展服务。老年大学自创立以来,在全世界遍地开花,在中国犹盛。

三、老年大学的课程及活动

老年大学名目繁多,各有特色,但大都包含以下内容:
(1) 学习研讨会、讨论辩论会。
(2) 手工、绘画课程。
(3) 阅读小组。
(4) 观影俱乐部。
(5) 竞走健步小组。
(6) 文化参观。
(7) 收藏展览。
(8) 手机、电脑的使用。
(9) 摄影摄像。
(10) 体操、游泳。
(11) 音乐、舞蹈。

四、老年大学入学条件

一般来说,入学没有特定的要求。只要交纳学费,且身体条件允许,就可以报读。为支持老年大学的运作,一些政府机构会发放助学金之类的补贴。除少数专业化课程外,老年大学一般不会颁发学业证书。

五、优尼拉蒂那老年大学

优尼拉蒂那老年大学创始于1983年,2005年和2006年分别在美国和德国建立分校;旨在为老年人开发一整套活动项目,使他们的生活变得活跃起来。

优尼拉蒂那老年大学在哥伦比亚创办了多所老年大学,最新开办的一所位于特纳镇。该镇临近2017年国际老年大学协会第101届理事会议的举办地——拉梅萨。2016年2月,该镇一位居民领袖表示,特纳镇慢慢会变成靠养老金生活的老人的聚集地;并提议开办老年大学,为老年人服务,借此把特纳镇发展为旅游胜地。国际老年大学协会以及优尼拉蒂那老年大学对此表示支持,并提供了具体的办学建议。2016年4月,特纳镇老年大学宣告成立。

六、办学理念

全面性:校内教学及对外交流涉及各学科及专业领域。
集体性:年轻人、老年群体广泛参与其中,共同开发活动项目。

团结一致：学校全部成员，包括每位学生，都在物质、经济及精神层面对学校发展做出贡献。

社区意识：老年大学的成员有着共同目标，遵守同样的规章制度。

七、大学的内部组织

学校创始成员组成专门的委员会，负责制订并审核每个月的教学与活动计划，开拓资金来源，制定管理条例。由一名技术总监负责具体的管理事宜，协调教学及活动计划，组织实施这些计划，追踪学校成员的动向，确定教师名单，并管理学校的档案文件。

八、大学宪章

该校遵循国际老年大学协会制定的大学宪章，表示愿意加入该协会。

目标：在学术及社会层面传播知识与文化。

使命：促进老年群体在社会及文化方面的进步，提升其健康福祉。

公共性：老年大学面向所有老年人开放，不论年龄、资历或经济状况。

学校性质：许多老年大学隶属于普通高等院校，借以保障其教学活动的学术性；而另一种老年大学则独立运作。

教育性：老年大学开设的课程、研讨会，涵盖了普通大学内的诸多学科；此外，教学活动往往还会关注与当地紧密相关的事项。

促进健康：老年大学广泛开展创新形式的学习、社交及健身活动，从而提升老年人的健康水平。

传播文化：老年大学为老年公民提供了解社会变化的途径。

社会道德：老年大学致力于削减各种形式的歧视，尤其是针对年龄、性别、种族、宗教的，并积极反对排外现象。

国际性：老年大学是世界各地老年人开展学术交流合作的桥梁，鼓励访学及交换项目。

面向未来：老年大学提供积极老龄化所需的环境，进而延长人均预期寿命。

九、特纳老年大学的活动

"月球与生命"研习班的开办，激起了学员广泛的兴趣，他们在班上积极探讨这一课题，热烈交流自己的心得体会。

特纳镇所属地区气候温热多雨，盛产瓜果蔬菜。学校开设"城市农业"实践课，与当地农场合作，指导老年学员栽种果蔬、烹调美食。课程结束时，每位学员会展示自己的辛劳成果，与老师同学分享美食，并相互交流经验。

（作者系拉蒂那老年大学副校长　翻译者：刘畅）

积极老龄化：设定新的目标

——欧盟鲍尔计划（Ball Project）简介

[波兰] 马尔格萨塔·斯坦诺斯卡

人均预期寿命的延长，意味着越来越多人在迈入第三年龄之后依然保持健康的体魄。此外，在发达国家，人们也比以往享有更悠长的退休生活。

在欧盟鲍尔计划中，科研人员做了大量研究后，得出这样的结论：人们能够充分享受第三年龄退休生活的关键是在专业指导下对退休生活做及早准备和系统性规划。

从职场向退休生活的转变，并不意味着工作或社交生活的终结；相反，应当鼓励老年群体积极参与社会活动、继续自身的发展。

在这个过程中，老年人需要及时适应人生新的角色，以全新的步伐重新整合家庭、社会关系，并要克服自身的累赘感等消极情绪。

1. 鲍尔计划致力向老年群体提供以下方面的指导

（1）如何适应工作、社会生活的变化。

（2）如何避免这些变化产生消极影响。

（3）如何了解不同因素的相互作用，怎样做合理管控。

2. 我们的主要措施

举办宣传活动。要让全社会认识到第三年龄退休人士这样一个日益壮大群体的存在，让大众了解他们的生活、经历、学识与能力，宣扬敬老爱老的良好风尚。

制定指导手册、开办培训项目，可围绕以下专题进行：时间管理、健康提升；社交、家庭关系维持；个人资金管理；知识分享等。

3. 鲍尔计划针对的对象

企业、政府机构、学校、工会等面临退休的工作人员。

其他有意为自己退休生活做准备的老年人。

4. 为退休做准备：研究及分析

鲍尔计划应用测绘技术及问卷调查，完成了对欧盟国家接近或已达到第三年龄的老年人的研究，旨在厘清各国老年群体准备退休生活的状况。

5. 行动计划

（1）宣传活动。面向全社会介绍当前的人口形势，及55岁以上这一年龄群体的状况；退休生活带来的改变以及第三年龄的新机遇。

（2）支持老年人发展自我。协助老年人做自我评价、制定目标；具体形式包括培训项目、课程。

（3）开设"机遇仓库"站点，向机构及个人提供信息资源支持。

6. 结论

要在三个方面开展工作：信息资讯、教育以及社会参与。

为了过上优质的退休生活，老年人需要提升自我，获得新的能力。

政府机关、企业界以及各种民间组织应当关注老年人的健康与福祉，需求与愿望。

社会大众有义务去关怀帮扶老年群体；老年人自身也有义务去积极应对自己的退休生活，为其他第三年龄人士树立榜样。

（作者系国际老年大学协会第二副主席　翻译者：钟昊玲）

第三年龄大学的活动

［英国］ 伊恩·法内尔

英国的第三年龄大学运动是一个富有激情的组织，通过其成员，即各所第三年龄大学，提供改变生活、优化人生的机遇。退休及半退休状态的人士齐集一堂，共同学习。目的不是为了获得证书，而是因为教育本身就是一种回报。成员之间相互分享生活经历、自身技能，既教又学，无明显区分。英国第三年龄基金会对这一组织提供全力支持。

目前，英国共有944所第三年龄大学，34万多名学员，平均一所学校拥有360名学员。然而实际上，学校规模最小的约有30人，规模最大的则有3 000多人。学校里的所有活动皆由志愿者负责组织。第三年龄基金会是全国性机构，由16名选举产生的理事负责管理。自2010年以来，我一直担任第三年龄基金会派驻AIUTA理事会的代表，目前担任司库一职。今年早些时候，莫拉格·塔米萨里当选为第三年龄基金会驻AIUTA第二代表。

我曾参与组织同日本、瑞典、波兰等国的第三年龄大学开展交流，希望其他学校也能参与此类活动。在萨里郡，我们在一家可容纳200人的音乐厅开展学习日活动。目前，已举办80多个学习日，涉及音乐、哲学、艺术史、天文学等科目。此外，我还参与东南地区论坛，该论坛在奇切斯特大学开办为期4天的夏日学校，科目繁多，且提供住宿。另外，我们每年会举办一次东南地区研讨会，邀请该地区179所第三年龄大学参与研讨。

第三年龄基金会与一些重要的国家机构共同举办大型活动，如在皇家科学研究所、皇家学会开办讲座，与各大博物馆举办项目活动。我们的共同学习项目吸纳多支由科研人员组成的志愿团队，涉及上百家机构。就我个人来说，我负责与英国国家海洋博物馆、伦敦帝国战争博物馆接洽、组织合作项目。2012年和2014年，第三年龄基金会两次受邀参加议会上院的代际辩论，主题为"应当由谁照顾老年人：国家、家庭抑或志愿部门？""电子科技是否应当用来促进民主进程"。第三年龄基金会很荣幸能参与到这样的辩论，它也表明该基金会受到了全国的认可。

除了参加AIUTA活动，我和我的家人还参观了冰岛、印度、澳大利亚等地的第三年龄大学，并在印度、新加坡等地参加老年大学国际研讨会。在交流中，我们很开心结识了许多来自不同国家的人士，希望在未来能更多关注第三年龄大学在全世界的发展。

（作者系国际老年大学协会司库　翻译者：刘畅）

第二节　国内观点

在"第三年龄大学在世界的历史与发展"专题研讨会上的讲话

中国老年大学协会　袁新立

同志们，今天我们在昆明召开"第三年龄大学在世界的历史与发展"研讨会，一起为即将于5月在法国兰斯召开的国际会议做理论准备。较早以前协会国际联络部主任王友农给我发了电子函件通报了这个主题，我想了很久，这个议题在中国具有意义，我们的实践使我们非常有发言权。

我们选择在昆明老年大学召开这个研讨会，是合适的。昆明老年大学在1987年创校，到现在将近30年历史，是全国范围内建校较早的一所老年大学。近30年的发展中，昆明老年大学不仅办得好，其产生的不少先进经验还辐射了昆明市乃至云南省的很多地区，带动了多所老年学校共同发展，是昆明市老年教育的排头兵，在全国也很有影响。

昆明老年大学之所以办得好，处于全国先进的行列，在我看来主要有几点原因：一是市委、市政府对昆明老年教育非常重视，不管在学校的硬件建设上，还是软件建设上，昆明市委各相关组织部门都投入了很大的精力和财力，使昆明老年大学在云南这片土地上有了长足的发展；二是有一个非常敬业、高效、团结的领导班子，这个班子用无私奉献的精神带动了整所老年大学的发展，这个班子带出了一股很好的风气，也就是董利华校长说的校风，感染了很多到昆明老年大学来学习的老年人；三是有一支非常敬业、非常热心老年教育的教师队伍，他们讲师德重责任，具有非常高的业务水平，培养了一大批高素质的老年学员；四是昆明老年大学的学员队伍素质比较高，团结向上、风清气正。

再一个非常重要的因素，是我特别强调的，昆明老年大学真正把老年大学当作教育来办，按照教育规律来办，因此，它是名正言顺的老年大学。我最近看了董利华校长写的一篇文章，专门谈到这个问题，我对此非常有感触。按教育规律来办老年大学，这个问题看起来比较简单，但做起来则不然。有的同志把老年大学当作俱乐部，办学理念里没有教育成分。我在西安校长培训班时就说，老年大学不管叫什么名称，它的职责就是教育，一所学校是一个教育平台。老年教育要改革，有些老年大学要转型，老年大学绝对不是俱乐部，办老年大学就是办教育，要按照教育规律办事。

国际老年大学协会（AIUTA）每年都要召开两次理事会议，并同时举行主题鲜明的国际学术研讨会，2016年5月在法国兰斯，同年10月在日本大阪，2017年计划在斯洛伐克和哥伦比亚。在国际老年大学协会里，我担任副主席，广州的林元和校长担任理事会理事。我们中国是唯一在理事会里有两名成员的国家。这是AIUTA对中国老年大学教育的成效和其在国际上的影响的一种肯定，这其中有昆明老年大学的贡献。我查阅了一些资料，昆明现在有600多所老年大学，网络覆盖到了社区、农村，老年人入学率达到了10%，这是不错的成绩。

老年大学为党和政府的中心工作服务，确实做出了很大贡献，通过老年大学这个平台，稳定了老年人这个群体，老年人在学校学习了知识，丰富了生活，这个社会效应是很大的。从正面看，对国家的发展也起到了作用。所以我们更加要积极参与此次老年教育国际议题的研究，推介我国老年大学教育的优秀成果，大家一起来讲述我们中国老年大学教育的历史，讲述我们的发展经验和鲜明特色，同时引进一些国际上先进的理念。

我希望此次参加研讨会的同志能够畅所欲言，为我们参加法国兰斯国际研讨会的代表团建言献策；希望大家开动脑筋，来补一补我们老年教育理论研究的短板。在中国老年大学教育32年的历史进程中，我们产生了很丰富的实践经验，做出了很多成绩。但与之相比，我们在理论研究，理念的提炼方面则显得相对滞后。我在会议上多次提及，我们缺乏研究型人才和理论型人才。多年来我们广泛实践、提高，虽然很多老年大学办得相当不错，但就是提不出理念，对取得的成效也不善于总结和推广。我常常到基层去看，比如四川双流县的基层老年大学办得相当不错，很受当地老年人欢迎，但是他们的经验总结和推广就做得相对较弱，如果有时间好好总结，这其实可以形成符合时代要求，而且对于改革开放和建设社会主义新农村增添丰富内涵的一套理论。由此说明我们的办学人站得不高，看得不够远。没有看到老年大学对社会发展的促进作用，我们老年大学的办学人，做了不少工作，也提出了很多很好的办法，就是在理论和理念层面没有上升到一定的高度。

相比较来看，国外一些老年大学往往能够提出一些比较先进的理念，很值得我们参考。像终身教育思想、全民学习型社会理念，这些都是由欧洲的发达国家率先提出来的。我们2015年参加在西班牙举行的"老年大学，公民和社会凝聚力"国际研讨会，会上许多当地的大学教授，公开院校的专家、学者都很关注老年教育，很多高校和社会组织有专门针对老年教育的研究项目，提出的理念和理论非常深刻，而且与当地的文化、经济、教育、民俗等领域能够高度契合，产生较大的社会效应。

这也是我们的一处短板。中国国民教育的大学有2 000多所，有哪所大学教授、专家深入研究过老年教育问题？为什么中国的老年人上学那么积极，导致一座难求，引起党和国家高度重视，高层领导人的高度注意，什么原因？为什么出现这种现象？我们现在开办了6万多所老年大学，是不是就足够了？

中国老年人口目前总共有2.1亿人，其中老年大学学员有700多万人，参加远程老年教育的有220多万人，加起来还不到1 000万人。正在编制的《老年教育发展规划（2016—2020年）》里面提到，在"十三五"期间老年大学的入学率要达到10%，那就是2 000万人，所以老年大学教育还将有很大的发展。从另一方面讲，老年大学教育也要逐渐向规范化、示范性方面发展，这任务非常艰巨，我们要有忧患意识。

董校长提出的观点应引起我们的注意，对于教学对象——老年大学的学员，我们要深入研究其特点，同时也要看到其发展性。我们现在的教学对象主要是20世纪50、60年代出生的人，这代人什么大事情都经历过，我非常敬重他们，因为基础是他们创造的。但是随着时间的推移，这代人将会慢慢退出时代的舞台，接下来便是"70后"，他们大多拥有较高的学历，好多人还在地方担任中坚骨干，这部分人将会成为老年大学学员。老年大学怎样才能满足他们的需求，老年大学要向什么方向发展？这是时代给我们提出的新问题。

《老年教育发展规划（2016—2020年）》（以下简称《规划》）正在编制。这对我们行业将是一个重大契机，《规划》一旦落实施行，老年大学将会迎来更大的发展。目前从总体来说，我们的老年大学办学成绩比较显著，老百姓很满意，但是各地差距仍很大。主要矛盾是与人口老龄化速度不相适应，还不能很好地满足老年人的需求。所以我们任重而道远，千万不能有自满情绪。

（本文根据作者在会上的讲话整理）

[作者系中国老年大学协会常务副会长（时任）]

关于研究老年教育历史的几个问题

广州市老年干部大学　王友农

国际老年大学协会（AIUTA）主席维拉斯教授2016年元旦发表新年献词："亲爱的朋友们，请允许我在这新的一年开始之际，送上我最好的祝福。2016学年是AIUTA在图卢兹成立40周年。为纪念我们的共同历史，我们将讨论AIUTA在各大洲历史上的几个重要事件。诚邀你参加。"与此同时，AIUTA亦将2016年5月在法国兰斯召开的国际研讨会的主题确定为"第三年龄大学在世界的历史与发展（Histoire et développement des Universités des seniors dans le monde）"，按AIUTA提出的思路，我们要在纪念老年大学共同的历史中加以总结和研究，升华为有指导意义的理论。

一、现在讲的历史，是指中国老年教育的历史，而不是中国的社会历史

最近教育部牵头编制的《老年教育发展规划（2016—2020年）》（以下简称《规划》）征求意见稿里指出：老年教育是全社会共同的事业。因此，中国老年教育史也是我们共同的历史。回顾过去32年，我们也有总结经验，但是我们的角度不同、力度不够。张文范会长在2012年8月于长春举行的第四次中国老年大学协会会员大会上就曾经对30年的老年大学教育历史做过回顾；2014年在乌镇举行的全国老年教育高峰论坛上，袁新立常务副会长也做过回顾历史的讲话；这次教育部牵头起草《规划》，我们协会课题组也提交了一份回顾历史的材料。以上关于我国老年教育历史的论断都是很有见解的。但是我们原来对历史的论述，没有像今天这样，这么清晰地从民族文化和国际比较的特色两个角度来透视历史。这一次我们是试图用新的眼光、新的文化视角、新的内涵透视和新

的历史观来研究和纪念历史；为了从我们共同的历史中吸取经验，形成理论。这样有利于提升我们的自信心，也有利于宣传我们自己，最重要的是有利于形成科学的办学理念和理论。

二、昆明研讨会抓住了学术重点，突出探讨了文化与老年教育的关系

法国兰斯大学业余学院的校长 PATRICK DEMOUY 教授来信，建议从各国文化视角来讲共同历史，这个观点很有见解。文化取向是决定我们老年教育发展的关键。中国传统文化和我们的老年教育有非常密切的关系，这次研讨会有三个重点要点可以展现出来：一是广东的王卫东教授所提到的养生文化的问题；养生文化是中国老年教育的内在动力之一，养生文化和社会和谐、道德相结合，如今在我们老年大学里面体现得非常明显；二是福建的施祖美教授讲到的文化是历史的重要载体，是历史的传承或者说是一面镜子，这里讲的历史是老年教育的历史，这使我们理解了为什么 PATRICK DEMOUY 教授要求我们从各国文化的角度来研究第三年龄大学历史；三是哈尔滨的王江教授讲到文化养老是指身心健康，这是用通俗的语言表述了老年大学的文化价值。

三、昆明研讨会形成了一个到法国兰斯进行国际演讲的框架

根据我们现在大量研究外国教授们的发言课件和发言稿，发现在国际舞台上讲话有一种模式：非常简练地把观点的关键词明确地表现出来，让大家一目了然。因此，我们这个框架可以确定为：

U3A 在中国的历史与发展

（1）萌芽与成长。

（2）扩张与规范。发展以后，如何扩张，扩张到一定程度又开始涉及规范，规范中我们加入了现代化，实际上现代化是一种更高的科学的规范。在中国老年教育 30 多年历史里的后 10 多年基本上是追求规范化和现代化。

（3）特色与创新。特色与创新可提出两个概念："两个规模、两个丰富"。

所谓"两个规模"，一是中国老年教育办学的宏观规模是最大的，老年大学总数有 6 万多所，在校学员 700 多万人；二是微观规模也是全世界最大的，根据我们的统计，中国的老年大学里学员达到 1 万人（次）以上的学校有 18 所。这个在国外是不可思议的，国外有 3 000 人的老年学校已经算超级大校了，法兰克福有德国最大的老年大学，注册学员是 3 000 人，如今我们一些县级学校都达到 3 000 多人的规模。老年大学达到一定规模的时候课程量都比较大，学员选择的余地相对加大，而且感受到学校的学习氛围也比较强烈，所以学校的规模是很重要的。

"两个丰富"是什么呢，一是我们老年大学课程的内涵是最丰富的，现在如果说我们要统计中国老年大学究竟开有什么课程，是较难的，我们判断总数有 300~400 多种。就种类而言，国外老年大学有一些很普遍的课程我们是没有的，比如说欧洲的老年大学普遍开办的神学研究、文艺复兴、欧洲油画史研究等；但是我们的课程里，一些体现中国文化特色的课程也是外国没有的，如经络、易经、扬琴、书法等，也是很丰富的，选择余地非常大。老年大学课程将来随着生源的增加，肯定也会有一个调整，因为我们在

不断开拓更丰富的、创新的课程体系，来满足日益增长的老年人的受教育的需求，这是课程的丰富。二是我觉得最大的特色，就是中国老年大学的教学成果展示很丰富，这个在国外是没有的，其突出表现在全国性、地区性、片区性的各种文艺会演、书画比赛、摄影比赛等层出不穷。我们提供这些平台，让老年学员有一个展示的机会，而这个展示又推动了教学，而且我们这种丰富的展示，特别是中国文艺类的展示，水平是很高的。

（4）文化与目标。我们为什么把"文化与目标"放在一起形成结构呢？因为我们日益感觉到老年教育跟文化息息相关，而且这也是我们这一次研讨会的学术重点。为什么跟目标联系到一起呢？实际上这就是我们要把国家颁布的《老年教育发展规划（2016—2020年）》里面提到的一些目标写进去，然后相合我们传承文化的追求统一起来写，让外国人通过我们的办学目标认知中国的老年教育，进一步认识中国。

（5）设想与展望（宏观、微观的展望）。这要围绕教育部牵头制定的《老年教育发展规划（2016—2020年）》来写，这个框架形成以后，侧重点在第三部分：特色与创新。突出讲两个丰富。来昆明前林元和副会长和我讨论这个问题，他认为，全国钢琴大赛算是文化展示，是很突出的，国外没有的，这是我们的闪亮特色。

四、这次研讨达成了许多理论共识

其一是文化与老年教育的关系，这方面上文已有叙述。其二是对中国老年教育的特色的提炼和总结。研讨过程中很多同志都涉及了这方面的内容，提到跟国外的老年教育、老年大学相比较的问题，其中最主要就是怎么评价中国老年大学教育国际地位的问题。要搞国际交流，推进国际化发展，必须要了解自己究竟处在什么地位。2014年11月，中国老年大学协会代表到巴西伊瓜苏参加国际老年教育研讨会的时候，有同志讲中国老年教育跟国外比较的话，怎么怎么整体不行，这话的判断是不准确的。中国老年教育哪些方面不行，我们应该心中有数，但是哪些方面行呢，我们也应该非常清楚。国际上怎么看待我们中国的老年教育呢？AIUTA框架里的外国人都觉得中国老年大学现在是非常了不起的，对全球老年教育的贡献很大。AIUTA主席维拉斯教授2015年4月写给我们的一封信上说："中国政府对老年教育的支持是有目共睹的，中国对老年教育的贡献是有目共睹的，是全世界公认的。"2014年6月，潮州老年大学陈先哲校长在西班牙举行的国际老年教育研讨会上演讲完以后，维拉斯教授在点评中又重复了这些话，他感谢中国政府对老年教育做出的重大贡献，他反复讲这个问题，就是对我们的认可。那么我们做得不好的是哪些方面呢？袁会长的判断是在理论研究方面，缺乏理论深度，缺乏学术性，特别是缺乏对老年教育从教育角度的、基础的、系统的理论阐述。我们学术委员会组织全国性的老年教育研讨会已经11次了，产生了上千篇的论文，有哪一篇可以在国际上引起大家共鸣的？相反，西班牙阿利坎特提出的"老年大学，公民和社会凝聚力"的命题，敏锐而准确地紧扣老年教育的根本宗旨的问题，即老年教育是一种公民权利，是塑造人，让人成为人，而且联系到老年教育在提升社会凝聚力方面所起的作用。这些都是重大的理论问题。我们过去的研究大都是一些应用型的理论，或者是一些泛泛而谈的，带有一些政治色彩的理论，但是带有教育色彩的理论不多。我们要促进理论研究与国际对接，还是有很多事情需要做的。

五、推动我国老年教育理论研究与国际对接

我们希望关注 AIUTA 所提出来的国际议题,而且把这些国际议题引入到中国老年大学的视野里面来,让每一个办学者都想一想这些问题,比如说波兰国际会议提出的主题是"老年大学学生——新一代的学生",把老年人视为新时代、新生代的学生。今天我们讨论中也有很多同志提到了这方面的问题,出生在 20 世纪 60、70 年代的老年大学学生有什么特点,甚至更往后面的老年大学学生有什么特点等。董利华校长对未来生源预测的看法也可以放到"新一代学生"这个命题里面来讨论,作为一个预测式的、前瞻式理论研究的课题。

生源演变导致课程的演变,这是不可避免的。现在计算机普及课程是热门,将来则未必,因为那时退休的老年人基本都会用电脑。现在有一项新的技术叫作"虚拟现实(VR)技术",它可以让人进入到一个虚拟的、立体投影的环境。这种技术要引入到老年大学的课堂,会使我们的课程产生革命性的变化。现在 VR 技术已经进入美国的一些大学的课堂。所以以后的科学技术肯定会极大地改变老年大学教育,那当然是后人的事情,但是我们现在研究老年大学生源的时候可以从这些角度切入。要促进我国老年教育的理论研究与国际对接,首要就是关注国际议题,抓住这些议题在国内展开深入的、专业的研讨,然后再将这些议题推进到全国或一些片区,引起进一步的研讨。

中国老年大学协会国际联络部一定要加强和学术委员会、教学委员会、宣传委员会的合作。这次在杭州举行常务理事会的时候,协会做了一个关于国际交流的汇报,强调一定要加强合作。陆剑杰教授非常强调加强理论方面的合作,因为这是一个制高点,是理论研究方面的制高点。国际议题是根据外国老年教育工作者的视角和思维方法提出的问题,然后我们对照中国的实际以及丰富的实践经验,把其上升到理论层面,是非常有意义的。总的来说,目前我们的实践非常丰富,但是缺乏系统的理论研究。

林元和副会长很关注老年教育国际化问题。他认为,我们讲老年教育现代化讲了好多年,从 2004 年开始主张老年教育现代化,现在看来我们要大力宣传老年教育国际化。他认为老年教育现代化有两个支柱,一是信息化,二是国际化,这是比较前瞻性的理念。

最后,我们要感谢昆明老年大学对此次会议所做的精心、细致的安排,我们也感谢与会的各位专家、学者的积极参与,特别是学术委员会的两位副主任施祖美教授和王江教授,他们的工作都非常忙,行程很紧,但都坚持来参会,发表了很有见解的看法。施教授还提出今后要跟国际联络部进行更加密切的协作。我们也请大家继续关注我们这一块的理论动态,开拓我们的视野,使我们的思维更加国际化,使我们的办学理念国际化。

(本文根据作者 2016 年 1 月 7 日在昆明会议上的小结讲话整理)

(作者系中国老年大学协会国际联络部主任、广州市老年干部大学副校长)

老年大学在中国的历史与发展

昆明老年大学　董利华

老年大学教育在中国有 32 年的历史，而国际老年大学协会（AIUTA）成立有 40 周年。AIUTA 主席维拉斯教授提议：为纪念我们的共同历史，将 2016 年 5 月在法国兰斯召开的国际研讨会的主题确定为"第三年龄大学在世界的历史与发展"。笔者受中国老年大学协会委派，将在兰斯会议上演讲，此文即为发言思路。

一、萌芽与成长

1983 年，中国第一所老年大学在山东省成立，从此启动了老年大学这一崭新事业在中国的发展。老年大学在中国的诞生和成长，是历史发展和社会形势的客观要求和必然结果。

1. 终身教育思潮的引入成为思想渊源

自保罗·朗格朗在 1965 年联合国教科文组织召开的"成人教育促进国际会议"上提出终身教育的理念，即被广为传播。1972 年，国际教育委员会的报告《学会生存——世界教育的今天和明天》认同了终身教育的理念，很快在世界各国形成了一种全新的教育思潮。1973 年，世界上第一所第三年龄大学在法国图卢兹成立。此后这股思潮传入中国，并深刻影响中国，奠定了产生中国老年教育的思想基础。

2. 改革开放奠定了物质基础

中国实行改革开放政策之后，经济进入了加速发展的时代。1978—1988 年中国年均经济增长率达 10.1%，1989—1998 年为 9.5%，物质条件的提升，生活日趋稳定，让老年人丰富退休生活，追求自我完善的意愿成为可能。同时，社会经济形势的不断向好也为老年教育的发展创造了物质条件。

3. 干部制度改革提供了重要契机

1982 年，中国开始全面废除干部终身制，实行 60 岁按年龄强制离退休制度。大批老干部、老知识分子离开工作岗位，这些人员文化程度高、对继续学习的需求强烈，他们不但成为入读老年大学的主力军，还是当时创办老年大学的主要力量。当时所有的老年大学始创阶段都是由几名离退休老干部促成、经办的。而其后陆续诞生的诸多老年大学，也多由政府的老干部部门主办。

4. 人口老龄化趋势提出了客观要求

人口老龄化是一个全球性的、不可逆转的现象，强烈地影响着中国。中国老年大学始创时期（1983 年），国内 60 岁以上人口比例为 7.6%，从数字上来看，还未达到"老龄化国家"的水平。但当时不少有识之士已经意识到，老龄化浪潮即将席卷全球，而根据中国社会的年龄结构演变，其必将成为世界上老龄化问题较严重的国家之一。因此，开办老年大学在当时成为应对老龄化考验的一个新思路,也是即将来临的老龄社会的客观需要。

5. 艰难创业,逐步发展

创办初期,中国的老年大学由于没有明确的统筹管理,缺乏资金支持和办学经验,发展步伐相对缓慢和艰难。不少学校仅由几名离退休老干部操持,很多学校没有规范的教学场地,没有足够的教具和专业的教师,有的学校甚至要到附近的中小学借黑板、借粉笔来维持课堂教学(如广州市老年干部大学到第17中学借坐凳和黑板)。随后,中国政府的老干部部门开始介入老年大学的办学工作,为老年大学事业注入了动力。1988年,中国老年大学协会(CAUA)成立,开始对全国各地老年大学进行宏观协调。在中国第一代老年大学人的努力下,中国的老年大学开始逐渐走入正轨,据不完全统计,1985年全国老年大学有61所,1993年这个数字上升为5 331所。在老年大学兴起和发展过程中,存在一种普遍现象就是操办者、任教者报酬极低,有不少是义务劳动的志愿者。

二、扩张与规范

从20世纪90年代中期开始,中国人口老龄化现象开始凸显,社会上老年人学习的需求日益增多,推进了老年大学在中国的加速发展。1995年,中国《教育法》的颁布,明确了国民受教育的权利和义务,而1996年通过的《老年人权益保障法》更是进一步点明了"老年人有继续接受教育的权利",其第31条指出:"国家发展老年教育,鼓励社会办好各类老年学校""各级人民政府对老年教育应当加强领导,统一规划"。随着国家政策上给予强力支持,中国老年大学的规模在1999年上升到16 676所,约140万名学员。

2001年6月,中共中央组织部、中华人民共和国文化部、中华人民共和国教育部、中华人民共和国民政部、全国老龄办下发《做好老年教育工作的通知》,提出要"培育和树立一批条件较好、质量较高、制度较全、颇具规模的规范化老年大学示范校";同年7月,国务院印发《中国老龄事业发展"十五"计划纲要》,要求全国各省(自治区、直辖市)"加强老年教育的规范化管理,建立1~2所示范性老年大学"。各省会城市、大城市的老年大学示范校纷纷建立,实现了由点带面的发展形势。通过示范校的创立,将一整套较为成熟和行之有效的办学模式在各地区内推广开来,中国的老年大学办学形势开始迅速扩张。到2002年,全国老年大学的规模上升到19 306所,约180万多名学员;而到2010年,则是41 887所,约480万名学员;2013年,中国老年大学的数量约6万所;与此同时,在一些经济相对发达的省市和地区也相继出现万人(次)以上规模的大型老年大学。(见表7-1)。

表 7-1　中国各阶段老年大学（学校）发展情况统计

统计年份/年	学校数/所	学员数/人	入学率/%
1985	1	586	
1993	5 331	471 000	0.47
1999	16 676	1 413 000	1.16
2002	19 306	1 810 000	1.37
2010	41 887	4 824 946	2.65
2013	59 700	6 770 000	3.49
2015	60 867	7 643 100	

数据来源：中国老年大学协会学术委员会（2016 年）

三、特色与创新

根据联合国教科文组织的规定，一个国家（地区）的 60 岁以上的人口比例达到 10% 或以上，或一个国家（地区）的 65 岁以上人口比例达到 7% 或以上，那么，该国家（地区）就进入了老龄化社会。世界上最早进入老龄化社会的国家是法国。而中国则在 2005 年才迈入老龄化行列。此时，中国的老年大学早已经遍布全国城乡。

2012 年，中国共产党第十八次全国代表大会报告中提出："完善终身教育体系，建设学习型社会"，位于终身教育最后一环的老年教育，同样纳入其中。2014 年，中国政府开始编制《老年教育发展规划（2016—2020 年）》，于 2016 年颁布施行，这是将老年教育、老年大学事业正式上升到国家政策层面；2016 年 3 月 17 日，新华社授权全文播发《中华人民共和国国民经济和社会发展第十三个五年规划纲要》中，明确提出"发展老年教育"。老年大学教育是政府向公民提供的基本公共服务。老年大学教育正逐渐成为体现社会文明进步的重要标志。中共中央及各级政府对老年大学教育的重视和投入程度也在稳步上升。在中国，大多数老年大学的经费来源当地政府，仅象征性收取学费。近年来，各级政府不断加大投入，不少学校兴建了现代化的新校舍。

中国的老年大学在其独特的社会经济条件和人文因素底下萌芽、成长、发展，具有其鲜明的特色。其特色可以概括为"两个规模"和"两个丰富"。

（1）"两个规模"就是中国老年大学的总数量（宏观规模）和学校个体（微观规模）都是很大的。

据不完全统计，截至 2014 年 5 月，中国老年大学的数量达到 5.97 万所，在校学员 677 万人，还有 200 多万名网络老年大学的学员。中国成为世界上老年大学教育规模最大的国家。而学员人数达万人以上的学校有 18 所，其中规模较大的是天津老年人大学，在校学生接近 26 000 人。（见表 7-2）。

表7-2 万人规模老年大学简表（2015年5月统计）

学校	专业/个	班级/个	在校学员/人
广州市老年干部大学	91	278	11 029
西安老年大学	40	1 548	约60 000（包括分校）
青岛市老年大学	80	352	15 000
南京金陵老年大学	72	268	11 325
武汉老年大学	127	494	13 800
宁波老年大学	113	252	12 149
哈尔滨老年人大学	168	566	20 299
上海老年大学	150	370	13 488
天津市老年人大学	66	701	25 891
山东老年大学	60	770	18 000
昆明老年大学	61	235	10 200
苏州市老年大学	68	167	10 400
长沙市老干部大学	47	113	10 090
成都市老年大学	43	200	10 000
浙江老年大学	56	153	10 000
湖北省老年大学	17	210	10 000
广东省老干部大学	20	200	11 200
吉林省老年大学	54	320	13 269

老年大学在中国逐渐形成了一个基本覆盖各省、市、地区，全方位、多层次、多学科、多功能和开放式的网络体系，其社会影响力不断提升，从一种个别的教育培训行为转变成一种社会认可的新常态。

（2）"两个丰富"就是课程种类丰富和教学成果展示丰富。

中国的老年大学有着庞大的课程体系，有各种专业350～400门，涵盖人文、历史、哲学、科学、医学、艺术等多个领域。目前，开设课程较多的老年大学有哈尔滨老年人大学（168门）、上海老年大学（150门）、武汉老年大学（127门）等。而其中，歌舞器乐类课程、书法绘画类课程、保健养生类课程较受老年人的欢迎，所占的比例也较大。而近年来，老年大学为了让老年人跟上时代的步伐，掌握享受社会科技发展成果的必要技能，不断加强诸如计算机、互联网、摄影摄像、智能手机等相关的课程的开发。

老年大学教学成果展示活动在中国蓬勃开展，成为社会文化的一部分，成为特殊的文化新常态。全国性的文艺会演至今已进行了4次，2015年10月在河南的三门峡市举行的第四次会演，参加的老年人约3 400人；2015年11月在广州市举行的全国老年大学钢琴比赛，湖北省老年大学的学员获得冠军；多次举办全国老年大学的学员比赛，有绘画、书法、摄影等。中国老年大学协会在中国6个片区的协作组，也分别开展跨省、跨区的老年大学教学成果展示活动，以2015年为例，中南协作组（中南6个省份）老年大学书法绘画大赛就在武汉举行。中国大多数老年大学都有定期举行一些到社区，到广场，到附近中小学进行文艺演出、经络按摩义诊、摄影展览等活动。正是这些丰富的展示，让全社会认识了什么是老年大学。

四、文化与目标

2016年1月，法国兰斯大学业余学院的校长PATRICK DEMOUY教授来信建议从各国文化视角来讲述老年大学的共同历史，这是很有见解的。

1. 老年教育概念与中国传统文化一脉相承

中国伟大教育家孔子《论语》开篇第一句话就说："学而时习之，不亦乐乎。"汉代典籍《说苑》有"少而好学，如日出之阳；壮而好学，如日中之光；老而好学，如秉烛之明"的说法，成为往后历朝历代劝学的名言。"老而好学""活到老、学到老"亦成为中国社会一直流传的传统思想。其与终身教育理念有机结合，对中国的老年大学的办学理念和校园文化产生了显著影响。中国老年大学协会（CAUA）将老年大学的办学宗旨设定为：增长知识、丰富生活、陶冶情操、促进健康、服务社会。中国大部分老年大学的校园文化十分强调终身学习和快乐学习、参与社会等理念。

2. 中国的老年大学致力于传承传统文化

根据中国老年大学协会2014年在上海市各老年大学中开展的一项调查显示：老年人最感兴趣的课程排行中，排名前四位分别是文学历史、健康保健、文艺体育和书法绘画。而事实上，中国的老年大学中，以文史哲、国学为核心的传统文化课程也一直是教学的主打。

我们一直致力于让老年人在参与老年大学活动的过程中起到传统文化传承载体的作用，以老年大学为发起点，在家庭乃至社区中让这些中国优秀的文化精髓得以在代际之间传播。比如，列入世界非物质文化遗产的京剧、粤剧和各种中国地方曲目，在一些地区的老年大学内蓬勃发展。

3. 中国老年大学致力于培养现代老年人

教育界宗师艾略特曾有关于大学教育目标的描述：（1）帮助学生日后能够自食其力。（2）培训他们日后有资格在一个民主国家中恪守公民的权利与义务。（3）帮助他们日后能发挥所有的潜力和天赋从而享受美好的生活。而在老年大学，帮助学生谋生显然已不再是主要的目的，而我们最主要做的，是使老年人能够继续保有其在社会中恪守公民的权利和义务，以及享受美好生活所必需的心态、能力和技能。换句话说，即培养能够跟上社会步伐、掌握足够知识、懂得享受生活、保持社会参与并力所能及地服务社会的现代老年人。这是中国老年大学在文化层面的办学目标。

五、设想与展望

1. 基本实现老年大学教育现代化

纵观中国老年大学的历史发展过程，由于在国家政府层面得到了较强的支持，在很

大程度上促成了中国老年大学规范化的快速发展，在其发展历程中，在省会城市、大城市及经济较发达地区建立起来的示范校，很好地将一套较成熟和稳定的办学模式在各自地区内逐步推行，带动了地区内老年大学群体的建立和发展。

随着时代的不断前进，老龄化程度的不断加深和老年人需求的不断多样化，中国政府提出要在2020年基本实现教育现代化。中国老年大学的发展必须从规范化、整体发展的阶段迅速过渡到追求现代化的阶段，在办学理念、办学设施、课程设置、教学手段、管理和后勤保障等诸多方面尽快达至社会先进水平。中国老年大学协会（CAUA）在2014年年底完成的课题研究"中国老年大学教育现代化指标体系设计"对老年大学现代化的进程形成宏观的规划，对老年大学各方面的现代化提出了量化指标。今后，中国的老年大学将在追寻现代化的道路上前行。

2. 进一步扩大老年大学教育的覆盖面

中国老年大学已达到前所未有的大规模。但若将其与中国日益严峻的人口老龄化形势结合起来分析，就会发现目前的情况并不乐观。根据中国老年大学协会的统计，截至2014年，中国老年大学的毛入学率仅为3.49%，远低于欧洲8%的水平。同时，另一项统计显示，在中国，有入读老年大学愿望的约占老年人总数的20%，而更有一些城市和地区，还缺乏老年大学的覆盖。换言之，现阶段中国老年大学的规模和布局还远远未能满足社会的需求。

未来，我们将致力于进一步扩大老年大学的覆盖面和进一步合理布局老年大学的版图。根据中国政府发展规划的要求：到2020年，必须基本形成覆盖广泛、灵活多样、特色鲜明、规范有序的老年教育新格局。以各种形式经常性地参与教育活动的老年人口比例达到20%以上。我们将为此而努力。

3. 扩大开放，加强国际交流

从第一所老年大学诞生之日起，中国的老年大学事业一直受国际第三年龄教育思潮的影响。1994年，中国老年大学协会（CAUA）加入AIUTA；2002年和2013年，国际老年大学协会（AIUTA）分别在中国的上海和广州举行了两次国际会议和学术研讨会，使中国的老年大学与世界各国的第三年龄大学加强了联系。2013年年底，中国老年大学协会将其国际联络部移设到在老年教育国际交流合作活动中表现活跃的广州市老年干部大学，进一步完善国际沟通的渠道。

未来，我们将进一步加强开放，寻求与国际老年大学协会建立更深层次的交流和合作。继续引入国外一些优秀的办学、教学理念和经验做对比研究，同时亦将致力于与国外交流和展示我们对老年大学教育的一些好的做法和观点，促使中国老年教育理论与国际对接，共同为世界老年教育这个大家庭贡献力量。

4. 继续丰富办学元素，争取高校、企业等社会力量助力老年大学教育

如上文所述，目前中国的老年大学办学力量中，政府老干部部门占最大比例。近年来，一些普通高校、大型企业等社会力量也纷纷加入办学。高校的学术体系，大型企业的先进管理手段，为老年大学事业带来了清新的气息。我们将继续鼓励和争取这些社会上的新力量助力老年大学教育，进一步提高办学水平，丰富老年人的选择。同时，我们还将致力于争取普通高校和职业院校逐步、不同程度地向老年人开放。

5. 构建老年大学学术体系

理论与实践是事物不断向前发展过程中必不可少的两个轮子。理论研究是老年大学教育发展的重要一环。近年,中国福建省福州大学率先建立起全国第一所位于高校之内的老年教育研究所。中国老年大学协会也开展了多项研究课题,很多学者也致力于建立老年大学教育科学研究体系。这将是我们未来重点关注的一个方面。

此外,我们还将着力加强老年大学现有课程的学术性,构建层级更加丰富的课程体系,开展更多让老年大学学员参与的研究性课题,进一步开发老年大学学员的学识潜力。同时,我们还将争取参加 AIUTA 组织的国际研究项目。

6. 创造更多老年人参与社会,回馈社会的机会

如上文所述,为老年人打造参与社会、回馈社会的平台是社会的客观需求,也是中国老年大学办学的一项重要意义和亮点。我们将在文艺类展演和歌舞器乐比赛的基础上尝试开展更多元的活动。更关注代际交流和合作的问题,加强老年大学与社区、中小学等机构的联系,让老年大学发挥更大的社会效应,让老年人更多地参与社会发展进程,构建老年大学与社会之间的健康的良性循环。

(作者系昆明老年大学校长)

大学之道:中国老年大学历史发展的文脉

南方医科大学老年大学　兰承晖

中国老年大学自 20 世纪 80 年代初创办至今已经走过了 30 多个年头。30 多年来,中国老年大学教育经历了开创起步—探索发展—科学发展三个阶段,取得了举世瞩目的成就。在这三个发展阶段中,全国老年大学教育工作者为了办让老年人满意的大学,从理论到实践,宏观到微观,进行了不懈的探索。这些探索,实质上是从不自觉到自觉遵循中国的大学精神——"大学之道",推动了老年大学教育的发展。两千多年前提出的"大学之道",至今依旧是中国老年大学教育历史发展的内在动力。从某种意义来说,中国老年大学教育的历史发展过程,就是传承中华民族优秀文化传统、不断深化"大学之道"的过程。"大学之道"是老年大学教育历史发展的文脉所在。

一、向往"大学之道"——中国老年大学应运而生

"大学"一词在古代有两种含义:一是"博学"的意思;二是相对小学而言的"大人之学"。古人 8 岁入小学,学习"洒扫应对进退、礼乐射御书数"等文化基础知识和礼节;15 岁入大学,学习伦理、政治、哲学等"穷理正心,修己治人"的学问。前后两种含义相通,都有"博学"之意。"道"的本义指道路,引申为"规律、原则"等。中

国古代哲学、政治学中，"道"亦指宇宙万物的本源、一定的政治观念或思想体系等。"道"在不同的语言环境中有不同的意思。在此，我们把"大学之道"理解为大学办学、发展的规律和原则，简言之即大学的办学宗旨。

崇尚"大学之道"，是中华民族的优秀文化传统。《大学》作为四书五经中的一种、我国古代儒家最主要的经典之一，原为《礼记》中的第四十二篇。北宋理学家程颢、程颐尊崇《大学》而将其从《礼记》中抽出并改编为儒家的一部重要经典。在二程改编基础上，南宋理学家朱熹对《大学》进一步加工和补充。《大学》全文1 747字，主旨在于使人的美德得以彰显，进而革除人欲污弊，达到至善的境界——即"大学之道，在明明德，在亲民，在止于至善"。在阐明《大学》的主旨之后，接着论述"明明德""亲民""止于至善"这三个纲领的八个步骤——"格物""致知""诚意""正心""修身""齐家""治国""平天下"；指出：要明德于天下必先治国，要治国必先齐家，要齐家必先修身，要修身必先正心，要正心必先诚意，要诚意必先致知，要致知必先格物；格物而后知至，知至而后意诚，意诚而后心正，心正而后身修，身修而后家齐，家齐而后国治，国治而后天下平。《大学》开宗明义指出的"明明德""亲民""止于至善"这三条纲领，实际上是指人的道德修养的三个层次。"明明德"：前者"明"是使动词，即"使彰明"，亦即"发扬""弘扬"的意思；后者"明"是形容词，"明德"即光明正大的品德。"明明德"就是要弘扬、彰显人的本性中的良知良能，达到自我完善。"亲民"：一般将"亲"理解为"新"，即革新、弃旧图新。亲民，也就是新民（南怀瑾先生对此持异议，认为朱熹解析不对，亲民就是亲民。本文按一般理解），使人弃旧图新、去恶从善；"亲民"不仅要独善其身，而且要兼济天下人，使他人都能彰显其本性中的良知良能。"止于至善"是人的修养的终极目标，是对前两组词的概括，不仅要使天下人的良知良能得到彰扬，而且还要让天下人感受到你的德行的恩泽，这样才算"止于至善"，天下也就太平了。所谓"大学之道"，实际上是论述和指导人们如何从德行和认知两个方面不断自我完善的目标、途径和方法。《大学》成文至今已两千多年，这篇关于学习、修养的根本方法、原则、目的的论述，影响深远而巨大。虽然《大学》经历了由不被重视，到广为流传，再到受批判，历代对它的评价也不尽相同，但其价值都未被根本否定，文脉绵长。作为儒家的重要经典之一，《大学》在中国传统文化中的地位不容忽视，它所反映的个人道德、良知良能修养的理想目标，和实践这一目标的具体步骤，值得我们现代人认真反思和借鉴。《大学》虽然不是"家喻户晓、人人皆知"，但初通文墨的人都不生疏，对大学培养人的宗旨更是深信不疑。

1983年，我国山东省建立了第一所老年大学，从此拉开了以老年大学（学校）为主要形式的老年教育的序幕，标志着中国老年教育的兴起。《全国老年教育历史发展、现实状况和未来展望课题的研究报告》中指出，被誉为国际文明史上的伟大创举——我国老年教育的兴起，其形成和发展，是当时的社会客观条件成熟的必然结果：有改革开放的宏观背景，有中国文化的历史渊源，有国际终身教育思潮的影响作用，有干部制度改革形成的直接导因。笔者认为，促使中国老年大学产生的这些客观条件和契机不容置疑，但是，有一个深层原因不能忽略——人们对"大学之道"的笃信和向往。不否认当初成立老年大学是为了安顿好退出岗位的老干部，但对于众多参加老年大学学习的离退休老干部来说，未必都只是为了"打发时间"，不少人是为圆"大学之梦"而来，是为从德行和认知两个方面充实、完善自己——使自己"止于至善"而来。

中国特色老年大学教育的序幕拉开之后,其"育人"功能逐步显示出来并引起普遍重视。起初,人们只是关注老年大学的"文化养老"功能,老年大学成立之初也确实有不少离退休老年人是抱着"文化养老"的初衷进入老年大学的,但老年大学的社会功能并不局限于"文化养老"。随着时代的进步,人们生活水平的提高,老年大学教育文化的内涵逐步得到拓展,由原来的休闲养生拓展到跟上时代步伐,适应多方面的需求;文化品位由通俗到高雅,形成雅俗共赏的局面。老年人找到了发挥余热、继续服务社会的平台,并以它深厚的文化底蕴、朝气蓬勃健康有序地发展,促进了和谐社会的构建。

实行干部正常离退休制度之初,为适应离退休人员的文化需求,许多城区建立了各种规模的"老年活动中心"。老年大学兴办时,不少是与"老年文化活动中心"设在同一个地方,"一套人马、两块牌子"。老年教育本质的发挥,促进了老年大学教育功能的发挥和自身的发展,许多"老年活动中心"被老年大学所取代。如果老年大学的功能仅仅局限于"文化养老","两块牌子"的局面是根本不可能改变的。

随着老年大学教育的发展,"老年素质教育"的呼声越来越高,初期的"康、乐、为"办学目标需要上台阶。上海老干部大学还挂牌成立了"上海老年学校素质教育指导中心",承担上海市教委的决策咨询研究课题"老年素质教育研究"(该课题的总结报告题为《老年素质教育是时代发展的必然》)。该课题清楚阐述了老年素质教育的必要性和可能性,并提出从思想道德素质、身心健康素质、科学技术素质、艺术人文素质、实践能力素质等五个方面进行老年人的素质教育。由此我们可以清楚看到,进行老年人素质教育之"必然",其实就是我国优秀文化传统"大学之道"使然。至善,已成为老年人完善自我的不懈追求,而"止于至善"的实质是通过求真、向善,不断地提升个人对人生完美境界的追求和向往,是每个人在人生旅途中不断进行自我完善,达到从自我到无我境界的升华,这是人生追求的高尚目标,是中华民族的传统美德。我国老年大学教育已经越来越接近"大学之道"旨在"明明德""亲民""止于至善"的"育人"使命之"内核"和本真。

二、遵循"大学之道"——中国老年大学健康发展

中国老年大学30多年的历史发展过程,实际上就是自身的社会身份不断得到"政治承认、行政承认和学术承认"的过程。"承认"的前提是成功,在获得"承认"的过程中,"大学之道"起到了至关重要的作用。

在老年大学教育的开创起步阶段(1983—1988年)。无论是办学者还是进入老年大学学习的新一代学生,对"大学之道"都不是十分清楚的,办学者认为这是办老年人之学,对它的根本目的、深远意义尚未十分明确,迫在眉睫的是要妥善安置退出工作岗位的老年人,让他们有打发时间的去处,为剩余精力体力安排"出口",为他们早年未能实现的"梦想"给予"补偿";从学习者的年龄考虑,这些新一代学生大多数有一定文化基础,顺理成章称之为"大学",并未考虑教学内容、水平是否称得上"大学"。新一代学生则是为"圆大学梦"而来。在"活到老、学到老"的中华优秀文化传统的熏陶下,不少老年人退出工作岗位后仍然渴望老有所为、老有所乐。老年大学教育为他们搭

建了平台。"老年大学"的牌子就自然而然地挂出来了。实际上办学者们也自发地按照"大学"的要求进行运作——开设课程，组织教学，注重质量，进行评估。各所老年大学开设的书画班、诗词班、声乐舞蹈班、养生保健班等，在满足新一代学生精神文化需求的同时，继承和弘扬了中华民族优秀传统文化，吸收和发展古今中外的知识精华，这或许是老年大学开办之初没有预料到的。"大学之道"在老年大学教育发展中的积极引导作用。老年大学的"社会身份"以其与生俱来的"文化品格"（梁烈《论老年大学的文化品格及其核心精神》），从政治上、行政上获得了社会各界的认可、党政各级领导的肯定以及广大老年朋友的追捧，其根源在创办之初不自觉地传承了中华优秀文化传统"大学之道"，而"大学之道"就是中国特色老年大学的文化基因。

中国老年大学教育开创起步阶段取得的可喜成绩，使各级党政领导逐渐认识到老年大学的社会功能和价值，发展老年教育被提到精神文明建设的重要地位，老年人是社会的宝贵文化资源，老年大学以新一代学生为对象，实践着完善老年人的知识结构、精神生活、身心健康、人生价值观等诸方面的教育，这就是实践"大学之道"中的"止于至善"。通过老年大学教育，调整好退休老年人心态，丰富了退休老年人的晚年生活，实现了老年人不懈的人生追求，为弘扬中华传统文化做出重要贡献。1985年，全国老年大学经验交流会召开，李鹏代表党中央接见与会代表并作重要讲话，对老年大学这一新生事物给予了充分肯定，赞扬开办老年大学是我国老龄工作的一项创举，为老年大学教育事业的发展注入了强大的动力。全国老年大学在各地各级党政领导的大力支持下迅速发展。

各地老年大学工作走上正轨后，办学者们开始征集、制定各老年大学（学校）的文化精神——校训、教风、学风，重视校园文化建设。上海市老干部大学制定的校训为"笃志、厚德、乐学、尚为"；上海老年大学的校训为"博学、厚德、康乐、有为"；金陵老年大学的校训为"益智厚德、慧我惠人"和"笃学、求真、和谐、创新"的校风；哈尔滨老年人大学校训为"常怀尊老之情，恪守敬老之责，善谋为老之策，多办利老之事"；马鞍山市老年大学校训为"尚学笃行、康乐有为"；昆明老年大学校训为"厚学颐养、传承文德"。全国各地的老年大学在校训制定上见仁见智，百花斗艳，各有千秋。有内涵丰富的典故隐喻，有成语的生动借用，更有反映校风、学风和学校奋斗精神的直白。如宁波老年大学制定"我好学、我健康、我文明、我时尚"的学员形象主题词，做出"走进这里就年轻"的口号。全国众多老年大学从不同角度、以不同形式制定的校训，充分体现了老年大学的办学者们和新一代学生向往"止于至善"的文化理想情怀，从中不难体会"大学之道"对老年大学教育的引领作用。

老年大学教育的探索发展阶段（1989—2002年）。1988年12月，中国老年大学协会成立，全国各地的老年大学、老年学校联结为一个体系——"抱团发展"，标志着中国老年大学教育进入探索发展阶段。1996年，全国人大通过的《中华人民共和国老年人权益保障法》的第三十一条规定："老年人有继续受教育的权利"，"国家发展老年教育，鼓励社会各界办好各类老年学校"，"各级人民政府对老年教育应当加强领导，统一规划"。从此，老年学校教育有了法律保障，走上了"依法治教"的轨道。此后，中央主要领导同志做出指示，要求在"老有所养、老有所医"的基础上，做到"老有所为、老有所学、老有所教、老有所乐"，形成了"六个老有"的老龄工作方针。1999年，全国老龄委成立，中央领导同志确认了老年大学的地位，规定了老年教育的主管单位，使老年大学教育工作纳入了党和国家的工作体系之中。2001年6月22日，中共中央组织部等五部委根据中共中央、国务院2000年8月19日颁布的《关于加强老龄工作的决定》发出《关于加强老年教育工作的通知》，支持各级党委组织部门、老干部工作部门和政府文化、民政及老龄等部门积极兴办各类老年大学，支持多元化办学，努力探索老年教育事业发展的新思路，这一文件出台，极大地鼓励了老年大学的办学积极性。党的十六大把发展终身教育写入报告中，将老年教育当作全面建设小康社会的一部分，进一步促进老年教育的发展。这表明，正因为老年大学教育的工作者们由不自觉到自觉地遵循"大学之道"办好老年大学，使老年大学改变了作为社会发展"附庸"的局面，从"有为"到"有位"，而"有位"之后做出更大的作为的发展过程。

老年大学教育的科学发展阶段（2002年始）。2002年召开党的十六大，第一次提出"构建终身教育体系""建设学习型社会"的目标，从公民终身教育、社会安定、振兴传统文化等多方位提出构想，老年教育事业正式进入党和国家的工作体系之中。老年大学工作者们开拓进取，乘胜前进。老年大学教育的理论研究、教材编写、远程教育、老年大学示范校建设等蓬勃开展，并取得突破性的发展，标志着老年大学教育进入了"科学发展阶段"。2010年7月，国务院印发了《国家中长期教育改革和发展纲要（2010—2020年）》，在这一国家关于教育改革和发展的战略性文件中，明确提出要"重视老年教育"。这是老年大学教育产生发展28年后首次得到充分肯定和支持。这一决策背后，除了有许多客观因素的催化，老年大学教育遵循"大学之道"办学也是一个不可忽视的因素。

三、升华"大学之道"——中国老年大学转型发展

三十而立。中国老年大学教育走过30年的发展历程，现在已经站在新的历史起点上，积极争取教育界的学术承认、转型发展和实现国际化的新机遇。

1. 争取教育界的学术承认

30多年来，中国老年大学教育科学发展取得了举世瞩目的成就，但在国内，对老年大学教育的价值和社会功能的认识仍不一致。至今还有一部分人（包括党政领导干部）认为老年大学是"逗老年人开心"的地方，是"养老场所"，是带双引号的"大学"。中国老年大学教育学术委员会主任委员陆剑杰教授呼吁：老年大学要争取教育界学术承认，这就抓住了问题的要害。争取教育界的学术承认，确实是中国老年大学教育进一步发展的关键问题。为此，老年大学教育应从以下两个方面去努力。

第一，进一步加强老年大学教育理论研究，练好老年大学教育遵循"大学之道"的"内功"。理论研究是科学发展的先导，理论研究不能就老年教育论老年教育，要从深化、完善"大学之道"上探索。老年大学要争取教育界的学术承认，关键在于老年大学的办学方向、办学道路要遵循"大学之道"，离经叛道难免遭到质疑，难以获得承认。

第二，加强对老年大学教育的宣传，使老年大学教育遵循"大学之道"广为人知。老年大学教育的发展需要良好的社会环境和氛围。目前，我国老年大学教育在社会上已经产生了良好的影响，有了一定的位置，但远未达到应有的高度。由于老年大学教育长期以来处于弱势边缘地位，不少人甚至"不知道"有老年大学。这说明还需要进一步加

大对老年大学的宣传力度，充分利用各种舆论工具，广泛宣传老年大学教育的社会功能、老年大学教育面临的形势以及全国各地老年大学教育的创新成果、先进事迹、办学经验等，引起全社会，尤其是各级党政领导对老年教育的关注和关心，进一步扩大老年大学教育的知名度，提升老年大学教育的社会地位，争取获得全社会对老年大学的关心和支持。

2. 加快老年大学转型发展

我国老年大学教育正面临新的机遇和挑战。目前，教育部正牵头编制《老年教育发展规划（2016—2020年）》（以下简称《规划》）。《规划》颁布之后，中国老年大学教育将按全国统一的发展目标和规划进入新的发展阶段。老年大学已处在转型发展的变局之中。这个变局，正如陆剑杰教授指出的，包括：（1）老年教育的整体转型——针对全国老年教育发展严重不平衡，"这一转型的焦点在于使老年教育从面向老干部、老知识分子，转型面向全体老年人"。（2）老年大学体系的结构转型——"全国将形成以党委政府办老年大学为教育中心、以高校办老年大学为高端环节、以社区老年教育为群众基础、以各种社会力量办的多元老年教育为重要补充的老年教育体系"。（3）老年大学教育功能转型——"由生存性享受教育向发展性教育转型"，把健康快乐、文化养老、开发潜能、贡献社会四个层次的教育联结起来，"使健康快乐通过文化养老、潜能开发、慧我惠人来实现"。（4）老年大学教育内涵转型——"由开设娱乐性课程为主，向开设知识提升性、能力开发性、文化修养性的课程转型"。（5）老年大学办学规格转型——"从规范化办学到教育现代化转型"。老年大学教育现代化包括教育理念、教育教学设施、课程、师资队伍、管理等方面的现代化。办学规格转型还包括"由非学历教育向非学历教育和学历教育相结合的转型、教学性老年大学向教学科研相结合的复合型老年大学转型"。实现老年大学教育发展转型，也是升华"大学之道"的客观要求。

3. 老年大学教育要国际化

2014年3月28日，国家主席习近平在法国巴黎联合国教科文组织总部发表重要演讲，指出："文明因交流而多彩，文明因互鉴而丰富。文明交流互鉴，是推动人类文明进步和世界和平发展的重要动力"。只有加强国际交流互鉴，拓宽国际视野，老年大学教育才能遵循"大学之道"更上一层楼。世界上发达国家如法国从20世纪70年代初就开展依托高校优势开展老年教育，创立了"图卢兹第三年龄大学模式"。中国的老年教育整整晚了10年，而且是在准备不充分的状况下开展的，起步晚但发展快。2014年5月，袁新立副会长在全国老年教育高峰论坛的主题演讲中指出："我国30年的老年教育发展中，国际交流合作是短板"。正在编制的《老年教育发展规划（2016—2020年）》中提出："广泛开展国际交流，借鉴国外老年教育的先进理念和经验，加强与国外老年教育机构的交流与合作，促进我国老年教育与国际对接，扩大我国老年教育的国际影响力。积极争取联合国教科文组织、国际老年大学协会等国际教育组织的支持，搭建国际老年教育交流合作平台，推动我国老年教育的国际化发展。"扩大老年教育对外开放，这是一个具有战略意义的重大问题。通过交流学习国外第三年龄大学的课程设置、办学形式。老年大学教育国际化，是升华"大学之道"的又一个维度。

据《全国老年教育历史发展、现实状况和未来展望研究报告》披露，我国人口老龄化形势非常严峻：中国在2005年进入老龄化社会后，人口老龄化发展速度非常快，2013

年全国老年人口数量突破 2 亿大关；此后，中国老年人口每年增长 100 万人；到 2020 年，预计全国老年人口将达 2.5 亿人；事实上中国目前已经进入了深度老龄化社会。到 2035 年，中国将进入超级老龄化（预计老年人口占总人口的 20%）。世界由老龄化到深度老龄化平均时间为 35 年，而中国只需 25 年，比世界平均值快了 10 年；世界由深度老龄化到超级老龄化平均时间为 35 年，而中国仅为 10 年，又比世界平均值快了 25 年。而且中国还是未富先老，养老的压力世界罕见。中国面临"银发浪潮"并非耸人听闻，加快发展老年教育迫在眉睫。老年教育的持续发展需要良好的社会条件，各级政府要加大对老年教育的投入是必要的。但是，更重要的是老年大学教育自身的努力，升华"大学之道"，凭实绩使我国老年大学教育获得教育界的学术承认，实现老年大学教育转型发展，加速老年教育与国际对接，实现国际化，我国老年大学教育才能"树老根弥壮，阳骄叶更荫"，不管"银发浪潮"如何惊涛拍岸，都能适应时代发展的需求。

（作者系南方医科大学老年大学名誉校长）

中国文化与老年教育关系散论

广州大学教育学院　王卫东

任何一个国家或民族的教育，都是其文化的重要组织部分，既受文化在观念、内容、需求、体系等的制约，又发挥着传承、选择和创新文化的重要功能。中国的老年教育在其发展过程中，也要受教育和文化的这一基本关系的制约。探讨中国老年教育在其发展过程中与中国文化的互动，是深入认识中国老年教育的文化内涵，推动中国老年教育快速健康发展的重要前提。

一、中国文化中，教育与老年人之间存在着必然的内在联系

1. 中国古代社会生活中，老年人是天然的教育者

我国古代对"教"的正统解释来自东汉许慎的《说文解字》："教，上所施下所效也"。其基本意思是"在上者对在下者实施一定的影响，在下者效仿在上者施加的影响"。"在上者"，一般都认为是具有较高社会地位的人，特别是在政治上掌握一定权力，居于高位的人。实际上，"在上者"还包括老年人。根据马克思主义的观点，人类在生产之初要解决的首要问题是衣、食、住、行等基本的生存问题。为了解决这些问题，一起生活的人群根据性别、年龄、身体健康状况等进行自然分工，其中老年人的主要任务是在居住的洞穴旁边采集野果、照看年幼者等，到了氏族公社后期还要看管多余的产品等。老年人在照看年幼者的过程中，自然而然地就把其积累的生活经验（后来包括生产经验和流传下来的神话故事等）传递给了社会的新生代。原始社会末期，中国社会产生

了专门以养老为主、教育为辅为机构——庠。《礼记·王制》记载:"有虞氏养国老于上庠,养庶老于下庠。"所谓"国老",指告老退职的高官,西周和春秋时期称国之卿、大夫、士之致仕者为国老;所谓"庶老",主要是指古代士之告老退休者,也有人认为庶老兼指士人告老退休者与庶人之老者。我国民国时期著名的文化学家柳诒徵指出:"凡在庠之老者,必有常年之膳食,如近世各国之有养老年金者然。而老者在庠,无所事事,则又等于素餐。故必各就所长,及其多年之经验,聚少年学子而教之。于是耆老之所居,转成最高之学府。而帝者以其为宿学之所萃,亦时时莅临,以聆其名言至论,取以为修身治国之准绳。少年学子,见一国之元首,亦隆礼在庠之师儒,则服教说学之心,因之益挚。此古代学校养老之用意也。"从中可以看出,在远古的中国,老年人可以成为最高统治者的老师。到了西周时期,学校有了国学、乡学之分,也有了一些村塾。乡学和村塾的老师,大多是由年长有德且深受众望的乡绅名流或者年老致仕还乡的士大夫来充当。他们地位相当高,被尊称为"乡先生"。

中国古代社会生活中,年长者之所以成为教育者,主要是由于人们在应对自然和社会生活方面需要相应的知识经验,而这些知识经验在年长者那里是最为丰富的。无论是治理国家政治、从事社会经济,还是营谋日常社会生活,都需要向年长者请教相关的知识经验。如果想了解当时社会生活之前的"历史文化",则更应向年长之人请教。

2. 中国文化中,老年人也是必然的受教育者

人们初期不是根据年龄来划分教育者和非教育者的身份,而是根据一个人是否拥有知识或拥有知识的多寡来划分的。凡是拥有一定的社会生活和生产知识经验的人,便可以成为教育者;而没有一定的社会生活和生产知识经验的人,便是受教育者。随着不同的人拥有的知识的量或知识更新的程度不同,教育者和受教育者的身份是经常改变的,所谓"能者为师,学者为徒",这是由当时人们生存和社会延续的需要决定的。一般地,由于老年人经历的社会生活比较多,积累的知识经验比较丰富,所以大多情况下他们都是教育者。然而,如果老年人不具备某些社会生活和生产的知识经验,他们也就必须向其他人学习。这时,他们也是受教育者,而这种情况在当时也是自然而然的事。这种原始的"全民普及教育"的状况,到了夏商周三代时被带有鲜明的阶级性和等级性的教育所取代,直至孔子、墨子在中国历史上开创私学先河之后,局面才有所改变。孔子明确地提出"有教无类"的教育主张,而且躬行践履。在他的学生中,各年龄段的都有,如颜无繇(季路)比孔子小6岁,而颛孙师(子张)比孔子小48岁。而到了隋唐及其后,科举制在全国的推行,更是让许多志在仕途的读书人,不顾高龄,屡屡征战于各种科试的"疆场"。如清代广东顺德的老秀才黄章参加康熙三十八年(1699)乡试时已102岁;乾隆六十年(1795)会试中,各省上报70岁以上参加会试的考生多达122人,其中80岁、90岁以上,并完成三场考试的考生有92人。这些看似荒诞的事,却在一定程度上反映出中国古代文化中一个十分重要的特点:知识面前,人人平等。

3. 中国形成的"政教合一"的文教政策,是将老年人和教育紧密地联系在一起的文化"纽带"

中国文化中教育和老年人之间的密切联系,除了源于自然生存状况的制约之外,也与中国政治文化"政教合一"的特点有关。

"教"的原始意义说明,在中国古代,施教的人多为在社会生活中居于高位者,这

些人最初是原始群落的首领，后来就是社会中拥有政治权力的国家统治者。如何才能够治理好国家，成为他们要思考的首要的问题，在这个问题上，先秦的儒家强调以德治国。孔子曾经比较了法治与德治的不同，认为"道之以政，齐之以刑，民免而无耻；道之以德，齐之以礼，有耻且格"。在他看来，法治不是最根本的治国策略。用政令、刑法来治理国家，老百姓虽然可以免于犯罪，但却不知道犯罪是可耻的；而用道德礼制来治理国家的话，则老百姓不但知廉耻，而且会心甘情愿地归服。因此，德治是较为理想的治国方略。那怎么样实施德治呢？儒家提出了两种主要途径：第一，统治者自身应该有良好的道德风范，为老百姓起到良好的示范作用。"政者，正也。子帅以正，孰敢不正？""子为政，焉用杀？子欲善，而民善矣。君子之德风，小人之德草，草上之风，必偃。"这种示范作用，就是"教"，就是"上施"。上施善，则下效善。第二，通过举办学校，进行教化活动，以达到化民成俗的目的。仅仅靠统治者自身的良好道德示范还不够，还要把良好的社会道德规范推广到全社会，形成良好的社会风尚。为此，就要依靠教育。世界上最早的一部专门论述教育问题的著作《学记》中开卷就写道："发虑宪，求善良，足以謏闻，不足以动众；就贤体远，足以动众，不足以化民。君子如欲化民成俗，其必由学乎！"南宋理学大师朱熹对此的解释是"唯教学可以化民使成美俗"。在中国古代，教育不仅是统治者进行政治、伦理教化的途径，而且还是首要的手段。《学记》中明确写道："古之王者，建国君民，教学为先。"儒家的理论，反映了先秦时期国家统治者的政治实践。比如，西周时期，统治者大力推行礼教。之所以如此，是因为礼教是民众的一道防堤，用它来制约民众的不道德行为。

可见，在中国古代文化中，教育是政治统治的一个重要手段，政教合一是中国政治文化的鲜明特色，这一特色一直延续下来，成为中国教育文化的一个传统。

上述情况也说明，在中国文化中老年人与教育之间的密切关系，也是社会政治生活的要求。政治统治者一方面需要从老年人那里获得治理国家、了解和引领社会生活、组织社会生产的宝贵经验；另一方面他们也需要对包括老年人在内的全体民众进行道德教化，化民成俗，以形成人人各居其位、各尽其责的社会秩序。

二、中国的尊老养老文化是老年教育重要的外部动力，是今天中国老年教育由政府自上而下自觉推动的特色的渊源

尊老养老是中华民族的传统美德，是祖先留给我们的宝贵财富。中国的尊老养老传统远早于孝悌伦理的确立，虞舜时代就形成了"尚齿"的风尚，是中华"礼"文化的本原。这种美德随着父系氏族公社的确立而被"父权家长制"所强化，并随着儒家思想在中国封建社会的传扬而成为中国核心伦理的重要组成部分，形成一套以家庭养老为主线，家庭孝亲、社会尊长、国家尊养三种形式并行的尊老养老体制。

国家养老是中国尊老养老的主要内容之一，历朝历代都重视之。周代养老制度的主要内容有：收养外族长辈；国家设置官吏，专门负责尊老尚齿；免除徭役，生活上给予保障；政治上给予优待；礼仪程序中有尊老尚齿的内容；政治体制上体现出对老者的尊重与重用等六个方面。西汉养老对象分为徭役免老和养高年老，主要内容包括：赐高年者王杖、衣食和对高年者量刑从轻等几个方面。政府采用举孝、复除租役、赐钱帛爵位

等办法奖赏孝事老人者，激励民众尽力于孝行，用法律手段严惩不孝之徒，督责民人孝事父老；通过举行养老礼等来培植养老、敬老的社会风气。其中，赐"王杖"是汉代颇具特色的养老措施之一。此外，汉代还积极推进老年人的国家救助政策，救助对象主要包括"高年、鳏、寡、孤、独及笃癃，无家属贫不能自存者"等社会弱势群体，救助的主要措施有免除徭役、赋税，减轻刑罚，赈济生活用品，问医施药，掩埋遗骸等。唐朝政府倡导尊老，并用法律保障敬老，主要措施包括：给予高年布帛、酒肉和赏赐几杖，非常周到地照顾老年人，解决部分老人的生活困难等。元代的尊老养老主要表现在礼遇老人、刑罚照顾、人口救济、社会倚重、孝敬老人等五个方面。明代则加强了保护老年人合法权益的立法，建立了较为完备的尊老养老制度，还注重发挥老年人在社会生活中的作用。清代是继汉代之后中国历史上第二次尊老优老的高潮，其突出标志是建立百岁人瑞坊、四次举行规模盛大的千叟宴等。

中国社会发展过程中形成的尊老养老的优良风尚，是中国古代社会通过教育以达到"化民成俗"的政治教化目的的典型反映，其中国家政府对于老年人的尊崇和优养在形成整个民族尊老养老的风尚方面起到了表率作用，发挥了重要的推动作用。这一优良传统一直发扬至今。中国政府高度重视并积极推动老年教育事业的健康发展的事实，就鲜明地反映了这一点。当今整个国际社会人口老龄化格局的日益清晰化，要求任何一个国家和民族都必须高度重视并普遍实施老年教育。而这一大规模事业的推进，没有政府力量的主导和支持，要高效率地取得成绩是比较难的。中国政府对老年教育事业的高度重视和积极推进，是中国老年教育事业健康快速发展的重要动力之一，与中国文化中尊老养老的优良风尚之间存在着密切的内在关系。

三、中国的养生文化，是老年人自觉追求接受老年教育、中国老年教育持续发展重要的内部动力

养护生命是人类最古老的永恒话题。《周易·系辞下》曰："天地之大德曰生。"孔颖达正义曰："言天地之盛德，在乎常生，故言曰生。若不常生，则德之不大。以其常生万物，故云大德也。"中国社会生活哲学追求的最高境界是天人合一，所以人也要通过对生命的保全和养护来追求天地之大德。这是中国养生文化的哲学根基。

然而，原始社会的初民们并没有这样的文化意识。他们所谓的养生，还建立在生存意识基础之上。他们在养生方面思考的重点主要还是如何保存、延续生命，后来才逐渐升华到对合理的生活方式的追求。班固《白虎通义》云："钻木取火，教民熟食，养人利性，避臭去毒，谓之燧人氏"指出取火方法的发现对养生的作用，这当然也促进了先民的养生观念。

之后，中国人的养生观从一般意义上的保养、延续生命发展到提高生命质量，追求生命的境界。春秋战国时期的养生文化体现的既有人与自然的和谐关系，也有人与人、人与社会的道德关系。道家崇尚自然，持自然生命观，强调个体生命的主体性，追求个体生命与自然的相融相谐。老子指出，人的生命与道、天、地有同样重要的地位，所以人应该懂得尊重、珍惜自己及他人的生命。人的心智的过度发展与欲望的极大张扬，导致人脱离了本然生命的路线，而走向人的异化，"复归婴儿"是返回到自然本我生命的

一条捷径。人之本来自然之生命应有两个特点：一是身体非常柔软，骨弱筋柔而握固，但蕴含着无限的生命潜能；二是心中没有智慧巧诈、"无知无欲"，含德之厚。"婴儿"状态是个体和群体生命处于最良善的、最和谐的生命状态。既然自然生命是人之最良善的生命状态，那么养生只要把人的生命养护到自然生命状态、顺其发展就可以了。由此，"道法自然"即顺生命之本然来养护生命，便成为老子提倡的最高养生法则。庄子在继承老子的养生思想的基础上，更加强调生命的自由和完整性，要求养生要"形神兼备"，"安时而处顺"，即养生既要养心，也要养身，要顺应天地之道及人生命之本性，尽量不与外部环境产生矛盾。先秦儒家主张伦理价值生命观，反映到其养生观上，即个体生命与群体生命的和谐共生，或者说"大我"生命的永恒不朽。能够养护"大我"生命的最良善的方法莫过于"仁"。"仁"作为先秦儒家哲学的最高哲学范畴，也贯穿着其养生之道。"仁"能够增长生命的长度，行"仁"之人多长寿。所以孔子说："仁者寿。"

道家强调人与自然的统一，儒家重视人与人的和谐，并不意味着说他们反对对方的观点。孔子在养生方面也强调人与自然的和谐统一。《论语·先进》篇记载：孔子问他的学生们有何志向之，曾点回答说："莫春者，春服既成。冠者五六人，童子六七人，浴乎沂，风乎舞雩，咏而归。"孔子听后，"喟然叹曰：'吾与点也'。"通过这个记载可以发现，在孔子那里，并不是单一地强调人与人之间的道德关系，他也很向往和提倡人与自然的和谐统一。同样，老子注重个体生命的保全，也重视道德与养生的关系，尤其是老子提出的要积善的行为，不仅有助于个体的身心健康，反映了老子对社会和社会人群的关怀。

两汉之际，佛教传入中国。为了能够在中国扎根传播，佛教人士尽可能地把佛教教义和传统的伦理和宗教观念相结合。在养生方面，佛教将养生之道概括成"五福"，即长寿、富贵、康宁、好德和善终。佛教还提出了一套独特的修炼方式，即禅定修持，禅定与医学、气功、并结合佛教修心、修性、居食养生。修心，主讲慈悲、博爱。修身，主讲禅定。修身又分为内修身与外修身两部分，内修身就是坐禅形定，外修身就是对筋骨肉的锻炼。居食养生，主讲生活起居，长寿活人之法。

之后，中国的养生文化大多是在儒、佛、道三家的养生观的基础上加以增补完善的。概而言之，中国的养生文化是我们的祖先在漫长的历史中创造和积淀下来的传统文化，它主张以有意识的身体运动来保养生命，充分体现了我国劳动人民的生命观、健康观以及体育价值观，又体现着中华民族的生命力和创造力。它以自身坚持实践为基础，以适应自然规律、重视精神调养、注意形体锻炼与谨和五味为原则，形成了多种养生方法，如调神养生、导引养生、食饵养生、熏治养生、四季养生、运动养生、心理养生等。

源于远古时期的中国养生文化，今天仍发挥着其不可替代的作用，成为中国人一种重要的生活方式，特别受老年人追捧。许多老年大学所做的调查结果显示：老年人进入老年大学，最喜欢或最希望学到的就是能够锻炼身体、陶冶性情，让自己获得身心愉悦和享受的体育、艺术类课程，其中太极拳、中医保健、民族舞蹈等尤其受到老年大学生的青睐。这种状况说明，老年人希望通过养生获得生命质量的提升，是他们进入老年大学的主要动力。这也为我们举办老年教育事业提供了一个重要的支点。我们要认真研究中国养生文化，并把科学合理的养生文化理念渗透进老年大学的课程体系与教学过程之中，充分发挥中国养生文化在促进老年人身心健康的作用，进而帮助老年人建构和谐身心（肉体与精神）、和谐人际，和谐天人（人与自然），使他们能够幸福地生活。

四、今天中国的老年教育积极主动地传承优秀的中国传统文化，是中国文化与教育互动的继承和发扬

中国老年教育，不仅从中国传统文化中汲取了力量和营养，同时也在自觉地传承和弘扬中国优秀的传统文化，在中国传统文化发扬光大方面发挥着重要的作用。这主要体现在以下三个方面：

1. 以政府为主导举办中国老年教育事业，是中国尊老、敬老、养老优良传统在当下的突出体现

今天，随着老龄化趋势在全球范围内的日益明显，各个国家都重视通过举办老年教育，以满足老年人继续发展的需求，但是每个国家的情况又各不相同。作为最早进入老龄化社会的国家，英国的老年教育由四类教育机构提供：高等教育机构（Higher Education Sector）、继续教育机构（Further Education）、地方当局培训机构（Local Authorities）和志愿团体举办的教育机构（Voluntary Sector）。美国为老年人提供教育的机构繁多，形式灵活多样。其老年教育机构主要可分为三类：一是普通高等教育机构，包括国家和地区性的大学以及社区学院，这些机构提供以教学为主的学分制课程；二是老年中心、老年游学营和两代教育工程，这些机构提供以教学为主的非学分制课程；三是图书馆和美国退休者协会，这些机构提供以自学为主的非学分制课程。日本的老年大学可以分为四类：第一类是福祉行政广域型老年大学，其招生对象为都道府县或者大都市等大范围、大地区内的老年人，是与厚生省福祉科等关联密切的福祉行政类型的老年大学。类似在国内北京、上海等大城市设立的由管理社会福利、社会保障的部门负责监管，由大的财团或公司资助的老年大学。第二类是福祉行政地域密集型老年大学，其招生对象主要为市、町、村或区级等范围内的老年人。这一类型的老年大学多在地区的老年人福祉中心或社会馆等的福祉设施等场所授课，是以一般市民为对象进行讲座的老年大学。第三类是教育行政广域型老年大学，其招生对象主要为都道府县或大范围内的住民，是文部省教育委员会系列的老年大学。这个类型的老年大学，多设有社会教育主任等的教育专门职员，授课重点主要为社会教育类内容。第四类是教育行政地域密集型老年大学，主要是地区内的公民馆等社会教育设施，是文部省委托事业的重要环节。此外，还有地方社团、中心等在地区集会的场所开办的老年大学，以及民间方面的老年大学等。

透过英国、美国、日国这三个国家老年大学举办机构的情况可以发现，尽管目前各个国家都在重视老年教育事业，但这些国家在实践层面上主要是以社会力量和地方政府为主要举办者，而中国的老年教育事业是由上至中央政府，下至各级政府高度重视和管理、以各地党政机关的主管部门组织、拨款举办的。这是中国尊老养老文化传统在当代中国的反映，是政府层面尊老养老在当下中国的传承和发扬的重要体现。

2. 老年大学课程体系中重视挖掘和充分设置中国优秀传统文化的内容，是老年教育传承中国文化的主要表现

目前，我国老年大学的课程体系中，广设体现中国文化精华的教学内容，并通过不断挖掘民间的传统文化精品、开发学校新课程、聘请优质的教师向老年大学生进行知识

和技能的传授等途径,使中国优秀的传统文化在老年大学这一日益发展壮大的教育领域得到不断地呈现和传播。

例如,广东省老干部大学在办学过程中坚持"健康康乐"这一核心理念,开设了杨氏太极、陈氏太极、书法、国画、诗词写作、诗词吟诵、古筝、二胡、民族唱法、中国古典舞、中国象棋、中医保健养生、常见病中医药防治、中医经络保健等具有中国传统文化内涵的课程,同时学校还深入社会生活,发掘中国文化精品,近两年开设了古琴、民间剪纸、篆刻等新的课程。这些课程,既阐释宣扬了中国文化的丰富内涵,又培养了老年人养生的基本知识和技能,还陶冶了他们的生活情趣,提高了他们的生命境界,充分地发挥了老年教育促使老年大学生继续发展的本体功能,以及传播传递中国优秀传统文化的社会功能。

3. 老年大学附设的活动中心,通过丰富多彩的活动,在传承中国优秀传统文化方面起到了不可替代的作用

我国不少老年大学是在原来的老年活动中心的基础上发展起来的,现在还存在着大学和活动中心合二为一的现象。这些老年活动中心作为老年大学必要的组成成分,在传承和发扬中国优秀传统文化方面也具有不可或缺的作用。比如,活动中心设立的京剧(或地方戏曲)社、地方音乐活动团体、中国民族舞蹈组织等,通过经常性的活动,继承、宣传和创造着中国优秀的传统文化。

总之,博大精深、历史悠久的中国文化,是中国老年教育事业赖以生存的根基、蓬勃发展的"沃土",为中国老年教育源源不断地提供着丰富的精神"食粮"。而日益健康发展的中国老年教育,也在其成长过程中通过各种形式和渠道,反哺着中国优秀的文化。二者的良性互动,正在共同推动着中国文化和中国老年教育事业的健康发展,日益明晰地呈现出互利共赢的美好图景。

(作者系广州大学教育学院教授)

第八章 2016年10月日本大阪会议

导论八：积极健康老龄化与代际合作

一、主题背景

2016年10月，AIUTA与亚太老年大学联盟（APA）在日本大阪联合举办国际研讨会，主题为"老年大学连接世界：积极健康老龄化与代际合作（英译为 U3As linking the world: Active Healthy Ageing and Intergener-ational Cooperation）、（法译为 Le vieillissement de l'Université de connexion: un vieillissement actif et en bonne santé et coopération intergénérationnelle）"。AIUTA秘书处发来的邀请函上关于会议主题的"老年大学连接世界"表述，"连接"这个词用的是现在进行时（linking），就是说正在连接着世界。可见我们讨论"积极健康老龄化和代际合作"问题，是以全球在迅速老龄化背景下，老年大学在五大洲的兴起和发展的现状作为一个主线索进行的。

积极健康老龄化和代际合作两大社会问题，是全球社会学、人类学、历史学等学科关注的持续数十年而不衰的热点问题，各学派理论纷起，建树颇多。然而把这两个问题联系起来再与老年大学融合为一体加以深入研究，在这里是第一次。

二、主题内涵

积极健康老龄化是在联合国框架下人类社会为应对全球人口老龄化不断深化认知而逐步演进形成的政策与理论。其主要观点有：（1）人口老龄化是不可逆转的趋势。（2）人口老龄化是人类社会进步的体现，足以改变未来。（3）老年人是社会的宝贵财富，社会应反对任何对老年人的歧视。（4）提高老年人健康预期寿命和生活质量，需要健康、保障、尊严、参与四要素以达到最优结合状态。（5）坚持生命全程的观点。（6）需要多部门和代际间的通力合作。（7）让终身教育成为老年人的生活方式，等等。

代际合作理论承认代际矛盾的存在，承认代际冲突，认为代际之间的连接和传承是社会发展的途径，主张打破传统和现代社会两种强弱对峙、不平等的代际关系格局，建立起平等、和谐、互补的老龄社会新型代际关系，实现代际间的协调发展。

在世界老年大学兴起和蓬勃发展的今天，积极健康老龄化在老年大学得到充分展示，代际合作在老年大学得到最好实践。

三、主题提出的世界意义

"积极健康老龄化"是集中了20世纪老龄工作和老年学术新研究之大成而精炼出来的概念，它更新了老龄化以往的旧观念。代际合作是人类社会普遍追求的目标之一。这两者的理论、主张与老年教育息息相关，融合渗透在全世界老年大学的40年实践中，变成三位一体的理念体系和实际操作。提出这个主题进行系统的研究，可以从这一视角总结经验，反思办学问题，在全球范围内提升老年大学的学术层次和理论定力，提高办学整体水平。

四、主题对中国的意义

这个主题刚好是我们中国发展了30多年老年大学所缺乏的理论思考要点之一。我们办老年大学对老龄化政策和代际合作起什么作用？我们的实践是非常丰富的，但是为什么我们在理论意识上就不能上升到社会学的、世界历史学的高度？

AIUTA提出这个主题在中国是很有深刻的理论意义和现实意义的：积极健康老龄化作为世界范围内的政策框架，奠定了中国老年大学教育发展的基础理论，与国际上通行的终身教育思潮一起构成中国老年教育的思想渊源；而代际合作的理论极大丰富了我国对老年大学教育的社会功能和社会价值的判断，代际合作的理论和探索将系统地、深刻地影响我国老年大学的办学和教学过程。我们应该用积极健康老龄化、代际合作这样的国际视野来研究中国老年大学办学实践。

第一节　国外观点

日本社会老龄问题调查及日式老年大学的创新举措

[日本] 冢谷晶子

一、日本社会的老龄问题

1. 日本及全球老龄化趋势

"超级老龄化社会"的发展。

由表8-1可看出，日本是全世界老龄化最为严重的国家，德国等欧洲发达国家则紧随其后；而且在今后十几年间，这种局势或将愈演愈烈。

表8-1　65岁及以上民众占总人口的比例

序号	国家	2015年/%	2030年/%
1	日本	26.7	30.7
2	德国	21.4	28.2
3	意大利	21.7	26.8
4	韩国	13	23.4
5	法国	18.7	23.2
6	瑞士	18.2	21.9
7	英国	18.1	21.7
8	美国	14.7	21.1
9	澳大利亚	15	19.2
10	中国	9.5	16.2

2. 日本老龄化数据（见表8-2）

过去十年间，日本的人口出生率一直低迷，而人均预期寿命则不断提高，正是这些因素导致了老龄化的不断加深。根据预计，在未来数年间，65岁及以上人口的数目，以及在总人口中所占比例都将进一步增高，且养老负担的加重，必将产生一系列的社会问题。

日本老年问题协会（ACJ）正是为解决这些与老年人有关的社会问题而建立的，开办老年大学是一项核心事务。

表 8-2　日本老龄化数据

出生率	
2009 年	2015 年
1.37%	1.46%
平均寿命		
性别	2005 年	2015 年
女性	85.52 岁	87.05 岁
男性	78.56 岁	80.79 岁
65 岁及以上人口		
	2015 年	2020 年
比例	26.7%	29.1%
总数	3 384 万人	3 612 万人

3. 我们的使命

帮助日本中老年人提升生活质量，更重要的是使他们能够过上幸福美满的晚年生活，有希望、有追求、有尊严地活着。

4. 我们的目标

在老年人护理方面，不管是居家护理还是机构护理，我们要做全日本的领跑者。

我们致力于推动日本志愿行业的发展，在其中施展影响力，推动变革。

5. 过往及目前的活动

（1）评估项目。

（2）护理培训项目。

（3）日式老年大学项目。

6. 我们意识到的问题及挑战

（1）老年群体、其家庭及护理人员缺乏信息资讯方面的支持。

（2）缺乏全面满足老年人需求的系统。

（3）老年人及其护理者随时都可以就某个问题进行咨询建议。

（4）提供可以咨询服务的专业人员及系统。

（5）准确向老年群体传达相关政府政策。

7. 对于未来社会的担忧

（1）由于缺乏监护人，与老年人有关的合同或保证书的执行力度难以保障。

（2）老年人退休后缺乏社交活动。

（3）缺乏关于业余社会活动的信息。

（4）缺乏协调人员。
（5）缺乏信息与通信技术技能。

8. 居家护理服务
（1）关于短期实用的护理技能提升课程少之又少。
（2）对老年人的需求缺乏理解。
（3）护理人员因工作压力及过度劳累而行为失当。
（4）全国不同地区评估标准各异。
（5）提升评估及信息开放度。
（6）开办高水平的评估机构。
（7）护理服务的质量因机构而异。

9. 志愿行业的短处
（1）长期以来，地区性的社区合作匮乏。
（2）缺乏团结、安全及社会凝聚感。
（3）非营利组织缺乏管理经验。
（4）鼓励老年人参与社会。
（5）越来越多老年人退休后无处可去，即便是具有技术经验的老年人也不例外。
（6）由于信息短缺，因而老年人在参加时存在不少犹豫和紧张心理。

10. 日本老年人的疑惑和忧虑
（1）对优质的生活，满怀希望、尊严、动力，其具体内涵是什么？
（2）第二次世界大战后，人们一直致力改善工作和经济状况，然而随着经济越发繁荣，整个社会变得越发的孤独。
（3）面向老年人的服务层出不穷，而害怕被欺骗的忧虑紧随其后。
（4）老年人身体不再灵活，无法继续"战斗"下去，心有余而力不足。
（5）老年人不再有什么产出，是否意味着过了"保质期"？他们不愿成为负担，产生"不给别人添麻烦"的想法，这或许就是他们能做的贡献？
（6）晚年生活是为了什么？为了让自己变得古怪？
（7）老年人之间的收入悬殊，令人震惊。
（8）终身学习、老年大学、市民大学正备受瞩目。
（9）学习毫无动机：获取新知当然是好事，然而只学习不付出会带来愧疚感。

11. 日本婴儿潮群体（指第二次世界大战后出生的一代）的忧虑

退休后，他们不再为公司单位所看重，失去了话语权，担忧地位丧失；想为社会出一分力，但志愿服务非我所好；62岁开始自我发现之旅，还是先观望一下？

如果存在良好的合作机会，其他年龄段和婴儿潮世代可以和谐共处。

然而婴儿潮群体对于"良好的合作机会"困惑不解：他们想要休息，也想展示自我。

二、日式老年大学——社区之枢纽

日式老年大学，这是一项社会创新，如何应对地区、老龄化、环境等诸多问题，以下有几种应对方法。

1. 满足求知欲

学术课程；生活课程；师生面对面。

2. 解决实际问题

开设"社区难题"讨论课程，作为课程的一部分，讨论得出的方案措施由当地一位商人付诸实践，问题解决后，将解决方案作为最佳实践进行宣传，成立专门小组，利用当地资源解决当地难题。

3. 婴儿潮群体的立场

专门小组的组长应由当地的婴儿潮成员来担任；应当利用年轻时候积累的经验、技能及关系；解决当地难题属商业活动，索要费用是合理行为；随着专门小组的增多、职位的增加，费用会相应增多；各专门小组组长会议：讨论当地难题；课程启动（启动专门小组）；商务启动。

4. 安全社区的创建：对当地居民的益处

突破"老年联谊俱乐部"的观念，寻求生活、工作的动机；联合小组组长、解决问题者、专家及当地商业人士，共同规划安全社区。在应对多样化问题上，自我帮助是有效措施。回报，尤其是经济方面的，并非此活动的目的，这种核心组织，便是日式老年大学的典型样式。

5. 日式老年大学概念图（见图 8-1）

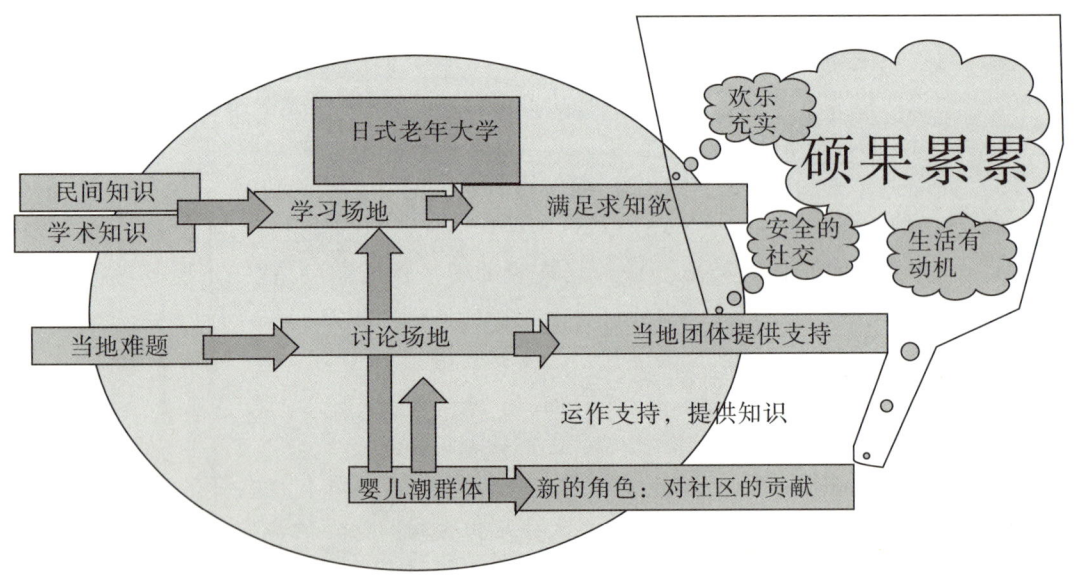

图 8-1　日式老年大学概念图

三、总结

（1）课程广泛：学习课程、课外实操活动、文化教育课程及各种咨询课、讨论课。

（2）网络构建：与日本其他老年大学开展交流，形成网络；与英国等 30 多个国家开展国际交流。

（3）充分利用婴儿潮一代的力量。

四、日本老年大学

在应对老龄化社会的需求方面,不断改善方法,为老年人提供场所,使他们成为受尊重的社会成员。参与各种活动,与普通大学及地方政府建立联系,有效解决地方难题。

五、日本老年问题协会

考察不同地区成功或失败的案例,总结经验,并在全国及全球范围内发布信息;将全世界各地的优秀实践及失败教训引入日本;日本与世界各地老年大学搭建沟通的桥梁。

(作者系日本老年问题协会秘书长　翻译者:刘畅)

毛里求斯的老年大学:实现积极健康老龄化的通道

[毛里求斯] 阿穆古·帕苏拉曼

2013年6月15日,时任联合国秘书长潘基文在纽约发表讲话指出:"我们应该为老年群体乃至整个社会抗击各种歧视老年人的行为,并竭力提升各地老年人的尊严与人权。"

一、积极健康老龄化

健康老龄化意味着,使老年人能够享有优质生活。相关策略应当创造适当条件与机会,使老年人得以经常锻炼身体、健康饮食,参与有意义的活动,从而参与社会,并确保其财产安全。这需要一套全面的方案,促进老年群体身心健康。

许多50岁以上人士处于一种变化状态,既在身体方面,又涉及生活环境、工作状况。一些人士将过渡到退休生活,他们护理家人的工作将会加重,比如照顾父母、伴侣,或者孙辈,这种种改变意味着他们更愿意接收健康方面的资讯。

然而,提升这些"低龄"老年人的健康水平时,必须要做到既敏感又适当。

二、提升健康对于积极老龄化的作用

(1) 增加老年人再就业的可能(在某些地区有此需要)。
(2) 为老年人提供分享、增进知识的机会,参与志愿活动,使他们能够继续参与社会、被社会重视。
(3) 提供终身学习的机会,例如计算机技能,举办文化节活动和声乐团体。
(4) 使老年群体在政治上能够更为活跃,如参与市政事务。

（5）通过家访解决老年人的孤独难题。
（6）发展适合老年人个人能力、文化及环境的健康、社会及教育服务。
（7）为老年人提供支持与建议，使他们能够有条不紊地护理更为年老的家人。

三、毛里求斯的老年公民

根据毛里求斯法律，老年公民到了相应年龄就享有一系列权利，如养老金、健康补助、特别补贴等。事关老年人的种种社会福利，由社会保障部负责。

截至 2014 年 3 月，毛里求斯退休公民总数为 178 810 人，其中 119 名老人年逾百岁。目前，60 岁以上的老年人占全国人口的 13%。然而据估计，到 2052 年，这一比例将上升至 30%。

全国老年公民协会附属有约 700 家机构，以期满足老年群体的需求。

四、毛里求斯老年大学

该校于 2013 年 9 月在瑞典乌普萨拉会议上正式成为 AIUTA 会员，同年 11 月正式投入运营。其面对 55 岁及以上人士开放，入学无学业水平的要求，也不提供学位证书，但可以提供就学证明。

该校课程包括：信息与通信技术、笑疗法、小提琴和钢琴演奏、健康及营养学、心理学、英语、法语、意大利语、绘画、天文学、历史学、瑜伽、太极、舞蹈、唱歌等。

1．老年大学办学目标
（1）为老年人学知识、适应环境提供便利，如学习电脑的使用。
（2）解决退休人士被社会孤立的问题，促进社会、文化生活的融合。
（3）推动同龄人士及代际交流。
（4）助力老年人实现自身目标。
（5）为社会培养积极负责任的老年公民。

2．老年大学的作用
（1）老年大学帮助人们从工作过渡到退休状态。
（2）通过提供优质教育，推动终身学习。
（3）鼓励年轻的一代与老年群体进行交流。

3．老年大学各种项目
（1）老年大学在留尼汪岛、塞舌尔群岛、科摩罗地区实施教育项目。
（2）曼泽波则计划：抗击糖尿病，提供定时体检、健康饮食课程及各种疗法。

4．讲座研讨会
（1）2016 年 6 月，举办"健康老龄化及预防糖尿病"讲座。
（2）2016 年 8 月，举办"涉及老年人的法律事务"培训讲座。

附：毛里求斯的活动图片

图 8-2　参加毛里求斯议会

图 8-3　U3A 学员毕业典礼

最后，我在此很荣幸地告诉大家：AIUTA 第 103 届理事会及国际研讨会将于 2018 年 8 月在毛里求斯举办。

（作者系毛里求斯老年大学创始人　翻译者：刘畅）

警惕代际合作的障碍：印度的案例和经验

[印度] 辛加拉若

老年人是全国总人口中最大的群体，到 2050 年预计将达到 20 亿人，其中绝大部分生活在发展中国家。世界卫生组织表示，全世界正在经历一场人口革命。然而，这场革命正面临着虚假、偏倚性解读以及各种分歧意见。

威胁地球村的最大分歧有四种：代际分歧，城乡分歧，电子分歧，以及贫富分歧。在本研讨会中，我们重点关注代际分歧。

一、代际合作障碍的主要特征

1. 年轻人
（1）敏锐、干练。
（2）受同伴影响较大。
（3）工作压力大。
（4）追求物质化的生活。
（5）缺乏团结、纪律、简朴意识。
（6）迷恋手机、电脑网络。
（7）追求享乐、快速赚钱。
（8）对幸福、平和、满足感缺乏理解。
（9）无法理解其祖父辈所享有的幸福。
（10）缺乏耐性、仁慈心及同理心。

2. 老年人
（1）不愿离家。
（2）感觉无法融入社会。
（3）无法从国家或非政府组织得到生活上的支持。
（4）有些孤寡老人无法从子女亲属那里获得帮助。

3. 年轻人与老年人的关系
（1）主流年轻人与老年群体之间的沟通少之又少。
（2）老年人在生活的各方面受到年轻人的歧视。
（3）家庭价值的贬损。
（4）老年群体自身的弱点。
（5）政策法令缺乏执行。
（6）国家、媒体的宣传力度不够。
（7）家庭、社会上缺乏模范榜样。

二、案例研究：系统与实践

（1）家庭、机构及国家对儿童实施教育的系统属商业化性质，问题重重。
（2）在社会及政府体系中，用以培养儿童品性的训练项目及师资力量几乎为零。
（3）教育的价值在于，家长和教师要放松束缚。
（4）政党及利益团体对学校及高等院校有干预行为。

三、案例研究：学生群体

（1）2015年8月，金奈的一名高中生在课堂上持刀捅死教师。
（2）学生群体与教师、警察、公交车上老年乘客间的冲突。
（3）学生团体选举期间的暴乱。

四、案例研究：农村地区的老年人

（1）缺少庇护所、食物及医疗设施。生活孤苦、老无所依，而亲属、社会乃至国家其此漠不关心。
（2）身患疾病难以就医。家人忙着挣钱，老年人行动不便，无法单独就医。
（3）无法获得养老金、抚恤金。
（4）各寺院提供免费午餐，然而距离较远。

五、如何改善现状

（1）个体自身层面，以及家人、社会层面。
（2）国家应发挥重要作用。
（3）借助世界卫生组织等机构的力量，敦促政府采取行动。
（4）利用印度老龄化协会等非政府组织的力量，推动良性变革。

六、年轻人群体需要警惕

（1）代际分歧逐日扩大，他们与老年群体间的关系日益淡薄。
（2）年轻一代正在偏离家庭价值及大家庭体系。
（3）他们对父母及祖辈缺乏关怀，将其视为负担。

七、老年群体需警惕

（1）许多老年人整日夸耀过往的成就，不再有新的追求。
（2）老年人普遍墨守成规，拒绝调整自我，以致落后于主流社会。
（3）老年群体喜欢抱怨、发牢骚，不愿以合情合理的办法来解决问题。
（4）许多家长把财产留给子女，结果导致自己老年生活相对拮据。

八、政府要注意的

（1）强化法律法规执行力度，将养老政策落到实处。
（2）需要敦促年轻一代多多照顾长辈，强化道德教育。
（3）需要采取实际措施改善农村地区老年人的生活水平。
（4）需要在全社会弘扬敬老爱老的风尚。
（5）支持国际组织及非政府组织的工作。

（作者系印度老年公民协会主席　翻译者：刘畅）

地区实例：亚速尔群岛的积极老龄化

[葡萄牙] 亚速尔群岛大学老年学院

2016年夏季，亚速尔群岛大学通过相关条令，宣布成立老年学院。老年学院承担着文化延展的职能，核心使命为：促进老年公民参与大学及其社会，从而提升其健康安乐生活，进而推动终身学习。该学院由亚速尔群岛大学对外关系、社会与合作处副主任的领导，教师、学生组成的委员会进行协调。学校根据学员的兴趣需求制订年度活动计划，包括多种文艺娱乐活动。

目前，老年学院有94名学员，女性为74人，男性为20人。学员平均年龄为70岁，全部为退休人士。学院开设了10门课程，每门20学时，涉及历史、政治、文化遗产、健康老龄化等领域。学员除了上课，还参加游学活动。此外，还开设计算机、英语、创意写作、舞蹈研习班等课程。

学院会定期组织研讨会，主题五花八门。有些与亚速尔群岛紧密相关，如火山学研究与健康，亚速尔群岛的现代化进程等。研讨会上，学员们各抒己见，讨论气氛热烈，在辩论中获得真知灼见。

学员们热衷于文艺活动。如"夜幕歌声"合唱团由45名老年学员组成，他们积极参与、认真排练，在大学40周年纪念典礼、圣诞晚会上都有精彩表演。另一文艺团体"西尼克"还曾走出国门，远赴美国罗得岛州，向那里的移民献上精彩演出。

老年学院积极参与对外交流，曾安排40名学员赴圣乔治岛，体验当地特有的"圣灵"节日，并前往该岛主要旅游景点参观学习。此外，学院还接待来自葡萄牙的阿连特茹老年大学来访的48名学员。这是一次宝贵的交流机会，双方学员在圣米格尔岛乡村漫步、游览，参观当地历史遗迹。此外，双方学员共同参加文艺会演，同台演唱亚速尔群岛流行歌曲。

老年学院刚成立半年，即取得不错的成绩。展望未来，我们也面临着各种挑战：如

缺乏老龄化科研项目,缺乏代际合作,学员平均年龄偏高,学员退休金微薄,学院活动受限。另外,亚速尔群岛自身对外交通不畅,导致学院组织对外交流工作费用高昂。目前,我们与国际老年大学协会的交流少之又少,因而需要加强这方面的国际合作。

基于以上挑战,亚速尔群岛大学老年学院热切期望同其他老年大学开展合作,积极联络 AIUTA,并通过游学团等方式深化国际和代际交流。在历史和文化上,葡萄牙与日本两国一直享有良好关系,双方老年大学应当组织游学、交流活动,进一步促进老年教育的合作发展。

(作者单位:亚速尔群岛大学老年学院 翻译者:刘畅)

积极老龄化与健康老龄化

[英国] 潘·琼斯

近年来,许多报纸杂志及新闻都谈到"老龄化"的问题。所谓"老龄化",指的便是成人迈入高龄,逐渐老去的过程。这是一个重要的课题,从不同视角看,研究意义无比重大。为此,英国著名高等学府伦敦大学学院(UCL)专门成立健康老龄化学院,而国家老龄化科学与创新中心也加大研究力度,力求实现"积极健康老龄化"。

那么,什么是"积极健康老龄化"呢?在许多专家看来,它的内涵是:老年人在身体和心理及社交层面达到并维持最佳健康状态。

老年大学是时代的产物。早在 1982 年 3 月,剑桥大学就成立了英国第一所老年大学,它对所有第三年龄人士开放,教育面十分宽泛,且以民主方式运作。后来,老年大学如雨后春笋一般在英国涌现,老年大学信托基金也应时成立,以管理、支持并维护全国所有老年大学。2005—2015 年的 10 年间,院校数量呈直线上涨,增至 1 000 所,学员数量也由 15 万人增至 38 万人,发展势头可喜可贺。

老年大学的活动缤纷多彩。有挑战年龄的项目,更有各式各样的兴趣小组,如学术、社交、锻炼等兴趣小组。老年学员广泛参与其中,每个人既是学生又是教师。调查显示,健走小组最受老年人欢迎,而音乐欣赏小组紧随其后。不少老年学员热情不减当年,组成"布罗卡"陆地帆船小组,在塞文河河口区上演冲浪大战。

"求知、欢笑、乐活",便是学员们参加老年大学的意义所在。正如一位参加健走小组的老者所言:"繁忙的一天即将结束,我们都忘记了身上的疼痛,只想着明天还有更丰富的内容",这即是"积极健康老龄化"的真实写照。

(作者系英国老年大学信托主席 翻译者:刘畅)

积极老龄化与代际合作：
全新的老年人教育培训模式

[西班牙] 布鲁·朗达 胡安莫·德斯托

一、老龄化的西班牙和新型的老年人学习项目

迈入 21 世纪，我们面对的是一个截然不同的社会，人口结构正经历着长期性的变化。以西班牙为例，其老龄化程度正在不断加速，主要原因是人均寿命不断延长（健康、卫生、饮食改善），出生率持续下降（国民经济和精神压力增大，导致首次生育时间推迟）以及移民停滞。

现今的"老年一代"有着不同以往的一些特点，他们的受教育程度更高，更注重平等，对接受继续教育的需求和意愿也更高。同时，他们也有着一些与过去一两代人相近的想法，比如渴望在退休后依旧维持其社会角色、地位和社交圈子，希望更多地参与社会等。

老年人教育和培训将面临全新的挑战。我们需要适应人口结构转变的趋势和需要优先提出社会政策，进行终身教育培训。为此，在西班牙国内发起了"老年人大学项目"，即在西班牙的公开大学里，以开放式和轻松培训的方式开设老年人课程。这些课程项目唯一的准入标准是年满 50 周岁。这些教育机构依托大学运行，但课程属于非正式教育。换言之，参加项目的人员也并非为了获得官方文凭，更不是为了获得学分。

事实表明，这项举措很好地满足了社会需求，至今已有 44 所西班牙大学开设了老年课程，拥有超过 48 000 名老年学员。

2004 年，我们成立了西班牙老年人大学项目国家协会（AEPUM），统一对各地实施该项目的机构进行组织协调。其宗旨是：（1）促进与老年人相关的新的教育、培训以及文化结构发展。（2）让协会参与大学科学、学术以及文化活动，并与之进行协作。（3）鼓励大学、行政机构和私人机构之间的对话以及沟通。（4）为所有希望进行终身学习的人提供相互认识的机会。

（关于该协会及西班牙老年大学项目的更多详细情况，可参考本书第三章《国际合作框架下的老年教育研究和创新——以西班牙 OAUPs① 为例》）

---

① OAUPs 全称为 Older Aduly University Programmes。

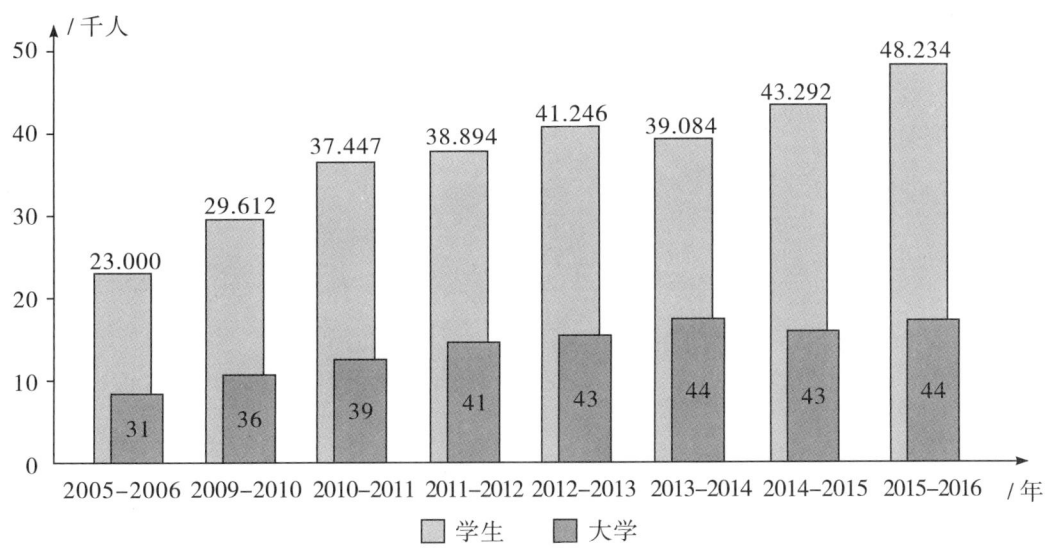

图 8-4 （AEPUM）协会注册学生及学校总数量评估

二、UPUA——阿利坎特大学终身大学

下面我将重点介绍西班牙阿利坎特大学内的老年人大学项目——阿利坎特大学终身大学（UPUA）。其成立于1999年，属于阿利坎特大学科技、文化及社会发展项目之一，主要目的是为老年人提供接受高等教育的机会，以适应社会经济的发展，同时使之成为应对老龄化的积极举措。

在阿利坎特大学终身大学中，一是课程大致可分为社会学及司法学、人文科学、实验科学、信息、声音及图像科学、社会健康以及社会行动等几个大类，在教育方法上，我们也不局限单向的课堂授课；二是采取教育—研究—积极实践—自主开发的方式，结合各类的实践性的志愿者活动，致力于促进科学文化发展以及代际关系，改善老年人生活质量以及其自主性，鼓励老年人作为社会一分子参与阿利坎特的社会活动，使其获得更好的社会融合，从而促进其个人及社会的整体和谐发展（见图8-5）。

同时，阿利坎特大学终身大学主张将终身教育作为个人发展以及社会融合的一个方式，通过教育方式的革新和实践发展，将老年人在其职业生涯中获得的知识进行调动、确认并丰富；提供分享这些知识以及经验的机会，为大学教育、合作学习提供工具以及材料。

换言之，我们不仅仅在做针对老年人的教育和培训，同时利用老年学生和青年学生在同一场地参与学习的优势，积极实现代际沟通和资源共享，以达到双方受益的效果（见图8-6、图8-7）。其中包括：

（1）让老年学生参加社会融合项目、志愿者活动，作为其在UPUA学习以及研究的成果。

（2）参与青年学生互帮互助互相学习的活动。

（3）建立文化和代际对话以及合作纽带。

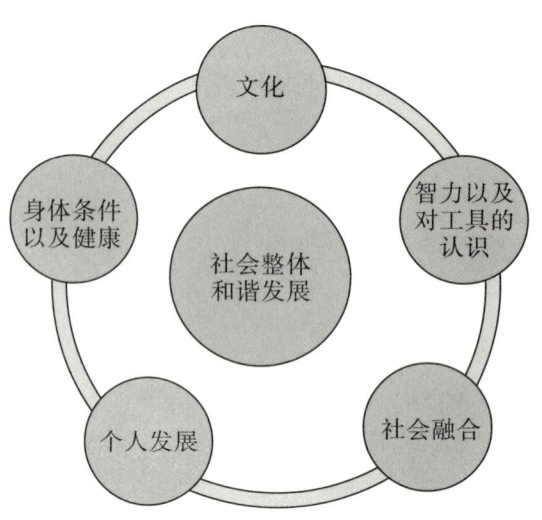

图 8-5 社会整体和谐发展链

（4）通过同伴教育，授予退休老人资格进行文化传播（戏剧、诗歌、合唱）。

（5）通过合作项目对其他更年长的人士或者青年学生提供帮助。

（6）通过老年人的参与以及意见（反馈）促进阿利坎特大学终身大学的发展。

（7）增强并改善老年大学学生之间的联系。

（8）促进西班牙以及国外成人大学项目中老年学生之间的关系。

三、战略性教育

依据西班牙老年人大学项目的成功经验，我们总结出新型老年人教育和培训的方式，我们称之为"战略性教育"。在21世纪，其在面临新形势的老龄化中处于最重要的位置，有利于触发公民意识以及个人自主意识，并对老年人的健康以及健康花费产生巨大影响。其可大致归纳为以下五个方面：

（1）协助老年人对退休之后的20年进行有效规划。

（2）让老年人一生所积累的精神财富以及经验发挥作用，并且使处于第三年龄的老年人更加感受到自我价值。

（3）给予与老年人一起工作、合作的职业人员、企业家、志愿者支持。

（4）通过老年大学项目中的学习，一方面增加老年人的自我效能感，另一方面可让其产生更大的精神满足。

（5）对促进老年人之间的个人自主权和积极的公民意识而言，这是重要的第一步。

这些大学里的"超龄学生"，正在用战略性方式积极应对老龄化，以便能重新恢复其生活质量以及健康。我们发现，通过正在发展的老年大学项目以及开展的志愿者活动，这些项目已经在第三领域中产生强烈的影响。通过 UPUA 的促进，出现了"新的老年企业家"，这在社会转型期间尤其有意义，并显示了其重要性。

（本文根据作者在2016年10月在日本举行的"老年大学连接世界：积极健康老龄化与代际合作"国际研讨会上的发言整理）

附：老年学生与青年学生共同参与活动照片

图 8-6　老年学生与青年学生在一起上课

图 8-7　老年学生对青年学生传授经验

（作者单位：阿利坎特大学终身大学　翻译者：管新）

第二节　国内观点

老年教育自主发展与对外开放

——在景德镇国际议题研讨会上的讲话

中国老年大学协会　张晓林

关于国际议题的研讨会议，我参加过两次，第一次会议是 2015 年在广州举行，这次会议为在波兰举行的"老年大学学生——新一代学生"国际研讨会做准备；第二次会议是为即将在日本召开的"老年大学连接世界：积极健康老龄化与代际合作"国际研讨会做准备的。这种集思广益的形式很好，以后可以继续实行下去。

老年教育在国际上是一个经常性的话题，而且有逐渐走热的趋势。把各位专家、学者集中到这里，是要集思广益，形成一份成熟的演讲稿，作为中国老年大学协会"走出去"的发言稿。在研讨会中我的收获很大，袁新立会长、熊仿杰校长、岳瑛教授、梁烈教授等专家们都讲得很好，为我们开拓了思路。在代表团出发之前，我们要把大家的意见归纳整理，形成一个简明扼要、重点鲜明的演讲稿，把我们具有中国特色的做法、经验推广出去。总之，要重点宣讲我们的主要特点，不一定面面俱到，我们参加这种国际交流、研讨会议的机会很多，每一次参会我们都争取展示中国老年大学教育一个侧面，多个侧面汇合，逐渐形成一个全面的整体。借此机会，我想讲以下三点意见。

一、中国老年教育的发展，实际就是自主发展和对外开放相结合

就像"开门办学"的理念一样，对内是开门办学，对外实际是对外开放。学习国外的东西，这是中国老年大学发展的一个特点。人口老龄化是席卷全球的大趋势，中国有，国外也有。有些发达国家经历得比我们早，所以他们应对的手段、面临的问题以及一些经验和做法，都值得我们去了解、学习和借鉴。

我和袁会长一直主张，凡是有机会走出去学习，我们都要争取走出去，一定不能关着门，孤芳自赏，抱残守缺。不仅要借鉴别人好的经验，他们遇到的问题，采取的措施我们也可以学习借鉴，少走弯路，后发优势的特点就在这。发展老年教育是世界性的课题，有共同的研究价值，就像应对全球气候变化、全球自然灾害一样，都应该加强国际合作。

但是，有些人把自己的东西看作是普世性的，强加他人，这是霸道的做法，我们要坚决反对。共性的东西是可以学的，而且共性的东西恰恰是和个性的东西融合到一起的。我们中国特色社会主义老年教育的自主发展和对外开放是相结合的，这成为中国老年教

育的一大特点。中国老年教育经过30多年的发展，到现在有这么好的成绩，我想这也是一种经验。我国开展老年教育对外交流已经有很长时间了，中国老年大学协会是国际老年大学协会的副主席单位，国际上一些观点、做法和经验对我国的老年教育发展有很大的促进作用，包括第三年龄段概念的提出，都对我们很有启发。

二、要走出去彰显特色，介绍我们自己，介绍我们主要的特点和做法

这次会议的主题是"老年大学连接世界：积极健康老龄化与代际合作"，我们要敢于展现自己的特点。但是我们自己的特点是什么？很多同志讲到了这方面，比如：党政主导，实践在前，充分发挥老年人的作用，积极应对老龄化等。我们很多老干部退休后参与组织老干部活动中心、老干部大学和老年大学，这些老同志们在我国老年教育发展上起了很大的作用，这都是在党政主导下实现的实践探索。还有的老年大学提出"老有所为、老有所养、老有所乐"的口号和目标，这跟中国尊老、敬老、爱老的传统文化也有很大关系，符合中国传统，这也是我国老年教育的特点。

我们的实践经验非常丰富，我们还应说明在应对人口老龄化时采取的措施。在这方面，我觉得不必在健康老龄化、积极老龄化的学理概念上去做文章，因为我们需要的是一篇应用性强的发言稿，能真正推动老年大学发展的一次经验交流，不必过于拘泥一些概念。我们这次去参会，主要是介绍自己的特色，交流经验。我们有自己的特点才能吸引国外专家的眼球。这次会议可以说是让国外了解中国的一个窗口。我记得，在上次广州的研讨会议上就提出老年教育对外交流实际上是一种民间公共外交的活动，它担当了介绍中国发展的角色，这就说明老年教育的国际交流作用很大。

三、要重视代际问题中的心理和文化层面

我认为此次国际老年大学协会提出"老年大学连接世界：积极健康老龄化与代际合作"这个主题，可能更多的是基于西方的文化背景。我感觉西方的老年人是孤独化的，他们人与人之间疏离感比较强。因此他们更希望被社会理解，害怕被边缘化。他们也希望代际之间能互相合作、互相理解。

而中国的老龄潮来得很快、很猛，很多老年人离开工作岗位以后，产生了失落感，有一种被社会抛弃的感觉。老年教育包括积极老龄化的概念里都希望老年人能够回归社会，重新和社会融为一体。这里面首先遇到的就是代际问题，其中心理和文化上的代际问题显得更突出，这的确需要认真研究。

关于发言稿初稿中的一些看法我觉得不太准确，例如"代际关系的实质是利益关系"，这个也不能完全这么说，我认为代际问题中最突出的还是文化上的冲突。这种文化冲突不是主观想象出来的，是时代变化使然。例如20世纪50年代的人在那种社会氛围下，必然会形成一定的文化修养、文化心理，这是社会存在养成的社会文化，就像人们经常说的"一方水土养一方人"；到了七八十年代，改革开放初期的这批人社会责任感很强，传统的东西很多，但也接受了一些新思想；80后、90后这代人又不一样，他们的消费文化特别厉害，他们喜欢卡通、喜欢偶像，这种文化心理和整体时代变化紧密相关。

社会会发生变迁，最后形成不同的文化氛围，不同的文化氛围又形成不同的文化特

点。我听一些老同志讲,他与自己的儿孙对话,经常说不了几句就起冲突、就吵。原因在哪?他们的利益实际上是一致的,最根本原因是文化上的冲突。家庭方面有代际冲突,而社会方面的代际冲突更多。我觉得要实现代际合作,首先就要相互理解,年轻人要理解中、老年人,中、老年人也要理解年轻人,这样社会才能团结,才能健康发展。

(本文根据作者在景德镇国际议题专题研讨会上的讲话整理)

(作者系中国老年大学协会会长)

对日本大阪国际会议研讨主题的几点看法

——在景德镇国际议题研讨会上的讲话

中国老年大学协会 袁新立

  这次会议的顺利召开,得到了景德镇市委、市政府,特别是市委组织部和市老教委的支持,还得到了景德镇老年大学的积极配合。特别使我感动的是,景德镇老年大学82岁高龄的杨启村校长,亲自布置这次会议,深入第一线来检查会务安排工作。这几天天气很炎热,又潮湿,我们北方人到这里来有点不适应,但是看到杨校长,我们很感动,也受到感染。

  这次到日本出访之前,我们召开这个研讨会,是非常必要的。这次的国际议题是"老年大学连接世界:积极健康老龄化与代际合作",这个议题是国际老年大学协会的主席弗朗索瓦·维拉斯教授确定的。他曾就这个主题跟我沟通,我觉得这个主题说新也不新,说旧也不是很旧,但很有世界意义,也非常符合我们中国的实际,很值得我们老年教育工作者深思。

  这次在日本召开老年教育国际会议,亚太老年大学联盟也参与。确定这个主题对亚洲、对我们中国都很有意义。为什么有意义呢?全世界都面临人口老龄化的挑战,不光是发达国家,我们发展中国家也是如此,这是无法回避的一个重大问题。但是不同的国家对这个问题态度不一样,具体到我们国家,就是要积极地、科学地应对。习近平总书记已经给这个问题定了调:上升到国家层面,要进行顶层设计、制度安排。李克强总理也做了批示,现在发展老年教育事业已经纳入了议事日程,正在进行顶层设计,具体牵头人是刘延东副总理。我相信在不远的将来,中国在应对人口老龄化问题上会有一整套配套的措施和制度。而现在我们就要做好准备,发展老年教育事业是应对人口老龄化的一个具体措施,也具有战略意义。《老年教育发展规划(2016—2020年)》的编制工作已经进入最后阶段,稿子已经报国务院秘书局,相信很快就会正式颁布。

  日本大阪会议主题还涉及代际合作的问题,代际合作在全世界范围内是一个比较新颖的课题。现在我们代与代之间普遍存在"代沟",比如我家里就有代沟,我和女儿之间存在代沟,我女儿的女儿跟她也有代沟,是层层有代沟。讲代际合作,怎么合作?这

里面有很多值得研究的问题，这是每家每户，每个人都会遇到的问题。但把它提到世界的高度，提到国际的高度，这个在过去是没有过的。现在维拉斯教授把这个作为研讨会的命题，我觉得非常有意思。

这次临行之前，召开这个研讨会，也是给我们做一些思想上、理论上和学术上的准备。虽然此次代表团队人数不是很多，但大家都是精英级的，一定会收获良多，也会把中国的情况与国外同行交流。这次在日本举行的是国际老年大学协会第99届理事会和国际研讨会，2017年是在斯洛伐克举行第100届理事会，同时还会召开代表大会。总之通过这个渠道，通过这个平台，我们要把国际上的先进的观点和理念带到我们国内来，充实我们的事业；同时也让国外了解中国老年教育情况和中国老年大学情况。

毫不夸张地说，中国老年大学的发展，目前是走在了世界的前列，受到了国际社会的高度关注。基于这种地位和影响力，本人当选了国际老年大学协会的第一副主席，广州的林元和校长当选为理事会理事，我国也是唯一一个在理事会中拥有两名成员的国家，这充分说明国际老年大学协会对中国的重视。近年来，各地老年大学也经常接待国外来的考察团，通过这个平台来介绍中国的情况，增加了中国老年教育事业的国际影响力。

（本文根据作者在景德镇国际议题专题研讨会上的讲话整理）

［作者系中国老年大学协会常务副会长（时任）］

对积极健康老龄化和代际合作的思考

——在景德镇国际议题研讨会上的学术小结

广州市老年干部大学　王友农

国际老年大学协会（AIUTA）第99届理事会议和国际学术研讨会将于2016年10月10日至14日在日本大阪召开。主题为"老年大学连接世界：积极健康老龄化与代际合作（U3As linking the world：Active Healthy Ageing and Intergener-ational Cooperation）"。本次会议是由AIUTA与亚太老年大学联盟（APA）联合举办。AIUTA秘书处发来的邀请函上关于会议主题的"老年大学连接世界"，我们注意到"连接"这个词用的是现在进行时（linking），英语语法有过去时、现在进行时、将来时等时态，这里使用的是现在进行时，就是说正在连接着世界。可见我们讨论"积极健康老龄化和代际合作"问题，是以全球在迅速老龄化背景下，老年大学在五大洲的兴起和发展的现状作为一个主线索，而不是基于联合国讨论老龄问题、人权问题的一般框架。但是当中肯定要涉及一些老龄问题，这是关于主题的说明。

AIUTA主席维拉斯提出来这个主题刚好是我们中国30多年老年大学发展所缺乏的理论思考要点之一。我们办老年大学对代际合作起什么作用？其实我们在这方面做了很多工作，但是缺乏理论思考。我非常同意张会长、袁会长的观点，我们的实践经验是非常丰富的，但是为什么我们在理论意识上就不能上升到社会学的、世界历史学的高度？而

AIUTA 的教授这次就能提出代际合作的问题。我认为这个主题有很深刻的理论意义和现实意义。

一、积极健康老龄化作为世界范围内的政策框架，奠定了中国老年大学教育发展的基础理论，与国际上通行的终身教育思潮一起构成中国老年教育的思想渊源

我认为这就像马克思主义奠定了中国革命和建设的思想渊源一样，终身教育思潮和积极健康老龄化的政策框架，一道构成了发展老年教育的奠基性理论。

当然，这种基础理论，就是老年教育在中国发展的基础理论，也包括了中华传统文化中的"活到老，学到老"这些传统理论，对于外来影响的理论，我觉得最主要就是这两大支柱：终身教育思想和积极健康老龄化。而且这些理论框架在中国实现了本土化和中国化，因此形成了我们党和政府制定的一系列的关于老年教育的政策。关于这点，张、袁两位会长是非常强调的，我们要不断对外宣讲，中国政府在老年教育政策支持上非常有力度，中国化的积极健康老龄化体现在党和国家的政策之中，也体现在中国32年平凡而伟大的老年教育发展史上。

因此我们认为积极健康老龄化的概念深刻影响着中国的老年教育，现在重提积极健康老龄化这一理论框架，就在于我们要再一次肯定其理论价值。杨启村校长和我交谈的时候，我就跟他说："历史往往有惊人的巧合。"我们刚开始将这个课题交给杨校长的时候，还没有想到他在20年前就已经开始研究积极健康老龄化和老年教育的问题，发表过论文；也没有想到80多岁的杨校长本身就是积极健康老龄化的榜样。后来不断查阅一些资料，才发现杨校长在20年前已经开始研究相关课题，所以现在等于历史重新再把这些课题交还给他。另外，对国际老年大学协会提出的这个主题，我们也要进一步强调其在中国老年教育发展中的思想理论上的指导性。

二、代际合作的理论极大丰富了我国对老年大学教育的社会功能和社会价值的判断

也就是说，中国老年大学究竟起什么作用？它的社会价值是什么？这些问题我们探讨了好多年，过去强调其对构建和谐社会的作用，强调其对建设学习型社会的作用，强调其对于建设党的作用，强调其对社会稳定的作用，也强调了其对老年人群体的生命、生活质量各方面包括作为一个人的个性发展的作用。但是我们唯独忽略了老年大学的一个重大社会价值，就是他对代际合作产生的重大正面作用。我们确实忽略了这一点，我觉得这一点在国际舞台上都可以讲，我们的实践经验非常丰富，但是对老年大学价值的认识没有上升到较高的理论高度。

在这次会议召开之前，武汉老年大学的郑焕清副校长通过电子邮件给我发了一篇稿件，谈到了代际合作的重要性。这篇文章指出代际合作这个问题在中国非常有现实意义。郑校长认为，中国社会正在进行"四化演变"，什么叫"四化演变"呢？一是高度的老龄化；二是城市化；三是婚育高龄化、晚龄化；四是少子化（家庭子女减少）。这"四化"越来越凸显代际合作的重要。我认为郑校长这个观点非常重要，深入讲述"四化"，

但每一点对代际合作究竟产生什么影响,还讨论得不够。比如说城市化,为什么对代际合作非常重要呢?随着城镇化程度越来越高,人口高度集中,反而容易产生代际之间的摩擦和矛盾,这一点通过举例就可以说明;又比如说少子化,计划生育国策实行了几十年,几十年之后独生子女跟父母包括父母亲的上一辈,他们之间的矛盾与代沟,纵观其他国家都没有这种现象。所以代际合作议题提出了很多新的形势、新的问题。而代际合作这个理论引进来以后,我们将进一步反思办老年大学的价值。在讨论时,就有专家提到价值论、老年大学价值论,如果把代际合作的观点引进老年大学价值论里面,其不但具有社会意义,还有了历史意义,因为代际合作是一种传承,一代人向另一代人的传承,所以具有历史意义。

三、代际合作的理论和探索将系统地、深刻地影响我国老年大学的办学和教学过程

这是我们对未来的预测,我们相信其必然会影响中国的各级老年大学的办学过程和教学过程。我刚刚说了我们过去在这方面缺乏思考,但现在开始思考老年大学还有这么一个用处,对代际合作能够产生一些正面的作用,那么这样就会促使我们对现有的很多方面进行反思。

比如说课程,我们会发现中国老年大学有很多课程正在作用于代际合作,例如学习现代信息技术,就是使老年人能够跟自己的子女有共同语言。我记得十多年前当我们说计算机网络是什么东西的时候,我们的子女往往会不屑一顾地说:"你懂什么",这一句话就呛住你了。但是如果大家都懂这些知识,他们就不敢说这个话,反而要和你讨论了。当你使用手机一些功能,好像搜索、支付、金融等功能的时候,孩子也必然会觉得:"爷爷、奶奶你也懂这些东西啊?"他们就觉得相互之间有共同语言。又比如说在我们的课程中,中国的传统文化、国学是核心课程,这些知识恰巧是年轻人比较欠缺的。我们这些20世纪五六十年代出生的人,有些还没有接受过高等教育,但我们现在有机会接受了,我们通过老年大学里面进一步学到这些知识,我们有时候在家庭里面可以和子女们谈论某些话题及知识。所以我觉得老年大学所学到的知识使老年人能够与下一代沟通,甚至与隔两代人沟通。又比如说,很多人的子女在国外留学,经常要出国探亲,就到老年大学里学外语,有的甚至学会用手机下载翻译软件,应用翻译软件基本就可以直接和外国人沟通了。我们可以在这方面大有作为,立足于代际合作,提供代际合作所需要的技能和知识,我觉得这应该是我们制定课程时的指导思想之一。

再说校园文化,中国老年大学的校园文化非常丰富。但是其中的主题还是表现对党、对社会、对国家的歌颂或感情居多。我们的校园文化如何围绕代际之间怎么样来传承、代际之间怎么样来相互影响,这方面可能还需要做一些研究。

还有很多同志讲到的关于老年大学管理模式,现在我国比较普遍的模式是老年人办老年大学,然后年轻人加入进来。这里同样构成了一种代际合作模式,形成了向社会示范作用。同时,在这个小圈子里面,局部地进行一些代际之间的合作也是非常成功的。但是这里面有没有一些问题呢?老同志与专职的干部,年龄不同、层次不同的人员之间怎么样协调等,我想大家如果是长期从事老年大学工作的话,一定会感受到这些问题,

确实是有些矛盾。但是只要我们引进代际合作这样的观念，我觉得对我们具体办学，理顺关系也是有指导意义的。

四、我们应该用积极健康老龄化、代际合作这样的国际视野来研究中国老年大学办学实践

来景德镇开会，借用景德镇市委的一句话："我们要与世界对话"，要怎么与世界对话？关于代际合作，刚才听了张晓林会长的讲话很受启发，他认为这个主题的确立是跟西方的文化、社会背景有非常紧密的联系。我没有想到这一点，我当时想到的是代际合作这个问题是西方比较关注的问题，在北欧和中欧一些国家，已经有一些社会研究机构专门对代际问题做了将近二三十年的研究，而且是将其作为一个重要的社会问题来研究。为什么会这样呢？这是他们的社会背景、文化背景所决定的。他们那里的老年人、青年人之间和家庭之间都处于相对疏离的状态，必然产生代际问题。但在中国的传统中，千百年来都提倡尊老爱幼，这可能导致我们没有把代际问题作为理论问题来研究。

除此之外，我们发现国际老年大学协会提出的议题，有许多都是欧洲社会学研究的问题，然后把它引入老年教育再加以研究，这一做法我们觉得很有意思。我们在广东潮州研究"公民、社会凝聚力和老年大学"课题，发现"社会凝聚力"这个问题是欧洲的一些世界性的研究机构研究了30多年的东西。社会凝聚力怎么促进文化认同、民族认同，他们已经有很多理论。

回到代际合作问题上，代际合作也有很多理论问题、概念。我认为我们在国内做这种国际视角的研究的时候，应该对这些理论都要有所涉及，比如什么叫代际冲突？什么叫代际危机？什么叫代际和谐？为什么说代际冲突是人类进步的一个动力？像这些都是理论问题。我认为国内老年大学要提高办学理论、理念的学术性，既然涉及代际问题，就应该了解国外对这些问题的研究达到什么程度，这就是国际视角。

我们再用国际视角来审视我们中国老年大学丰富的实践经验，就有话可说了，而且可以非常理直气壮，非常大胆地提出自己的一些看法，这样才有利于提高我们的办学水平，提高我们与国际对接的水平。国际老年大学协会这两年来，特别是近半年来，活动非常频繁，而且成效非常大。其中最明显的是U3A（即老年大学）运动在全世界迅速蔓延，过去的一些老年教育空白点，像东欧、非洲、西亚这些地区，现在都逐渐发展起来了。根据我们收到的资讯，当我们正在这里开会的时候，乌克兰的老年大学协会也正在基辅召开全国会议。像乌克兰这种陷入战乱的国家都开始发展老年教育。像俄罗斯、克罗地亚、立陶宛这些国家过去都没有发展老年教育，就是这两年，特别是最近这一年才发展起来的。这说明什么？说明张会长讲的一个观点，即老年教育、老年大学有共同的价值。因此也有共同的价值追求，这是人类进入老龄化社会的共同追求。因此我们把中国发展老年大学30多年的进程用国际的眼光、国际视野来看，我们的事业是很有意义的，是有世界意义的。

（本文根据作者在景德镇国际议题专题研讨会上的发言整理）

（作者系中国老年大学协会国际联络部主任、广州市老年干部大学副校长）

融合与团结:"积极老龄化"框架下的中国老年大学代际合作

景德镇老年大学　杨启村

值此"积极老龄化"提出14年之际,国际老年大学协会确定"积极健康老龄化与代际合作"为本次会议主题,目的在于引领各国重温"积极老龄化"的概念,进一步全面、深入理解其深刻内涵,是十分必要的。

2002年1月,世界卫生组织提出了"积极老龄化",将老龄人口的社会参与从经济领域扩展到社会各个方面。"积极老龄化"不仅延续和发展了"成功老龄化""健康老龄化"和"生产性老龄化"的内涵,并且提出了一项作为国际共同行动的应对老龄化的政策建议。"积极老龄化"是集中了20世纪老龄工作和老年学术新研究之大成而精炼出来的概念,它更新了老龄化以往的旧观念。指出提高老年人健康预期寿命和生活质量,需要健康、保障、参与三个支柱达到最优结合状态,同时,还必须有三个前提条件:(1)生命全程的观点。(2)对老年人权利的承认。(3)多部门和代际间的通力合作。

"积极老龄化"的"三根支柱"和上述"三个前提"几乎涉及老龄化的全部内容。

一、"积极老龄化"深刻影响中国老龄事业

人口老龄化是全人类面临的共同挑战。中国已经进入并将长期处于人口老龄化社会。其一,中国已经成为世界上老年人口最多的国家,是世界上唯一一个老年人口超过2亿人的国家,也是发展中国家中人口老龄化最严峻的国家。中国国家统计局公布数据显示,截至2014年年底,中国60周岁以上老年人口已达2.12亿人,而65周岁及以上人口达到1.37亿人,其规模之大,已超过欧洲老年人口的总和,占世界老年人口的1/5。据预测,中国老年人口到2020年将达到2.43亿人,2025年将突破3亿人,2033年将突破4亿人,2050年将接近5亿人。其二,中国还是人口老龄化发展速度最快的国家。从全球看,65岁及以上的老年人人口占比从7%上升到14%,发达国家大多用了45~100年以上的时间,而中国只需用25~27年,中国已跑步进入老龄社会。据预测,到2050年,全世界老年人口将达到20.2亿人,其中中国老年人口几乎将占全球老年人口的1/4。老年人口数量庞大、增长速度快,是中国应对人口老龄化的最大难题。其三,中国人口老龄化的特殊性还体现在:人口老龄化超前于现代化,因此"未富先老"和"未备先老"的特征日益凸显。

在这种严峻形势下,"积极老龄化"的理念引入了中国,为我们强化积极的老龄观和应对人口老龄化提供了理论参考,使中国在发展老龄事业上得到了启发。

1. "积极老龄化"成为中国应对老龄问题的理论参考和重要启示

"积极老龄化"已经深刻影响中国老龄事业的各个方面,其中既包括社会观念又包

括政府宏观战略思维。

（1）"积极老龄化"强化了中国社会的"积极老龄观"。

中国社会在"积极老龄化"的深刻影响下，进一步认识到，人口老龄化是经济社会发展的必然结果，人均预期寿命的延长是人类社会文明进步的表现，人口老龄化具有不可逆转的特征，只能积极应对，不能消极回避。因此，应强化全社会树立"积极老龄观"，以更加积极的态度、更加积极的政策、更加积极的行动应对人口老龄化的挑战。

树立"积极老龄观"，要做到"三个积极看待"：一要积极看待老年人，全社会都要尊重老年人，同时要重视继续发挥老年人的积极作用。二要积极看待老年生活，老年期是人生发展的重要阶段，人人都要积极面对老年生活，老有所教、老有所学、老有所为、老有所乐，保持身心健康、实现终身发展。三要积极看待人口老龄化，人口老龄化是经济社会发展进步的产物。既有不利影响和挑战，也有有利条件和机遇，既要满足老年人的需求，又要发挥老年人的作用，实现经济社会的持续稳定繁荣发展。

"积极老龄观"以"积极老龄化"为内核，体现"积极老龄化"的根本性质和基本特征，反映"积极老龄化"的丰富内涵和实践要求，是"积极老龄化"的高度凝练和集中表达。

（2）中国"积极应对人口老龄化"战略思想以"积极老龄化"为理论参考，并且成为"积极老龄化"的中国化升级版。

2006年，中国提出"积极应对人口老龄化"的战略思想。这一战略思想是以"积极老龄化"作为理论参考，从中国的实际出发而进行的战略思维。是走中国特色社会主义道路的一个组成部分，体现出我国善于吸收世界先进文化，善于学习有用的国际先进成果和改革创新，也是改革开放精神的充分体现。

"积极应对人口老龄化"是"积极老龄化"的中国化升级版。其体现在以下三个方面：

① 积极应对人口老龄化是中国改革开放精神的充分体现。1978年中国确立了改革开放路线，随后打开了国门。1982年，我国参加了维也纳"第一次老龄问题世界大会"，更深刻认识到人类人口老龄化的普遍规律，并一直与世界交流，不断推进我国的老龄事业发展。2002年，我国派出了庞大的政府代表团和多名专家学者参加了在马德里召开的"第二次老龄问题世界大会"，我国代表团提出把老龄问题纳入经济和社会计划中，受到各国高度评价。2006年，中国提出"积极应对人口老龄化"，表明中国已与国际老龄问题接轨。把"积极老龄化"同我国应对人口老龄化联系在一起，使国际社会对我国的老龄政策内容不言自明。"积极应对人口老龄化"含有"乐观""主动""全力以赴""切实可行"和"锐意改革"的精神。

② "积极应对人口老龄化"凸显"人口"特色，体现"积极老龄化"的"中国化"和"本土化"。"积极老龄化"所总结的人口老龄化经验，绝大多数是发达国家的，而中国人口老龄化在发展中国家是最为突出的，也因此而备受世界关注。中国人口中的老年人占比大，因而中国养老问题成为世界最大的难题之一。此外，中国"未富先老""未备先老"和人口老龄化加速发展也是不争的事实。人口众多和老龄化加速发展二者并存，"未富先老"和"未备先老"二者并存，这种现状在一段相当长的时间内是无法改变的。"积极应对人口老龄化"需要给出解决人口老龄化、人口加速老龄化与养老的矛盾，必

须处理好发展与人口老龄化的矛盾，这是"积极老龄化"未能涉及的、具有中国特色的重大问题。

③ 积极应对人口老龄化，把应对个体老龄化升华为应对群体老龄化，是对"积极老龄化"的理论创新。"积极老龄化"受世界卫生组织的局限，不可能从更宏观、更高度的视野来应对人口老龄化。事实上，仅解决老年人健康问题和生活质量问题是不够的，还需要涉及更多的宏观政策和顶层制度安排来应对抚养比例的急剧变化。在这种情况下，应对人口老龄化强调国家、社会层面的责任更重要。因此，在我国积极应对人口老龄化，必须强调从宏观层面上加强党的领导，政府负责，社会协调，群众积极参与的创新型社会建设。党的十八大再次提出了"积极应对人口老龄化"，走中国特色应对人口老龄化道路，强调要有长期战略思维、规划、准备、对策，做到战略应对、积极应对、综合应对、科学应对，这也是必然的选择。

2. "积极老龄化"渗透于中国老年教育的思想理论与实践之中

半个世纪以来，世界各国不约而同地选择老年教育作为解决人口老龄化问题的战略举措。自"积极老龄化政策框架"出台后，各国又共同把老年教育作为落实"积极老龄化"思想的重要平台，更加重视发展老年教育，中国亦是如此。

（1）中国政府已将老年教育纳入国家战略层面的顶层设计。

中国已把老年教育作为落实"积极老龄化"的重要平台。近年来，中国把"重视老年教育"写入了《国家中长期教育改革和发展规划纲要（2010—2020年）》，把"发展老年教育"写入了《中共中央关于制定国民经济和社会发展第十三个五年规划建议》，这体现了中国国家战略层面对发展老年教育这一战略举措的重视程度。此外，中国还将要出台一部"老年教育的专项规划"，这无疑将进一步促进老年教育更好更快地发展。这些都体现了中国政府已将发展老年教育作为落实"积极老龄化"和应对中国人口老龄化的一项重要举措而加以高度重视。

（2）中国的"积极老年教育观"植根于"积极老龄化"。

实现"积极老龄化"一直是我国老年教育理念的主流追求，并越来越明确，越来越完善。2007年，中国老年大学协会顾问、武汉老年大学名誉校长杜子才教授，曾在《老年教育》杂志上以"坚持积极的老年教育观"为题，明确提出了统领老年教育全局的是"积极老龄化"演绎而成的"积极老年教育观"。前中国老年大学协会会长张文范也曾就"积极老年教育观"提出自己的见解，他说："'积极老年教育观'应该是指，坚持用积极的行动和创新理念，加强以教育为主体的科学素质教育，不断提高老年人适应时代的技能和知识，提高睿智参与能力，提供和谐文化教育保障的一种教育观。"

可以说，"积极老年教育观"汲取了"积极老龄化"的精髓。在引领中国老年教育持续、健康发展方面，发挥着不可忽视的重要作用。

（3）中国发展老年大学教育创造性地推进了"积极老龄化"在中国的落实。

在"积极老龄化"的影响下，中国老年大学着力从健康、参与、保障三大支柱方面积极开展实践行动。笔者认为，健康、参与、保障三者有着互为依存的内在联系。"参与"是前提、是关键；"保障"是基础、是条件；"健康"是目的、是成果。只有积极"参与"，才能得到充分"保障"和身心"健康"，有了充分"保障"和身心"健康"，才能提高"参与"的水平和积极性。对老年人个体来说，"积极老龄化"意味着老年人能按照自己的需要、愿望和能力参与学习与社会发展，并得到充分保障和照料；对社会来说，"积极老龄化"意味着要改变对老年人的旧观念，承认他们是社会发展的积极贡献者，并为他们提供参与社会的机会。

中国开办各级各类老年学校，让不同社会层次的老年人都有权利入学，不同文化层次的老年人都有机会入学，有着不同学习愿望的老年人都能如愿入学。老年人要提高保障水平和促进身心健康，既要靠政府、社会的重视、支持和帮助，提高老年人的收入、改善其住房和医疗条件，发展社会服务和保障事业，弘扬尊老、养老、助老的优良传统等；同时也要靠老年人自身的努力，通过老年教育，加强学习，更新知识，积极参与社会活动，提高保障能力，促进身心健康。

一方面，中国老年大学着力从"三个支柱"方面践行"积极老龄化"，另一方面，中国特色老年教育发展又创造性地推进了"积极老龄化"在中国的实施。

① 中国老年教育在推进"积极老龄化"战略实施进程中，范围更广，力度更大，影响更深远。因为，中国特色的老年教育，无论是学校老年教育、远程老年教育、还是社会老年教育，都是在党和政府主导下，面向全社会老年人开办的各种形式的教育机构和组织。因此，具有规模大，覆盖面广，自成网络体系等特点。据中国老年大学协会2014年统计数字显示，中国目前共有老年大学6万多所，学员数764万人，且省市级学校规模较大。一般省市级老年大学都在5 000~10 000人以上，规模最大的学校有2万多人次；全国各省、市、自治区及特区中，几乎都办有各级各类老年大学，覆盖广泛，已形成特有的独立网络体系。逐步构成省（市）、地（市）、县（市、区）、乡（镇、街）、村（社区）五级老年大学组成的相对独立的老年学校教育网络体系，老年远程教育和老年社会教育网络也正在逐步建立和不断完善。

② 中国老年教育在落实"积极老龄化"战略过程中，提供的载体、平台多，条件、机会多。中国特色老年教育所构建的网络体系，与各地区、各级别的党政群团、部门建立了密切的组织联系，又由于中国老年教育不仅属于大教育范畴，同时也属于大文化、大体育、大卫生和老干部及老龄工作范围。因此，凸显了对口部门多，提供的载体、平台多，共享的社会资源多和社会的支撑面广等特征和优势，这就为"积极老龄化"所要求的老年人参与社会，服务社会提供了更多的条件和机会，更广大的平台和舞台。

③ 中国老年教育为实施"积极老龄化"战略，培养了大批骨干和先进力量。中国特色老年教育，是以提高老年人综合素质、适应社会变革能力为目标的老年教育，更注重发挥老年人的潜能，满足他们的需要和爱好。因此，在开展老年教育过程中，也为社会培养了一大批能适应社会发展，继续服务社会的老年骨干和活动分子，为社会提供了众多的道德、智力和健康的支持，在实施"积极老龄化"战略进程中，发挥了积极的引领作用。

总之，"积极老龄化"对中国老龄事业的影响是巨大而深刻的，而中国在落实和推进"积极老龄化"过程中，所做出的努力和创新，也是有目共睹的。

二、倡导老年大学代际合作是落实"积极老龄化"的一项举措

"积极老龄化"得以实现必须依靠健康、保障、参与这三个支柱，以及生命全程观

点、以权利为基础、多部门和代际通力合作的三个前提。以往我们对"积极老龄化"的理解往往注重于三个"支柱"而忽视了三个"前提"。事实上,"三个前提"也是"积极老龄化"得以实现的必备条件。关于代际合作,"积极老龄化框架"指出"相互依存和代际间的团结(个人之间和两代之间双向的施与受)都是积极老龄化的原则"。

国际老年大学协会倡导老年大学中的代际合作,是针对全球化的代际关系矛盾而提出的具有现实性的课题,也是落实"积极老龄化"战略的具体措施之一。

1. 代际关系的矛盾是人口老龄化社会普遍的现实问题

从代际关系的性质看,人类社会有两种基本代际关系:一是家庭代际关系;二是社会代际关系。这里我们仅讨论社会代际关系。与以血缘及婚姻为基准的家庭代际关系不同,社会代际关系是一种社会秩序,也是一种社会结构,直接反映了社会利益在代与代之间的分配状况。在人口老龄化和社会转型背景下,社会代际关系呈现出新的特点,并将对社会经济、政治、文化发展产生重大影响。代际关系的矛盾具有普遍性,既体现在家庭,也体现在社会,既体现在物质利益方面,也体现在文化价值方面,既表现在经济领域,也表现在社会、文化和政治等领域。快速发展的人口老龄化成为重塑代际利益格局的基础性力量,带来的矛盾和冲突是不可避免的。代际关系的矛盾已经成为一个普遍性的社会问题。

在传统社会,基于财产和经验上的优势以及"孝文化"的维系,老年人处于主导地位,形成以老年人为强势的传统代际关系格局。

在现代社会,工业革命以后,随着科学技术的快速发展,社会化大生产对青壮年劳动力需求的提升,年轻人和成年人日益崛起,老年人的优势逐渐丧失,并退出主流生产领域,处于被社会疏离的状态,在新的老年观没有建立的情况下,代际关系呈现出老年人弱势、年轻人和成年人强势的现代格局。

进入老龄化社会,随着老年人口的逐步增加,老年人将由社会边缘群体逐渐转变为重要的社会利益群体。老年群体对社会保障、社会服务、公共安全、权益维护、平等参与、文化娱乐等方面的诉求越来越强烈,参与社会发展、共享发展成果的要求也越来越迫切。整个社会的利益诉求格局将随之发生深刻变化。老年人利益诉求日益凸显,与年轻人和成年人的利益矛盾和冲突将不断加剧。同时,代际之间政治力量的均衡关系也面临着新的调整,老年人作为一个社会群体的"话语权"将有所提升,通过政治途径提出利益诉求的可能性增强。在此背景下,老年人同青年人和成年人群体利益诉求的不一致和政治话语权的碰撞现象也会随之增加。

随着代际矛盾的逐渐凸显,在老龄化社会迫切需要打破传统和现代社会两种强弱对峙、不平等的代际关系格局,建立起平等、和谐、互补的老龄社会新型代际关系,实现代际间的协调发展。

2. 老年大学代际合作对解决代际冲突将起到示范作用

全球性的代际冲突,必然也会反映在老年大学教育领域之中。老年大学教育领域是一个比较特殊的社会领域,它是以老年人占绝对多数为显著特点,在老年大学教育领域这一独特的"超级老龄化社会"中,尝试建立一种新型的社会管理的体制机制,形成有效的代际利益协调机制、矛盾调处机制、权益保障机制,统筹解决好不同年龄群体间的责任分担、利益调处、资源共享和权益保障等问题;尝试推动社会管理体制由成年型向老年型转变，体现老年人的意愿和需要，引导老年人通过老年群众或政治组织，反映自身的意愿和利益等。以此尝试减少代际间的冲突，增强代际间融合与团结，促进代际文化认同，形成代际合作、代际和谐的氛围。这在客观上可以起到示范作用，使社会各界以老年大学教育领域为榜样，有利于营造全体人民互帮互助、平等友爱、孝亲敬老、融洽相处的社会风尚；有利于引导社会文化舆论和社会心理，塑造"年龄平等、共同参与、和谐共存、互助成长"的老龄社会观，为构建代际共建、共享、共融的和谐老龄社会提供精神支持。上述问题的成功实践，将使老年大学在解决代际冲突上起示范作用。

3. 老年大学代际合作实践促进代际间的文化传承与文化反哺模式的更新

中国老年大学中的代际合作的多种实践，最显著的效应是促进了代际间文化的传承与反哺模式的更新。

老年人具有传承传统文化的责任。青少年是传统文化的未来主体，是传统文化能否传承的关键所在。而青少年一代善于接受新文化，特别是现代信息时代。现代社会中电子、网络等新技术、新思维，多为青少年抢先获取和掌握，青少年也具有"文化反哺"的责任。所以，代际合作是双向互动的合作，一方面老年人向青少年传承中国传统文化，同时，老年人从年轻一代人身上也可以学习、汲取很多新鲜有益的品质、信息。另一方面，青少年向老年人传播信息技术和新思想、新观念，同时，从老年人身上学到中华民族传统美德、传统文化和传统精神。

老年大学在代际间文化传承和文化反哺中起到促进作用。

老年大学不仅为老年学员提供了文化养老的场所和平台，也同时是文化传承的媒介，老年学员已成为最主要的传承者。历史上，传统文化的传承多以家庭为基本单位，以社会为舞台展开。中国的老年人的养老模式是以家庭养老为主，社会养老为补充。目前，老年人退休后，走出家庭，到老年大学上课是提高晚年生活质量的一个好途径。因此，老年大学注重培养老年学员的文化传承意识，老年人到老年大学学习以后，把所学文化广泛向家庭、社会传播，久而久之就形成一个良好的传播氛围。此外，老年学员在文化传承的路上还会收获成就感和社会地位，成就感又进一步鼓励老年学员文化传承的积极性，形成良性循环。比如，老年学员的书画作品在社会场所公开展出、老年学员的歌舞对外公开演出等多种形式，使青少年在接触中学习了传统文化，并耳濡目染，产生兴趣爱好，从而自觉进行选择性学习。青少年对传统文化的学习兴趣和热情，又促进老年学员的文化宣传和传播的积极性，进一步增强传播的力度和广泛性，影响更多青少年加入传统文化的学习和继承中，最终实现传统文化的代际传承。

从"积极老龄化"这一视角来看，老年大学充当文化传承的媒介，无疑是对老年人参与社会的一个肯定和支持，这将可以更好地实现老年人的精神慰藉和发挥他们的作用。同时，老年大学还创造更多机会，使老年学员与青少年联手合作，给青少年与老年人之间搭建"文化反哺"的平台，老少之间互帮互学，相互影响，共同成长。让传统文化的精髓得以传承，而新文化也得到了传播。

这种文化的传承与反哺功能，是代际合作的显著功能之一。

4. 融合与团结是中国老年大学代际合作的主题

老年人与年轻人因为生理、心理、角色和社会地位以及社会经历的不同，在行为和认识上产生差异，通称"世代隔阂"或"代沟"。中国老年大学教育发展30多年来，在代际关系中更多体现的是代际间的融合与团结，有利于变"代沟"为代际合作。这与"积极老龄化"所提倡的代际合作思想是完全一致的。

（1）中国老年大学中的"老、中、青"三结合的学校管理人员之间体现了代际和睦的合作关系。

据中国老年大学协会2014年统计数字显示，中国目前共有老年大学6万多所。其中县级以上办学正规、规模较大的老年大学，均为政府公办。其办学的组织模式基本一致。其中，办学人员均由不同年龄的老少三代人组成。一般是由一位德高望重的退休老领导任校长，管理层以成年人为骨干，办事人员以青年人为主力。组成了"老、中、青"三代人相结合的办学管理队伍。

学校领导和学校管理队伍中的年长一代，对年轻一代负有传以优良传统、授以知识经验、示以人格榜样的责任；年轻一代则负有向年长一代学习、传承中国传统精神并发扬光大的责任。三代人的团结合作和交替，是办学团队永葆活力的根基。

高质量的代际交流是在自然情景下，代际之间自愿、平等地交流，是相互合作、相互学习、相互依赖、亲密共融的代际接触。中国老年大学中的人际关系正是这种高质量的、自然情景中形成的合作关系。它最大特点是不同年龄段的工作人员共处一室，通过建立不同年龄代际间相互协作的工作关系，使年轻一代直观地感受到老年人的睿智、沉稳、认真负责的积极特点和价值，也让老一代直观了解到年轻人的聪明、活跃、奋进以及背负压力、勤奋刻苦的向上精神和能力，这种代际间的优势互补、相互依存关系，使代际之间更好地平等、和睦相处，并在相互学习、相互理解的基础上相互沟通。有利于消除代际之间的消极刻板印象，增进代际间的理解和尊重，有助于建立彼此平等尊重、良好联系的代际合作关系。

（2）授课教师的三代同堂以及年轻教师与老年学员之间体现了代际融洽的协作关系。

在中国的老年大学中，授课教师也是由三代人组成，有退休的老教授，也有在职的中年教师，还有许多青年教师。青年教师有日益增多的趋势。这是开展代际合作的有利条件。例如，湖北省老年大学教师队伍现状调查的数据显示，共有教师987人。其年龄结构是：61岁以上老年教师388人，占比39.3%；46~60岁中年教师342人，占比34.7%；45岁以下青年教师257人，占比26%。

首先，教师之间存在代际关系。教师构成主要分为退休、在职、在读三类。退休教师经验丰富但精力有限，在职中年教师知识全面但在任职单位工作较忙，在读青年教师多为在校硕士、博士生，有朝气有活力但经验不足。不同年龄的教师通过教学活动，互相了解，互相学习，共同研讨教学方法，形成良好的代际合作关系。其次，老年学员与年轻教师形成代际关系。老年学员可以从年轻教师和工作人员身上看到朝气蓬勃的精神风貌，学到现代化、信息化的先进知识以及新潮的生活观念，年轻老师和工作人员则可从老年学员身上传承光荣传统和经验。即便也会存在一定的代际冲突，但是在这种工作机制下，日益开展的代际合作中被逐渐内化，最终得到代际团结的良好结果。这种代际团结更多地体现在教学相长，共同进步上。

（3）老年大学学员与其子女间体现了代际和谐的亲情关系。

老年人在老年大学通过学习新知识和重新社会化，也使他们学会了代际合作。老年学员在老年大学学习的过程中，参与了学校的学习和社会活动，使自己融入社会，接受了一些新观念，学会了许多新词汇，并日益与时俱进，不再是社会和家庭的负担。他们与子女的交流、沟通变得更加通畅，两代人之间的理解加深，减少了家庭中的代际矛盾和代沟现象，这在客观上达成了代际和谐的效果。

（4）老年大学社团参与社会、深入基层，与青少年建立了代际团结的协同关系。

以景德镇老年大学为例，学校各种社团经常性地组织老年学员参与社会，建立了"三联合""四服务""五进入"的活动机制，广泛深入地与青少年建立代际合作的良好关系。

"三联合"形式。就是老年大学与科、教、文、卫、工、青、妇等多个部门采取"联合办学、办班、办活动"的"三联合"形式，使老年学员走出校门，从学校的"小课堂"融入社会的大课堂中去。在三联合形式中，老年学员与不同年龄的青少年或中青年人，开展丰富多彩的教学活动，老中青三代人经常处于十分融洽、无比欢乐的气氛中。

"四服务"要求。就是老年大学按照"为中心工作服务、为老年人服务、为基层服务、为社会服务"的"四服务"的要求，为学员提供学习、实践、展示、服务社会的载体和平台。在"四服务"的过程中，老年学员不可避免地要与各年龄段的中青年人进行人际交往或合作行动。代际间常常是配合默契、互相照顾、互相关怀、互相体贴，有些建立起深厚的情谊并长期合作。

"五进入"渠道。就是老年大学以及社团、班级主动与相关社会各界联系，开辟了"进社区、进学校、进企业、进部队、进农村"的"五进入"渠道，形成以学校的小课堂为基点，向社会各行业、各部门、各阶层全方位、立体化、多层次拓展的开放式教学体系。老年学员通过五种渠道，进社区、学校、企业、部队、农村，与青少年学生、年轻职工、青年官兵等携手开展各种学习活动或公益活动，携手共建多种形式的合作组织，使老少同乐，老青同欢。

通过"开门办学"的"三联合、四服务、五进入"等多种形式，把教学、活动链延伸、拓展到社会各行业、各部门、各阶层。并通过多种形式广泛接触年轻人，其中包括大、中、小学学生以及各行各业的青年工作者、建设者，并与年轻一代建立良好的代际关系，互帮互学，共同成长。使代际间的合作亲密无间。

（5）老年大学与"关心下一代委员会"密切联系建立了代际关怀的良好关系。

中国关心下一代工作委员会（简称"中国关工委"），其主要任务是围绕党和政府不同时期的中心工作，积极协助和配合党、政有关部门为青少年、儿童健康成长办实事、做好事。中国关工委是以组织五老（老干部、老教师、老专家、老战士、老模范），来进行关心、教育下一代的工作为目的的群众性工作组织，全国各省市县区及相关行政管理部门都设立了关工委组织，全国各级各类工作组织92万个，人员1 250万人。

关工委是中国特有的组织，其在代际合作中有着重要作用。每代老年人都肩负着历史赋予的培养和教育下一代的使命和责任，愿意为年轻人的成长铺路搭桥，实现代际合作，这是老年人应具备的美德。

一些老年大学管理者及老年学员本身就是关工委成员，也有一些关心下一代活动是关工委与老年大学合作进行的。例如，山东省平度市依托老年大学优势，在市老年大学成立关心下一代委员会，各乡镇、街道以及社区老年大学纷纷成立关工委组织。关工委与老年大学联合开展丰富多彩的老年人与青少年共同参与的文化活动，老少两代人同台展演，其乐融融。老年大学关工委还组织老年学员开展与贫困地区青少年结对子扶贫帮困活动，老少两代人共同克服困难，努力完成学业。全国各地老年大学都与关工委密切合作开展多项活动，普遍开展的有老少读书活动、"五老"网吧义务监督、校外老少辅导站、"四点钟"老少学校等。大体分为思想道德建设、主题教育活动、净化社会环境、帮扶济困、预防未成年人犯罪、民族团结、青年工人和农民的培训、自身建设等八个方面。

三、结语

1. "积极老龄化"是在中国传播较广、影响较大的国际理念。我们对它的认识和理解在逐渐加深，而它对中国老龄事业的影响也日益广泛和深入

（1）"积极老龄化"是集中了20世纪老龄工作和老年学术新研究之大成而精炼出来的概念，它提出"三个支柱"。同时提出，还有"三个前提"必需条件。以往的研究对"三个支柱"关注较多，对保障"三个支柱"实现的"三个前提"提得较少，而恰恰"三个前提"是落实"三个支柱"的必备条件。

（2）中国的"积极老龄观"是以"积极老龄化"为内核，是对"积极老龄化"的高度凝练和集中表达。

（3）中国"积极应对人口老龄化"战略思想，是以"积极老龄化"为理论参考，从中国人口大国、未富先老、未备先老的国情实际出发，站在国家、社会层面的高度而进行的战略思维，成为"积极老龄化"中国化的升级版。

（4）"积极老年教育观"汲取了"积极老龄化"的精髓。在引领中国老年教育持续、健康发展方面，发挥着不可忽视的重要作用。

（5）"积极老龄化"对中国老年教育的影响和渗透最为深刻和广泛。而中国大力发展老年大学教育又创造性地推进了"积极老龄化"在中国的实施。中国特色老年教育虽然起步晚，但发展快、规模大。由于形成了特有的全国五级网络体系，在推进"积极老龄化"战略实施进程中，力度更大，范围更广，影响更深远。

2. "积极老龄化"倡导代际合作，与中国老年大学30多年来的代际合作实践具有异曲同工之妙

（1）代际矛盾是人口老龄化社会普遍的现实问题。随着代际矛盾的逐渐凸显，在老龄化社会迫切需要建立起平等、和谐、互补的老龄社会新型代际关系，实现代际间的协调发展。

（2）中国老年大学的多内容、多层次、多形式、多渠道的代际合作的成功实践，有利于营造代际间互帮互助、平等友爱、孝亲敬老、融洽相处的社会风尚；有利于塑造"年龄平等、共同参与、和谐共存、互助成长"的老龄社会观，为构建代际共建、共享、共融的和谐老龄社会提供精神支持。这些都使中国老年学校教育在解决代际冲突上起到示范作用。

（3）中国老年大学代际双向互动的合作，最显著的效应是促进了代际间文化的传承与反哺模式的更新。老年大学创造更多机会，给老年人与青少年之间搭建文化传承与反哺的平台，使老年学员成为传统文化的传承人，同时接受来自青少年对现代信息技术和

新锐文化的反哺。

（4）中国老年大学中的"老中青三结合"的办学管理队伍，形成了代际间融合与团结的理想境界。三代人的团结合作和交替，是办学团队永葆活力的根基。

（5）"三代同堂"的授课教师与老年学员之间代际合作是师生教学相长共同进步、代际融合与团结的体现。

（6）老年学员与子女间的代际合作是文化传承与反哺在家庭中的又一种表现形式，有利于形成"一人入学、带动一家、影响一片"的代际和谐的社会效应。

（7）中国老年大学社团通过"三联合""四服务""五进入"的活动，使老年学员与青少年及社会多层面建立双向互动的机制，在联合与共建中，普遍而常态地建立起良好的代际合作关系，有利于构建代际共建、共享、共融、和谐稳定的老龄社会。

（8）以"五老"为骨干的中国"关工委"与中国老年大学合作，是优势互补、资源共享的代际合作最佳模式，通过"老少同学、同乐、同心、同德""大手牵小手，幸福道上走"等系列活动，对家庭和谐、国家昌盛、社会进步的促进作用，使融合与团结的代际合作实现了多层次、广覆盖、影响深远的社会效应。

相信未来的中国老年大学，将越来越重视代际合作，使老年大学不仅办成老年人"终身学习的校园，晚年生活的乐园，温馨和谐的家园，老有所为的田园"，还要加强代际合作，成为社会代际关系和谐的典范，从代际融合到代际团结，最后实现代际超越，达到与社会各界代际之间形成相互依存、共同参与、和谐发展的新境界。

（作者系中国老年大学协会学术委员会副主任、景德镇老年大学校长）

"四化"视域中的老年大学与代际合作

武汉老年大学　郑焕清

人类正面临越来越多的社会问题，世界不断遭遇新的严峻挑战。"四化"（发展城市化、人口老龄化、婚育高龄化、家庭少子化）现象是处于不同发展阶段的国家所面临的共性问题。"四化"叠加使原本受困于老龄化的发展中国家面临更多不确定性挑战，代际合作显得特别重要。基于这样的背景思考，本文拟从"四化"可能带来的困局与代际合作的视角，重点研究老年大学在促进代际合作中的担当与作为。

一、"四化"现象与可能出现的社会困局

1. 不可逆转的"四化"现象

(1) 发展城市化是不可阻挡的历史潮流。

城市能给人提供更多实现与创造价值的机遇,城市使人的生活更美好。城市化浪潮正在席卷世界各地。中国改革开放30多年最显著变化之一,就是城市化进程大大加快。截至2015年11月1日,全国13.73亿人口有7.6亿人口居住在城镇,占总人口的约56%。与改革开放初期比,城镇人口增长了5亿多。十三五末期,规划城镇户籍人口占比45%,比"十二五"末增加6%,预计将新增1亿城市人口。未来10~15年,中国城市化率将会继续高企。

(2) 人口老龄化是难以遏制的世界趋势。

人类生存条件改善与自然资源约束,社会老龄化进程加快。国家现代化水平和文明程度越高,人口老龄化程度也就越高。中国目前60岁以上人口约2.27亿人,65岁以上约1.4亿人,分别占人口总数之比的16.52%和10.47%。按国际通行标准,中国早已步入老龄化社会。预测2050年60岁以上人口将达5亿人,进入极度老龄化社会。不同国家、不同地区进入老龄化时间和程度虽然不同,但进入老龄化社会的趋势则是相同的。老龄化已成为当今时代的重要特征。

(3) 婚育高龄化是正在加剧的社会现象。

结婚生育正在成为广受关注的社会问题。由于人的生产成本增加和年轻人工作压力加大,不婚不育的现象越来越普遍。许多年轻人不再认为结婚是人生的必须选项,无子也不是不孝的体现。据中日韩的调查,30%的中国受访者和55.6%的韩国受访者和50.9%的日本受访者表示,"结不结婚都行",2%的中国受访者和5.5%的韩国和2.2%的日本受访者认为"不结婚比较好",对结婚持否定态度的韩国受访者高达61.1%,日本为53.1%,中国为22.5%。尤其是女性对结婚持否定态度的比例很高,认为主要阻力是经济负担、行动自由受限。日本初婚年龄男性为31岁,女性为29.4岁,许多年轻人错过了最佳生育年龄。据武汉中心医院妇产科统计,产妇一胎平均年龄为27.6岁,比20年前提高了4岁。年轻人大学毕业后还需要奋斗打拼,才具备结婚生子的基本经济条件,因此越往后婚育高龄化现象会越加明显。

(4) 家庭少子化已成严峻社会现实。

长期计划生育的一胎政策,使中国新生儿出生率长期处于低位。虽然全面放开二孩,但愿意生育的育龄妇女比例不高。无婚姻、无子女的群体扩大,"双收入、无孩儿"的丁克家庭增多。尤其是宝塔尖上的女性(政治、文化、科学精英)很多没有组织家庭。追求成功、幸福、自由成为不婚不育的重要因素。中国生育率虽一直缺少权威数据,但据一些学术机构测算,2008年到2013年中国生育率为1.6%,保守的预测为1.5%,武汉市2014年生育率为1.2%。一旦社会生育率降至1.5%以下,再想上升会比较困难。

2. "四化"叠加可能带来的社会问题和困局

"四化"现象是社会发展一定阶段的产物,有其历史必然性,在某种角度讲,也是社会发展进步的体现,但毋庸讳言,"四化"现象也可能引发一些社会问题或困局:

(1) 人口老龄化使经济社会发展负担加重。

老龄人口比例扩大，劳动力结构变化，人口红利消失。中国每年约1 000万老龄人口退出工作岗位。国家净减少劳动力200万~300万人。长期以低价劳动支撑的高速发展模式难以为继。社会抚养比变化，劳动者负担加重，养老资金缺口扩大。有些地方养老金和医保资金已入不敷出。老龄人口增加对社会资源形成挤占效应，必然影响经济和社会发展。

(2) 传统伦理道德结构受到冲击，情感渐趋冷漠。

现代化与城市化使许多年轻人远离家乡，在一个新的社会环境中，最关心的是自己的成功、收入、权利，大量精致的利己主义者应运而生。人际关系变得冷漠，家庭情感渐渐疏远。家族共生正在走向个体生活，老年人不再处于家族结构的顶层，养老抚小作为家族活动核心的时代正在远去，老吾老幼吾幼的责任感淡化。"啃老"成为理所当然，"甩老"成为司空见惯，由此引发的社会矛盾和问题增多。

(3) 人的发展出现危机。

"四化"叠加可能带来的最大困局是人自身发展将面临危机。马克思把人的自由与全面发展视为人类社会发展的根本动力和目的。过去谈人的全面发展往往着眼在人的物质与精神层面的发展，但这是不全面的。在马克思的经典论述中包含有人的持续发展。这一观点对全面准确理解人的自由与全面发展十分重要。"四化"叠加将导致人的繁衍生息和代际延续出现问题。人类自身发展若不可持续，那可能是人类发展的最大悲剧。

二、老年大学是促进代际合作，化解"四化"困局的重要力量

1. 加强代际合作是化解"困局"的重要途径

(1) 代际合作是人类文明传承、社会进步的重要基础。

(2) 代际合作是人类繁衍持续，生生不息的重要保障。

(3) 代际合作是化解"四化"可能导致社会困局的迫切要求。

当下中国社会结构深刻变革，社会关系深刻调整，面临的矛盾和问题越来越多，代际合作必须加强。文明延续、知识传承，技能传递、事业传帮，社会和谐都不能离开代际合作。尤其是人的自由与全面发展，人的繁衍与持续，迫切需要加强代际合作。过去那让人羡慕的三（四）代同堂，扶老携幼，诗书耕读的田园牧歌不再常见，当养老与育小成为一个严重社会问题的时候，代际合作价值彰显。

2. 老年大学促进代际合作具有特殊优势

(1) 老年大学聚集了庞大老年群体，具有主体资源优势。全国700多万老年大学学员，且是相对低龄学员，是代际合作主体参与者，是促进代际合作不可或缺的重要力量。

(2) 老年大学学员是相对的智识群体，风范长者，健康老人，拥有丰富的社会资源，具有强大的资源能量优势。

(3) 老年大学学习内容丰富，涵盖宽泛，社团组织众多，社会参与面广，具有促进代际合作的巨大潜力。

3. 老年大学促进代际合作责无旁贷

(1) 老年大学教育宗旨要求在代际合作中要有所作为，老年大学丰富知识，增进健

康，塑造健康老人，引领文化发展，共建社会和谐，就要在代际合作中积极作为。

（2）老年大学文化内核决定其作为的重点放在促进代际合作上，为实现人的全面与自由发展贡献力量。生命文化要体现在尊重生命的意义，放大生命的价值，维护生命的持续，永葆生命的生机，使国家民族人类生生不息、香火传承。

（3）老年大学社会功能应该而且能够在促进代际合作中大有可为。

三、老年大学促进代际合作的主要行动计划

（1）观念引导计划：一是积极老龄观。积极老龄观是积极老龄化的思想理论基础。积极看待老龄社会，积极看待老年人和老龄生活，老年是人生的重要阶段，是仍然可以有作为、有进步、有快乐的重要阶段。老年人既可能是生理弱势群体，但又是资源拥有的优势群体，老年人既需要社会关照，但同时要关爱社会，既有享受乐龄生活的权利，又有服务社会发展的责任。二是发展责任观。天下兴亡，匹夫有责。不能以世事、国事天下事关我何事的态度自居。经济、政治、文化社会生态发展关乎你我，关乎长远，特别是人类的发展，关系国家、民族和人类自身发展。三是人际美爱观。儒讲仁者爱人，道讲兼爱，释讲普度众生，天基讲爱天下所有人。马列讲解放全人类无产阶级才能解放自己。人美我美，各美其美，美人之美、美美共生，不能只爱自己。四是孝老和携幼观。弘扬具有民族特色，时代特点的敬老文化，传承老吾老以及人之老，幼吾幼以及人之幼的优良美德。

（2）健康促进计划。健康是代际合作的保障。老年大学在塑造健康快乐时代老人方面显出特有优势和巨大能量。健康包含生理健康、心理健康、行为健康。塑造更多达观老人，风范长者，是促进代际合作的重要内容。

（3）技能学习培训计划。尤其是服务型的应用技能：家政服务、医疗按摩、花卉栽培、厨艺、裁剪等，增强代际合作的本领。老年大学为此做了贡献，今后要进一步加强。

（4）参与服务计划。参与社会、服务社会是老年大学促进代际合作的重要途径。参加社会公益活动，时事政策宣传，治安联防巡查，社区看护照料，技能传承培训，艺术公益展演等。

这些都是各级老年大学已经或正在开展的行动计划，要进一步根据各校的特点和条件，选择性地组织策划，开展有利于代际合作的行动，把老年大学的功能、优势、潜能充分发挥出来，使其成为促进代际合作的重要载体和基地。

（作者系武汉老年大学副校长）

第九章 AIUTA 及其他

U3A 在世界

[中国老年大学协会国际联络部]

编译者按：U3A 是 University of the Third Age 的缩写，意为第三年龄大学（即老年大学）。在世界范围内，老年大学覆盖广泛，影响深远。中国老年大学协会国际联络部辑录翻译了部分来自欧洲、亚洲、美洲、大洋洲、非洲等地的老年大学工作者、学员对其校园的介绍，并与读者们分享。让我们一起倾听世界各地老年大学人的声音，一起领略不同地域老年教育的风景。

U3A 在世界——欧洲

1. London（英国，伦敦）

我叫 Sofie Landau，是英国伦敦第三年龄大学的主席。

伦敦第三年龄大学成立已超过 26 年。目前，我们约有 1 500 名学员。共开设了超过 100 门课程，每周或每两周授课一次。我们专门租了一栋大楼以作教学之用，每周都会邀请校外的一些专家或名人来我校举办讲座。

我们的课程包括：语言（有 7 种语言可供学习）、历史、哲学、文学、写作、音乐、数学、科学、法律、建筑、政治、体育、瑜伽、太极拳等。

我非常享受第三年龄大学带给我的感受。在这里，我能结识到来自不同地区，拥有不同兴趣和经历的朋友。同时，能参与学校的各种课程和讲座，我也感到非常荣幸。

2. Oxford（英国，牛津）

我叫 Hazel George，是来自英国牛津第三年龄大学。

牛津第三年龄大学已经创办超过 25 年，目前拥有近 300 名学员。我们有 24 个不同的兴趣小组，每个月都会在学员的家里举行 1~2 次的非正式集会或主题活动，这些活动涵盖了语言和文学等多种主题，非常受学员欢迎。

此外，我们在每周四都会举行一次涉及不同主题的讲座。我们有很多学员都是和大学保持着紧密联系的退休学者，因此我们经常能邀请到一些知名的杰出人士为我们做演讲。

3. Sunshine Coast of Spain（西班牙，阳光海岸）

我叫 Carmella Dight，是西班牙阳光海岸第三年龄大学的创立者和现任校长。

阳光海岸第三年龄大学创立于1998年，坐落在小城丰希罗拉。我们学校有280名学员，分别来自27个不同民族，我们一般使用英语进行沟通。每名学员每年只需交纳年费24欧元。

我们设有超过30门课程，包括艺术、音乐、戏剧、历史、政治、语言、文学、地理、地质、哲学等。考虑到丰希罗拉的流动人口较多，所以每一门课程一般只会持续8～12周（甚至更短时间）。此外，我们每个月都会举行6次讲座，邀请社会上的专家和知名人士来给学员做不同主题的演讲。我们配备了多媒体设备，可以在讲座中采用幻灯片、视频等影音结合的形式。

我们每年还会举办3～4次短途旅行，组织学员在西班牙境内游览（一般持续2～3天）。在我们的学员当中，有相当一部分都是独居长者（包括丧偶、离婚、未婚等），我们认为举办这些旅行活动除了能让他们领略不同地方的风情之外，还有助于他们拓宽生活圈子和更多地与人交流。值得一提的是，去年我们还组织了2个学习小组前往俄罗斯游学。其中一个研习俄罗斯文学课程的10人小组前往莫斯科、图拉、普斯科夫和圣彼得堡等地进行考察。而另一个40人小组从莫斯科顺着伏尔加河而上，到达圣彼得堡进行参观游览。此外，我们的地质学习小组也经常参观西班牙境内的历史遗迹以检验他们的研究学习成果。

我觉得最令人高兴的事情就是能与来自不同民族、不同地区的人们一起学习、交流、分享心得。这真是很有趣、很令人兴奋。我认为，在阳光海岸第三年龄大学，我们在一起是一种博爱的体现。

4. Uppsala（瑞典，乌普萨拉）

我叫 Maj Aldskogius，是乌普萨拉第三年龄大学的荣誉校长。

乌普萨拉第三年龄大学坐落在瑞典的东南部，有近1 700名学员。学员每年只需交纳年费20欧元，便可每月参加2次任意主题的讲座（在每年5—9月之间）。另外，乌普萨拉第三年龄大学定期举办以下三种活动：

（1）系列讲座，每学期至少举行4次。讲座的内容涉及历史，艺术史，音乐史，能源、健康与环境等多门学科（需交纳30欧元/学期，等于60欧元/年）。

（2）研究学习会，每学期举办超过50次。研究学习的内容包括：宗教、哲学、自然科学（包括观鸟等）、社会科学、语言（如拉丁语等）、音乐（如爵士乐等）、艺术（如水彩等）、写作、IT类技术（文字处理，数码照片等）等（需交纳30～60欧元/学期，等于60～120欧元/年，根据不同序列长度收费），这是一个研究性的学习圈子。

（3）学习旅行，每学期至少举办10次。我们会组织学员参与国内各种文化活动，如欣赏歌剧、音乐会，参观博物馆和各种展览等。此外，我们还会组织学员到国外进行游学，而且游学内容会与研究学习会的内容相结合（收费视成本而定）。

举办多种多样的学习活动，促进人与人之间的交流，这是我们学校最吸引人的地方。

特别是我们的研究学习会，更是学员们学习和交流心得之处。作为乌普萨拉第三年龄大学的一员，我非常希望可以与欧洲乃至世界各地第三年龄大学加强交流与合作。

5. Zelenogorsk（俄罗斯，泽伦诺格尔斯克城）

我叫 Elene Bukreeva，是泽伦诺格尔斯克城老年大学的工作人员。

我们学校目前有大约 150 名学员。

我们的课程包括天文、体育、艺术文化、绘图、工艺品制作基础、针织、健康饮食与健康生活、烹饪、长者哲学、国际教育项目、电脑、英语、法律基础，植物种植学等。

我在这里感受最深的是通过学习，学员们获得了更多展示自己的机会。

6. Zilina（斯洛伐克，日利纳）

我叫 Iveta Kacerova，来自日利纳第三年龄大学。

我们学校的名字在斯洛伐克语里叫 Univerzita Tretieho Veku，其隶属于日利纳大学，坐落在斯洛伐克西北部的一个小镇上，约有学员 200 名。

我校 2010—2011 学年的课程为：哲学、心理学、电脑、艺术、媒体学、社会学以及日利纳市的历史等。我们的学员也经常举办一些聚会，在一起制作玻璃画、剪纸、蜡染以及进行一些话题的讨论。其中关于文学话题的讨论最受欢迎，每次学员出席率都很高。

我们的第三年龄教育为当地退休人士提供了很多有趣的课程，学员们都很喜欢这种由大学教授以及各专业的专家授课的形式。除了授课之外，我们还每年组织 2 次短途旅行，帮助学员们增进感情。

我认为，无论处于任何年龄段，生活都可以是多姿多彩的！

7. Reading（英国，雷丁）

我叫 Jean Thompson，就读于雷丁第三年龄大学。学校有 370 名学员。我们的年费是 15 英镑。

我们有 30 多个兴趣小组，涵盖了从"科学与技术"到"智慧和幽默"等各种主题。值得一提的是，我们有 4 个外语兴趣小组，分别是德语、法语、意大利语和西班牙语。我们的聚会和活动场所一般选择当地教堂，一些人数较少的兴趣小组会在成员的家里开展活动。

我们每个月都会举办 2 次公开活动，其一是以讲座形式进行，邀请校外人士主讲；其二是以讨论和分享的形式进行，由学员介绍他们的学习经验和成果。我作为"旅行兴趣小组"的召集人之一，经常在活动中通过与其他小组的讨论了解到更多全国各地的资讯，以启发我们的学习和活动，使之更具多样性。现在，我正在准备参与下一次活动——关于"独自旅行的利与弊"的主题讨论。

我们学校在雷丁有广泛的群众基础，我很享受这种与来自不同地区的人一起学习、一起活动，广交朋友的氛围。同时我们也希望能获得更多世界各地第三年龄大学的资讯，以更好地相互了解和交流。

8. Swansea（英国，威尔士斯旺西）

我是 Roger Knight，是斯旺西第三年龄大学的前主席。我们学校位于威尔士的高尔半岛。不久前，我们在斯旺西大学校园里的塔里埃森剧院举行了建校25周年的盛大庆祝活动。

回顾斯旺西第三年龄大学的历史，在度过了艰难的始创阶段后，学校的发展在20世纪90年代初步入正轨，并与斯旺西大学建立了良好的合作关系。时至今日，我们已拥有超过700名学员，40多个学习小组。我们还积极为南威尔士地区其他几间第三年龄大学的启动和发展提供帮助，参与构建一个提供相互支持和鼓励的本地网络平台。

我们固定每周举办一次讲座，每次约有150~250名学员参加。斯旺西大学对我们的活动十分支持，不仅提供免费且设施齐全的场地，还鼓励教职人员前来担任主讲嘉宾，大学的副校长每年都会担任主讲嘉宾，而其他主讲者还包括我们的师生及其他第三年龄大学成员等。

我们还开设了多种主题的学习小组，包括休闲旅行、语言会话、天文、园艺、太极、阅读等。值得一提的是，我们的天文学习小组经常参与当地天文学会人员的工作，并可通过互联网使用其大型天文望远镜等设备。此外，在 Maurice Broady 教授的倡导下，我们的一个研究小组根据当地的档案资料编撰了《斯旺西市场历史》。

我非常喜欢每周一次的讲座，以及其提供给学员们社交互动的机会。这使我更加确信这种现象背后一句古老的格言："U3A 增加你生命中的岁月和生命流年。"

9. Belfast（英国，北爱尔兰贝尔法斯特）

我叫 Brian Bridge，是贝尔法斯特第三年龄大学的一员。贝尔法斯特第三年龄大学作为北爱尔兰地区21个第三年龄教育机构之一，我们学校就坐落在这个群山环抱、绿草如茵的小城。

2011年，我们建校10周年。我们从最初的20名学员发展到今天的470名学员。我们每个月都会在城市南部的贝尔沃剧院举行聚会，每次都会吸引地区内的很多民众前来参加。

我们学校开办了包括观鸟、计算机、创意写作、快乐阅读和太极等25个兴趣小组。这些小组各具特色，深受学员的欢迎。其中开办时间最长的是放手步行小组和读书俱乐部，而意大利语、考古和工艺品等兴趣小组则是近期新开办的。

我提前退休之后，在朋友的建议下加入了第三年龄大学，这使我每一周都过得充实而活跃。随着学校的活动，我认识了很多新朋友、学到了很多新知识，也去了很多地方。如今我是观鸟兴趣小组的组长，也是学校委员会的一员。借此机会，我希望可以将在第三年龄大学学习的好处传播给更多的人，就像当时朋友给我建议一样。

10. Belgrade（塞尔维亚，贝尔格莱德）

我叫 Gordana Panijan，是塞尔维亚贝尔格莱德第三年龄大学的一名教师。

我们学校位于塞尔维亚共和国的首都贝尔格莱德。

我们学校现在有近400名学员，我们在一起参与各种学习和活动。我们的课程主要有以下六种：

（1）语言类课程。包括英语、德语、西班牙语、法语、意大利语以及希腊语等多种语言。其中英语是最受学员欢迎的语种。

（2）艺术类课程。包括各种绘画和雕塑等。

（3）音乐类课程。包括钢琴、吉他、手风琴、电子琴、各种敲击乐以及"孚拉"（孚拉是当地一种木制的吹奏管乐器，又称塞尔维亚竖笛）等。

（4）计算机类课程。学习计算机的基本操作，如何使用互联网和多媒体设备等知识，还包括学习使用各种基本软件，例如 Windows、Word 等。

（5）体育类课程。其中瑜伽非常受学员欢迎。

（6）其他课程。除上述课程类别之外我们学校还提供很多其他课程，例如手工艺品制作，在其中我们可以学到一些实用的手艺，包括制作手工艺品和饰品，设计和缝制衣服等。此外还有诸如戏剧史和表演等课程。

我们学校也经常组织学员参加各种活动，比如野餐、旅行、联谊以及一些以文学、艺术、电影等为主题的交流聚会。

研究表明，人在晚年学习一门外语有助于降低患上各种老龄疾病的概率，例如阿尔茨海默氏症（俗称老年痴呆）等。作为第三年龄大学的一名英语教师，我认为人在任何年龄都应保持思维能力和记忆力的锻炼。同时，我也十分认同终身学习的理念，每次看到学员们积极的生活态度，我都会感到人生是多么美好。

11. Valencia（西班牙，巴伦西亚）

我叫 Maria Angeles Tortosa，我来自西班牙的巴伦西亚。巴伦西亚大学的一个代际关怀项目（La Nau Gran）旨在为 55 岁以上的人士提供进入大学学习的机会。以下是关于这个项目的三个问题及回答：

（1）学校在什么地方？巴伦西亚市巴伦西亚大学。

（2）学校什么时候建立的？1999 年。

（3）2005 年学校有多少成员？850 人。

这个项目有 7 个专业供选择，分别是：心理学、社会科学、人文科学、科学、艺术史、地理和历史、健康知识。La Nau Gran 项目的学员必须先参加的入门课程，然后便可与普通学生一起修读所选专业的各种选修课和公共课。La Nau Gran 项目的学员需在 3～4 年（视专业而定）内修满 900～1200 个学时。在每年的 2—6 月期间，学校还会提供一些补充课程，例如电影艺术、天文、记忆力训练等。这些补充课程可供 La Nau Gran 项目的学员以及其他有兴趣参与和了解此项目的人士参加。

此外，我们还经常会以健康或社会科学为主题免费举办一些交流会议或短途旅行。

12. Reykjavik（冰岛，雷克雅未克）

我叫 Ingibjorg Rannveig Gudlaugsdottir，是冰岛第一所第三年龄大学——雷克雅未克第三年龄大学的主席。我们学校成立于 2012 年 3 月 16 日。

我们学校位于冰岛首都雷克雅未克，我们学校现有 29 名学员，均为学校创立成员

（任何一名于建校一周年之前加入的学员都视为创立成员）。

目前我们主要组织一些活动小组，举办不同主题的活动，例如文学、电影、写作、太极和大笑瑜伽等（大笑瑜伽由一位印度医生于1955年发明，今在欧洲和日本等许多国家流行，据称在舒缓压力、改善代谢等方面有功效）。

多年来，我一直关注和研究世界第三年龄教育的情况，我也有一群志同道合，且具有创新和开拓精神的同伴。我们一直希望为雷克雅未克的第三年龄人士创造一个参与终身学习活动的可能，并将之推广到冰岛其他地区。2010年，我有幸参加了在印度举行的世界第三年龄大学会议，和世界各地的第三年龄大学人交流，这使我更加确信我们正走在正确的道路上。

13. Blackbourne（英国，布莱克本）

我叫Bob Mountfort，是布莱克本第三年龄大学的一员。我们学校于1992年作为伯里圣埃德蒙兹第三年龄大学的分校而创办。自1994年起，我们开始独立办学，学员人数增长得很快。

学校现在有500名学员，但受限于主要的演讲和活动场地"绿色中心礼堂"只能容纳250人，我们的活动还未能全面展开。为此，我们不得不劝退一些学员，这对于我们来说并不是一件愉快的事情。我们专门建立了一套等待机制，将那些由于资源所限暂时未能入学的准学员列入"等候名单"，目前该名单中有35位准学员。我们开设了30个兴趣小组，这个数字还在持续增加。相应地，其中一些热门的兴趣小组也设有"等候名单"。

我们开办了多种课程，包括法语口语、法国文学欣赏、西班牙语口语、诗歌欣赏、乐队演奏、爵士乐、歌剧欣赏、观鸟、阅读、讨论会、计算机、摄影、视频录制与编辑、选举制度与民主、家族历史与家谱制作、本地历史、社会历史、水彩画、工艺品制作、羊皮纸工艺（一种剪纸、装饰艺术）、拼字游戏、主题出行、旅游观光等。

14. Doncaster（英国，唐卡斯特）

我叫Martin Fisher，是唐卡斯特第三年龄大学的一员。

唐卡斯特第三年龄大学有300名学员，学校成立了一个由11人组成的委员会管理日常事务。我们定期在当地的达努姆酒店举行会议。我们有26个不同的活动小组，包括有各种各样的主题，如艺术与书法、书评、纸牌与拼字游戏、咖啡会、收藏品鉴会、计算机、法语、文学、写作、哲学、音乐欣赏、当地历史、家族史与家谱制作、戏剧、社交与散步等。这些小组活动有的选择在学员家里开展，有的则在唐卡斯特中心区域的不同场所开展活动。其中最受欢迎的是戏剧小组，超过100名学员参与，其次是当地历史小组，也有30多名成员。

在我而言，能够和同龄人一起活动学习，是一件十分快乐的事，在计算机小组我与其他人分享了知识，在家族史和家谱制作小组我学到了新的东西。尽管我们的活动小组的主题已经覆盖了很多领域，但管理委员会仍然希望开办更多的小组。因此，寻找小组的新负责人和组织者成为目前的难题，我们正积极地努力着。

参与第三年龄大学，我的感想是：拥有或失去，在于你的选择。

15. Cardigan（英国，威尔士卡迪根）

我叫 Pete Mears，是卡迪根第三年龄大学的主席。卡迪根第三年龄大学建立于 2005 年，至今已有超过 200 名学员，这个数字还在稳定上升中。我们学校是一个活泼、友善的团体，为社会上的退休和半退休人士提供多种学习、创作和休闲类活动，任何不再从事全职工作的中老年朋友都可以加入我们。

我们有 19 个兴趣小组，涉及从环境研究到户外步行等多个主题，其活动场地一般选在卡迪根地区。此外，每个月我们会开展一次专题讲座，邀请校外嘉宾主讲。

我们的学员每年需交纳年费 12 英镑，可参加学校组织的所有学习和活动。如此低廉的费用得益于我们采取了学员自主的运作模式，兴趣小组由学员发起组织，大家一起参与、互动，分享知识和经验。

16. Tramore（爱尔兰，特拉莫尔）

我叫 Mollie Hunt，在新近创办的特拉莫尔第三年龄大学担任秘书。"Tramore"一词的原意是"宽广的海岸"，学校坐落在爱尔兰的东南部。

我们的第三年龄大学通常在每月的第一周的星期四在当地的海岸防卫所举行讲座活动，内容涵盖当地历史、艺术欣赏、地区经济学、红酒知识等各种各样能激起我们兴趣的主题。原则上我们的讲座是为退休人士开设的，但在条件允许时我们也欢迎社会上任何人士来参与。我们每次收取 2 欧元/人，以支付场地租金以及讲座期间的咖啡、茶水等费用。

我们的学校创办时间很短（始于 2011 年 12 月），因此部分活动的形式和内容并不十分固定，但我们尽可能做到民主和符合会员意愿。除了讲座之外，我们还会定期举办艺术工坊，每年的 7—8 月我们会组织外出活动。去年，我们组织会员们前往奥蒙德城堡、都柏林动物园等地游览。此外我们还有 3 个兴趣小组，分别是读书小组、诗歌小组和天文学小组，他们同样是每月组织活动一次。

目前，我们学校开办得十分顺利，而且可以预见，它将以良好的态势向前发展。每当我们相聚在海岸防卫所的活动场地，将整个特拉莫尔湾壮丽的景观尽收眼底，心情都特别舒畅。我们的会员当中许多人都是退休后移居此地，或在周边地区工作至退休的人士。我们在特拉莫尔结下了深厚的友谊，我们很欢迎拥有共同兴趣的你加入我们。

17. Mokotow（莫克托，及其分教点：波兰、乌克兰、白俄罗斯）

我是 Sofia Iwanicka，莫克托第三年龄大学的总监。莫克托第三年龄大学于 1986—1987 年创办于波兰华沙，是波兰第二所第三年龄大学。1987 年，学校正式加入了国际老年大学协会（AIUTA）。

我们学校为华沙的老年人开展了一系列丰富的教育活动，并且在利沃夫（乌克兰）、格罗德诺（白俄罗斯）也设立了分教点，为居住在当地的波兰人提供第三年龄教育。有一段时间，利沃夫的市民亦参与到我们的活动之中，以积累相关的经验，不久以后他们在当地开办了自己的第三年龄大学。

莫克托第三年龄大学及其分教点设施优良，可以举办多种教学活动。我们主要在冬季及春季开课，学期从 10 月 15 日至次年 6 月 15 日（其中在 3 月有一个短暂的休学期），每周上 2 次课，分别是周一（人文社会学科）和周三（医学和自然科学）。同时，我们还会根据学员兴趣，定期举办一些以语言、历史、哲学、心理学等为主题的研讨会。

各分教点在教学上都会以本校的计划为蓝本，并结合当地实际运作，例如一些非波兰地区的分教点额外开设波兰语学习班等。此外，每年夏天我们都会在波兰地区为各分教点的学员举行"夏季大学"活动，参与人数约 30 人。

莫克托第三年龄大学设有学术委员会，专门负责教学、研究和刊物出版等工作，同时其亦有赋予各部门主管的权力。而学术委员会则负责日常的管理、执行既定计划和举办各类活动。

18. Malta（马耳他）

我是 Helen Borg Bonnici，来自马耳他第三年龄大学。在国际上第三年龄大学的习惯缩写是"U3A"，但我们更喜欢称自己为"U3E"［在马耳他语及意大利语中"年龄（Eta）"一词的首字母为 E］。我们的"U3E"位于首都瓦莱塔，利用一座原大学的教学楼作为场地。同时，我们在邻近的戈佐岛上也设有分教点。

我们在本部有 650 名学员，分教点则有 40 名。我们以讲座作为活动的主要形式，并形成了一套完善的运行机制：（1）日间讲座，举行时间为每周的周一至周五的 9∶00—11∶00，地点在首都城市瓦莱塔。（2）晚间讲座，举行时间为周二和周四的 17∶00—19∶00，地点在斯利马（首都瓦莱塔附近的城市）。这些讲座都是免费面向学员开放的，其主题多样且内容具有连贯性，我们每天安排不同主题，而每个主题通常持续 8 周（每周开课 1 天）。

终身学习理念和第三年龄大学的兴起，满足了我退休后继续学习的愿望。在这里，我认识了很多新朋友，除了学习外，我们还组织了唱诗班，平时经常一起参与教堂的活动。

朋友们，让我们一起来享受丰富多彩的退休生活！加入第三年龄大学，绝对是明智的选择。

19. Creteil（法国，克雷泰伊）

我是 Jean Pierre，来自法国克雷泰伊跨年龄大学。我们学校坐落于距地铁站只有 25 分钟路程的巴黎东南郊，约有 1 300 名学员。

我们的活动非常丰富，每月都会举行 10～25 次各种聚会。其中短途旅行很受学员欢迎，每月大概会组织 20 次，包括参观博物馆、游览巴黎周边地区等。此外，我们的课程同样丰富，主要包括：

（1）绘画类，分为油画和绘画课程。
（2）语言类，有 6 种语言可供选修。
（3）人文科学类，共有 33 门，包括历史、文学、哲学、心理学、社会学等。
（4）计算机类，分为入门和进阶两个级别，包括学习 Word、Excel、Photoshop 等文字及图像、视频等多媒体软件编辑技巧等。
（5）自然科学类，这是我们最近新开设的一个类别，包括人与自然、星际空间等课程。

我和学友们都很喜欢克雷泰伊第三年龄大学,这里有丰富的课程和多样的活动,收费也很合理。更重要的是这里的师资优良,大多数教师都是学校专门聘请的,计算机和语言类部分教师由社会上的热心志愿者担任,他们都具有较高的教学水平。

我并没有参与太多学校的管理和组织工作,但我知道有很多人为了第三年龄教育付出了时间和精力,或许正在看这篇文章的你,也是其中的一员。在这里我想说:"谢谢你,全世界的第三年龄教育工作者、志愿者们。"

20. Slovakia(斯洛伐克)

斯洛伐克第一所第三年龄大学诞生于1990年,作为当时国内第一所涉及老年人教育的机构,其在首都布拉迪斯拉发的夸美纽斯大学内开始了运作。随后,一批专门为老年人开展教育活动的机构相继成立。目前,斯洛伐克国内有近7 000名老年人分别在15所第三年龄大学或类似机构参与第三年龄教育,越来越多的老年人通过这些机构聚在一起。由此,斯洛伐克第三年龄大学协会应运而生,其大大加强了国内第三年龄大学之间的联系,与其他高等教育机构和一些涉及终身教育、老年人教育、老年人问题的国际合作项目之间建立了交流协作关系,在渠道上和方法上为各第三年龄大学开展教学活动提供了很大的帮助。

现今,在斯洛伐克、欧洲乃至世界范围内有很多不同主题的合作项目供老年人参与。其中以增强老年人活跃性和创造性为目的,以各种不同主题加强欧洲各国老年人之间联系的"欧洲终身学习项目"就是一个鲜明的例子。值得一提的是,作为斯洛伐克第三年龄教育的发源地,夸美纽斯大学在近期开设了一个关于推动独居老人参与社会教育活动的研究项目,这将是一个十分有意义的课题。

(本部分内容摘自AIUTA第94届国际研讨会上Nadezda Hrapkova女士的发言)

21. Vilnius(立陶宛,维尔纽斯)

我是Aldona Reksniene,来自立陶宛的维尔纽斯,是Medardas Cobotas第三年龄大学负责国际交流和发展事务的副校长。我们学校已经有17年历史,现有近800名学员。而在整个立陶宛的第三年龄大学数量已经上升到24所,约有9 000名学员。

学校设有11个院系,分别是文学、政治经济学、社会心理学、语言学、历史、音乐、健康、旅游、文化、业余爱好和家庭文化。除了课堂授课外,各院系还会经常组织诸如工艺品展览、参观剧院、博物馆、音乐会、乡村旅游和国外旅游等活动。去年我们还在当地植物园举行了为期3天的"积极老龄化之路"实践研讨会。

U3A它给予了那些依然能够独立生活的老年人更多的生活意义:给年轻一代以支持,和年轻一代和睦地相处,传递知识和智慧。

22. Groningen(荷兰,格罗宁根)

我是Georgine Weertman,来自荷兰格罗宁根一个致力于为老年人提供高等教育的组织。我们组织的名称是 Senioren Academie HOVO。除了格罗宁根市，我们还在另一个城市埃门开展有教学项目。我们并不以营利为目的，但提供专业的管理，聘用专职人员。虽没有得到相关的资助，但允许我们使用当地大学的教室进行活动。

我们每学期提供 30~50 门课程（通常每门课程持续 10 周）和 3~5 个系列讲座，此外还有一些旅行活动。大部分课程是每周进行一次，其门类相当广泛，包括考古学、文化史、经济、哲学、历史、宗教、音乐学、心理学、社会学、写作、戏剧、神学等。也许你已经留意到，我们并没有开设语言类的课程，这是因为在地区内已经有一所很好的社区学院开设语言类课程；而另一方面我们开设了好几门涉及历史学的课程，这是因为这里的老年学员似乎对历史特别感兴趣。一般来说，课程的开设主要取决于老年学员的需求和选择。

此外值得一提的是，我们的教学主要偏重学术方向，因为我们是与高等教育机构（如大学）相联系的。我们定期对教学内容进行更新，确保每学期都会增加一些新的教学内容。

我们有一半的课程和系列讲座是由一位教师来完成的，另一半的授课任务由多位教师轮流担任，而在一些特定学科领域里，则由来自荷兰和比利时一些大学的学者任教。在学习过程中，我们会安排学员参加由普通大学生引领的讨论小组，这项举措使老年学员和年轻学员可以相互学习，共同受益。

我是教学项目设计者，由于工作关系没有时间去参加这些课程。顺便一提的是，我下半年就正式退休了，所以我很期待能够参加这些课程。每当有学员和我分享学习的乐趣时，我都会感到非常高兴。越来越多的老年人在积极寻找学习的途径，他们通过学习眼界会得到开阔，更能理解和适应这个快速变化的复杂世界。

23. Hackney（英国，哈克尼）

我是 Dermott Wynne，学校是位于伦敦北部的哈克尼第三年龄大学。哈克尼是艺术家们的聚居地，经常会举行各式各样的活动。

哈克尼第三年龄大学成立于 2006 年秋季，现在有超过 100 名学员。我们得到了哈克尼图书馆的大力支持，可以免费使用他们的场地开展活动，大大节省了办学成本。我们每月举行一次集会，每次都会邀请一位特别嘉宾在会上演讲。

正如 U3A 运动所提倡的一样，我们致力于为学员提供更多参与社会和结识新朋友的机会，兴趣小组是其中一个重要的途径。学校目前开设了 15 个兴趣小组，他们有的每周活动一次，有的每个月进行 1~2 次活动。我们鼓励所有学员积极参与兴趣小组并为之做出贡献，同时也欢迎任何人前来体验我们的兴趣小组活动。当然，若要长期参与，必须加入我们学校成为学员。

在我看来，第三年龄大学让我重拾在第二年龄期无法全身心投入追求的兴趣爱好，充实了我的生活，活跃了我的身心。

24. Downpatrick（英国，北爱尔兰唐帕特里克）

我是 Sheila Mage，是唐第三年龄大学的一员。我们学校位于北爱尔兰唐帕特里克。

目前，唐第三年龄大学约有 200 名学员，我们每月都会举行一次讲座，邀请特别嘉宾主讲。我们开设了 21 个兴趣小组，主题包括艺术、电脑、音乐会、手工艺品制作、电影、历史、歌剧、诗歌欣赏、拼字游戏、太极、戏剧、徒步旅行和品酒等。每个兴趣小组的人数都不多，一般在 15 人以下，这有利于营造良好的交流氛围，使新学员能迅速地拓展他们的朋友圈。

在唐帕特里克高尔夫球协会的支持下，我们利用其会所场地举行一些活动。最近，我们和当地电影院达成共识，白天的闲时可以在电影院排练和表演歌剧。

就我个人来说，成为第三年龄大学的学员后，我尝试了很多新东西，如阅读了更多的书；经常去电影院观看电影；认识和品尝了来自不同产地的酒；开始对爱尔兰历史产生兴趣；学会了太极；尝试建立和运行一个网站；加入徒步旅行团队，去了一些以前从未去过的地方。第三年龄大学，改变了我的生活。

25. Isle of Skye（英国，苏格兰斯凯岛）

我是 Joy Davies，斯凯岛第三年龄大学的执行主席。斯凯岛是苏格兰西部赫布里斯群岛中最大的岛屿，是英国最美丽的地方之一。我们学校是一间非常新的第三年龄大学，在 2010 年 9 月才正式落成。现有学员 43 名。

在活动方面，我们每月举行一次讲座，内容围绕斯凯岛的多个方面展开。我们还设有很多不同类型的兴趣小组，包括摄影、艺术、徒步旅行、考古学、家谱学、文学等。其中值得一提的是"狗主训练兴趣小组"，这是一个相当特别，相当有趣的小组，开办它的成员认为不仅宠物狗需要训练，其主人也需要接受相应的训练。

我们很幸运可以生活在美丽的斯凯岛，其为我们的兴趣小组提供了优质的资源：这里有艺术家、摄影师和徒步旅行者所热衷的绝美的景色，这里有迷人的考古学遗迹，这里还是地质学家的考古宝地。

我并不肯定保持身心活跃是否可以延长寿命，但我相信这有助于提高生活的质量，使我拥有一个更加快乐和健康的老年期。

26. Abergavenny（英国，威尔士阿伯加文尼）

我是 Lindsay McDougall，来自阿伯加文尼第三年龄大学。阿伯加文尼是坐落于威尔士东南部的一座风景如画的小镇。目前，我们学校已有 160 名学员，学员人数还在不断上升。每逢星期二和星期五我们会在当地的足球俱乐部会面。在俱乐部里我们可以使用两个房间进行活动，还有一个酒吧供我们进行午餐。

我们设有多个兴趣小组，包括建筑学、哲学（思想史）、艺术欣赏、诗歌欣赏、设计、科学和技术、英国文学、拼字游戏、词源学和语言、阿伯加文尼社会史、历史学、太极、音乐欣赏，等等。

除了开设各种类型的兴趣小组外，创造社交机会也十分重要。对一部分学员来说，社交因素是他们积极参与第三年龄大学活动的主要原因，因此我们积极组织各种社交活动，以满足他们的需求。我们还有一个工作非常努力的委员会，里面每个人都相处得很和谐。

27. Bromley（英国，布罗姆利）

我叫 Bob Boyd，自从 1990 年退休后就加入了布罗姆利第三年龄大学，我在这里学习和帮助他人，并因此接触到许多在我职业生涯里从未接触过的学科和知识。这里真是一个令人着迷的地方。

布罗姆利第三年龄大学是一个正式注册的非营利慈善自助组织，至今已有 25 年历史。学校的宗旨是为老年学员提供一个在轻松、友善的氛围下互相分享其知识、经验和技能的多样化平台。目前，布罗姆利第三年龄大学有超过 1 700 名学员，开设有多个学习小组。这些小组都以"学员对学员"的模式开展学习活动，致力于让老年学员分享他们的才能。其主题包括艺术欣赏、计算机、语言、地方学、文学、历史、音乐和数学等，此外还有包括高尔夫、跳舞、散步、健身和网球等一些娱乐活动。

布罗姆利第三年龄大学现阶段对布罗姆利及邻近地区的所有老年人开放。我们在这里尝试和学习新事物，参与社交活动，和志同道合的朋友在一起，丰富了退休生活。如果你也希望在退休后想保持活跃而丰富的生活，这里是一个好选择。

28. Evesham（英国，伊夫舍姆）

我是 Stan Miller，来自伊夫舍姆第三年龄大学。

伊夫舍姆第三年龄大学成立还不足 4 年，但已经招收了 400 多名学员。学校每个月都会在市镇中心的公共礼堂里举行讲座，邀请嘉宾主讲，每次参加者不下百人。此外，学校还有超过 40 个兴趣小组，这些小组每周、每两周或每月活动一次，其活动场地并不固定，很多时候会选择在学员的家里进行。所有这些小组都由在某一领域里具有一定知识和特长的学员组织建立，其主题包括近代史、读书会、乡村舞、家族史、音乐赏析、趣味数学、绘画、拼字游戏、远足等。近年来学校还组织学员前往伦敦等地进行学习访问。

我对第三年龄大学的体会是：为脱离了繁忙工作生活的老年人提供了一个继续活跃身心和参与社交活动的平台。这对于一些刚搬到这里的老年朋友来说尤为重要，有助于他们迅速融入社区和结交新朋友。

29. Nottingham（英国，诺丁汉）

我是 Fiona McCluskey，是诺丁汉第三年龄大学"社交媒体"和"绘画"小组的负责人。

我们学校成立于 1983 年，是地区内开办得较早的老年教育机构之一。办学地点设在诺丁汉市中心附近的国际交流中心，除了办学场所外，我们还获准使用该中心的会议室和办公室。学校现有 160 名学员，除了本地区的老年人之外，我们还吸纳了一些来自德比郡和莱切斯特等周边地区的老年学员。学校开设有 35 个学习小组，他们大部分每两周活动一次。此外，我们也经常根据实际需求不定期地开设一些短期课程，例如 2014 年我们开设了"遗传学"课程，而 2015 年则开设了"辩论学"课程。

学校每个月举行一次全员会议，并同时举办一次邀请校外嘉宾主讲的专题讲座。

30. Lviv（乌克兰，利沃夫）

我是 Alla Khalimova，是利沃夫第三年龄大学董事会成员。我们学校坐落在乌克兰首都基辅以西的利沃夫。

我们的课程在每年9月至次年5月之间进行，课程内容包括：乌克兰史、城市的历史（英国、德国、波兰）、心理学、健康知识、草药学、计算机科学、旅游、工艺品制作、人物趣事、歌剧和音乐等。

值得一提的是，由学员组成的音乐艺术团体"怀旧视角"的活动十分丰富，经常参与当地一些演出。

31. Chemnitz（德国，开姆尼茨）

开姆尼茨市是德国萨克森州西部的一个城市。据当地的人口数据统计，2012年该市65岁以上的居民比例达到34%，预计到2030年这个数字将达到38%。该统计数据还指出，在未来20年，开姆尼茨将是欧洲老龄人口比例最大的城市。

开姆尼茨老龄学院是依托开姆尼茨科技大学开办的，目前已有948名注册学员。学院开办有20门课程，内容包括电脑与网络、外语、图片摄影与制作、智能手机使用，等等。这些课程每周进行一次。此外，学院每年还会组织32次公开讲座和16次国内外游览活动。

依托开姆尼茨科技大学的技术优势，学院经常使用互联网进行视像会议和其他互动活动。值得一提的是学院以人为本的管理理念，学院内配备有轮椅通道、助听装置等设施以及为视觉、听觉障碍人士而设的导航和手语服务。

32. Lublin（波兰，卢布林）

卢布林位于波兰东部，是卢布林省的首府。卢布林第三年龄大学始建于1985年，由玛丽亚·斯克洛多夫斯卡——居里大学、卢布林天主教大学、卢布林生命科学大学和卢布林医学大学4所当地高校联合资助办学。学校在卢布林省范围内开办有11个分教点。目前，其中本部有约900名学员，分教点有近1 400名学员。

卢布林第三年龄大学的办学目标的是：（1）推广一些有益的教育性的举措。（2）从心理、生理、智力以及社会层面加强老年人的活跃度。（3）丰富老年人的知识和技能，加强其和医疗中心、社区文化中心、康复中心等社会机构的联系。（4）让老年学员更多地参与到以他们为中心的活动中去，加强老年人之间的社交联系和各项交流。

卢布林第三年龄大学开设的课程着眼于促进老年人的发展，而不是帮助其获得某些专业资格。因此，其十分着重普及知识和技能，讲授的方法和进行的模式也以老年人的特点为优先考虑的因素。

目前，卢布林第三年龄大学每周开设有3个类别的讲座（常规讲座、健康讲座和自然科学讲座），以满足具有不同兴趣的学员的需求。除此之外，兴趣小组活动也是卢布林第三年龄大学教育体系里的重要一环，通过开展内容丰富多样的活动，加强老年人与社会的联系，并丰富其在社会活动和代际交流中扮演的角色。

U3A 在世界——亚洲

1. Kathmandu（尼泊尔，加德满都）

我叫 Jeevan Raj Lohani，是尼泊尔第三年龄大学协会的协调员。

尼泊尔第三年龄大学协会创立于 2006 年，注册为非政府组织（Non Governmental Organizations，NGO）。目前，协会包含了 6 个第三年龄学习团体。这些专门为老年人继续学习而设的学习团体有些是很早以前就已经存在的，有些则是 2006 年后才建立的。我们为这些团体申请统一的国家认证，并协调他们制定发展方向。

目前为止，我所在的学习团体有学员 120 名，并一直保持增长的趋势。我们希望将周边地区乃至全国的第三年龄学习团体和机构都吸纳到协会之中，共同发展。

我所在学习团体的课程包括健康知识、诗歌、外语、时事、宗教等内容。此外，我们也经常组织一些活动，例如参观著名景点、旅行、体育锻炼和探访老年人，等等。

我认为，第三年龄大学能从多方面促进社会的代际沟通。同时，第三年龄大学有助于老年人将其积累的知识和丰富的经验回馈社会。

2. Lucknow（印度，勒克瑙）

我叫 A. K. Malhotra，是修行第三年龄大学的一名秘书。

修行第三年龄大学建立于 2008 年，坐落于印度北方邦首府勒克瑙。目前，我们共有 75 名学员，每月至少举行一次聚会或活动。

我们开设多种课程供学员学习，包括家居维修、计算机与互联网、健康护理、瑜伽、妇女权益等。此外，我们会经常聚集在一起举行社区聚会和庆祝重大节日。我们也会一起参与慈善活动，例如为贫困地区的学生提供教育援助，捐赠一些基础的生活设施给落后的乡村等。

第三年龄大学是一个很棒的概念。在这里工作，我和同事们都感觉自己的身心能时刻保持活跃。在这里，我和学员们建立了深厚的友谊，彼此就像兄弟姐妹一样。我衷心地希望第三年龄大学的这种新概念在印度能得以更广泛的推广和传播（特别是一些乡村地区），让更多人受惠。

3. Osaka（日本，大阪）

我是大阪高龄大学理事长佐藤宏一。我们学校是由"夕阳红"以及"老龄顾问培训"两个讲座发展而来的。这两个讲座在大阪地区已经开办了超过 30 年，2009 年因各种原因而停办。在当地居民的积极要求下，我们于同年创立了特定非营利活动单位大阪高龄大学，并发展至今，共有 53 个专业，2 154 名学员。

当前，日本进入人口高龄化的时代。我们认为，长者问题一直以来都不单单是福利的问题，身体健康的长者们均有着继续为社会服务的强烈愿望。面对这些老当益壮的长者，我们将学习和兴趣相结合，一方面为其提供再学习的机会，另一方面进行有组织的实践活动，与广大市民共同打造健康和谐的广阔社区。在未来，我们将秉承一贯的理念，采取一些措施：

（1）成立东日本地震受灾者大学的支援委员会，与灾区培训生一道，直接推进灾区的支援活动。

（2）开设大阪居民大专课程，在大阪市天王子区、东城区、西区开设。这是一个为期1年的学习计划，参照其他兄弟学校的方式运营。

（3）举办关西地区资深大学交流会（含大阪府、京都府、滋贺县、兵库县、德岛县），开展以提供学习的时间和机会为目标的活动。

（4）继续开展"夕阳红"讲座，邀请政府机关和有关学者参加，对本校撰写的教育论文（老年教育学）展开研讨，为本校今后的发展方向提供参考意见。值得一提的是，上文提到的"大阪居民大专课程"便是2012年研讨会的产物。

我们坚信，通过上述以上课程和活动双管齐下的模式，能够丰富和充实我们的晚年生活。

（注：日本并非AIUTA成员，为刊载更全面的U3A信息，本文将该校理事长于2013年同学会上的讲话及该校官网内容一并整理刊出，本文由李家翻译）

4. Akashi（日本，明石市）

明石市立老龄大学，是以市内60岁以上高龄者为对象，通过开展志愿者活动、地域交流、代际交流、自助会等，以提升长者素质、培养社区活跃人才为目标的老龄大学。明石市立老龄大学于1981年首度开课，现设有松之丘本校、赤愿丘分校及赤愿丘西分校3个校区，截至2014年3月，该校已培养出31届（本校）及4届（分校）毕业生，合计3 343人。

明石市立老龄大学的课程分为两大类，分别是通用讲座和专业课。通用讲座的主题有：打造社区·回报社会、丰富多彩的生活（环境·社会福利）、保健、时事·国际形势、文化·历史等，而专业课更侧重于专业知识的学习，让学员掌握社区活动时必要的知识和技能，开设有景观园林专业、本地社会学专业、音乐专业、社会福利专业、体育运动专业等。

明石市立老龄大学大部分专业课采取三年学制，前两个学年主要用于学习知识和技能，及建立同学间的良好伙伴关系。第三学年则倾向实践活动，运用学到的知识，自选课题组成课题组，在社区开展实践，例如景观园林专业学员在社区、学校等地制作花坛，举办"大自然观赏会"，音乐专业学员到幼儿园和小学举办或协办演出活动等。

每逢周二的"社区活动支援日"是该校一大特色活动，即让毕业生前往在校生所在的社区，进行社区活动支援，期间会进行各种公开讲座、讲习等，同时也会研究和商讨一些社区存在的问题。

正如该校网站上的标语："何种生活方式方能更好地回报社会？我们能为您指明方向。"明石市立老龄大学的教学活动为当地长者提供了一条参与和回馈社会的渠道。

（本部分内容摘自该校网站，由李家翻译）

5. Miki（日本，三木市）

三木市老龄大学是一所以增加老年人幸福感，营造健康、快乐社区氛围为目的的第三年龄教育机构，校址设在兵库县三木市。三木市老龄大学前身是于1983年5月设立的兵库县老人大学讲座御馆分校。其于1988年独立，于1991年4月改称为三木市老龄大学。

三木市老龄大学目前在校学员人数为245名，学制为4年。凡居住在三木市60岁以上人士均可报名入读。第一学年入学费用为12 000日元/年（折合约为人民币600元/年），之后每学年的授课费用为10 000日元/年（折合人民币约为500元/年），学生自治会会费为3 500日元/年（折合人民币约为175元/年）。学员修满最低学分后将获颁毕业证书，已毕业的学员不可重复报读。

学校的课程分为传统礼仪和专业课程两类。传统礼仪为全校统一授课；专业课程为分班授课，类别包括园艺、健康养生、乡土人情等。以上课程皆每月进行两次。

学生自治会是学校一项有特色的举措，其以学员自主为原则，以增进学员相互之间的友谊，营造良好大学氛围为目的，开展的一系列活动，包括兴趣小组、运动会、春秋两季的研修旅行、校庆活动，等等，在既定课程之外大大地丰富了学员们的校园生活。值得一提的是，学校网站就是在计算机兴趣小组的参与下构建的。

U3A 在世界——美洲

1. Montreal（加拿大，蒙特利尔）

我叫 Sharen McDonald，是加拿大蒙特利尔麦吉尔退休人士学院的学员。

麦吉尔退休人士学院成立于1990年，坐落在加拿大蒙特利尔。目前我们有接近800名学员，年龄在50~90多岁之间。2010年我们举行了庆祝校庆20周年盛典。

我们学院每年分为春季、秋季和冬季这3个学期，每个学期为期10周，学员可每周参与一次持续2小时的课堂或其他活动。我们还设有专门的研究学习小组供学员参加，研究学习的主题有很多，从艺术史到茶道礼仪等。此外，我们也经常组织一些课外活动，比如组织学生郊游、参观植物园和生态博物馆等，进行午餐和节庆活动的设计。

在麦吉尔退休人士学院，我打开了通往新学习模式的大门，也结识了很多很好的朋友。我的信条是：永远保持微笑、保持好心情，倾听微风和河流的声音，感受阳光雨露的抚摸，让更多好朋友分享我的快乐，分享你的笑声。

2. Norwalk（美国，诺瓦克）

我叫 Richard Aime，是诺瓦克终身学习学校的学员。

诺瓦克终身学习学校位于康乃狄格州诺瓦克市，约有750名学员。我们一般使用当地社区大学的场地进行教学，每年有春、秋两个学期，每个学期都会根据学员的兴趣开设近40门课程，涵盖历史、文学、宗教、艺术、自然科学等，每门课程大约持续8周。

我们也经常组织学员参加一些短途旅行，例如游览纽约市等。

我非常喜欢这里的课程，因为课程都很有趣，而且收费低廉。在诺瓦克终身学习学校，学员每年需交纳年费 25 美元。此外，每门课程收取 15 美元，学员可根据自己的兴趣报读课程学习。

除了上述的终身学习学校之外，在诺瓦克市，所有超过 62 周岁的公民都可以免费报读社区学院，在那里同样有很多有趣的课程可供选择。

3. Sherbrooke（加拿大，谢布鲁克）

我叫 Marie-Paule Hewitt-Banville，是谢布鲁克第三年龄大学的学员。我们学校位于加拿大魁北克省谢布鲁克市，教学以法语为主（法语是魁北克省第一语言）。我们在市区及周边共设有 26 个分教点，有约 8 000 名学员。

我校的活动分为 3 大类：课堂、工作坊和校外活动。每一个分教点都设立了一个委员会，以管理其日常事务。我从 1990 年开始在这里学习，同时也是其中一个委员会的成员，参与了一些学校运营的工作。多年来，我修读了历史、神学等多门课程，并参加了学校举办的多次研讨会，如开展以代际交流以及老龄问题为主题等的研讨会。此外，我们还专门成立了一个"智囊团"，组织和帮助学员走出校园，参与一些校外的志愿者活动。

第三年龄大学已经为我生活中一个重要的组成部分。在这里，我们经常聚在一起，分享知识和欢乐；在这里，我们能保持足够的社会参与度；在这里，我们建立起一座代际沟通的桥梁。

U3A 在世界——大洋洲

1. Browns Bay（新西兰，布朗湾）

我叫 Fay Weatherly，是新西兰布朗湾第三年龄大学的学员。

布朗湾第三年龄大学坐落在奥克兰的北岸。目前我们学校有 210 名学员，每个月至少举行一次集会或讲座。

此外，我们还设有 26 个特别的兴趣小组，供学员研究学习不同的内容，其中包括古文明、人类学、考古学、地质学、文学、现代历史、世界宗教史、文艺复兴史、时事、女性权益、艺术鉴赏、古典音乐、计算机、影音制作、电影欣赏、旅行，等等。

除了本地退休人士之外，我们也非常欢迎新西兰其他地区乃至世界各地的人加入我们，一起学习、共同交流。

2. Tauranga（新西兰，图兰加）

我叫 Betty Clethero，是图兰加第三年龄大学的一名学员。

我们学校成立于 1995 年，现有学员近 500 人。学校开设了 38 门课程，包括古人类和古物、地质学、实用艺术、建筑与城市、计算机（2 组）、创意写作、时事（4 组）、戏剧、舞蹈、语言、瑜伽等。其中"地质学"以及"建筑与城市"课程最受学员欢迎。

此外，我们每个月还会定期举办一次聚会或讲座，同时也会组织一些外出活动或短途旅行。2004年，学校组织兴趣小组前往缇里马塔基岛（该岛是新西兰著名自然生态保护区，许多珍稀鸟类的栖息地）观测那里的蓝企鹅、几维鸟和其他新西兰本土珍稀鸟类。

我喜欢第三年龄大学，它具有促进智力和社会化的功能。第三年龄大学是你度过退休时光理想的方式！我想，一旦你成为U3A成员，你的生活会比你工作时更精彩。

3. Sydney（澳大利亚，悉尼）

我叫June Lynn，是悉尼第三年龄大学的前任校长。

悉尼第三年龄大学成立于1988年，和澳大利亚其他第三年龄大学一样，我们属于自发性的自助组织。学校坐落在澳大利亚的南威尔士州。我们在上北岸、内西区、曼利等地区设有分教点，共有约5 000名学员。

我们的每个学期持续5个月，期间我们尽量选择一些适合授课且交通便利又租金低廉（或不需要租金）的地方进行教学活动，例如社区中心、教堂、俱乐部以及私人场所等，以达到既方便学员又节省开支的目的（场地租金和保险费用是我们的主要开支）。我们的教师和工作人员来自社会不同的人群，有退休教师、学者等，他们都拥有丰富的学术和社会经验。

我们共开设了250~300门课程。包括本土文化研究（澳大利亚原住民文化）、人类学、建筑、艺术、舞蹈、经济、环境、园林学、地理学、健康知识、历史（包括古代史、中世纪历史、近代史，以及其他国家的历史等）、语言、文学、写作、音乐、哲学、心理学、宗教、社会学、太极，等等。此外，我们还经常组织聚餐、旅行等活动。

我从1993年开始寡居，非常幸运地从朋友口中了解到第三年龄大学的概念。进入悉尼第三年龄大学之后，我教授过写作和计算机课程，同时也报读了历史课程。随后，我开始承担更多的学校管理工作，从秘书、分教点负责人一直到学校校长。在这里，我结识到很多新朋友，活跃了思维，重新融入了社会。

4. Brisbane（澳大利亚，布里斯班）

我叫Barbara Foley，是布里斯班第三年龄大学的一员。

布里斯班第三年龄大学成立于1986年，发展至今，已有超过2 100名学员。

我们开设了接近200种课程，包括人类学、艺术、哲学、历史、语言、计算机、拼字游戏等。我们在布里斯班的市中心和郊区都设有课堂。

布里斯班第三年龄大学为当地的退休人士提供了一个继续学习和交流经验的场所。欢迎大家更多地了解我们，我们也很希望能够有机会和世界各地的第三年龄大学做更多的交流互动。

5. Kingston（澳大利亚，金斯顿）

我叫Natasha Strommer，是金斯顿第三年龄大学的一员。我们学校的办学口号是"在学习中建立友谊"。

金斯顿第三年龄大学位于维多利亚州首府墨尔本，是当地数十所第三年龄大学之一。学员约有 300 名，并呈逐年增加的趋势。我们学校开展多种多样的课程和活动，主要分为以下五大类：

（1）科学与计算机技术类。其中包括"网络与电子邮件"等多个的计算机类的学习小组，此外还有天文学等各种课程。

（2）健康与休闲类。包括户外活动、瑜伽、太极、健美操、舞蹈、填字游戏、数独（数独是一种运用纸、笔进行演算的逻辑游戏）、演奏、园艺和烹饪等。

（3）历史与社会学类。包括澳大利亚历史、宗教、时事、社会研究（包含广泛的主题）、投资等。

（4）音乐、艺术和手工类。包括摄影、绘画、绘图、手工镶嵌、古典音乐欣赏、爵士乐团、戏剧等。

（5）语言与文学类。包括文学欣赏和讨论、快乐阅读、诗歌欣赏、写作、意大利语、法语等。

此外，我们每年都根据教学需要增设新的课程。

第三年龄大学是一个让老年人通过学习和活动保持身心活跃的机构。以我自己为例，我相当喜欢学校里的科学类和语言类课程。借此机会，我想对所有第三年龄人士说："一起来吧！让我们在学习活动中建立友谊。"

6. Croydon（澳大利亚，克罗伊登）

我是 Geoff Steventon，克罗伊登第三年龄大学的现任校长。我们学校建立于 1992 年，位于墨尔本东郊。我们的办学理念是：分享知识，分享经验。

我们目前已有 925 名会员，并且这个数字在持续增长。2010 年我们超额完成了办学目标，现正在制定至 2021 年的规划。

我们的活动范围遍布整个克罗伊登地区，致力于传播和推广我们的事业。我们通常会租用地方议会的物业或使用当地童军礼堂作为活动场地，活动时间由上午 9 点至下午 4 点。我们开设了 100 多种课程，其中大部分为每周上课一次，内容分为三大类，分别是艺术与工艺类、体育活动类（包括舞蹈、瑜伽、太极、自行车、丛林旅行等）和语言类。

我于 2004 年退休，此后 2 年一直参与有关烹饪和园艺方面的活动，后来我发现这还是无法填满我的时间表，于是我又参加了"丛林旅行"课程，我很喜欢徒步走，体能不比同龄人差。随后，我又陆续参与了唱歌、自传写作、计算机软件等课程的学习，我很想看看自己的潜力有多大。最后，我想和你分享一句我们学校口号：加入我们，不需学历，只需热忱。

7. Pakuranga（新西兰，帕库朗阿）

"Kia Ora"（新西兰本土毛利语，意为你好，祝你健康），这是来自帕库朗阿第三年龄大学的问候！我是 Peter Fisher，帕库朗阿第三年龄大学的秘书。

我们学校建立于 1996 年，校舍位于新西兰奥克兰城东南处，现有 180 名学员。我们每个月举行一次讲座，主要邀请校外人士主讲，有时候也会由学员策划一些小型演讲。

学习小组是我们另一种主要活动形式,目前我们有超过 30 个学习小组,每个月在学员家中举行一次活动,其中有涉及亚太地区问题、第二次世界大战、文艺复兴、毛利文化等研究,也有以哲学、艺术欣赏、工艺品制作、经典音乐、世界时事、读书会、趣味阅读、老故事等为主题的学习和活动。

新西兰人既喜欢旅行又热情好客。国际老年大学协会给了我们与世界各地的第三年龄人士接触的机会,帕库朗阿第三年龄大学欢迎你!

8. U3A Online（澳大利亚,网络第三年龄大学）

我是 Rick Swindell,网络第三年龄大学 U3A Online 的创办者之一。U3A Online 是一个服务器架设在澳大利亚的第三年龄学习网站。我们没有固定的办学场所,通过互联网向世界各地的老年人开放。

我们一直致力于为老年人提供在智力上具有趣味性和挑战性的课程,特别是那些因身体不便或需要照顾家人等原因无法离家前往第三年龄大学学习的老年人。当然,其他第三年龄大学的学员也可以加入我们。我们也一直向澳大利亚和新西兰的第三年龄大学的办学者提供资源,以期帮助办学者满足学员的需求。

我们开设了个人和团体两种会员制度,个人会员只需交纳 25 美元/年的费用,便可无限制地参与各个课程的学习。团体会员则是面向其他第三年龄大学或类似机构,供其下载和使用我们编写的教程,用于自身的线下教学。团体会员的收费是 15 美元/年,外加 20 美元/课程。

目前,我们的志愿者已经编写了超过 35 门课程的教程,每一门课程学时为 8 周。U3A Online 的优越性体现在能通过网络让世界各地的专业人士对教程进行编写和引导。我们采用在线授课的形式,会员可以独立完成学习,也可以通过在线论坛参加讨论。

U3A Online 的开办,使那些孤独的老年人的生活发生了很大的变化,很多心智健全但身体不便的老年人通过这种在线课程参与 U3A 的学习,并与世界各地的同龄人建立了线上友谊。U3A Online 丰富了他们的生活。

9. Brunswick（澳大利亚,不伦瑞克）

我们是 Jean 和 Ron Westrup,来自澳大利亚新南威尔士州不伦瑞克流域第三年龄大学。

我们学校大约有 120 名学员。尽管学员人数不多,但是学校仍根据学员不同的需求开设了多门课程,包括语言课（法语、德语和日语）、社会史、澳大利亚史、哲学、比较宗教学、演说家论坛、瑜伽、太极、绘画、黏土模型、中国画、音乐欣赏、电子琴、读书讨论会、剧本朗读会、电影赏析、家谱学、刺绣和珠饰工艺等课程。其中最受欢迎的课程是"演说家论坛",每个月上 3 节课,每节课都会吸引接近 2/3 的学员来上课。

我们希望能够通过 U3A 国际交流合作进一步开阔视野,与更多来自世界各地的 U3A 参与者交流。由于地理原因,从澳大利亚往返欧洲和美洲需要耗费大量的金钱和时间。而现在我们尝试通过互联网与其他地区的第三年龄大学建立国际合作,这有利于快速增进学校间的了解,共同开发有价值的课程,我们相信这会是一个很好的方向。

10. Auckland North West（新西兰，奥克兰西北部）

我们是 Jenny Hunt 和 Arthur Hammon，来自奥克兰西北部第三年龄大学。

我们学校的学员人数多年来一直在稳步上升，2013 年 5 月达到 200 人并且仍然在持续增长。学校设有多个学习小组，主题包括古代宗教信仰和文明、考古学、艺术欣赏、艺术史、创意写作、时事、法语对话、地质学、希腊语、奥克兰史、文学、数学、音乐和世界宗教等。

现任校长 Jeanette Heine 对学校的评论："我退休后搬到了这里，在第三年龄大学里结交的朋友以及由此而建立的社交网络对于丰富我的退休生活非常重要。我认为第三年龄大学开展的学习和活动，使我们第三年龄人士的思维保持活跃并且把我们从社交孤立中解救出来。我想，这就是第三年龄大学对比其他社会组织最大的优越性。"

11. The South Coast（澳大利亚，南岸）

南岸第三年龄大学位于澳大利亚南部风景如画的维克多港。

南岸第三年龄大学是一个非营利性组织，旨在为老年人（50 岁以上的退休或半退休人士）提供学习、创造和开展休闲活动的平台。今年是学校成立 28 周年，学校目前有超过 400 名学员和 17 个兴趣学习小组。学习主题包括法语、意大利语和拉丁语、读书、戏剧阅读、莎士比亚作品赏析、哲学、摄影、歌剧和古典音乐、法律、欧洲艺术史等。而其中最值得一提，也是最受欢迎的一个小组名为"连接"。正如其名，这是一个以开展各种活动，以让学员和社会保持"连接"为目的活动小组。学校每周开展一次讲座，邀请专业人士主讲，主要关注健康、旅行、历史和医学技术等话题。此外学校每年还组织 2~3 次小组旅行。

12. Wellington（新西兰，惠灵顿）

我叫 Roger Chapman，是惠灵顿第三年龄大学理事会成员。

惠灵顿第三年龄大学是地区内其中一所第三年龄教育机构，约有 1 100 名学员。惠灵顿拥有一所规模达到 22 000 人的著名大学，同时也是国内众多政府机构的所在地，因此在我们的学员组成里，公职人员、专业人士和学者的比例很高。

2015 年，我们举办有 52 次不同主题的讲座，在 3 月至 5 月期间每周进行两次，平均参加人数达 130 人。而最受欢迎的讲座是"如何辨别艺术造假"和"调查性新闻"。此外我们还有 16 个围绕艺术史、莎士比亚研究、德语、绘画等主题进行活动的兴趣小组。

我非常享受在惠灵顿第三年龄大学的生活，这里除了有主题丰富的讲座和各种活动，还是一个拓宽社交圈子的平台。

U3A 在世界——非洲

1. Cape Down（南非，开普敦）

我叫 Sherlayne McFarlane，是南非开普敦第三年龄大学的主席。

2000 年，Sylvia Schrire 及其丈夫在体验了英国和澳大利亚的第三年龄教育后，将第三年龄大学的概念带回了南非。自此，南非的第三年龄大学事业开始起步，并以指数态势高速发展。

目前，仅在开普敦，就有 7 间第三年龄大学或同类机构，而在布隆方丹、约翰内斯堡、德班、伊丽莎白港等南非其他城市约有 17 间第三年龄大学。这些第三年龄大学一般提供 25~50 种课程供学员选择，活动地点多为教堂、图书馆或者私人场所。此外，他们每月都会定期举行一次会议或活动，并邀请各方面的知名人士为学员们做演讲。

开普敦第三年龄大学专门成立了夏季联谊会，利用每年两个月的休学期举办各种集体活动或旅行。在 2008 年 6 月，我们便组织了一次持续 21 日的旅程，前往中欧地区的第三年龄大学进行参观和交流。数月后，欧洲的布拉格第三年龄大学也在组织学员回访了开普敦第三年龄大学。

我们的学员是需缴纳年费。以 2009 年为例，每位学员只需交纳 2~4 英镑/年，便可参与各种学习活动。由于当地老年人强烈的需求和低廉的学费，南非的第三年龄大学事业发展得很快，甚至超出了我们的预期。

2. Ibadan（尼日利亚，伊巴丹）

我是 Charles Afolabi J. P 博士，尼日利亚第三年龄大学的行政总监。

尼日利亚第三年龄大学坐落在其西南部城市伊巴丹。我们一直推行一些代际交流项目，以打破以往老年人被隔离在主流社会之外的状况。我们提倡营造一个包含任何年龄段的人群，且他们之间能够相互交流知识和经验的良好社会氛围。我们认为，老年人的知识和经验是社会的重要资源和财富，每一名老年人都可以被看作是一本书。因此，尼日利亚第三年龄大学一直致力于使老年人的知识和经验能够代代相传。

我们一直以来都很注重交流，也经常组织一些访问活动，汲取不同地方的成功经验和体验不同的文化。当我们的学员到世界不同地方的第三年龄大学交流访问之后，也经常会促使当地的人员回访尼日利亚，从而进一步增进相互了解。

尼日利亚第三年龄大学有不同的学习小组，以学习和分享各种知识。例如：教育旅游小组、祷告小组、美化环境小组、文化与历史遗迹小组、图书馆和信息小组、表现艺术小组、博物馆管理小组、历史与政治小组、体育与娱乐小组、事故预防小组、出版小组，等等。这里我们特别要介绍的是表现艺术小组，他们用绘画、写作、音乐、行为和叙事等形式，表达自己的情感和向上的生活态度。此外还有博物馆管理小组，他们透过研究学习古迹和古物了解历史，揭示未来。

我们认为，尼日利亚的老年人是丰富的社会资源，当我们的社会开始进入老龄化后，如果仍想保持其创造力和生产力，我们就必须充分发挥老年人群体的潜能。

3. Johannesburg（南非，约翰内斯堡）

我叫 Colin Roberts，是约翰内斯堡第三年龄大学的一员。

我们学校成立至今已有 6 年，目前有 600 多名学员，去年我们还开办了一个新校区，就坐落在这个南非经济中心城市的东部，叫约翰内斯堡东校区。东校区发展得相当迅速，已吸引了很多不同领域、不同阶层的新学员报读。

南非的第三年龄大学普遍开设有 25～50 门课程，以私人场所、图书馆以及教堂等作为活动地点。除此之外大部分学校每月都会为学员开办各种讲座，邀请当地知名人士主讲。

我一直致力于将南非第三年龄教育的情况上传到互联网，与世界各地的人士分享。现今，南非大部分地方的第三年龄大学的资料都已经整理上传（西开普省及其周边的第三年龄大学资料由另一位热心人士 Peter Lawson 整理上传），你只要打开官网的页面，就可以浏览来自约翰内斯堡（及其东校区）、比勒陀利亚、德班、东伦敦、伊丽莎白港等地的第三年龄大学的情况。

此外，官网上还罗列了一些有关政府对老年人的退税以及其他各种补助和优惠的情况供大家了解与参考。同时也让大家明白学校每年收取的会员费用始终保持在合理的范围内。

从事第三年龄教育工作，给予我一个回报长者前辈们的机会，相信他们在这里学习，身体会更健康，心态也会更年轻。

4. Mauritius（毛里求斯）

毛里求斯第三年龄大学由其两位创办者为代表，分别是学校主席 Armoogum Parsuramen 教授及总秘书长 Ajit Kumar Gujahur 先生。

毛里求斯第三年龄大学的愿景：打造一所大学，通过各种方式来改善第三年龄个体生活，从而为促进社会良性发展贡献力量。

我们的使命：通过最终康复的过程，老年人个体可以保持完整的个性。

毛里求斯第三年龄大学的目标和任务：毛里求斯第三年龄大学目标是：教育及鼓励社区中的退休老年人——那些正处于生命中"第三年龄段"的人。

毛里求斯第三年龄大学旨在通过研究学术性、艺术性科目课程，向年龄 55 岁及以上的人提供他们所需的继续教育和支持，并且积极开展涉及老龄问题及其他社会一般性问题的研究。

老年人的需求有哪些？"更多的关怀、支持、与人分享感受以及忙碌的环境以促使他们充实于学习和分享经验。"

"毛里求斯第三年龄大学正是为他们解决这些问题。"毛里求斯老年大学课程大致分为以下七类：

（1）艺术与电影。（2）音乐。（3）计算机学习。（4）时事新闻。（5）语言（英语，法语等）。（6）科学、健康与环境。（7）社会与行为科学。

展望毛里求斯第三年龄大学未来：包括了将实践纳入到终身学习的发展当中，这是成功实现"健康老龄化"与"成功老龄化"精神的必要手段。为了迎合他们不断增长的学习需求，解决银发人口不断增长的问题，面向第三年龄人群的继续教育模式是不可或缺的。这将促使第三年龄协会的组建和发展，提升老年人在课堂教学的参与度，以学到建立与享受更好生活的本领。

（本部分内容摘自毛里求斯第三年龄大学在 AIUTA 乌普萨拉会议上提交的文章）

5. Senegal（塞内加尔）

非洲老年人口正迅速增长，尤其是在塞内加尔。与在老龄化之前就获得充分发展的发达国家相反，一些发展中国家在经济充分发展之前就已经开始了老龄化进程。这不仅加剧了社会、文化和经济方面的动荡和迅速更迭，在某种意义上造成了社会结构和家庭关系的失衡，加剧了其不稳定性。在另一方面而言，传统意义上的协作、帮助、扶养关怀的关系也逐渐被打破。因此，一方面在需求、个体和社会责任等各方之间重新找到平衡，另一方面在共同承担、互帮互助和代际关系之间找到新的平衡就显得很有必要。

我们认为，教育将是其中的关键，而老年人也将在其中发挥重要的作用。第三年龄大学旨在将老年人老有所为、充分发展的途径建立在诸如课程支持、会议交流、讲座座谈、艺术工坊、参观访问等教育活动上。塞内加尔第三年龄大学，也正是基于这个层面，从根本上考虑到国家的社会、文化和经济方面的特征提出了我们的规划。

（1）每年开设课程、组织会议、举行讲座，以及在各个社区内就健康、环境、代际合作、文化价值等主题放映系列影片。

（2）在经济上进行规划，目的在于更好地改善老年人的生活水平，帮助一些以消除贫困为目的的小项目运作。

（3）参与"塞内加尔"项目以及人力资源中心（HRC）开展的老年人生态村的实施计划。

（4）建立大学之间、老年人旅游合作交流项目以及为其服务的医疗分支机构之间的南南合作和南北国际合作框架内的战略伙伴关系。

（本部分内容摘自 AIUTA 第 94 届国际研讨会上塞内加尔代表 Sidi Hairou Camara 先生的发言）

6. Heidelberg（南非，海德堡）

我叫 Tony Searle，是南非海德堡第三年龄大学主席。

我们学校因海德堡山峰而得名。这里有着雄伟的山脉，绵延的葡萄园，温和的地中海气候以及浓厚的艺术文化氛围，因此非常受退休人士的喜爱。

从 2003 年起，我们学校发展速度，截至 2014 年已有 1 597 名付费学员。我们每月的主要活动是举办讲座，邀请杰出的和受欢迎的演讲者就多元的主题进行演说。此外，我们开设有43个兴趣小组和课程，主题包括：艺术与工艺、文化、语言、文学、户外与环境、健康与社会、时事与媒体、古生物学、戏剧、徒步旅行、计算机等。

我们当中的很多学员是在内陆居住的，希望退休以后能够领略沿海风光。海德堡这个美丽的地区正好满足了他们的需求。但是来到这里之后，他们便远离了原来的朋友。而海德堡第三年龄大学真正解决了这个问题，通过参与学习和活动，学员们在这里重新建立了社交圈子，并保持着活跃和年轻的思维。

（中国老年大学协会国际联络部、广州市老年干部大学研究室集体编译）

国际老年大学协会（AIUTA）简介

广州市老年干部大学　王友农

AIUTA由来：1965年，法国职工教育活动家和成人教育家保罗·朗格朗在联合国教科文组织召开的成人教育会议上提出终身教育（Permanent Education 或 Lifelong Education）的概念，为第三年龄教育的发展播下种子。1973年，法国图卢兹大学社会科学院专门为当地退休人员开设了老年教育课程，标志第三年龄大学的正式成立。1975年后，第三年龄大学的理念传入比利时、瑞士、波兰、意大利、西班牙等欧洲国家，并横跨大西洋传到加拿大和美国加利福尼亚州。1978年，国际老年大学协会（International Association of the Third Age University，AIUTA）成立。AIUTA目标是：（1）联盟（to federate），即联合世界各个地区的老年大学，也包括那些虽不以第三年龄大学命名的老年教育机构，但却与其有相同目标的组织。（2）构建（to constitute），即在世界各地大学的支持下，建立国际性终身教育体制，关注老年教育以及老年研究领域。（3）发展（to develop），即促进老年群体间的知识交流，继而实现社会的整体利益。

《AIUTA章程》（以下简称《章程》）提出协会目标为："联合全球的老年大学和相关组织，包括任何目标一致但头衔不同的组织。在全球各大学的支持下，建立终身教育的国际体系，并发展老年教育的相关研究。促进老年人之间的知识交流，从而促进社会的整体进步。"为此，《章程》提出："鼓励在全球范围内成立并发展第三年龄大学，在合作性项目、科研等基础上，根据地域、语言或其他标准，把相关利益群体聚集起来，从而建立组织性结构；通过这种方式，促进各第三年龄大学之间的联系和合作。"AIUTA在广州第92届理事会议通过的国际《老年大学宪章》以老年大学的"国际化"为标题观点，指出："老年大学是世界各地老年人学术科学合作的有利交流平台。""老年大学旨在通过自主一体化发展，或与其他教学机构的合作来确保学术活动的地位。"

AIUTA总部设在法国图卢兹第一大学。

中国老年大学协会（CAUA）在1994年申请加入国际老年大学协会（AIUTA），经全国老龄委提起申报，提交至中华人民共和国民政部、中华人民共和国外交部、中华人民共和国财政部审批后，CAUA 正式加入 AIUTA，成为 AIUTA 最大的团体会员，在 AIUTA 中 27 名理事会中，有 2 名中国老年大学协会的领导，其中中国老年大学协会袁新立常务副会长担任了 AIUTA 第一副主席，林元和副会长任 AIUTA 理事。现财政部每年专项拨款 1 750 欧元给中国老年大学协会缴纳 AIUTA 会费。

  AIUTA 是世界各国老年大学、老年教育机构工作范围内最具影响力和最权威的国际民间社团组织。AIUTA 与世界经济合作与发展组织（OECD）、联合国教科文组织（UNESCO）、世界卫生组织（WHO）、世界银行（The World Bank）等国际组织建立了良好的合作关系，也与许多国家的政府有协作关系，AIUTA 理事会有指定专人负责联络上述机构。AIUTA 目前有 130 多个团体会员及个人会员，是国际老年教育思潮兴起的主要传播者和研究者，是世界各地老年大学沟通信息、交流经验、开展合作、协作科学研究的良好平台，是推动全球老年大学共同发展的工作网络。

  AIUTA 现任主席是弗朗索瓦·维拉斯教授，1952 年 12 月出生，是法国图卢兹第一大学教授、博士生导师，是世界著名的旅游经济学者，经常参与联合国教科文组织的气候、旅游、老龄问题会议。多次到中国考察、开会，对中国怀有深厚的友好感情，其所提出的理念和看法深刻影响着中国的老年教育。

（作者系中国老年大学协会国际联络部主任、广州市老年干部大学副校长）

国际老年大学协会章程

国际老年大学协会

第一章　协会目标和组成

第一条

国际老年大学协会依照相关法律规定成立，不设时间限制，并遵守 1901 年 7 月 1 日法国法令和 1901 年 8 月 16 日法令关于国际老年大学协会（AIUTA）的相关约束。

第二条

协会目标如下：

（1）联合全球的老年大学和相关组织，包括任何目标一致但头衔不同的组织。

（2）在全球各大学的支持下，建立终身教育的国际体系，并发展老年教育的相关研究。

（3）促进老年人之间的知识交流，从而促进社会的整体进步。

第三条

为实现上述目标，国际老年大学协会将于法律允许的范围内，采取一系列措施，包括：

（1）鼓励在全球范围内成立并发展第三年龄大学。

（2）在合作性项目、科研等基础上，根据地域、语言或其他标准，把相关利益群体聚集起来，从而建立组织性结构；通过这种方式，促进各第三年龄大学之间的联系和合作项目。

（3）整合和促进研究分析和交流，采取措施解决与老年教育相关的问题，规范该领域各项解决方案。

（4）寻找针对高等教育和老年教育的组织并与之建立合作关系，保持与这些组织的联系，充分发挥此类组织的社会功能。

（5）与目标一致的政府或非政府国际组织建立并保持密切的联系。

（6）在协会成员间创建文化和科学联系，协调各自在教育和研究等方面的活动，促进成员间的信息交流。

（7）通过发放通知和文件等方式组织会议、研讨会、外出考察、培训课程等各种形式的活动，同时也要出版发行内部刊物及组建研究小组，以便更好地实现协会目标。

（8）受邀参加其他社会、文化、艺术团体的活动。

第四条

协会总部位于法国。经理事会决定，并于全体大会上审议通过后，总部可迁往其他地方。

第五条

1. 国际老年大学协会由世界各地的成员协会组成，各成员协会加入前须经过理事会表决通过。协会致力吸纳以下成员：向所有年龄层人士开放（或非全开放）的第三年龄大学；与国际老年大学协会目标一致的其他协会和机构；上述大学或机构的国内联盟或协会。

2. 协会同样吸纳个人、附属会员和荣誉会员作为成员，但须经理事会表决通过。

3. 附属会员包括个人或组织代表，其目标须与国际老年大学协会一致，且为协会发展做出贡献。

4. 荣誉会员可为个人或组织代表。荣誉会员须为协会做出重要贡献，且可免缴纳会费。

5. 附属会员和荣誉会员可获邀参加全体大会，并享有咨议权。

第六条

国际老年大学协会是以法国为基础的国际性协会。协会的官方语言为法语、英语和其他在全体大会上获得通过的语言。协会《章程》分别有法语版本和英语版本，且法语版本为具有法律效力版本。

第七条

各成员协会须按照协会内部《章程》的相关规定，向协会缴纳会费，在经济上支持协会的运作。

在由理事会提交申请，并获得全体大会通过的情况下，会费的额度可以适当调整。

第八条

如有下列情况，则取消会员身份。

1. 协会或组织会员。

（1）按照该协会或组织自身章程，要求退出国际老年大学协会。

（2）由于欠缴会费或其他重大原因，被理事会取消会员身份，且该决议已提交至全体大会获得通过。该协会或组织会员的主席应首先给出合理解释。

2. 个人会员。

（1）申请退出国际老年大学协会。

（2）由于欠缴会费或其他重大原因，被理事会取消会员身份，且该决议已提交至全体大会获得通过。该个人会员应首先给出合理解释。

第二章 协会管理和运作

第九条

1. 国际老年大学协会由理事会负责管理。理事会成员通过全体大会选举产生，至多不超过27人，任期为4年，且来自同一国家的理事会成员不得超过4人。

2. 全体大会应特别为每位理事会成员委任一名候补成员，候补成员与理事会成员国籍须一致。

3. 离任的协会主席将成为协会的荣誉会员。离任主席可获邀参加理事会会议和全体大会，并在继任主席任期的问题上享有咨议权。

4. 只有按时缴纳会费的组织代表能代表其所属的组织或协会，并享有加入理事会的资格。

5. 协会有权改选理事会成员和增选成员2次（3×4年=12年）。理事会过半数成员每两年改选一次。

6. 在理事会会议上，可由候补成员代表理事会成员出席会议。

7. 若出现席位空缺的情况，则在两届全体大会期间，由理事会选出临时成员填补空缺，直至下一届全体大会选出新成员为止。在此情况下，正式成员选出时将终止临时成员所享有的权利。

8. 针对某特定领域或会议，理事会可邀请专家前来协助协会开展讨论，提出专业意见。此类专家可在会议上给出意见。

第十条

1. 理事会每年召开至少2次会议。每次会议由主席或由2/3的会员提出开会申请。

2. 至少须有一半理事会成员或代表出席会议，方可通过决议。

3. 须有大部分理事会成员或代表投票赞成，方能通过决议。

4. 若出现票数相同的情况，主席可投出决定票。

5. 若出现理事会成员和其候补成员都无法出席会议的情况，缺席成员可委托另一位理事会成员代为行使权利。出席会议的理事会成员不能同时接受两位以上缺席成员的委托。

6. 理事会成员无故缺席会议达3次者，则视为主动申请退出协会。

7. 若理事会成员不再代表组织会员，或其代表的组织会员失去了国际老年大学协会会员的身份，则视为该理事会成员退出协会，不再享有任何权利，不能当选为理事会成员，也不能代表其之前所属的组织会员。

8. 每次会议必须进行会议记录。会议记录中不得出现空白间隔或涂改痕迹，且每次会议的会议记录应予以保留。会议记录须由主席和秘书长确认签名，并于下一次会议上提交至理事会审批通过。

第十一条

1. 理事会所享有的权利不受全体大会限制，能在任何情况下管理、领导及运营国际老年大学协会。理事会可就协会目标和实现目标的措施等方面展开讨论。

2. 理事会负责贯彻落实全体大会通过的决定，并需向全体大会报告其工作情况。

3. 理事会负责制定协会内部《章程》，并提交全体大会表决通过。

第十二条

1. 理事会可委任其中一名成员负责管理某一特定委员会，以负责某一特定领域，该委员会须遵从国际老年大学协会目标。来自民间团体的专家可获邀参与此类委员会的工作，但委员会的工作须根据理事会审批通过的工作项目来制定。委员会须根据相关时间进程按时向理事会报告工作情况。

2. 理事会主席有权指派任何理事会成员或组织会员执行协会感兴趣的任一学习或研究任务。该任务须按照预先确定的项目和进程执行，且需定期进行工作汇报。

第十三条

1. 理事会通过无记名投票的方式，从其成员中选举出执行管理委员会成员。

执行管理委员会包括：

（1）主席 1 名。

（2）副主席 2 名。

由主席提名：

（1）秘书长 1 名，副秘书长 1 名（如有需要）。

（2）司库 1 名，副司库 1 名（如有需要）。

2. 主席职位不能马上改选（须在 4 年之后）；执行管理委员会成员在其仍服务于理事会的期间可改选 1 次（2×4 年 = 8 年）。

3. 执行管理委员会在理事会两次会议期间负责协会日常工作。

4. 在主席任期即将结束时，不论为何种原因（任期结束，申请离任等），必须选举组建新的执行管理委员会，上届执行管理委员会成员可继续留任。

第十四条

1. 主席职位的候选人须提供相关学历证明，并拥有在第三年龄组织内任职的工作经验。

2. 主席须经过两轮投票，遵循少数服从多数的原则选举而出。在第一轮投票中，绝对多数的成员或代表须出席会议；在第二轮投票中，相对多数的成员或代表须出席会议。

3. 主席负责主持全体大会和理事会会议。主席可邀请具备相关资格的人士出席会议并参与讨论，也可仅作为旁听嘉宾出席会议。

4. 主席在各项事务上均代表协会，并有权审批各项经费。

5. 根据协会内部《章程》相关规定，主席可在特定情况下委托他人代表自己行使权力。在需要司法代表协助的情况下，主席委托的代表仅能在该情况下代表主席行使权力。所有协会代表均有权充分行使其公民权利。

6. 在主席缺席的情况下，第一副主席可代替主席行使权力。

7. 若在任期内主席职位出现空缺，第一副主席可于过渡期内代替主席行使权力，直至理事会选举出新一任主席为止。

第十五条

1. 秘书长负责协会内所有通信和档案管理。秘书长负责在每次全体大会和理事会会议上做好会议记录，并整理协会日常文件（财政文件除外）。

2. 秘书长负责落实1901年7月1日法令第五条和1901年8月16日法令第六条和第三十一条的相关规定。在主席的授权下，秘书长须确保执行上述法令的相关规定。

3. 司库负责协会的财务管理工作。在主席的授权下，司库负责核对发票，记录收支情况。司库须确保协会的各项支出记录在目，并向全体大会汇报相关情况。全体大会有权审核司库的任职资格。

4. 司库负责在任何银行以协会的名义开设并管理账户，存储资金。司库有权签署、接收、批注支票，并管理转账事宜。

5. 若出现职位空缺的情况，在主席授权下，副秘书长和副司库可按照协会管理的相关规定代替秘书长和司库行使权力。

第十六条

全体大会包括协会代表、已缴纳会费的组织会员（每个组织只能派出两名代表）和个人会员（享有咨议权）。

第十七条

1. 全体大会常规会议每两年举行1次。

2. 会议召开至少提前1个月发出通知，主席须在秘书长的协助下负责通知协会成员参加会议。

3. 会议议程须提前提交至理事会审核通过，并于会议通知上进行公告。

4. 只有在1/3或以上的组织会员均派出代表出席会议（每个组织至少派出1名代表）的情况下，全体大会才符合召开规定。

5. 主席在执行管理委员会的协助下负责主持会议，并汇报理事会工作情况和协会各项事务。

6. 在审计人员做出报告后，司库向全体大会提交财政管理报告和收支平衡报告并审议通过。全体大会可对上述报告做出评价，并投票表决收支报告和预算方案。

7. 在完成所有议程后，主席将发起不记名投票，选举新的理事会成员，以填补离任成员的空缺。

8. 全体大会上仅能讨论议程上的事宜。

9. 在全体大会上，与会代表遵循简单多数票原则表决通过后方能产生大会决议。除自身投票外，与会代表不能接受超过两个以上的委托进行投票。若出现票数相等的情况，可进行第二次投票，主席可投出决定票。

10. 会议期间须做好会议记录。会议记录须由主席和秘书长审议签名。会议记录中不得出现空白间隔或涂改痕迹，且每次会议的会议记录应予以保留。

11. 会议记录和每个财政年度的财政报告须发送至协会每位成员手上以供审阅。

第十八条

1. 主席可根据第十七条的相关规定，应理事会的要求申请召开临时全体大会。须有2/3成员，或至少1/3已缴纳会费的会员出席，方为有效会议。

2. 超过一半组织会员委托代表（每个组织会员至少委托1名代表）出席会议时，全体大会才有效。若无法达到上述人数要求，须于1个月后重新召开会议；重新召开会议时将不再受上述人数限制。

3. 除第二十一条和第二十二条所规定的情况外，临时全体大会与常规全体大会无异。

第三章　资产——财政管理

第十九条

协会财政来源如下：

（1）成员缴纳会费和捐款。会费数额由全体大会根据理事会的方案确定。

（2）销售协会商品所得收入。

（3）政府补贴。

（4）捐款和遗赠。

（5）通过提供服务获得收入。

（6）其他合法收入。

第二十条

1. 须按照年度财政收支的真实情况做出年度决算。

2. 由司库负责整理的财政报告须由两名外部审议员（非理事会成员）审议通过，并提交至全体大会审议通过。

第四章　《章程》修订和协会解散

第二十一条

可根据第十八条相关规定召开临时全体大会，修订协会《章程》。2/3的代表须出席临时全体大会，由代表表决通过后，修订案方可生效。

第二十二条

1. 可根据第十八条相关规定召开特别全体大会，讨论协会解散事宜。至少20%组织会员须出席会议，且须超过2/3的与会代表投赞成票方可正式解散协会。

3. 在全体大会宣布解散协会后，可将协会净资产分配给目标一致的组织；执行管理委员会在获得授权的情况下可负责协会的解散工作。

第二十三条

1. 协会内部《章程》由理事会制定并保存，且须提交至全体大会审议通过。

2. 本内部《章程》对协会各项工作均给予详细规定，各会员应遵循《章程》相关规定开展工作，规范内部管理。

（翻译者：广州市老年干部大学研究室）

《AIUTA 章程》述论

广州市老年干部大学　王友农

"AIUTA"为国际老年大学协会英文缩写。2014 年 6 月笔者参加在法国图卢兹召开的 AIUTA 第 94 届理事会议及"老年大学与国际合作"国际研讨会,取回英文版《AIUTA 章程》,请专家翻译为中文,又请中国老年大学协会臧伟洋秘书长取出 1994 年我国老年大学协会申请加入 AIUTA 时的旧版《AIUTA 章程》,再把《中国老年大学协会章程》一并翻译,三者对比研读,有感而发,遂以成文。

一、《AIUTA 章程》对我们的意义

1973 年,法国图卢兹大学社会科学院专门为当地退休人员开设了老年教育课程,标志第三年龄大学的正式成立。1975 年后,第三年龄大学的思潮传入比利时、瑞士、波兰、意大利、西班牙等欧洲国家,并横跨大西洋传到加拿大和美国加利福尼亚州,第三年龄大学(U3A)逐步布满世界。1978 年,国际老年大学协会(International Association of the Third Age University,AIUTA)在法国图卢兹成立,通过了法国人起草的《国际老年大学协会章程》,AIUTA 通过不断发展会员,开展跨国交流合作,逐步在世界各大洲扩大了影响。法国有 800 多年历史的名校图卢兹第一大学成为 AIUTA 总部所在地。

中国老年大学协会(CAUA)1994 年申请入会,经全国老龄委提起申报,民政部、外交部、财政部会签批准,CAUA 加入了 AIUTA,成为 AIUTA 最大的团体会员。很快,中国老年大学协会领导担任了 AIUTA 理事会成员,进而担任了 AIUTA 副主席,其后,中期选举人员不断变动,截至 2013 年 5 月在广州召开的 AIUTA 第 92 届理事会议,中国老年大学协会常务副会长袁新立当选为 AIUTA 副主席,同年 9 月在瑞典乌普萨拉召开的 AIUTA 第 93 届理事会议上,中国老年大学协会副会长林元和被增选为 AIUTA 理事。这样,27 人的 AIUTA 理事会中,有 2 名中国老年大学协会的人员。

AIUTA 是世界各国老年大学、老年教育机构工作范围内最具影响力和最有权威的国际民间社团组织。AIUTA 与世界经济合作与发展组织(OECD)、联合国教科文组织(UNESCO)、世界卫生组织(WHO)、世界银行(The Word Bank)等国际组织建立了良好的合作关系,也与许多国家的政府有协作关系,AIUTA 理事会有指定专人负责对上述机构联络。AIUTA 目前有 130 多个团体会员及个人会员,是国际老年教育思潮兴起的主要传播者和研究者,是世界各地老年大学沟通信息、交流经验、开展合作、协作科学研究的良好平台,是推动全球老年大学共同发展的工作网络。《AIUTA 章程》既是公开树立的让外界了解 AIUTA 的一面旗帜,又是世界各地老年大学交流合作的网络运行的方针、原则,规范着国际老年教育的 AIUTA 框架的自我建设,促进国际老年教育朝着既定

的目标发展。

1994 年以后，中国老年大学协会在 AIUTA 的所有活动中都发挥着重要的作用，中国老年大学以独特的迅速发展态势和巨大规模，让 AIUTA 各成员刮目相看。中国老年大学协会常务副会长袁新立指出：我们在 AIUTA 范围里"让中国老年大学了解世界，让世界了解中国老年大学"。《AIUTA 章程》使我们按照大家认同的游戏规则进行交往，承担一定的义务，参与科学研究和会议，交流信息，开展各方面国际合作，相互促进老年大学事业的健康发展。

同时，《AIUTA 章程》中有许多"协会"这种非政府组织（NGO）运转的良策、观点、规则可供我们参考借鉴；《AIUTA 章程》中透视出的法治意识、科学精神、民主理念，也值得我们深思和学习。了解和熟悉《AIUTA 章程》，有利于我们深化与 AIUTA 理事会的国际合作，扩大与 AIUTA 成员的交流，使中国老年大学在现代化的道路上走向世界，并与国际接轨。

二、《AIUTA 章程》强烈的法治意识

初看英文版《AIUTA 章程》时，第一句话就提到遵守 "the French law of 1st July 1901 and the decree of 16th August 1901"，即"1901 年 7 月 1 日法国法令和 1901 年 8 月 16 日法令"，当时感觉这是法国人笔误，后来广州翻译协会的专家翻译为中文后也对时间提出质疑。笔者向 AIUTA 秘书处电函咨询，确认时间无误。网上搜索未果，再请他们帮忙查找提及的法令原件，数天后回复 "Legal：ASSOCIATIVE MANAGEMENT Law of July 1，1901 relating to the contract of association" 全文，原来是 1901 年 7 月 1 日法国颁布了"联合管理"的法律，关于"协会"有专门的规范。在其后 100 多年这个法令不断修改，但法令的名称仍然叫做"1901 年 7 月 1 日法国法令"，基本框架和内涵没变。由于 AIUTA 在法国注册成立，按照当地法律行事就可以了。《AIUTA 章程》第一条就是讲依法办会，这个"核对 1901 年法令"的小插曲使我们印象极深。

《AIUTA 章程》在明确表述了协会目标后，紧接着的第三条强调了法治的总要求："为实现上述目标，国际老年大学协会将于法律允许的范围内，采取一系列措施"来达到目的，所谓"法律允许的范围"应是主要指法国的法律，同时也包括国际公认的国际法则。

《AIUTA 章程》全文，无处不体现出法治精神：（1）协会地点："协会总部位于法国。在经理事会决定并于全体大会上审议通过后，总部可迁往其他地方。"事实上经全体大会通过，协会总部一直设在法国图卢兹。（2）会员组成："国际老年大学协会由世界各地的成员协会组成，各成员加入协会前须经过理事会表决通过。协会致力吸纳以下成员：向所有年龄层人士开放（或非全开放）的第三年龄大学、与国际老年大学协会目标一致的其他协会和机构、上述大学或机构的国内联盟或协会。协会同样吸纳个人、附属会员和荣誉会员作为成员，但须经理事会表决通过。附属会员包括个人或组织代表，其目标须与国际老年大学协会一致，且为协会发展做出贡献。附属会员和荣誉会员可获邀参加全体大会，并享有咨议权"。（3）使用语言："国际老年大学协会是以法国为基础的国际性协会，协会的官方语言为法语、英语和其他在全体大会上获得通过的语言。协会

章程分别有法语版本和英语版本,且法语版本为具有法律效力版本"。(4)协会会费:"各成员协会须按照协会内部章程相关规定,向协会缴纳会费,在经济上支持协会的运作。在由理事会提交申请并获得全体大会通过的情况下,会费的额度可以适当调整"(据悉,团体会员每年需交纳 800 欧元)。(5)取消身份:"协会或组织会员按照该协会或组织自身章程,要求退出国际老年大学协会"或者"由于欠缴会费或其他重大原因,被理事会取消会员身份,且该决议已提交至全体大会获得通过。该协会或组织会员的主席应首先给出合理解释。"个人会员也是如此办理。(6)运作程式:AIUTA 开展工作的程式是强调法律化的,下文专门予以论述。

《AIUTA 章程》专门指定秘书长负责法律方面的监督,特别是 AIUTA 活动是否合乎章程规定的程式。笔者翻阅来自斯洛伐克的 AIUTA 秘书长纳德兹达·赫拉普科娃博士提出异议的文件,她指出:依照《AIUTA 章程》,AIUTA 主席维拉斯教授在广州会议上试图代表另外 3 位没有到会的理事会成员投票是无效的,因为《AIUTA 章程》规定一人只能被委托代表两人投票,此事历历记录在案。

三、《AIUTA 章程》明确的目标

《AIUTA 章程》提出的协会目标包含四层递进的意义,即联合、建立、发展、促进,表述为:"联合全球的老年大学和相关组织,包括任何目标一致但头衔不同的组织。在全球各大学的支持下,建立终身教育的国际体系,并发展老年教育的相关研究。促进老年人之间的知识交流,从而促进社会的整体进步。"这一明确而长远的目标,体现了 AIUTA 的精神和价值追求,体现了 AIUTA 的科学学术层次,也体现了 AIUTA 的工作思路。

目标中包含着很有建设性的构想即"建立终身教育的国际体系"。我们知道,国际老年教育思潮发源于法国,伴随着全球老龄化迅速席卷世界,中国老年大学崛起的思想渊源正是国际老年教育思潮。当国际老年教育思潮成为一种称之第三年龄教育实践运动(U3A)日益扩大时,各国老年大学之间的交流合作成为必然趋势,搭建什么样的合作平台最有效呢?AIUTA 的设想是立足于高起点,建立终身教育的国际体系。为此,《AIUTA 章程》提出:"鼓励在全球范围内成立并发展第三年龄大学,在合作性项目、科研等基础上,根据地域、语言或其他标准,把相关利益群体聚集起来,从而建立组织性结构;通过这种方式,促进各第三年龄大学之间的联系和合作项目。"

"体系"是指若干有关事物或某些意识相互联系的系统而构成的一个有特定功能的有机整体,是按照一定的秩序和内部联系组合而成的。国际社会关于"国际体系"的界定具有学术性和政治性两大类。《AIUTA 章程》提出的"建立终身教育的国际体系",是界定在终身教育领域里的学术性的体系。这一主张涵盖了世界老年教育的思想和实践发展的许多问题,凸显了老年大学国际合作的重大意义,表现出现代化老年大学发展面向世界的开放取向,也体现了世界老年大学对自身发展的认知水平。在建立终身教育的国际体系的目标引导下,欧洲各国老年大学已经开展了各种国际合作项目,如老年大学的理论研究跨国合作、体育教学合作、银发旅游合作、网络平台合作等,当然这些合作是与欧洲的一体化进程联系在一起的。

四、《AIUTA 章程》规范的运作

《AIUTA 章程》以协会法规形式规定了 AIUTA 组织架构，规范了各项工作流程。

理事会是协会的核心，《AIUTA 章程》明确规定"国际老年大学协会由理事会负责管理。"理事会成员通过全体大会选举产生，至多不超过 27 人，任期为 4 年。来自同一国家的理事会成员不得超过 4 人。另外，全体大会特别为每位理事会成员委任 1 名候补成员，候补成员与理事会成员国籍须一致。离任的协会主席将成为协会的荣誉会员。离任主席可获邀参加理事会会议和全体大会，并在继任主席任期的问题上享有咨议权。只有按时缴纳会费的组织代表能代表其所属的组织或协会，并享有加入理事会的资格。

在认定了理事会成员资格后，《AIUTA 章程》又规定："协会有权改选理事会成员和增选成员 2 次（3×4 年 = 12 年）。理事会过半数成员每两年改选一次。在理事会会议上，可由候补成员代表理事会成员出席会议。若出现席位空缺的情况，则在两届全体大会期间，由理事会选出临时成员填补空缺，直到下一届全体大会选出正式成员为止。在此情况下，正式成员选出时将终止临时成员所享有的权利。针对某特定领域或会议，理事会可邀请专家名人前来协助协会开展讨论，给出专业意见。此类专家名人在会议上可给出咨询意见。"

对于理事会议的规定非常具体："理事会每年召开至少 2 次会议。每次会议由主席或由 2/3 的会员提出开会申请。至少须有一半理事会成员或代表出席会议，方可通过决议。须有大部分理事会成员或代表投票赞成，方能通过决议。若出现票数相同的情况，主席可投出决定票。若出现理事会成员和其候补成员都无法出席会议的情况，缺席成员可委托另一位理事会成员代为行使权利。出席会议的理事会成员不能同时接受两位以上缺席成员的委托。理事会成员无故缺席会议达 3 次者，则视为主动申请退出协会。若理事会成员不再代表组织会员，或其代表的组织会员失去了国际老年大学协会会员的身份，则视为该理事会成员退出协会，不再享有任何权利，不能当选为理事会成员，也不能代表其之前所属的组织会员。"《AIUTA 章程》要求理事会每次会议必须做好会议记录。会议记录中不得出现空白间隔或涂改痕迹，且每次会议的会议记录应予以保留。会议记录须由主席和秘书长确认签名，并于下一次会议上提交至理事会审批通过。笔者就曾经见过 2013 年 5 月在广州召开的第 92 届理事会议的中文版报告，也曾在法国图卢兹会议上听过关于瑞典乌普萨拉第 93 届理事会议的报告。

理事会权利规范："理事会所享有的权利不受全体大会限制，能在任何情况下管理、领导及运营国际老年大学协会协"理事会可就协会目标和实现目标的措施等方面展开讨论。理事会负责贯彻落实全体大会通过的决定，并需向全体大会报告其工作情况。理事会负责制定协会内部章程，并提交全体大会表决通过。理事会可委任其中 1 名成员负责管理某一特定委员会，以负责某一特定领域，该委员会须遵循国际老年大学协会目标。来自民间团体的专家可获邀参与此类委员会的工作，但委员会的工作须根据理事会审批通过的工作项目来制定。委员会须根据相关时间进程按时向理事会报告工作情况。理事会主席有权指派任何理事会成员或组织会员执行协会感兴趣的任一学习或研究任务。该任务须按照预先确定的项目和进程执行，且需定期进行工作汇报。目前，理事会管理的

专业委员会主要是教育委员会和科学委员会，两者经常向理事会提起工作建议和报告工作。

理事会中还设置执委会："理事会通过无记名投票的方式，从其成员中选举出执行管理委员会成员。执行管理委员会包括：主席1名、副主席2名（由主席提名）；秘书长1名，副秘书长1名（如有需要）；司库1名，副司库1名（如有需要）。主席职位并不能马上改选（须在4年之后）；执行管理委员会成员在其仍服务于理事会的期间可改选1次（2×4年=8年）。"执行管理委员会在理事会两次会议期间负责协会日常工作。在主席任期即将结束时，不论为何种原因（任期结束，申请离任等），必须选举组建新的执行管理委员会，上届执行管理委员会成员可继续留任。

AIUTA主席是最重要的职位："主席职位的候选人须提供相关学历证明，并拥有在第三年龄组织内任职的工作经验。主席须经过两轮投票，遵循少数服从多数的原则选举而出。在第一轮投票中，绝对多数的成员或代表须出席会议；在第二轮投票中，相对多数的成员或代表须出席会议。"主席负责主持全体大会和理事会会议。主席可邀请相关有资格人士出席会议并参与讨论，也可仅作为旁听嘉宾出席会议。主席在各项事务上均代表协会，并有权审批各项经费。根据协会内部章程相关规定，主席可在特定情况下委托他人代表自己行使权力。在需要司法代表的情况下，主席委托的代表仅能在该情况下代表主席行使权力。所有协会代表均有权充分行使其公民权利。在主席缺席的情况下，第一副主席可代替主席行使权力。若在任期内主席职位出现空缺，第一副主席可于过渡期内代替主席行使权力，直至理事会选举出新一任主席为止。

AIUTA秘书长负责协会内所有通信和档案管理。秘书长负责在每次全体大会和理事会会议上做好会议记录，并整理协会日常文件（财政文件除外）。对于秘书长有特殊的遵法要求，《AIUTA章程》规定："秘书长负责落实1901年7月1日法令第五条和1901年8月16日法令第六条和第三十一条的相关规定。在主席的授权下，秘书长须确保执行上述法令的相关规定。"

所谓司库就是财务总监。《AIUTA章程》规定："司库负责协会的财务管理工作。在主席的授权下，司库负责核对发票，记录收支情况。"司库须确保协会的各项支出记录在目，并向全体大会汇报相关情况。全体大会有权审核司库的任职资格。司库负责在任何银行以协会的名义开设并管理账户，存储资金。司库有权签署、接收、批注支票，并管理转账事宜。若出现职位空缺的情况，在主席授权下，副秘书长和副司库可按照协会管理的相关规定代替秘书长和司库行使权力。说实话，AIUTA的财政状况是拮据的，财务管理是严格的，在图卢兹会议上，笔者曾目睹AIUTA主席和来自英国的司库面对来自各方的咨询，不厌其烦地解释问题。

AIUTA全体大会每两年举行一次。全体大会包括协会代表、已缴纳会费的组织会员（每个组织只能派出两名代表）和个人会员（享有咨议权）。会议召开至少提前1个月发出通知，主席须在秘书长的协助下负责通知协会成员参加会议。会议议程须提前提交至理事会审核通过，并于会议通知上进行公告。只有在1/3或以上的组织会员均派出代表出席会议（每个组织至少派出1名代表）的情况下，全体大会才符合召开规定。主席在执行管理委员会的协助下负责主持会议，并汇报理事会工作情况和协会各项事务。在审计人员做出报告后，司库向全体大会提交财政管理报告和收支平衡报告并审议通过。全体大会可对上述报告做出评价,并投票表决收支报告和预算方案。在完成所有议程后,主席将发起无记名投票,选举新的理事会成员,以填补离任成员的空缺。全体大会上仅能讨论议程上的事宜。在全体大会上,与会代表遵循简单多数票原则表决通过后方能产生大会决议。除自身投票外,与会代表不能接受超过两个以上的委托进行投票。若出现票数相等的情况,可进行第二次投票,主席可投出决定票。会议期间须做好会议记录。

主席可根据第十七条的相关规定,应理事会的要求申请召开临时全体大会。须有2/3成员,或至少1/3已缴纳会费的会员出席,方为有效会议。超过一半组织会员委托代表(每个组织会员至少委托1名代表)出席会议时,全体大会才有效。若无法达到上述人数要求,须于至少1个月后重新召开会议。重新召开会议时将不再受上述人数限制。

五、《AIUTA章程》厚重的学术精神

学术,是指系统专门的学问,是对存在物及其规律的学科化论证。学术意识就是指系统、全面、专业地认识事物,采用科学、客观、合理的方法论证自己的观点。学术精神是指有很强的学术意识,有锲而不舍严谨治学的态度及精神。强调老年大学要占有学术地位,要提升自我的学术品位,要具备学术精神,这是AIUTA一贯的主张,这从AIUTA在广州第92届理事会议通过的国际《老年大学宪章》里我们可以清晰地看到这个思想的闪光点:《老年大学宪章》以老年大学的"国际化"为标题观点,指出:"老年大学是世界各地老年人学术科学合作的有利交流平台。""老年大学旨在通过自主一体化发展,或与其他教学机构的合作来确保学术活动的地位。"与《老年大学宪章》的科学学术要求相呼应,《AIUTA章程》围绕协会目标阐述了从学术途径实现目标的策略,渗透着浓厚的学术氛围,学术精神更加浓烈。

第一,《AIUTA章程》提出:"整合和促进研究分析和交流,采取措施解决与老年教育相关的问题,规范该领域各项解决方案。"这里讲的是开展学术活动的目的,就是解决问题,形成解决方案,也就是说,学术研究和学术交流是要与实践相结合的。

第二,《AIUTA章程》指出:"寻找针对高等教育和老年教育的组织并与之建立合作关系,保持与这些组织的联系,充分发挥此类组织的社会功能。"这里讲的是学术活动的涉及面主要是高等教育和老年教育,充分发挥高校的社会功能来提高老年大学的学术活动的水平。要提高老年大学的学术地位,确实应该向高校看齐,把老年教育当作高等教育来运行。依托高校办老年大学是世界大多数国家的办学模式,而且办学者多数是资深教授,因此在老年大学里开展学术研究和学术教学,是先天优势和得心应手之事。这是我们中国老年大学应虚心学习的方面。

第三,《AIUTA章程》要求:"与目标一致的政府或非政府国际组织建立并保持密切的联系。在协会成员间创建文化和科学联系,协调各自在教育和研究等方面的活动,促进成员间的信息交流。"这里讲的是通过信息交流和科学联系、协调教研活动来增强学术活动的国际开放性。AIUTA作为一个学术性的国际组织,所有的活动都具有两个鲜明的特点,即学术性和国际性,因此《AIUTA章程》突出强调扩大和强化学术活动的国际化,我们在AIUTA框架下交流合作20年,深深感觉到这正是AIUTA的价值和魅力所在。

第四，《AIUTA 章程》"通过发放通知和文件等方式组织会议、研讨会、外出考察、培训课程等各种形式的活动，同时也会出版内部刊物，组建研究小组，以便更好地实现协会目标。"这里讲的是学术活动的各种形式，包括：研讨会、外出考察、培训、出版刊物、研究小组等，而这些活动的目的是为了更好地实现协会目标："建立终身教育的国际体系，促进老年人之间的知识交流，从而促进社会的整体进步。"当然，一些非学术性的有利于协会目标实现的国际社会活动，《AIUTA 章程》也表示："受邀参加其他社会、文化、艺术团体的活动。"

六、《AIUTA 章程》适时的修改

我翻阅过 1994 年版本的《AIUTA 章程》，是由武汉老年大学翻译的。对比 20 年后我们翻译的版本，发现里面做了许多重要修改，为什么这样修改很值得思考。

第一，AIUTA 目标的所有表述都是现在提出的。过去版本只是简单提出了协会宗旨是协调各国老年大学活动，促进他们的国际合作，现版本明确提出了"联合、建立、发展、促进"四层递进意义的目标，特别是"建立终身教育的国际体系"，说明了 AIUTA 对自己使命的认知随着时代发展而大大深化了。

第二，AIUTA 理事会现在被赋予了更大的权力和作用。现《AIUTA 章程》明确规定，理事会所享有的权利不受全体大会限制，能在任何情况下管理、领导及运营国际老年大学协会。过去《AIUTA 章程》里的"全体大会可以否决理事会决议"内容被删除。过去理事会议每年开 1 次改为每年开两次；理事会由 8～20 人组成改为 27 人，并增加了 6 人的执行委员会这一组织；现在还实行"理事会过半数成员每两年改选 1 次"的制度；过去规定的"全体大会是最高权力组织"，现在已不提及，而将全体大会的确立协会方针、批准工作计划、理事选举、预算、财务审计等工作，都交给了理事会。这种修改可能是因举行全体大会时，操作出现困难所致。

第三，修改了对 AIUTA 主席的要求和工作规范。旧版《AIUTA 章程》规定主席必须是具有大学教授或相等职称的正式代表，现删除了这一职称要求，且任期 3 年改为任期 4 年。新版《AIUTA 章程》还赋予主席在理事会中投票表决过程中票数相等时做出决断的权力。

第四，旧版《AIUTA 章程》最后的"第六部分：解散"整段全部删除，有意思的是这段话里说道，"协会解散后，财产移交给世界卫生组织。"连后续工作都想好了，这说明当时 AIUTA 的发起人对协会能否办下去心中无底。而 20 年过去，全球老年教育方兴未艾，AIUTA 显露出很强的生命力，所以提出了更高标准的目标，活动也更多了，不再面临解散的问题。

第五，新旧版《AIUTA 章程》的思想、结构、逻辑、文法都有很大改动，内容中最重要的在思想上加入了法治观念、学术意识和民主精神，这使得内容更丰富，层次更清晰，表述更明确，体现出自信，更具世界眼光，表现出与时俱进的风采。

七、侧论

把《中国老年大学协会章程》（《CAUA 章程》）与《AIUTA 章程》比较，可见异同

主要有：（1）都强调依法运作，后者要求更具体，指定专人负责法律监督。（2）目标和任务相似，前者宗旨有较强政治性，任务分解较细，后者目标定得更高远，强调学术性。（3）都规定理事会起重大作用，后者理事会权限更大，AIUTA 理事会所享有的权利不受全体大会限制，能在任何情况下管理、领导及运营国际老年大学协会。（4）会长、秘书长责任和权限规定有不同，后者规定会长（主席）权限和责任远远大过前者。（5）前者的经济审计规范大大强于后者。这个简单的比较分析，可以使我们从侧面更好地了解《AIUTA 章程》。

中国老年大学的发展必然会走国际化道路，因而必将会与 AIUTA 密切关联与密切合作。AIUTA 的刊物《Contact》意为"接触"，它给我们美好的联想：中国老年大学不但要全方位接触世界，也必然要对"构建终身教育的国际体系"做出重要贡献。而《AIUTA 章程》将成为我们进行国际沟通、协调、展示、合作的指南。

（作者系中国老年大学协会国际联络部主任、广州市老年干部大学副校长）

老年大学宪章

国际老年大学协会

1. 目的
老年大学的目的旨在学校范围内传播知识与文化。
2. 任务
老年大学的任务旨在促进老年人文化福利与社会和谐发展。
3. 集体
老年大学旨在面对所有老年人，不设任何年龄、文凭及收入的限制。
4. 地位
老年大学旨在通过自主一体化发展，或与其他教学机构的合作来确保学术活动的地位。
5. 教学
老年大学设有各类学科的课程、会议及研讨会。
6. 健康
老年大学的任务旨在通过社会活动、智力活动、体力活动等多种创新形式促进老年人身心健康。
7. 文化
老年大学将帮助老年人对过去、现在及未来有更好的理解

8. 道德

老年大学旨在努力减少歧视，尤其是有关年龄、性别、种族及宗教的歧视，同时也将积极参与反对排外的斗争。

9. 国际化

老年大学是世界各地老年人学术科学合作的有利交流平台。

10. 未来

老年大学将通过提供各项有利于促进智力及体力和谐发展的活动来造就更加光明的未来。

（注：此《老年大学宪章》在2013年5月于广州举行的国际老年大学协会第92届理事会及全体会议暨国际研讨会上通过。本文由广州市老年干部大学研究室集体编译）

论《老年大学宪章》

广州市老年干部大学　王友农

2013年5月国际老年大学协会（AIUTA）在广州召开的第92届理事会通过了一个重要文件《老年大学宪章》（以下简称《宪章》），当时该文件中译本在主席台上传阅。这是世界第三年龄大学（U3A）运动的一件大事。据悉，这个文件在2011年开始起草，2012年4月，AIUTA里斯本会议上展开了讨论，而在广州会议上通过。笔者初看到这份文件，心想此文分量究竟有多大，怎么能称为《宪章》？然而研读再三，感觉《宪章》确是名副其实。

一、《老年大学宪章》的国际意义

最初在广州阅读的《老年大学宪章》，是从法语版本翻译过来的。其后在瑞典乌普萨拉召开的AIUTA第93届理事会议上获得英语版本。因有人将英语版本的《老年大学宪章》翻译为《老年大学章程》，笔者意识到此"宪章"与"章程"翻译字面不同，不是小分歧而是看法大相径庭。宪章是指具有宪法意义的最重要的纲领性文件，而章程只是一般组织、社团经特定的程序制定的关于规程和办事规则的文书，是一种规章制度。两者是不同层次的。《老年大学宪章》的"宪章"原法语为charte，英语为charter。从原文所取英、法语单词来看，译"宪章"是准确的，再从此文内容认真看，称之"宪章"更为准确。

我们知道，许多国际组织都制定宪章并公之于众，这是向外界宣布自己对重大原则的看法，也是组织内部公认践行的纲领和准则。《国际老年大学协会宪章》的提出，是向全球老龄化背景下的世界树立起一面老年教育（U3A 运动）的旗帜，宣示着终身学习是 21 世纪生存概念，老年大学教育有世界意义和社会价值。

《老年大学宪章》文句精练，却是包括中国老年教育在内的全世界第三年龄大学近 40 年丰富实践经验的结晶，是全世界老年大学规范化和现代化的办学启示，是各国老年大学在国际老年大学协会这个平台上交流协作的成果，是用世界眼光审视老年大学教育，抽象其共性规律而产生的共同理念的一次飞跃。《宪章》的原则精神，将指导各国老年大学进一步提升办学水平，满足老年人日益增长的学习需求，让老年教育成为社会进步的重要标志。

中国有世界上最大规模的老年大学教育。《老年大学宪章》虽是外国人用不同的思维方式和语句表述出来的，但我们结合自身的实践体会，可以清晰地认知到内容中的真知灼见和深刻的哲理，这些哲理完全适应我们，具有导向和实操作用。

二、《老年大学宪章》的人本理念

在广州，我们曾组织专家学者讨论《老年大学宪章》，大家都有一个强烈的感觉，就是通篇没有提及办学条件应该怎样，但在《宪章》中明确讲到以老人为本的有 6 条，且内容鲜明体现了人本理念，这是《宪章》最大特色和亮点。

笔者理解《宪章》的人本理念包含了以下观点：（1）老年大学面对所有老年人开放。（2）老年大学促进老年人文化福利的发展。（3）老年大学促进老年人身心健康。（4）老年大学帮助老年人对过去、现在及未来有更好的理解。（5）老年大学努力减少对老年人的各种歧视，反对排斥老年人的言行。（6）老年大学为世界各地老年人提供有利的交流平台。（7）老年大学提供积极老龄化的知识和物理条件，延长老年人寿命。我们知道以人为本是科学发展观的核心，我们也讲用科学发展观统领老年教育事业，《宪章》中的人本理念丰富和深化了我们对科学发展观的认识，使我们在老年教育工作中进一步明确贯彻科学发展观该落实到哪些，怎么着力，怎么收获。

《宪章》的人本理念突出强调人人平等的原则，坚决反对对老年人的任何歧视。《宪章》指出：年龄、文凭、收入、性别、种族及宗教等，都不是限制老年人受教育权利的因素，也不是把老年人另类化的借口，没有任何东西可以把老年人分等级分贵贱，没有任何理由歧视任何身份的老年人。老年大学是最多老年人聚集的地方，是一个没有限制，没有歧视的家园，《宪章》认定这里是一个集体，是一个所有老年人平等相处的集体。这个集体的道德准则是人的尊严，保持、尊重和维护每个老年人的尊严。

《宪章》的人本理念，实质是阐述老年人的人权问题。它充分体现了《联合国老年人原则》提出的"独立、参与、照顾、自我实现和尊严"的五大原则，"尊严"在《联合国老年原则》上表述为："老年人的生活应有尊严、有保障，且不受剥削和身心虐待；老年人不论其年龄、性别、种族或族裔背景、残疾或其他状况，均应受到公平对待，而且不论其经济贡献大小均应受到尊重。"这是以人为本最基本的准则，因为任何老年人都是平等的，都有个性和尊严，没有贵贱之分，没有等级差异。老年大学是有个人自由的、民主的、相互尊重的集体，应成为全社会尊重老年人的示范。

三、《老年大学宪章》的公平规则

《宪章》主张的公平主要是教育公平，主张老年大学面对所有老年人开门，不设任何限制，这是与其以人为本的思想相通的。

教育公平是社会公平的基础，老年教育公平是老龄事业公平的基石，也是老年教育现代化的基本标准。《宪章》要求老年大学公平地招收所有老年人，不把任何人与人的不同因素作为入学条件，这就是我们讲的"全纳教育"和"老年教育均等化"，这一点对我们很有意义。

在国外，老年大学绝大多数不是政府主办的，而社会团体、慈善机构、私人的、高校办的老年大学基本是非营利的，基本面向全社会，他们也十分强调入学权利人人平等，《宪章》体现了这一点。在中国，老年大学教育以党政为主导，是社会建设的基本要素，属于国家提供的基本公共服务范畴。而公共服务均等化，是党和政府的重要价值追求。老年教育均等化，就是老年人都有权利享受老年大学教育，入学机会均等。目前老年教育投入不足等原因导致学位严重不足，公平问题迎面而来不可回避。多数老年大学对生源的要求，并没有带歧视性的干部身份认定，虽然许多老年大学都冠名为"老干部大学"，但实际上都对全社会老年人开放，学员之间也没有等级观念，校方、教师、学员都能平等相融，对短缺学位的报读采用随机抽签，体现公正标准的均等化，符合《宪章》的公平原则。

然而另一侧面严峻的问题是老年教育供不应求，长期得不到解决的事态非常突出，大多数的老年人没有学位只能徘徊于老年大学的门口。也有不少老干部部门主办的老干部大学只对退休前是干部身份的老年人开放，非干部身份的老年人退休后被剥夺了报读老年大学的机会，甚至还有的老干部大学对入学者退休前的干部级别都设有准入机制，处级以上退休干部可以报读的，科级的就拒收，更别说退休的工人和农民。退休证上标注的干部级别成了终身的"享受等级"，这是很不公正的。

加大学位供给，扩大覆盖面是解决老年大学教育不公正的根本策略。按照国务院发布的《国家人权行动计划》提出的"加大对老年大学建设的财政投入，扩大老年大学办学规模。增加老年公共文化产品供给。"使供求趋向平衡，《宪章》提到的老年大学教育公平才可以真正实现。但是在供不应求的状况下，办学的老干部部门领导应解放思想，破除服务对象只局限于离退休干部的观念，在资源调剂允许的情况下，为所有有求学意愿的老年人打开老干部大学之门。而老干部部门投入的办学资源，也是全民所有的国家资源。在世界，在中国，在老年大学，在《宪章》里，老年教育公平和正义如阳光一样重要。

四、《老年大学宪章》的文化精神

我们也深知老年大学文化建设的重要性、独特性，我们也在不断实践和探讨老年大学文化发展的内涵和规律，探索老年大学文化精神。但是外国学者以他们不同的视角和思维来看待老年大学文化现象，阐述老年大学文化共性和文化精神，可使我们跳出自己的圈子而受益匪浅。

首先,《宪章》认为老年大学的目的就是在校园内传播知识和文化。教师是主要传播者,老年学员是受众。可见,老年大学文化是需要传播的,是一种教育文化,它依托教学活动而存在和发展,其本质是教育;其次,《宪章》认为老年大学的任务是促进老年人文化福利与社会和谐发展。在这里,文化被视为老年人一种精神方面的享受,因而是一种福利,同时这种福利文化又产生社会效益即促进社会和谐,老年大学文化使个人与社会双受益;再次,老年大学文化的根本目的是帮助老年人对过去、现在及未来有更好的理解。这就是说,老年大学文化本身的价值就在于陶冶老年人的情操,改善老年人的世界观和人生观。这使我们想起安南在第二届世界老龄问题大会上说过,"老年人是过去、现在、未来的中介",老年大学文化挖掘和引导着这个中介力量。以上三方面的见解,紧扣老年人这个唯一主体,深刻揭示了老年大学文化的定义、本质、作用和价值,揭示了老年大学文化精神以老年人为本的真正核心内涵。

老年大学文化的培育和发展需要科学的治学方法和严谨的治学态度。《宪章》指出,老年大学需要创新各种社会活动、智力活动、体力活动来促使老年人健康,这是广义的老年大学文化发展的内在要求和目的,创新是最好的治学之道。而创新体现在老年大学学术活动的层面上,是通过自主一体化发展,或与其他教学机构的合作为保障。《宪章》强调老年大学文化最高层面的因素是学术活动,在此要通过两方面的努力来实现,一方面是自己独特的研究、教学(智力)活动,另一方面是与其他教育机构合作。老年大学要有学术活动这一点非常重要,有了学术地位,才会有整个老年大学文化的地位,也才会有老年大学在教育领域里的地位。我们对老年大学学术活动的用处认识不足,没有把它当作校园文化的高层次内容来营造,这是需要改进的。

那么,怎样才能通过"自主一体化发展"打造出高品位的老年大学文化呢?《宪章》提及了两个治学通道:一是开设各个学科的课程;二是组织各类会议及研讨会。看 U3A 在世界的动态,国外老年大学学员研讨会都已经常态化了,形成一种高雅文化现象。对照我们,我们在课程开发、设置方面确实倾注了很大的精力,且成效显著,但忽略了组织学员围绕所学内容经常开展学术性的研讨会,因此我们的校园文化往往显现学术气氛不浓,我们应该学习国外这一治学方法。

《宪章》以老年大学的"国际化"为标题观点,指出:老年大学是世界各地老年人学术科学合作的有利交流平台。这是把老年大学文化提升到面向世界的高度,进而把老年大学教育国际化这一深远意义的要求明文规定下来了。在全球老龄化背景下,老年人的学术合作,文化交流日益广泛和深入已是大趋势,各国各地老年大学都应打开大门面向世界,为来自世界各地的老年人提供文化合作、交流平台,为各民族文化和谐相融做出贡献。《宪章》关于国际化的阐述,赋予了老年大学文化崇高精神和社会责任,创出了老年大学文化的高境界,为我们中国老年大学文化建设提供了一份导向性的宝贵精神食粮。

五、结语

《老年大学宪章》言简意赅,内涵丰富,思路清晰,主题突出。它的主题和核心就是以人为本;它的第一原则就是老年教育公平;它的精髓和亮点就是创新的文化精神;

它的精彩启示就是面向世界，面向未来。

读不尽的《老年大学宪章》，本文只是一个粗浅解读。

（作者系中国老年大学协会国际联络部主任、广州市老年干部大学副校长）

国际老年大学协会（AIUTA）历届会议主题

中国老年大学协会国际联络部

编者按：国际老年大学协会（AIUTA）成立近40年，为老年教育理论研究搭建了重要的国际交流平台。AIUTA几乎每年都召开国际学术研讨会，近年来每年召开两次国际研讨会。而研讨会的主题非常有创意，极具世界眼光。中国老年大学协会国际联络部收集了历届 AIUTA 会议的主题加以汇总，本书独家刊登以飨读者。

1978 Toulouse，France 1er Congrès de l'AIUTA 第一次大会在法国图卢兹召开

主题是："社区服务中的老年人力资源 Les ressources humaines du troisième âge au service de la collectivité"

1979 Nancy，France/法国南锡

主题是："好好变老：从偏见、老年病到老年人的作用与老年教育 Bien vieillir, de la prévention de la pathologie du vieillissement au fonctionnement et à la pédagogie du 3e âge"

1980 Sherbrooke，Canada/ 加拿大舍布鲁克

主题是："第三年龄的持久教育 Education permanente au troisième âge"

1981 Madrid，Espagne/ 西班牙马德里

主题是："第三年龄的文化 La culture au troisième âge"

1982 Nice，France/ 法国尼斯

主题是："老年大学在现代社会中的角色 Le rôle de l'UTA dans la société contemporaine"

1983 Riva Del Garda，Italie/ 意大利加尔达湖

主题是："老年大学的分散，文化浇灌的道路 La décentralisation des UTA, voies

d'une irrigation culturelle"

1984 Neuchâtel, Suisse/ 瑞士纳沙泰尔
主题是:"为了老年人,同老年人一起研究 La recherche pour et avec les personnes âgées"

1986 Tournai, Belgique/ 比利时杜内阶
主题是:"世界中的老年大学,开放与交流 Les UTA dans le monde, ouverture et dialogue"

1987 Varsovie, Pologne/ 波兰华沙
主题是:"教育与健康 Education et Santé"

1988 Toulouse, France/ 法国图卢兹
主题是:"为了社会,更为了人类 Pour une société plus humaine"

1990 Hull, Canada/ 加拿大赫尔
主题是:"老年大学,发展的源泉 Les UTA, sources de développement"

1992 Barcelone, Espagne/ 西班牙巴塞罗那
主题是:"身体锻炼与人口老龄化 Les exercices physiques et le vieillissement"

1994 Jyväskylä, Finlande/ 芬兰于韦斯屈莱
主题是:"人口老龄化的准备 La préparation au vieillissement"

1996 Nantes, France/ 法国南特
主题是:"交谈的年代? Générations en dialogues?"

1998 Schwäbisch-Gmünd, Allemagne/ 德国施瓦本格明德
主题是:"老年人的学习:为什么? 怎样学? Apprendre au troisième âge: Pourquoi? Comment?"

2000 Québec, Canada/ 加拿大魁北克
主题是:"老年人对新科技的兴趣 Les aînés branchés sur les nouvelles technologies"

2002 Genève, Suisse/ 瑞士日内瓦
主题是:"年龄与未来服务的经验 Âge et expérience au service de l'avenir"

2004 Shanghai, Chine/ 中国上海

主题是:"老年人继续教育:从传统到创新 La formation continue des aînés: de la tradition aux innovations"

2006 Reims, France/ 法国兰斯

主题是:"老年大学,30 年后,我们是谁?我们做了什么?Les UTA,30 ans après: qui sommes-nous ? Qu'avons-nous fait ? Rapport des ateliers du Congrès"

2011,5 Toulouse, France/ 法国图卢兹

主题是:"城市旅游,文化旅游,健康旅游与第三年龄 Tourisme Urbain, Culturel, de Santé et de Troisième Age"

2011,11 Lignano, Italie/ 意大利利尼亚诺

主题是:"志愿服务与第三年龄 Bénévolat et Troisième Age"

2012,4 Lisbonne, Portugal/ 葡萄牙里斯本

主题是:"老年人,大学与旅游 Seniors, Universités et Tourisme"

2013,5 Guangzhou, China/ 中国广州

主题是:"老年大学创新发展,老年人社会融合与老年旅游 Développement innovant des U3A, Intégration des seniors dans la société et tourisme des seniors"

2013,9 Uppsala, Suède/ 瑞典乌普萨拉

主题是:"平等机会与老年人 Égalité des chance et troisième âge"

2014,6 Toulouse, France/ 法国图卢兹

主题是:"老年大学与国际合作 U3A et coopération internationale"

2014,11 Foz Iguacu, Brésil/巴西伊瓜苏

主题是:"老年大学与代际合作 U3A et coopération inter-régionale"

2015,5 西班牙阿利坎特

主题是:"老年大学、公民、社会凝聚力 U3As play with regard to Citizenship and Social Cohesion"

2015,9 波兰卢布林

主题是:"第三年龄大学学生——新一代学生 Etudiants du troisième âge-une nouvelle génération"

2016，5 法国兰斯

主题是："第三年龄大学在世界的历史与发展 quelle cooperations internationales pour les U3A"

2016，10 日本大阪

主题是："老年大学连接世界：积极健康老龄化与代际合作 U3As linking the world: Active& Healthy Ageing and Intergenerational Cooperation"

2017，5 斯洛伐克布拉迪斯拉发

主题是："老年人平等学习的机会 Equal learning opportunities for the elderly"

2017，11 哥伦比亚

主题是："大学在老年人发展与政策中的作用 The Role of the University on the Development and Policies of the Older People"

（广州市老年干部大学研究室集体编译）

推进我国老年教育与国际对接

广州市老年干部大学　王友农

2010年中共中央、国务院印发的《国家中长期教育改革和发展规划纲要（2010—2020年）》第16章是"扩大教育开放"，提出"开展多层次、宽领域的教育交流与合作，提高我国教育国际化水平。借鉴国际上先进的教育理念和教育经验，促进我国教育改革发展，提升我国教育的国际地位、影响力和竞争力。""积极参与双边、多边和全球性、区域性教育合作。积极参与和推动国际组织教育政策、规则、标准的研究和制定。搭建高层次国际教育交流合作与政策对话平台，加强教育研究领域和教育创新实践活动的国际交流与合作。"这些教育国际化的要求完全适用于老年教育。（本文所讲的主要是老年大学教育）

2013年11月，中国老年大学协会国际联络部设立在广州市老年干部大学后，致力于广泛开展国际交流，特别是加强与国际老年大学协会（AIUTA，也称国际第三年龄大学协会）的合作，借鉴国外老年教育的先进理念和经验，促进我国老年教育与国际对接，宣传推广我国发展老年教育的经验与成果，扩大我国老年教育的国际影响力，工作取得了很大的成效。

对此，AIUTA主席维拉斯教授于2015年给中国协会写了两封信，信中指出："国际老年大学协会对未来能同中国老年大学协会继续深入合作而感到十分高兴"。两个月后的来信则说道："在国际合作角度上讲，国际老年大学协会同中国老年大学协会之间的合作可以成为促进全世界老年大学发展的合作典范"。

一、中国老年教育与国际对接的主要渠道

当今世界由于互联网的作用使各国的联系更加紧密，而且全球化浪潮席卷所有的国家，老年教育信息沟通和交流越来越密切。各国 U3A 网站的浏览、发布信息、下载分享成果成为国际交流对接的主桥梁。而从物质载体角度看，我们与国际对接渠道主要有：

第一，参与 AIUTA 组织的各项活动并发挥作用，这是我国老年教育对外交流的主要渠道，也是协会国际联络部的主要工作。

第二，中国国际教育年会（CACIE）框架下的国际老年教育论坛，是由北京东方妇女老年大学在教育部"国际教育年"实施项目下开展起来的。其自 2013 年以来已经举办了三届，2015 年 10 月会议主题是"全球绿色发展，实现社区老年教育可持续发展的路径和模式创新"。这也是一个重要的对外交流窗口。

第三，全国各级各类老年大学的国际交流活动。这类活动主要是来访参观、短期合作办班，目前以东亚国家为主。

AIUTA 是世界各国老年大学、老年教育机构工作范围内最具影响力和最权威的国际民间社团组织。AIUTA 与世界经济合作与发展组织（OECD）、联合国教科文组织（UNESCO）、世界卫生组织（WHO）、世界银行（The World Bank）等国际组织建立了良好的合作关系，也与许多国家的政府有协作关系，AIUTA 理事会有指定专人负责联络上述机构。AIUTA 目前有 130 多个团体会员及个人会员，是国际老年教育思潮兴起的主要传播者和研究者，是世界各地老年大学沟通信息、交流经验、开展合作、协作科学研究的良好平台，是推动全球老年大学共同发展的工作网络。

中国老年大学协会（CAUA）于 1994 年申请加入 AIUTA，经全国老龄委提起申报，民政部、外交部、财政部会签审批，每年会费由财政部专项拨给。加入 AIUTA 后，中国老年大学协会成为其最大的团体会员。加入时双方达成共识：中国老年大学协会是中国所有老年大学的唯一代表。

AIUTA 总部设在法国图卢兹第一大学。AIUTA 理事会现有理事 27 人，构成多为教授和学者。现任主席为法国图卢兹第一大学弗朗索瓦·维拉斯教授，两位副主席则是来自中国的袁新立，而另一位是来自德国的代表。秘书长为来自斯洛伐克的纳德兹达·赫拉普科娃教授，副秘书长是来自葡萄牙亚速尔群岛大学的卡洛斯·桑托斯教授，财务主管是来自英国的兰·范尼教授，以上 6 人组成 AIUTA 执行委员会。

2013 年 9 月，在瑞典乌普萨拉第 93 届理事会上，我国的林元和副会长当选为 AIUTA 理事会理事，2015 年 6 月西班牙理事会议上，我国的袁新立常务副会长当选为 AIUTA 第一副主席。由此，AIUTA 理事会中已有两名中国人。2016 年 5 月在法国兰斯召开 AIUTA 第 98 届理事会改选了执委会，根据《AIUTA 章程》选举了波兰的 Małgorzata Stanowska 教授为 AIUTA 第二副主席，AIUTA 原秘书长提请退休，因此再选举了苏格兰的玛利亚教授为新秘书长。

《AIUTA 章程》提出的目标为："联合全球的老年大学和相关组织，包括任何目标一致但头衔不同的组织。在全球各大学的支持下，建立终身教育的国际体系，并发展老年教育的相关研究。促进老年人之间的文化交流，从而促进社会的整体进步。"目标中包含着很有建设性的构想即"建立终身教育的国际体系"，这是界定在终身教育领域里的学术性的体系。为此，《AIUTA 章程》提出："鼓励在全球范围内成立并发展第三年龄大学，在合作性项目和科研等基础上，根据地域和语言或其他标准，把相关利益群体聚集起来，从而建立组织性结构；通过这种方式，促进各第三年龄大学之间的联系和合作项目。"

AIUTA 的目标、宗旨和任务符合我国老年教育面向世界、与国际对接的目标及要求，成为中国老年教育与国际交流对话的平台。

二、中国老年教育的国际地位

中国老年教育与国际对接，有一个基本前提就是准确自我判断中国老年教育在国际上的地位。

第一，中国老年教育办学的规模是最大的。宏观上来讲，我国有近 6 万所老年大学；从微观上看，我国万人以上规模的老年大学有 18 所。

第二，中国政府对老年教育提供的支持力度是很大的。中国把老年大学教育作为政府为人民提供的基本公共服务范畴，作为一项民生工程，这在世界范围内是少见的。

第三，中国老年大学的办学条件总体上比国外的要好。通过近年来几次到国外参加 AIUTA 国际会议，以及对国外很多老年大学资料的翻译，我们意识到，中国很多老年大学总体的办学条件要比国外很多老年大学好，这也和我国政府对老年教育的重视程度分不开。

第四，某些专业和课程处于世界领先地位。特别是音乐、文艺表演类等课程，在中国开展得尤为蓬勃并具较高水平。再比如中医保健类、书画类的教学等课程水平也是世界领先的。

第五，某些办学理念具有前瞻性。比如我国从 2009 年开始进行的老年教育现代化研究和 2014 年的现代化指标体系设计，有一定影响力。

对比国外，我们存在的不足是：一是从整体上看说办学内涵特别是教育的学术层次较低。理论研究的整体性和系统性（特别是基础理论和办学理念方面）欠缺，甚至是严重不足；二是普及度很低。由于我国老年人口基数太大，所以毛入学率非常低。目前，中国老年大学协会的统计数据显示我国老年大学的毛入学率是 3.8%，而据另一项数据，欧洲老年大学的入学率是 8%；三是发展不平衡。东南地区老年教育蓬勃发展，而西部有的地方薄弱甚至空白。

国际上对中国老年教育的评价又是如何呢？2015 年 6 月在西班牙半行的会议中，广东潮州市的陈先哲校长用英语做了"社会凝聚力：老年大学在中国的价值"专题演讲，全程 6 次被掌声打断。主持人维拉斯主席总结说："感谢潮州市老年大学陈先哲校长的精彩演讲。老年大学在中国的发展使我们惊叹，这应是世界各国学习的榜样，中国老年大学的成绩大家有目共睹，在这里要感谢中国对老年教育的重视，感谢中国老年大学协会为国际老年大学协会其他成员带来的宝贵经验。"在世界最顶尖的学术平台上，中国老年大学赢得了荣誉。

2014年6月，袁新立常务会长参加法国图卢茨国际会议时，大会演讲受到热烈欢迎，外国人要求拷贝演讲课件的络绎不绝；同年11月在巴西伊瓜苏会议上，中国山东老年大学的杜英杰校长和绿城集团老年大学的顾婷婷校长都以精彩的演讲轰动各国会议代表以及新闻媒体；2015年9月在波兰卢布林召开的研讨会上，中国林元和校长的演讲再一次震撼会场，当时除了现场配备有英语、波兰语同声传译之外，维拉斯主席还专门指派他的博士生助手再次用法语重新演说一遍。会后，波兰天主教大学社会科学学刊发来函件向我们约稿，希望我们写一份专门介绍中国老年教育的理论研究成果的文章，为此，广州市老年干部大学研究室以"论中国老年大学的历史与发展"为题并展开论述，英文稿今年将刊登，这将是我国老年大学理论成果首次在国际一流的学术刊物上刊登。

三、国际比较视角下中国老年教育的特色

中国老年教育与国际对接，需要透过国际比较研究，通过对比分析找出各自特色，从而可以相互借鉴。中国老年教育在其独特的社会经济条件和人文因素底下萌芽、成长、发展，具有鲜明的特色。其特色可以概括为"两个规模"及"两个丰富"。

"两个规模"就是中国老年大学的总数量（宏观规模）和学校个体（微观规模）都是很大的。据不完全统计，截至2014年5月，中国老年大学的数量约6万所，在校学员677万人，还有200多万名网络老年大学的学员。中国成为世界上老年大学教育规模最大的国家。而学校学员人数达万人以上的有18所，其中规模最大的是天津老年人大学，在校学员达到25 000人（见表9-1）。

表9-1 万人规模老年大学简表（2015年5月统计）

学校	专业数/门	班级数/班	在校学员人数/人
广州市老年干部大学	91	278	11 029
西安老年大学	40	200	约60 000（包括分校）
青岛市老年大学	80	352	15 000
南京金陵老年大学	72	268	11 325
武汉老年大学	127	494	13 800
宁波老年大学	113	252	12 149
哈尔滨老年人大学	168	566	20 299
上海老年大学	150	370	13 488
天津市老年人大学	66	701	25 891
山东老年大学	60	770	18 000
昆明老年大学	61	235	10 200

续上表

学校	专业数/门	班级数/班	在校学员人数/人
苏州市老年大学	68	167	10 400
长沙市老干部大学	47	113	10 090
成都市老年大学	43	200	10 000
浙江老年大学	56	153	10 000
湖北省老年大学	17	210	10 000
广东省老干部大学	20	200	11 200
吉林省老年大学	54	320	13 269

老年大学在中国逐渐形成了一个基本覆盖各省、市、地区，全方位、多层次、多学科、多功能和开放式的网络教育体系，其社会影响力不断提升，从一种个别的教育培训行为转变成一种社会认可的文化新常态。

"两个丰富"就是课程种类丰富和教学成果展示丰富。

中国的老年大学有着庞大的内涵丰富的课程体系，有各种专业350～400门，涵盖人文、历史、哲学、科学、医学、艺术等多个领域。目前，开设课程较多的老年大学有哈尔滨老年人大学（168门）、上海老年大学（150门）、武汉老年大学（127门）等。而其中，歌舞器乐类课程、书法绘画类课程、保健养生类课程较受中国老年人的欢迎，所占的比例也较大。而近年来，随着信息化时代的来临，老年大学为了让老年人跟上时代的步伐，掌握享受社会科技发展成果的必要技能，不断加强诸如计算机、互联网、摄影摄像、智能手机等相关的课程的开发。

老年大学教学成果展示活动在中国蓬勃开展，成为社会文化的一部分。全国性的文艺会演至今已进行了4次，2015年10月在河南的三门峡市举行的第4次全国会演，参加赛演的老年人达到3 400人；2015年11月在广州举行的全国老年大学钢琴比赛，湖北老年大学的老年学生赢得冠军奖一台高档钢琴；全国老年大学的学员比赛还有绘画、书法、摄影等，都开展了多次。中国老年大学协会在中国6个片区的协作组，也分别开展跨省、跨区的老年大学教学成果展示活动，以2015年为例，中南协作组（6个省份）老年大学书法绘画大赛就在武汉举行。中国大多数老年大学都有定期举行一些到社区，到广场，到附近中小学的文艺演出、书画创作展览、经络按摩义诊、摄影展览等活动。正是这些丰富的展示，让全社会认识了什么是老年大学。

有特色才有亮点，有特色才有地位。中国的老年教育特色在国际会议透过演讲展示，增加新的内容从不同视角阐发，令在场的国际友人赞叹不已，会场气氛热烈。

当然，在国际交流中我们仍要谦虚谨慎，尊重他人，看到不足，取长补短，体现大国风范。

四、AIUTA的理论研究对中国的影响

2013年5月，AIUTA在广州第92届理事会议通过的世界《老年大学宪章》以老年

大学的"国际化"为标题,指出:"老年大学是世界各地老年人学术科学合作的有利交流平台。""老年大学通过自主一体化发展,或与其他教学机构的合作来确保学术活动的地位。"

按照《AIUTA 章程》,AIUTA 理事会议每年举行两次,并同时举行主题明确的国际研讨会。我们认为理论对接是中国老年大学国际合作交流的最主要通道,AIUTA 频繁的国际研讨会为我们提供了汲取和阐述两方面学术研究的对话式的平台。

据记载,1990 年在西班牙巴塞罗那召开会议是中国第一次参加 AIUTA 会议,也是五星红旗第一次插在会议讲台上,会议后 AIUTA 诚邀中国入会。通过参加活动我们发现,AIUTA 每次会议所提出的国际议题都是很有意义的,如 2000 年 9 月加拿大会议主题是"技术与网络";2002 年 10 月日内瓦会议主题是"年龄和经验在将来的价值";随后年年聚焦重要的理论而视角不同,时间跨越到 2013 年 5 月,在广州召开的国际研讨会主题是"老年教育创新发展与银发旅游";2013 年 9 月在瑞典乌普萨拉国际研讨会主题是"老年人机会均等";2014 年 6 月在法国图卢兹国际研讨会主题是"老年大学与国际化合作";2014 年 11 月在巴西的国际研讨会主题是"老年大学与代际合作";2015 年 5 月西班牙阿利坎特的国际研讨会主题是"老年大学,公民和社会凝聚力";2015 年 9 月在波兰卢布林的国际研讨会主题是"老年大学学生——新一代学生";2016 年 5 月法国兰斯国际研讨会主题为"第三年龄大学在世界的历史与发展";2016 年 10 月与老年大学亚太联盟合作,在日本大阪召开国际研讨会,主题为"老年大学连接世界:积极健康老龄化与代际合作"。从这些选题的深刻内涵来看,AIUTA 的国际视野是宽阔的,具有较高的学术研究水平,理论研究的选题和切入点有独到新意,很值得我们借鉴学习。

中国老年大学协会国际联络部为推进我国老年教育理论研究与国际对接,经林元和副会长提出了实施国际议题——国内研究的"1+1"研讨模式,为我国老年教育理论研究与国际对接打开了突破口。2016 年 5 月,AIUTA 第 98 届理事会议在法国兰斯大学举行,袁新立以 AIUTA 第一副主席身份发表讲话,阐述了中国老年大学协会高度重视 AIUTA 国际理论研讨活动,中国的"1+1"研究模式,对每次国际研讨会主题都进行国内专家先期研讨,形成在国际研讨会上演讲的理论框架和观点,所以中国代表的演讲,都是集体思考的结晶。袁新立还指出,截至 2013 年,中国协会将每次国际研讨会上各国代表的发言翻译成中文介绍给国内的各个老年大学,同时还将翻译 AIUTA 的所有学术动态以便介绍给中国的老年教育界。

中国老年教育崛起的思想理论渊源是国际终身教育思想和积极老龄化政策框架。现在,我们越来越强烈感受到国际老年教育的一些新理论、新理念引入中国后对我国老年教育产生的影响,需要我们去思考学习、借鉴消化。下面简单举例说明:

第一,关于西班牙会议主题。AIUTA 秘书处于 2015 年 4 月 8 日转发来自西班牙阿利坎特大学校长 Sanz 的来信,对"老年大学,公民和社会凝聚力"这一理论命题做了解读。他认为这个命题是 21 世纪老年大学需要优先关注的问题,老年教育是为了增强社会凝聚力和满足公民的权利;老年人的价值在于他们的社会经验,老年人作为一个特定的群体很活跃地存在,就是他们的重大价值。信函指出,研究这一次国际研讨会的主题并付诸实践是一个雄心勃勃的目标,需要全世界老年大学共同努力。对此,AIUTA 主席维拉斯也发布了一则通告,指出:"国际老年大学协会联合起了五大洲的第三年龄大学,已经发挥了 40 年以上的作用，在保护老年人的事业上做出了巨大的贡献。通过终身教育，与高等学校间的交流合作，尤其重要的是在通过教育和科学研究的创新背景下，使每一个老年人都能够在社会上找到自己应有的位置。"这个命题紧扣老年教育的最核心问题，即教育本质和教育宗旨。对这个命题的研究是提高我国老年大学的教育水平，特别是提高理论和学术水平的有效途径，也是让我们开阔国际视野，将中国老年大学教育的理论研究与国际对接的一个步骤。将公民、公民身份、公民权利，以及老年教育与社会融入、社会融合和社会凝聚力的关系等社会学概念引入老年教育理论研究领域，对于发展老年教育有深远的指导意义。正如维拉斯教授的《AIUTA 通告》所说："阿利坎特国际研讨会将会成为第三年龄大学的新联合和向社会开放、分享新战略、新挑战的出发点。"

第二，关于 2015 年 9 月波兰会议主题。"新一代学生论"的提出有指导老年大学教育发展的战略意义和国际意义，它开启我们的国际视野和探索思路，成为对接中外老年教育理论研究平台，它带来的影响会在未来不断地显现出来。林元和在波兰卢布林会议上演讲指出："老年大学学生——新一代学生"理念，首次从时代高度来认知我们教学的对象，思考我们的教育责任，搭建我们的国际学术体系，这个命题为老年教育工作者打开了一条很好的思路。当我们把在校老年人当作一种新一代的、非常独特的学生加以哲学、教育学、社会学、心理学的多视角的观察和施教，许多理论问题和办学实践问题可以豁然开朗。

第三，关于 2016 年 10 月日本大阪会议主题。在全球老龄化大背景下，"老年大学连接世界"成为五大洲教育新潮流。"积极健康老龄化和代际合作"问题凸显在我们老年教育研究领域，使我们对自己丰富的老年大学办学实践再一次进行理论反思：积极健康老龄化理念是中国老年教育的思想渊源，而关注代际合作的研讨将极大地丰富中国老年大学教育的价值，极大地影响我国老年大学的教学创新，特别是课程创新。

五、中国老年教育与国际对接应是双向互动、包容联动的

中国老年教育与国际对接，并非否认自我而盲目全盘西化。张晓林会长 2016 年 6 月在景德镇国际议题研讨会上讲话，专门谈了老年教育自主发展和对外开放问题，指出："我们一定不能关着门、孤芳自赏、抱残守缺，不仅要把别人好的经验学来，他们遇到的问题、采取的措施我们也可以学习借鉴，少走弯路，后发优势的特点就在这。我们还要'走出去'彰显特色，介绍我们自己，介绍我们主要的特点和做法。发展老年教育是世界性的课题，有共同的研究价值，就像应对全球气候变化、国际自然灾害和国际恐怖主义一样，都应该加强国际合作。"我们讲的中国老年教育与国际对接的内涵就是这种互补式、联动式的国际合作。

我们积极推进老年教育与国际对接，首先应解决思想问题，对于与国际对接的必要性要有清楚的认识。习近平总书记在中国国际友好大会暨中国人民对外友好协会成立 60 周年纪念活动上曾指出"文明因交流而多彩，文明因互鉴而丰富"，中国老年教育只有面向世界，与国际对接才能多彩丰富，才能更好更健康地发展。那些"看法不同我还质疑"，"不关我事我不参与"，"我无条件我只井观"等认识偏差会阻碍与国际对接工作的开展，使我们失去提升办学水平的机遇和外助动力。

其次，我们要加大国际间老年大学教学、科研合作的力度，在合作中促进中外老年教育领域里的信息对接、强强对接、优优对接，并实现取长补短的互动的、包容的国际对接模式。

第一，要尽量把中国老年大学办学成果展示给国际社会。将我们的理论成果和经验通过 AIUTA 网站、国际研讨会和"*Newsletter*"（AIUTA 刊物）向世界发布。

第二，引入和翻译国外老年教育的优秀理念、理论、经验和做法。为国内老年教育工作提供参考。

第三，组织中国老年大学协会代表团参加 AIUTA 每年 2 次的理事会议和国际研讨会，感受高层次学术氛围，实现高层次学术对话。

第四，中国老年大学协会各会员校可以积极主动地开展国际间的互访和交流合作。与办学地的外事部门建立联系取得他们的关心支持，把老年大学作为对外交往的窗口单位。

我们要进一步加强与 AIUTA 的信息、资料沟通，特别是动态互通，密切合作。AIUTA 发来电文，对 2018 年的理事会和国际研讨会召开做出安排，具体如下：2018 年 6 月，第 102 届理事会和国际研讨会在西班牙巴塞罗那召开；2018 年 10 月，第 103 届理事会和国际研讨会在毛里求斯召开，以上国际研讨会的主题尚未确立。这些活动中国老年大学协会都会积极参与。

中国"一带一路"合作发展的理念和战略，民心相通是社会根基。我们推进老年教育与国际对接，是自身发展的需要，也是全球老龄化背景下民心相通的重要环节，因此这种国际对接更是符合国家"一带一路"发展战略的需要。这是我们应该达到的高度。

（作者系中国老年大学协会国际联络部主任、广州市老年干部大学副校长）

参考文献

[1] 拜亚. 急性肌肉运动队姿势控制的影响 [M]. 杜彼，蒙托亚，拉古. 姿势，健身活动，老龄化和病理学. 马赛：索拉尔出版社，2009：75-102.

[2] 谢泼德. 健身活动，老龄化和健康 [J]. 人类动力学，1997（2）.

[3] 普拉. 老龄化，健康和 APS [M]. 玛尼迪，阿瓦尼图. 健身活动和健康. 巴黎：马松出版社，2000.

[4] BERGER R. Tornar-se sobrevivente do futuro? [M]. In D. Domingues. Arte e vida no século XXI. São Paulo：Unesp, 2003.

[5] GNOÇALVES, F N. Comunicação, cultura e arte contemporânea [J]. Contemporânea, 2007, 8（1）：2-10.

[6] GOUVERIA S I P. Determinantes sociais e motivacionais de entrada em lar de idosos：um estudo na ilha Terceira [D]. Azores：Azores University, 2011.

[7] GUATTARI F. Caosmose [M]. Rio de Janeiro：Rio de jameire Editora, 1992：34.

[8] NERI A L. Qualidade de vida no adulto maduro：Interpretações teóricas e evidências de pesquisas [M]. In A. L. Neri, Qualidade de vida e idade madura. 6a ed São Paulo：Ed. Papirus, 1993.

[9] NERI A L. Contribuições da psicologia ao estudo e à intervenção no campo da velhice [J]. Revista Brasileira de Ciências do Envelhecimento Humano, 2004, 1（1）：69-80.

[10] NERI A L. Qualidade de vida na velhice：Enfoque multidisciplinar [M]. Campinas：Editora Alínea, 2007.

[11] NERI A L., FREIRE S. E por falar em boa velhice In Qual é a idade da velhice? [M]. Campinas：Papirus Press, 2000：7-20.

[12] Organização Mundial da Saúde. Envelhecimento ativo：Uma política de saúde [J/OL]. Basília, 2005 [2011-9-25]. http://bvsms.saude.gov.br/bvs/publicacoes/envelhecimento_ativo.pdf.

[13] PEREIRA C S. Envelhecimento e bem-estar psicológico em adultos em idade avançada residentes em lar：um estudo nas ilhas das Flores e Corvo [D]. Açdres：Universidade dos Açores, 2012.

[14] ROCHA D, DEUSDARÁ B. Análise de conteúdo e análise do discurso：aproximações e afastamentos na re [J]. construção de uma trajectória. *Ale*a, 2005, 7

(2): 305 – 322.

[15] SOUSA L, GALANTE H, FIGUEIREDO D. Qualidade de vida e bem-estar dos idosos: um estudo exploratório na população portuguesa [J]. Revista de Saúde Pública, 2003, 37 (3): 364 – 371.

[16] SOUSA M M. Formação para a prestação de cuidados a pessoas idosas [M]. Lisboa: Ed. Princípia, 2011.

[17] 贡佩尔茨. 关于用函数表达人类死亡定律的本质, 以及确定寿险精算的新模式 [J]. 自然科学会报, 1825 (115): 513 – 585.

[18] UK House of Lords. Ageing: Scientific Aspects [R/OL]. Science and Technology Committee Reports of Session 2005 – 2006. https://publications.parliament.uk/pa/ld200506/ldselect/ldsctech/20/20i.pdf..

[19] UK House of Lords. Ready for Ageing? [R/OL] Select Committee on Public Service and Demographic Change Reports of Session 2012 – 2013. https://publications.parliament.uk/pa/ld201213/ldselect/ldpublic/140/140.pdf.

[20] Age UK. The impact of the age regulations five years on. [EB/OL] 2011. https://www.ageuk.org.uk/globalassets/age-uk/documents/reports-and-publications/reports-and-briefings/active-communities/rb_oct11_age_regulations_five_years_on.pdf.

[21] Eurofound: Third European Quality of Life Survey: Questionnaire. [Z/OL] 2012. https://www.eurofound.europa.eu/publications/other/2012/quality-of-life/third-european-quality-of-life-survey-questionnaire.

[22] UK Office for National Statistics. A 2012 Overview of Workplace Pensions. [EB/OL]. 2012. http://webarchive.nationalarchives.gov.uk/20160109103710/http://www.ons.gov.uk/ons/dcp171780_300855.pdf.

[23] UK Office for National Statistics. Pensions Trends [EB/OL]. 2014. https://www.ons.gov.uk/economy/investmentspensionsandtrusts/compendium/pensiontrends/2014 – 11 – 28.

[24] 王鸿江. 愿更多银发长者上老年大学 [N]. 中老年时报, 2011: 12.

[25] 任宝洋. 老年学员的学习诉求与老年教育的可持续发展: 上海等六城市老年大学学员学习诉求调研报告 [J]. 学术通讯, 2010 (4).

[26] 天津市老年人大学课题组. 天津市中心区发展社区老年教育情况调查报告 [J]. 天津老年教育论坛, 2010 (2).

[27] 余文森, 王晞. 教育学 [M]. 北京: 北京大学出版社, 2009.

[28] 中国老年大学协会课题组. 中国老年教育学若干问题研究 [M]. 银川: 阳光出版社, 2012.

[29] 金陵老年大学, 罗炳权, 陆剑杰. 老年教育学学理探索 [M]. 南京: 南京出版社, 2008.

[30] 杨守清. 发扬"勇于创新精神", 办好人们满意的老年教育 [J]. 金陵老年大学学报, 2012 (2).

[31] 岳瑛. 教育学视域中的老年教育 [M]. 武汉: 湖北科学技术出版社, 2012.

[32] 叶欣. 课程设置现代化是实现老年教育现代化的重心 [J]. 金陵老年大学学

报，2012（1）.

[33] 单倩如. 老年大学教学创新要着力建构课程体系［J］. 金陵老年大学学报，2012（1）.

[34] 施祖美. 老年教育策论［M］. 北京：社会科学文献出版社，2011：10.

[35] 施祖美. 老龄事业与创新社会管理［M］. 北京：社会科学文献出版社，2013：2.

[36] 董之鹰. 积极老龄化社会的战略选择：发展老年教育，创建资源型老龄人口社会［J］. 人口与发展，2008（增刊）.

[37] 季金水. 人大代表建议为老年教育立法［J］. 老年教育，2013.

[38] 方树昌，黄江华，等. "老年群体的远程教育研究"报告［J］. 珠海老年教育研讨会，2012.

[39] 马军，魏坚强. "炕头"上的老年教育［J］. 老年教育，2013.

[40] 刘小敏，李振连. WTO与中国文化［M］. 广州：广东经济出版社，2000：12.

[41] 甄学军. 教育开放现状与展望［J］. 开放导报，2014（4）.

[42] 袁新立. 与时俱进 改革创新 把我国老年教育事业推进到一个新阶段［J］. 老年教育：老年大学，2014（6）：9－15.

[43] 范英，夏俊杰，刘小敏，等. 文化强国论［M］. 广州：广东高等教育出版社，2013.

[44] 张良. 中国人为什么谈论"中西文化异质性"？［J］. 齐齐哈尔师范高等专科学校学报，2010（1）.

[45] 李葆珍. 上海合作组织的文化合作探析［J］. 河南社会科学，2011（5）.

[46] 赫拉普科娃. 享受学习 快乐人生·国际老年教育合作项目［M］. 广州：广东教育出版社，2013.

[47] 梁烈. 老年大学提升文化自觉、增强文化自信、实现文化自强论［J］. 广州老年教育研究，2012（2）.

[48] 郑焕清. 从国际宪章视域对中国老年大学办学几个问题的思考［J］. 老年教育：老年大学，2014（4）：14－16.

[49] 黄启云. 新一轮开放"新"在何处［J］. 开放导报，2014（2）.

[50] 欧洲高龄化平台：提供老年人旅游需求报告. 欧洲老年居民促进旅游交流的活动.

[51] 比亚雷斯托克. 双语制，老龄化及认知控制：来自西蒙任务的证据［J］. 心理学与老龄化，2004：290.

[52] 比亚雷斯托克，科雷克弗莱曼. 双语制可预防老年痴呆症［J］. 神经心理学杂志，45（2）：459－464.

[53] 成年人学习：活到老，学到老. 2006年10月23日委员会写给理事会的信函.

[54] 任何时间都是学习的好时机. 2007年9月27日委员会关于成年人学习行动计划的信函.

[55] 德尔涅伊. 语言班的激励策略［M］. 剑桥：剑桥大学出版社.

［56］GRASSAL M, VILLARINI A. Gli apprendenti over 55 e le lingue straniere［J］. Studi di Glottodidattica, 2008（3）: 135-167.

［57］弗海斯,范·阿弗曼,塔卡拉,等. 欧洲语言教学大纲:学习、教学、评价［M］. 剑桥:剑桥大学出版社.

［58］中国老年大学协会课题组. 中国特色老年大学教育现代化研［M］. 广州:广东教育出版社,2011:6.

［59］王树新. 关于老年公民待遇问题研究［M］. 广州:秋光杂志社,2008:11.

［60］赵自伍. 教育:让人成为人——西方大思想家论人文与科学［M］. 北京:北京大学出版社,2010:1.

［61］艾德勒. 大观念:如何思考西方思想的基本主题［M］. 安佳,李业慧,译. 广州:花城出版社,2008:7.

［62］万俊人. 公民美德与政治文明［N］. 光明日报,2007:6.

［63］陆素菊. 实现可持续发展:终身学习时代的教育重构:访东京大学牧野笃教授［J］. 开放教育研究,2015,21（2）.

［64］梁烈. 敬老文化与社会主义核心价值观［J］. 广州老年教育研究,2014:2.

［65］刘颂. 积极老龄化框架下老年社会参与的难点及对策［J］. 南京人口管理干部学院学报,2006（4）: 5-9.

［66］刘燕,纪晓岚. 老年人社会参与影响因素的 Logistic 回归分析:基于311份个案访谈数据［J］. 华东理工大学学报（社会科学版）,2014（3）:98-104.

［67］杨风雷,陈甸. 社会参与、老年健康与老年人力资源开发［J］. 劳动保障世界（理论版）,2012（1）:34-37.

［68］杨宗传. 再论老年人口的社会参与［J］. 武汉大学学报（人文社会科学版）,2000（1）:61-65.

［69］李韧. 老年人社会参与的意义［J］. 学术探索,1999（5）:89-91.

［70］段世江,张辉. 老年人社会参与的概念和理论基础研究［J］. 河北大学成人教育学院学报,2008（3）:82-84.

［71］陈静,江海霞. 角色理论视域下精英老年人社会参与的特征和价值探析［J］. 河北科技大学学报（社会科学版）,2013（1）:28-34.

［72］王莉莉. 中国老年人社会参与的理论、实证与政策研究综述［J］. 人口与发展,2011（3）:35-43.

［73］吴仙. 探析老年人社会参与的有效途径［J］. 兰州教育学院学报,2011（3）:134-136.

［74］陈昀. 老年人社会参与"嵌入性"问题分析［J］. 老龄科学研究,2014（1）:29-37.

［75］周荣,关多义. 城市空巢老人社会参与问题调研［J］. 理论探索,2014（4）:83-87.

［76］伊密. 重视老年人的社会参与问题［J］. 北京观察,2010（9）:32-36.

［77］胡文琦,裴晓梅. 生产性老龄化背景下"老年精英"社会参与的实证研究:以北京市离退休老干部为例［J］. 老龄科学研究,2014（12）:36-44.

[78] 吕如敏. 城市社区老年人社会参与活动研究. 湖北广播电视大学学报, 2014 (1): 74-75.

[79] 史薇. 城市老年人养老"时间储蓄"的实证研究: 老年社会参与的视角 [J]. 南方人口, 2014 (5): 58-68.

[80] 叶芬梅, 谢人和. 老年人社会参与过程中老龄协会组织影响力探析 [J]. 改革与开放, 2014 (22): 64-65.

[81] 王英, 谭琳. "非正规"老年教育与老年人社会参与 [J]. 人口学刊, 2009 (4): 41-46.

[82] 韩青松. 老年社会参与的现状、问题及对策 [J]. 南京人口管理干部学院学报, 2007 (4): 41-44.

[83] 陈铁迪. 关于老年学校素质教育的一些思考 [J]. 中国老年教育发展高峰论坛 (上), 2014 (5).

[84] 钟启泉. 核心素养的"核心"在哪里 [N]. 中国教育报, 2015-04-01.

[85] 上海市老干部大学课题组. 老年素质教育: 理论构架与实践对策 [J]. 中国老年教育发展高峰论坛 (上), 2014: 5.

[86] 艾德勒. 大观念: 如何思考西方思想的基本主题 [M]. 广州: 花城出版社, 2008: 7.

[87] 袁新立. 与时俱进 改革创新 把我国老年教育事业推进到一个新阶段: 在我国老年教育高峰论坛上的讲话 [J]. 2014.

[88] 林元和. 在中国老年教育高峰论坛上的总结报告 [J]. 2014.

[89] 中国老年大学协会课题组. 全国老年教育历史发展、现实状况和未来展望课题研究报告 [J]. 学术通讯, 2015 (1).

[90] 老年大学转型发展课题研究报告 [J]. 学术通讯, 2015 (1).

[91] 陆剑杰. 坚守政治承认促成行政承认力争学术承认: 我国老年教育的治本之策 [J]. 学术通讯, 2014 (2).

[92] 陆剑杰. 在国际老年教育界催生越来越多的"知华者" [J]. 广州老年教育研究, 2015 (1).

[93] 梁烈. 教育深度开放与中国老年教育"面向世界"的发展战略 [J]. 广州老年教育研究, 2014 (1).

[94] 罗燕敏. 探析老年教育第四次飞跃的机遇与挑战 [J]. 广州老年教育研究, 2011 (1).

[95] 柳诒徵. 柳诒徵讲文化 [M]. 北京: 长征出版社, 2008.

[96] 陈青之. 中国教育史 [M]. 北京: 东方出版社, 2008: 14, 20.

[97] 李零. 丧家狗: 我读《论语》 [M]. 太原: 山西人民出版社, 2007: 19-20.

[98] 古代科举考试奇事: 年龄最大的考生有102岁 [N]. 北京晚报, 2014-05-14.

[99] 高时良. 学记研究 [M]. 北京: 人民教育出版社, 2006: 51.

[100] 王志芬. 浅析中国古代的尊老养老体制 [J]. 学术探索, 2003 (7): 53-56.

[101] 李岩. 周代的尊老尚齿制度 [J]. 社会科学家, 2003 (6): 142-145.

[102] 刘德增. 汉代养老述论[J]. 山东师大学报（社会科学版），1988（6）：17-21.

[103] 张鹤泉. 西汉养老制度简论[J]. 学习与探索，1992（6）：130-134.

[104] 甄尽忠. 两汉社会救助思想[J]. 南都学坛（人文社会科学学报），2005（4）：2-7.

[105] 杨兵，王希隆. 对唐代几种社会救济形式的辨析[J]. 社科纵横，2003（3）：66-67.

[106] 苏力. 元代社会对老年人的人文关怀[J]. 兰州学刊，2006（12）：122-124.

[107] 周桂林. 论朱元璋兴孝以行养老之政[J]. 河南大学学报（哲社版），1988（4）：72-77.

[108] 王彦章. 清代尊老优老礼制述论[J]. 历史档案，2006（4）：38-48.

[109] 王弼，孔颖达. 周易正义：卷八[M]. 北京：中华书局，1980：86.

[110] 晁胜杰. 当下与永生：先秦儒道养生研究[D]. 南京：南京师范大学，2012.

[111] 李金菊. 汉传佛教养生的历史研究[D]. 北京：中国中医科学院，2007.

[112] 李畅. 论养生文化在构建和谐社会中的作用[J]. 唐山师范学院学报，2010（5）：115-117.

[113] 迟宝策. 英国老年教育研究：以第三年龄大学为中心[D]. 长春：东北师范大学，2011：7.

[114] 王文超. 美国老年教育发展及启示[D]. 新乡：河南师范大学，2011：25.

[115] 陈思彤. 日本老年大学探析：以MHRB老年大学为例[D]. 长春：东北师范大学，2009：8-9.

[116] 刘俊田，林松，禹克坤. 四书全译[M]. 贵阳：贵州人民出版社，1988：92，236，237.

后　　记

  本书的框架为：第一章至第八章为2013—2016年AIUTA的8次国际理论研讨会的中外专家研讨内容，第九章是U3A在世界、国际老年大学协会简介、《国际老年大学协会章程》和《老年大学宪章》研究，等等。

  每一章有导论，介绍国际议题的主题背景、主题内涵、主题提出的意义。本书搜集和翻译与AIUTA相关的文章和中国"1+1"研究的观点。

  本书作为中国老年大学协会纪念2017年5月在斯洛伐克召开的AIUTA第100届理事会会议的成果呈现给中国和世界老年大学。AIUTA维拉斯主席和中国老年大学协会张晓林为本书写了序言。

  本书大部分国外论文或资料均为第一次在我国公开发表，部分章节由于资料收集不全，略显单薄。

  本书翻译主要由刘畅、潘宇翔、钟昊玲等人完成。编撰工作主要由王友农、张俊香、潘宇翔、孙运莉、向洁、丁正良等人负责。

  中国老年大学协会国际联络部和广州市老年干部大学研究室为本书出版做了策划、组织、资料收集等工作。

编　者